王伟光　夏宝龙／总主编

中国梦与浙江实践

—— · 党建卷 · ——

邓纯东／主　编

黄　宇／副主编

社会科学文献出版社
SOCIAL SCIENCES ACADEMIC PRESS (CHINA)

"中国梦与浙江实践"课题组名单

领导小组组长

  王伟光 中国社会科学院院长、党组书记

  夏宝龙 中共浙江省委书记、省人大常委会主任

丛书编撰委员会主任

  李培林 中国社会科学院副院长

  葛慧君 中共浙江省委常委、宣传部长

中国社会科学院总协调组

组 长：晋保平 中国社会科学院副秘书长

成 员：马 援 中国社会科学院科研局局长

     张国春 中国社会科学院科研局副局长

秘 书：孙 晶 中国社会科学院科研合作处正处级调研员

浙江总协调组

组 长：葛慧君 中共浙江省委常委、宣传部长

副组长：胡 坚 中共浙江省委宣传部常务副部长

    舒国增 中共浙江省委副秘书长、政研室主任（时任）

    张伟斌 浙江省社会科学院党委书记

    迟全华 浙江省社会科学院院长

    金延锋 中共浙江省委党史研究室主任

党建组

组　长：邓纯东　中国社会科学院马克思主义研究院党委书记、院长、研究员

副组长：黄　宇　浙江省社会科学院观察与思考杂志社总编辑、研究员

成　员：金民卿　中国社会科学院马克思主义研究院马克思主义中国化研究部主任、研究员

戴立兴　中国社会科学院马克思主义研究院党建党史研究室主任、副研究员

孙应帅　中国社会科学院马克思主义研究院国际共产主义运动史研究室主任、副研究员

徐仲仪　中共浙江省委组织部调研室主任

吕伯军　中共浙江省委组织部调研室副主任

徐友龙　浙江省社会科学院观察与思考杂志社副总编辑、副研究员

周文彬　中共浙江省委组织部调研室干部

唐晓燕　浙江省社会科学院政治学研究所副研究员

王鹏任　中共浙江省委组织部调研室干部

肖剑忠　浙江省杭州市社会科学院党建研究所副所长、研究员

邢孟军　浙江省宁波市社会科学院党建研究所所长、副研究员

宋雪玲　浙江省社会科学院博士

序言（一）

党的十八大以来，习近平总书记发表了一系列重要讲话，深刻回答了新形势下党和国家事业发展的一系列重大理论和现实问题，勾画了党和国家走向未来的宏伟图景，为我们在新的起点实现新的奋斗目标提供了科学指南和基本遵循。习近平同志在浙江工作期间的深邃思考和丰富实践，是科学运用马克思主义世界观和方法论解决当代中国问题的典范，是坚持实事求是思想路线、坚持辩证唯物主义和历史唯物主义的高度体现。2014年3月，为从历史大视野和发展大趋势方面加深对习近平系列重要讲话内在联系的理解，真正在深层次上提高思想理论水平，中国社会科学院与中共浙江省委合作启动了"中国梦与浙江实践"重大课题研究工作。

经过近一年的潜心研究，"中国梦与浙江实践"系列丛书正式出版。这套丛书由7卷专著组成，约200万字，全景式、立体式地揭示了浙江通过实施"八八战略"取得的发展经验。"八八战略"是习近平同志深入调查研究，科学分析省情，一切从浙江实际出发而形成的科学思路，是战略思维，它明确了中国梦在浙江实践的目标和原则，也指明了浙江实践的路径和方法。"八八战略"的实践成就，是形成了以"经济民本多元、社会包容有序、文化自强创新、政府服务有为、党建坚强有力"为主要特点和基本内容的浙江经验。党的十七大以来，特别是党的十八大以来，中共浙江省委继续坚定不移地实施"八八战略"，推进浙江新实践、新探索。新阶段中国梦在浙江实践的突出特点和基本经验，可以概括为"经济倒逼转型、主动引导，政治基层民主、有效政府，文化务实守信、崇学向善，社会城乡一体、平安和谐，生态绿水青山、金山银山，党建巩固基础、发挥优势"。"八八战略"的经验不仅属于浙江，也属于全国。当前，中国全面建成小康社会进入决定性阶段，全面深化改革进入攻坚期，我们必须破解改革发展稳定难题和应对全球性问题。不断总结浙江人民深入科学探索、成功实践中国梦的基本经验，对于我们正确认识所处时代环境和国内外形势，从容应对各种各样的风险挑战，具有特别重要的理论价值和实践意义。

丛书提出了中国梦在浙江实践的五点重要启示，值得我们深入思考：必须始终坚持和加强党的科学领导；必须把充分发挥市场配置资源决定性作用与更好发挥政府作用紧密结合起来；必须高度重视发掘和弘扬传统文化，用文化软实力支撑和助推经济硬实力；必须坚持科学规划、创新与继承相结合，一张蓝图绘到底；必须弘扬尊重规律、尊重实践、尊重人才、尊重群众的首创精神。

"中国梦与浙江实践"系列丛书的研究编著，是中国社会科学院建设中国特色新型智库、发挥智库作用的一个范例。中国社会科学院正在努力建设成具有国际影响力的世界知名智库，正在努力实践全体哲学社会科学理论工作者的中国梦。我们同样要坚持党的领导，把握正确的政治方向和学术导向；要坚持围绕中心、服务大局；要坚持科学精神，鼓励大胆探索；要坚持深化改革，持续推进体制机制和组织形式创新。只有这样，我们才能充分发挥中国社会科学院资政建言、理论创新、舆论引导、社会服务和公共外交等重要功能。

这套丛书是中国社会科学院与中共浙江省委、省政府第二次合作研究的结晶。2005年，双方携手开展"浙江经验与中国发展"重大课题研究。2007年，《浙江经验与中国发展——科学发展观与和谐社会建设在浙江》（6卷本）出版，在社会上产生了广泛的影响，构建了学术研究机构与地方政府紧密合作、理论源于实践又有力地反作用于实践的范式与机制。这次合作研究是上次研究的继续和深化，中国社会科学院党组和中共浙江省委高度重视这项工作，中国社会科学院抽调了7个研究所（院）的所长及20余位研究骨干，浙江省也精心选调了30多位科研精英、党政领导干部，共同开展调研。书稿曾数易其稿，成稿后，双方专家又反复进行了认真修改，中共浙江省委宣传部、省委政策研究室等部门的领导提出了许多宝贵意见和建议。尤其是夏宝龙同志多次精心指导，并为丛书作序。在此，我们要向付出辛勤劳动的他们表示衷心感谢！

让我们不断奋力谱写中国梦浙江实践、中国梦全国实践的新篇章。

中国社会科学院院长　王伟光
中国社会科学院党组书记

2015 年 2 月 9 日

序言（二）

党的十八大以来，习近平总书记站在坚持和发展中国特色社会主义、实现中华民族伟大复兴中国梦的战略高度，发表了一系列重要讲话，深刻阐释了党和国家发展的重大理论和实践问题，提出了许多富有创见的新思想、新观点、新论断、新要求。习近平总书记系列重要讲话精神是中国特色社会主义理论体系的最新成果，是指导具有许多新的历史特点的伟大斗争的最鲜活的马克思主义。特别是，中国梦以一个朴实无华的概念，把远景的期盼和具体的现实、党的执政理念和人民群众对美好生活的向往，紧密地融合在一起，进一步指明了全党全国各族人民共同的奋斗目标，深刻揭示了中华民族的历史使命和当代中国的发展走向，鲜明宣示了我们党执政为民的理念，已成为中国人民团结奋进的精神旗帜，也得到了世界各国人民的广泛赞誉和高度认同。

习近平总书记在浙江工作期间，坚持干在实处、走在前列，深入实施"八八战略"，推进中国特色社会主义在浙江的生动实践，为浙江留下了宝贵的精神财富。我们学习贯彻习近平总书记系列重要讲话精神，需要与学习贯彻习近平总书记在浙江工作时的重要论述结合起来，切实做到温故知新、学新用新，学而信、学而用、学而行。为此，中共浙江省委和中国社会科学院于 2014 年 3 月联合开展"中国梦与浙江实践"重大课题研究，全面梳理2003 年以来历届中共浙江省委坚持一张蓝图绘到底、深入实施"八八战略"的历史进程，科学总结中国特色社会主义在浙江生动实践的宝贵经验，深入研究解读习近平总书记在浙江工作期间形成的一系列关于经济、政治、文化、社会、生态文明建设和党的建设的主要思想观点和重大决策部署，深入挖掘阐释其中所蕴含的马克思主义的立场、观点和方法。历经 10 个月，这一课题研究形成了最终成果——"中国梦与浙江实践"系列丛书。该丛书共有7卷，即总报告卷、经济卷、政治卷、社会卷、文化卷、生态卷和党建卷。

"中国梦与浙江实践"系列丛书，以中国梦为切入口，聚焦浙江经验，解析浙江现象，全面研究了中国特色社会主义在浙江的创新实践。我相信，这套丛书的出版，一定有助于我们更好地把握习近平总书记系列重要讲话精神形成的思想渊源和实践基础；有助于我们更加全面系统地总结浙江的实践经验，更深刻地认识到"八八战略"是引领浙江发展的总纲，是推进浙江各项工作的总方略，是认识新常态、适应新常态、引领新常态的金钥匙；有助于我们进一步坚定一以贯之地续写好"八八战略"这篇大文章的信心和决心，通过干好"一三五"、实现"四翻番"，加快建设物质富裕、精神富有的现代化浙江和建设美丽浙江、创造美好生活，全面推进中国特色社会主义在浙江的伟大实践，谱写好中国梦的浙江篇章。

特别值得一提的是，"中国梦与浙江实践"重大课题研究得到了中国社会科学院的高度重视和大力支持。王伟光院长专程率领专家团队来浙商谈，并就课题研究的主要内容、组织架构、成果规划和具体实施提出了明确要求。由中国社会科学院和以浙江省社会科学院为主的双方专家组成的课题组成员多次深入基层考察调研，精心研究撰写。浙江省各地各部门认真准备，积极配合，为课题研究和丛书出版做了大量工作。在此，我谨代表中共浙江省委，一并表示衷心的感谢！

中共浙江省委书记
浙江省人大常委会主任

2015 年 2 月 5 日

目 录

导论
党建大潮涌动浙江

一位诗人说：为什么我的眼里常含泪水？因为我对这土地爱得深沉。

浙江是一块充满梦想的土地。1978 年，党的十一届三中全会的召开，犹如春风化雨滋润着中华大地。浙江人民为实现自己的梦想，在洒满希望和汗水的中国特色社会主义道路上留下了清晰而坚实的脚印，走过了发达国家几十年乃至上百年才完成的发展历程，创造出引起广泛关注的"浙江现象""浙江经验""浙江模式"。浙江人民用自己的勤劳、智慧、勇敢绘就了一幅逶迤而又气势磅礴、雄浑而又绚丽多彩的画卷，走上了建设中国特色社会主义的康庄大道。浙江的成功实践，为中国特色社会主义道路提供了新鲜经验。

回眸浙江发展列车的呼啸前行，正是党的建设这一强大引擎，有力地推进着浙江的飞速发展。党的十六大，特别是 2004 年 10 月以来，中共浙江省委十一届七次全会通过的《中共浙江省委关于认真贯彻党的十六届四中全会精神，切实加强党的执政能力建设的意见》，确定了浙江加强党的执政能力建设的主要任务和工作部署。在这次会议上，时任省委书记的习近平同志代表省委高屋建瓴地提出了"巩固八个方面的基础，增强八个方面的本领"的具体要求，明确了加强党的建设的关键和重点，为推进党的建设新的伟大工程指明了方向。历届浙江省委按照这个总体部署，一张蓝图绘到底，聚精会神抓党建、抓好党建促发展，为浙江的腾飞提供了坚实的思想政治组织保证。

一 切实履行从严管党治党庄严政治责任

党的十六大以来，历届浙江省委在党中央的坚强领导下，始终坚持党要管党、从严治党，一以贯之抓党建，确保了把党的领导核心作用落到了实处。

（一）从严管党治党绝不是一句空话

党要管党，首先是党委要管。党的十六大以来，历届浙江省委落实党要管党、从严治党方针究竟做得怎样？关于省委历次全会主要议题的一组数字，解开了课题组成员心中的疑惑。党的十六大以来，省委全体会议累计专题研究党建工作7次；每次省委全体会议在部署重点工作时，都特别强调要加强党对该项工作的领导。

2003年7月，省委十一届四次全会通过了《中共浙江省委关于兴起学习贯彻"三个代表"重要思想新高潮，进一步加强和改进党的建设的决定》。会议紧密结合浙江实际，进一步研究部署了浙江兴起学习新高潮、推动经济社会发展、加强改进党的建设等项工作。

2004年10月，省委十一届七次全会通过了《中共浙江省委关于认真贯彻党的十六届四中全会精神，切实加强党的执政能力建设的意见》。会议提出，加强党的执政能力建设的主要任务是：从浙江实际出发，紧紧围绕提高驾驭社会主义市场经济的能力、发展社会主义民主政治的能力、建设社会主义先进文化的能力、构建社会主义和谐社会的能力、应对国际局势和处理国际事务的能力的要求，致力于巩固党执政的各方面基础，深入实施"八八战略"，切实加强党的思想、组织、作风和制度建设，不断增强执政本领。

2007年5月，省委十一届十二次全会通过了《中共浙江省第十一届委员会向中共浙江省第十二次代表大会的报告》《中共浙江省纪律检查委员会向中共浙江省第十二次代表大会的工作报告》。

2007年6月，省委十二届一次全会通过了《中共浙江省委关于进一步加强自身作风建设的决定》。该决定指出，进一步加强省委自身作风建设至关重要。省委一班人，要始终牢记"两个务必"，强化忧患意识、公仆意识和节俭意识，认真落实"八个坚持、八个反对"，身体力行"八个方面良好风气"，带头树立良好的思想作风、学风、工作作风、领导作风和生活作风，努力把省委建设成为政治坚定、务实创新、勤政廉洁、团结奋进的领导集体。

2009 年 10 月，省委十二届六次全会通过了《中共浙江省委关于认真贯彻〈中共中央关于加强和改进新形势下党的建设若干重大问题的决定〉的实施意见》。会议提出，加强和改进新形势下党的建设的重点任务是：进一步加强马克思主义学习型政党和学习型党组织建设；坚持和完善民主集中制；深化干部人事制度改革；做好抓基层打基础工作；弘扬党的优良作风；加快推进具有浙江特色的惩治和预防腐败体系建设。

2012 年 5 月，省委十二届十一次全会通过了《中共浙江省第十二届委员会向省第十三次党代会的报告》。

2012 年 6 月，省委十三届一次全会通过了《中共浙江省委关于按照保持党的先进性和纯洁性要求，切实加强自身建设的决定》。该决定指出，推动浙江改革发展和现代化建设，必须按照保持党的先进性和纯洁性的要求，切实加强自身建设，进一步提高执政能力和领导水平。

在省委的高度重视下，全省各级党委对抓好党的建设高度重视，切实履行管党治党职能，不断健全工作机制，在提高浙江党的建设科学化水平中发挥了重要领导作用。

（二）把从严管党治党落到实处

从严管党治党，要求党建工作领导小组统筹各方力量。实践证明，浙江省委党建工作领导小组，在提高浙江党的建设科学化水平中发挥了积极作用。

一方面，建立健全组织领导机构。

省委专门成立了党建工作领导小组。领导小组由省委书记担任组长，省委副书记和省纪委书记、省委组织部长、省委宣传部长、省委秘书长等省委常委担任副组长，省纪委及省委相关工作部门、工青妇负责同志担任成员，共有 15 个成员单位。省委副书记协助省委书记分管党建工作，领导小组办公室设在省委组织部，组织部长兼任办公室主任。各位省委常委按照"一岗双责"要求，认真抓好各分管口子的党建工作以及党风廉政建设。全省11 个市及 90 个县（市、区）也都相应建立了党建工作领导小组，形成了健全完善的组织机构。

党建工作领导小组是党委抓党建工作的重要议事协调机构，省委明确了其职责任务。一是研究提出全省党的建设的方针、政策、总体思路和年度工作计划；二是指导全省各地、各部门开展党建工作；三是分析、研究各地各部门党组织带彻落实中央和省委关于加强和改进党的建设工作任务的进展情况和有关政策问题；四是推动总结和研究新时期党的建设的新鲜经验和新情况、新问题；五是讨论组织、宣传、党校、机关工委等部门和纪检监察机关有关党建工作中带有共性的重大问题和重要活动，并进行必要的协调。

另一方面，扎扎实实抓好党建。

首先，着力构建"大党建"的工作格局。一是牵头调研党建工作思路。每次全省党代会召开前，领导小组都会牵头对全省党建工作情况进行调研、总结，并组织起草省党代会报告中党建部分的内容。二是每年定期总结和谋划党建工作。每年年初召开会议总结过去一年党建工作，同时部署新一年的党建工作，把任务分解落实到各个成员单位。三是审议讨论党建重要文件。对相关部门提交的、需以省委名义部署的党建工作及下发的重要文件，视情况研究讨论或经领导小组负责同志审阅后，按规定程序上报省委审议决定。四是专题研讨党建工作。每年召开 1～2 次由各市分管党建工作负责同志等人员参加的党建研讨会。近年来，先后围绕非公党建、改革开放 30 年与浙江党建、推进服务型基层党组织建设、提高党的建设科学化水平、区域化党建与基层社会管理创新等主题开展研讨交流，推动了党建理论和实践的发展。

其次，统筹推进各领域、各方面党建工作。在领导班子和干部队伍建设方面，坚持每一两年突出一个主题，相继开展"三树一创"主题实践、"讲大局、鼓干劲、守纪律、正作风"主题教育、领导干部"创先争优示范行动"和"三严三实"教育等活动。在农村基层党建方面，在全省开展了服务型基层党组织建设、区域化党建、后进党组织整顿等工作。在"两新组织"党建方面，专门成立了省委新经济组织与新社会组织工作委员会，实行实体化运作，以争当"党建强、发展强"先进企业为总载体，大力开展系列红色行动。在党建制度创新方面，较早推行省市县党委常委会任免干部票决制和全委会成员推荐提名重要干部制度，将发源于浙江的"村务监督委员会"制度写入全国人大常委会修订的《村民委员会组织法》，坚持不懈地选择一些市县试行党代会常任制，并出台党代表任期制"五项制度"，从制度建设上有效提升了党的建设科学化水平。

再次，深入研究党建重大理论和实际问题。比如，党的十六大以后，时任省委党建工作领导小组组长、省委书记的习近平同志每年都亲自主持党建重点课题，相继组织开展了一系列重大调研。2003 年初，浙江省委围绕推进经济社会又好又快发展这一主题，确定了 21 个重大课题，组织省级领导班子成员展开大范围的调研活动。在深入开展"转变作风年""调查研究年"的基础上，出台了《关于推进调查研究工作规范化制度化的意见》。习近平同志主政浙江后，在一年多的时间里，就跑遍了浙江全省 11 个市和 90 个县（市、区），先后 7 次到联系点淳安县调查研究、指导工作，领导干部调查研究蔚然成风。

最后，不断推动党建工作落到实处。一是主要负责同志带头指导。领导小组组长、省委书记坚持每年参加省纪委全会以及全省组织、宣传工作会议，对全省党的建设作出部署。二是健全落实基层党建工作述职制度。从 2009 年开始，在全省所有县（市、区）、乡镇（街道）推行党委书记履行基层党建工作责任制专项述职制度，2011 年又推广到市委书记层面。三是建立党建工作直接联系点。比如，金华市和嘉善县是中央党建工作领导小组秘书组的联系点，省委党建工作领导小组也将这两个地方设为直接联系点，切实把联系点建成示范点，为中央抓党建提供"浙江样本"。四是开展党建工作情况督察。每年年底，省委党建工作领导小组要求各成员单位对开展党建工作情况进行总结，并在此基础上形成全省党建工作总结。同时，有重点地对各地各部门落实党建工作责任制情况进行督察指导。这些年来，相继对村级组织活动场所建设、村级组织换届选举、农村党的建设"三级联创"、非公有制企业党建、落实党风廉政建设责任制以及学习实践科学发展观活动、创先争优活动等进行了重点督察。

由于领导得力、组织得当，浙江党建工作领导小组的运转高效有序，确保了省委抓党建落到了实处。

二 为浙江改革发展掌舵引航

党的十六大以来，如何为浙江这艘改革开放的航船掌舵引航，是省委抓党建面对的重大课题。省委以党的执政能力建设和先进性纯洁性建设为主线，把党的建设与"五位一体"建设紧密结合起来，把不断提高执政能力和推进实施"八八战略"，建设平安浙江、文化大省、法治浙江、生态省紧密结合起来整体部署，全面推进党的建设新的伟大工程。

（一）党的领导为浙江发展把关定向

浙江人民所取得的卓越成就，无不体现了全省各级党组织的坚强领导。历届浙江省委始终高度重视加强党的自身建设，始终把坚持党的领导、大力提高科学执政水平作为推动走在发展前列的根本保证。党的十六大以来，省委始终坚持把党的建设与"五位一体"建设紧密结合起来，理清思路、科学决策，为浙江的经济社会发展确定了正确的方向。

一方面，通过省委历次全会，明确了全省发展的目标取向。

中国梦是宏伟的、属于全民族的，也是具体的、需要地方实践的。党的十六大以后，习近平同志主持制定了《中共浙江省委关于加快全面建设小康社会，提前基本实现现代化的决定》，明确了在新世纪新阶段实现浙江梦的奋斗目标，提出到2010年，争取全省人均生产总值比2000年翻一番；到2020年，力争全省人均生产总值再翻一番，全省基本实现现代化。

特别是2003年7月，时任省委书记的习近平同志在省委十一届四次全会的报告中提出浙江要实现全面、协调、可持续的发展，必须"发挥八个优势""推进八项举措"，即"八八战略"：一是充分发挥浙江的体制机制优势，大力推动以公有制为主体的多种所有制经济共同发展，不断完善社会主义市场经济体制。二是充分发挥浙江的区位优势，主动接轨上海、积极参与长江三角洲地区的合作与交流，不断提高对内对外开放水平。三是充分发挥浙江的块状特色产业优势，加快先进制造业基地建设，大力发展现代服务业，走新型工业化道路。四是充分发挥浙江的城乡协调发展优势，统筹城乡经济社会发展，加快推进城乡一体化。五是充分发挥浙江的生态优势，创建生态省，打造绿色浙江。六是充分发挥浙江的山海资源优势，大力发展海洋经济，推动欠发达地区跨越式发展，努力使海洋经济和欠发达地区的发展成为经济新的增长点。七是充分发挥浙江的环境优势，大力改善基础设施，建设平安浙江，构建和谐社会、法治社会。八是充分发挥浙江的人文优势，积极推进科教兴省、人才强省，加快建设文化大省。"八八战略"是对浙江改革发展实践的一次有高度有新意和完整的经验总结，它充分体现了浙江改革发展实践的基本经验，更是对浙江人民群众创新和智慧的总结概括。

党的十七大以后，省委一届接着一届干，坚持把"八八战略"蓝图绘到底。2007年11月，省委十二届二次全会通过了《中共浙江省委关于认真贯彻党的十七大精神，扎实推进创业富民创新强省的决定》，"两创"是"八八战略"的深化，是浙江落实科学发展观、全面建设小康社会的重大战略决策，成为推动浙江发展的又一重大举措。2012年12月，省委十三届二次全会通过了《中共浙江省委关于认真学习贯彻党的十八大精神，扎实推进物质富裕精神富有现代化浙江建设的决定》，提出了努力开创建设物质富裕精神富有现代化浙江新局面的要求。2014年5月，省委十三届五次全会通过了《中共浙江省委关于建设美丽浙江创造美好生活的决定》，研究部署了建设美丽浙江、创造美好生活工作。主要目标是：到2015年，美丽浙江建设各项基础性工作扎实开展；到2017年，美丽浙江建设取得明显进展；到2020年，初步形成比较完善的生态文明制度体系，争取建成全国生态文明示范区和美丽中国先行区。在此基础上，再经过较长时间努力，实现"天蓝、水清、山绿、地净"，建成"富饶秀美、和谐安康、人文昌盛、宜业宜居"的美丽浙江。

在"八八战略"总纲的指导下，从建设平安浙江、文化大省、法治浙江、绿色浙江，到全面实施"两创""两富"和"两美"，省委坚持把方向、抓大事、出思路，切实加强党对全局工作的领导。这些重大决策部署进一步明确了全省发展的总体方向。

另一方面，通过省委历次全会，研究了涉及全省"五位一体"建设的重大问题。

第一，高度重视经济建设。2003 年 10 月，省委十一届五次全会，通过了《中共浙江省委关于贯彻落实党的十六届三中全会精神，进一步完善社会主义市场经济体制的决定》。2008 年 9 月，省委十二届四次全会通过了《中共浙江省委关于深入学习实践科学发展观，加快转变经济发展方式、推进经济转型升级的决定》。

第二，加强政治建设。2006 年 4 月，省委十一届十次全会通过了《中共浙江省委关于建设"法治浙江"的决定》。

第三，关注民生，成为维护社会公平正义、建设平安浙江的核心。2004 年 5 月，省委十一届六次全会审议并通过《中共浙江省委关于建设"平安浙江"促进社会和谐稳定的决定》。2006 年 11 月，省委十一届十一次全会，通过了《中共浙江省委关于认真贯彻党的十六届六中全会精神，构建社会主义和谐社会的意见》，指出必须切实加强党的领导，为构建社会主义和谐社会提供坚强有力的政治保证。2008 年 4 月，省委十二届三次全会通过了《中共浙江省委关于全面改善民生促进社会和谐的决定》，要求加强党的领导，为全面改善民生提供有力保障。2011 年 6 月，省委十二届九次全会通过了《中共浙江省委关于加强和创新社会管理的决定》。

第四，围绕促进文化的大发展大繁荣加强党的建设。2005 年 7 月，省委十一届八次全会通过《中共浙江省委关于加快建设文化大省的决定》。要求各级党委、政府和领导干部要进一步统一思想，自觉把加快建设文化大省的工作摆上重要位置，努力提高领导和驾驭文化工作的能力和水平。2011 年 11 月，省委十二届十次全会通过了《中共浙江省委关于认真贯彻党的十七届六中全会精神，大力推进文化强省建设的决定》。

第五，注重生态文明建设。2010 年 6 月，省委十二届七次全会通过了《中共浙江省委关于推进生态文明建设的决定》；2014 年 5 月，省委十三届五次全体会议通过了《中共浙江省委关于建设美丽浙江创造美好生活的决定》，提出了"建设美丽浙江、创造美好生活"的新目标。

总之，省委认真贯彻科学发展观，"五位一体"一起抓、"五个文明"一起上的总体布局，使之相互渗透、相互支撑、相互促进，全面推进经济、政治、文化、社会、生态协调全面可持续发展。这一个个重大举措，对浙江长期以来的全面、协调、可持续发展产生了深远影响，为浙江科学发展提供了坚强有力的政治保证。

（二）绘就"八八战略"总蓝图

2002 年 11 月至 2007 年 3 月，习近平同志担任浙江省委书记。他主政浙江期间，要求浙江各级党组织围绕提高党的执政能力，大力加强党的建设。特别是，2004 年 10 月省委十一届七次全会明确提出要"巩固八个方面的基础，增强八个方面的本领"。

习近平同志带领省委"一班人"先后提出了"八八战略"和建设平安浙江、文化大省、法治浙江、生态省等重要思想，使全省党组织不断"巩固八个方面的基础，增强八个方面的本领"。"八八战略"是浙江全面深化改革的路线图，展现了近十多年来浙江改革发展体制机制创新的优势和举措，开创了浙江改革开放和现代化建设的新局面。

平安浙江建设成效显著。富裕与安定是人民群众的根本利益，致富与治安是领导干部的政治责任，2004 年 5 月，省委十一届六次全会审议通过《中共浙江省委关于建设"平安浙江"，促进社会和谐稳定的决定》，明确了建设平安浙江、确保社会和谐稳定的指导思想和原则、工作目标、任务。省委所说的"平安"，不是狭义的"治安"，而是"大平安"，即强调统筹考虑经济、政治、文化等诸多因素对社会和谐稳定的影响，建设经济更加发展、政治更加稳定、文化更加繁荣、社会更加和谐、人民更加安康，宽领域、大范围、多层面的平安浙江。平安浙江的内涵，富有哲理，具有很强的现实意义。

文化大省建设步伐加快。习近平同志深明文化发展规律，深谙浙江文化特点。文化的力量是民族生存和强大的根本力量，是改革开放以来浙江经济社会持续快速健康发展的深层原因。为此，省委十一届二次全会提出，要加快文化大省建设并作了专门部署。省委十一届四次全会把"进一步发挥人文优势、加快文化大省建设"作为浙江"八八战略"的重要内容提了出来。在2005年7月召开的省委十一届八次全会专题部署加快建设文化大省、增强浙江文化软实力的工作，制定了《中共浙江省委关于加快建设文化大省的决定》，提出要"从增强先进文化的凝聚力、解放和发展文化生产力、提高社会公共服务能力"入手，大力实施文明素质工程、文化精品工程、文化研究工程等"八项工程"，加快建设教育强省、科技强省、卫生强省、体育强省"四个强省"。深入挖掘浙江人民推进改革发展中体现出来的创新品格和创业精神，在坚持和发展"自强不息、坚韧不拔、勇于创新、讲求实效"浙江精神的基础上，培育和弘扬"求真务实，诚信和谐，开放图强"与时俱进的浙江精神，使之成为推动浙江经济社会又好又快发展的强大精神动力。

法治浙江建设措施得力。努力建设法治浙江，是省委为贯彻落实社会主义法治理念、推进民主政治建设作出的重大决策部署。2004年10月召开的省委十一届七次全会，明确提出了建设法治社会的要求。2006年4月，省委十一届十次全会通过了《中共浙江省委关于建设"法治浙江"的决定》，在推进法治浙江建设中，要认真贯彻依法治国、执法为民、公平正义、服务大局、党的领导五个方面的内容，更好地体现党的领导、人民当家作主和依法治国的有机统一。在推进法治浙江建设中，浙江省委领导率先垂范，时任省委书记的习近平同志先后深入40多个乡村、社区和单位，就建设法治浙江开展专题调研，解决实际问题。仅在2005年，他就先后对武义县白洋街道后陈村建立健全村务监督委员会进行调研，并以此促进基层民主政治建设；对义乌市总工会维权模式进行调研，维护农民工合法权益；到德清县下访接待群众，畅通信访渠道，完善信访制度；与省民政厅、省政府法制办公室探讨如何发挥职能作用，加强依法行政工作；到杭州市余杭区闲林镇考察民主法治建设，完善基层依法治理工作，建立和规范基层利益协调、矛盾处理、社会建设和社会管理机制，等等。

创建生态省名列全国前列。创建生态省、打造"绿色浙江"，是习近平同志在浙江工作时大力倡导并着力推进的重大决策部署。要积极实施可持续发展战略，以建设绿色浙江为目标，以建设生态省为主要载体，努力保持人口、资源、环境与经济社会的协调发展。2003 年 1 月，在国家环保总局正式批复浙江为全国第 5 个生态省建设试点省份后，习近平同志在全国第一个生态县安吉县调研时还深刻提出了"两座山"的"三境界"：第一境界是人们在发展之初，一切为发展让路，只要金山银山，不要绿水青山。第二境界是人们在发展过程中逐渐感到保护生态环境的重要性，开始认识到，既要金山银山，又要绿水青山。第三境界是科学发展的实践启示人们，破坏生态环境就是破坏生产力，保护生态环境就是保护生产力，改善生态环境就是发展生产力，绿水青山就是金山银山。生态兴则文明兴，生态衰则文明衰。经济增长是政绩，保护环境也是政绩。不重视生态的政府是不清醒的政府，不重视生态的领导是不称职的领导，不重视生态的企业是没有希望的企业，不重视生态的公民是不具备现代文明意识的公民。浙江在保持经济持续较快发展的同时，坚持不懈地抓生态文明建设，生态环境质量持续名列全国省区市前茅，为建设美丽中国提供了实践依据。

（三）"八八战略"的深入实践

党的十七大以后，省委坚持一张蓝图绘到底，提出了继续写好"八八战略"这篇大文章，关键是要抓好落实的要求。"两创""两富""两美"，这些重大举措，都是对"八八战略"的具体对接，体现和发展了"八八战略"的内核与精华。

一是以加快转变经济发展方式、推进经济转型升级为主线，促进经济转型。2008 年 9 月，省委专题研究经济转型升级问题，作出《中共浙江省委关于深入学习实践科学发展观，加快转变经济发展方式、推进经济转型升级的决定》，率先研究和试行浙江发展方式转变评价指标体系。同时，深入实施"三大国家战略"、"四大建设"和"五大统筹"等举措。党的十八大以来，省委要求打好以治水为突破口的转型升级"组合拳"，再造发展方式新优势。大力推进"五水共治"，统筹推进浙商回归、扩大有效投资、淘汰落后产能、"三改一拆"、"四换三名"、"个转企、小升规、规改股、股上市"

等各项工作。通过治水，让广大群众安居乐业，努力走出"绿水青山就是金山银山"的发展新路。

二是以加强社会管理创新、建设和谐社会为导向，促进社会转型。2011年6月，省委召开十二届九次全会做出了《中共浙江省委关于加强和创新社会管理的决定》，积极推进社会管理理念、体制、机制、制度、方法创新，努力使社会关系更加协调，社会行为更加规范，社会秩序更加良好，社会大局更加稳定，社会管理科学化水平处于前列，为全面建成惠及全省人民的小康社会、基本实现社会主义现代化创造更加良好的社会条件。2014年3月，省委召开全省建设平安浙江会议暨建设平安浙江10周年纪念大会，提出必须持之以恒地深化平安浙江建设，扎实推进具有浙江特色的社会治理体系现代化，努力建设基础更牢、水平更高、人民群众更加满意的平安浙江。

三是以加快服务政府和法治政府建设为重点，促进政府转型。党的十七大以后，先后开展了扩权强县和强镇扩权改革，深入推进行政审批制度改革，"十一五"期间共取消省级非行政许可事项518项。建立健全"收入一个笼子、预算一个盘子、支出一个口子"的财政管理模式。完善各类公开办事制度和行政审批电子监察系统。党的十八大以后，省委提出全面深化改革的重点是经济体制改革，核心问题是处理好政府和市场的关系，使市场在资源配置中起决定性作用和更好发挥政府作用。同时，不断提高浙江经济、政治、文化、社会、生态文明建设的法治化水平，为法治中国建设提供更多经验和有益借鉴。

四是以推动文化大省向文化强省迈进为方向，不断增强文化综合实力和竞争力。2008年6月，省委制定了《浙江省推动文化大发展大繁荣纲要（2008～2012）》。2011年1月，省政府制定《浙江省文化产业发展规划（2010～2015）》，提出了构建"一核三极七心四带"的文化产业总体布局。2011年11月，省委召开十二届十次全会做出《中共浙江省委关于认真贯彻党的十七届六中全会精神，大力推进文化强省建设的决定》，明确提出，到2020年，努力基本建成与浙江经济社会发展水平相适应的文化强省。党的十八大以后，省委提出，要大力培育和弘扬社会主义核心价值体系和核心价值观，践行"务实、守信、崇高、向善"的当代浙江人共同价值观。深入贯彻落实《公民道德建设实施纲要》，继续加强"最美浙江人"品牌的打造，推动形成学习、宣传、争做"最美浙江人"的良好社会风尚。面对诋毁正能量、干扰主旋律的噪音、杂音，面对错误文化思潮的渗透，要当战士不当绅士，不断提升舆论引导水平，牢牢掌握舆论引导的话语权，不断凝聚广大人民群众投身中国特色社会主义建设的正能量。

五是以建设美丽浙江、创造美好生活为目标，加快生态文明建设。2010年6月，省委十二届七次全会做出了《中共浙江省委关于推进生态文明建设的决定》，开启了浙江人与自然和谐发展的新阶段。同时，强力推动实现国家下达给浙江的节能减排指标，全面完成"十一五"节能减排目标，能源利用水平和生态环境综合指数位居全国前列。2014年5月，省委十三届五次全会提出，到2020年，初步形成比较完善的生态文明制度体系，争取建成全国生态文明示范区和美丽中国先行区。建设美丽浙江、创造美好生活，核心是实现人的现代化、人的文明，促进人的全面发展。

六是以全面改善民生为根本目的，努力实现物质上共同富裕和精神上共同富有。2008年4月，省委十二届三次全会做出《中共浙江省委关于全面改善民生促进社会和谐的决定》，提出要以完善为民办实事长效机制为保障，以实施"基本公共服务均等化""低收入群众增收""公民权益依法保障"等行动计划为抓手，确保全省人民学有所教、劳有所得、病有所医、老有所养、住有所居，不断丰富城乡居民物质生活和精神文化生活，使全面建设小康社会的成果惠及全省人民。2012年12月，省委十三届二次全会提出了干好"一三五"、实现"四翻番"的目标，最终目标是，到2020年，实现全省生产总值、人均生产总值、城镇居民人均可支配收入和农村居民人均纯收入比2010年翻一番，并力争提前实现。

（四）"八八战略"的重大意义

"八八战略"的深入实践，不但极大促进了浙江经济社会的快速发展，而且也为丰富党的建设理论提供了营养。

1. "八八战略"的实践意义

坚持一张蓝图绘到底，在"八八战略"总纲的指导下，从建设"两富"现代化浙江到干好"一三五"、实现"四翻番"，实施"八八战略"的十多年来，浙江改革发展有了长足进步，浙江经济社会发生了巨大改变。

发展的科学性明显提高。2001～2014年，全省生产总值连上1万亿元、2万亿元、3万亿元、4万亿元四个大台阶，从6898亿元提高到4.02万亿元，年均增长11.5%；人均生产总值从14664元提高到72967元；浙江转变经济发展方式水平居全国各省区第2位，自2009年以来浙江科学发展总水平连续6年居全国前5位，2014年浙江GDP质量指数居全国各省区第1位，2014年浙江GDP含金量居全国第4位。

城乡的统筹度明显提高。2014年，全省城市化率达到64.9%，比2001年提高近14个百分点，高出全国平均水平10.3个百分点；城乡居民收入比持续下降为2.35∶1，是全国城乡居民收入差距最小的省份之一。

区域的协调性明显提高。近年来，全省欠发达地区发展普遍快于全省平均水平，区域差距逐步缩小。2008～2014年，衢州、丽水、舟山三市生产总值年均增长11.1%，增幅比全省高1.7个百分点。

社会的和谐度明显提高。2014年，全省高等教育毛入学率为54%，比2001年提高38.9个百分点；城镇居民人均住房建筑面积为40.9平方米，农村居民人均居住面积为61.5平方米，分别比2001年增加20.6平方米和13.7平方米；参加企业基本养老保险2442.6万人，参加城镇职工基本医疗保险1900万人，参加失业保险1210.4万人，参加工伤保险1899.4万人，均比2001年有大幅度增长；企业退休人员基本养老金月人均水平超过2500元，居全国各省区前列；人民群众安全感满意率达95.93%，连续多年保持在较高水平。

百姓的幸福感明显提高。2014年，全省城镇居民人均可支配收入40393元，农村居民人均可支配收入19373元，分别连续14年和30年居全国各省区首位；2013年，城镇居民家庭恩格尔系数为34.4%，农村居民家庭恩格尔系数为35.6%，2014年在此基础上继续下降。

大政方针已定，前进路径已明。继续写好"八八战略"这篇大文章，浙江一定能够如期实现"两美"现代化目标，浙江人民一定能够过上更加富裕、幸福、美满的生活。"八八战略"这篇大文章，浙江省委和浙江人民必将一如既往地写下去。

2. "八八战略"丰富了党的执政思想

习近平同志主政浙江期间，始终高度重视围绕政治路线加强党的建设，始终强调党的执政能力建设，把党的建设落实到深入实施"八八战略"上，落实到推动浙江全面建成小康社会、提前基本实现现代化上，从根本上抓住了党的先进性建设的关键。

第一，伟大事业推动伟大工程，伟大工程保证伟大事业。党的建设目标实现与否，应以伟大事业的成功与否作为衡量标准。2006年6月，习近平同志说道："85年来党的先进性建设的历史雄辩地证实，党的先进性建设要紧密联系党的政治路线来进行，围绕党的中心任务来展开。伟大事业推动伟大工程，伟大工程保证伟大事业。"[1] 他还强调："必须把加强党的执政能力建设作为推进党领导的中国特色社会主义伟大事业和党的建设新的伟大工程的结合点……切实加强自身建设，努力把党的执政能力建设贯穿于党的思想、组织、作风和制度建设之中，同时又通过扎实推进党的思想、组织、作风和制度建设，有效提高党的执政能力。"[2]

第二，强调要强化党的领导核心作用。在担任浙江省委书记期间，习近平同志提出："在地方同级各种组织中，党委是领导核心，各种组织必须自觉接受和服从党委的统一领导，围绕党委中心工作来安排和部署各自的工作。"[3] 为此，习近平同志创造性地提出了完善党的领导体制机制需要重点解决三方面问题：一是要积极探索和完善总揽全局、协调各方的领导体制。

---

① 习近平：《干在实处　走在前列——推进浙江新发展的思考与实践》，中共中央党校出版社，2006，第457页。

② 习近平：《干在实处　走在前列——推进浙江新发展的思考与实践》，中共中央党校出版社，2006，第401页。

③ 习近平：《干在实处　走在前列——推进浙江新发展的思考与实践》，中共中央党校出版社，2006，第401页。

规范党委与人大、政府，与政协以及人民团体的关系，保证各方既独立负责、各司其职，又步调一致、运转高效地开展工作，形成整体合力。二是领导体制要由工作机制来保证。省委要对全局工作进行通盘考虑，整体谋划，形成全面推进的工作机制；要合理划分工作层次，处理好重点工作和面上工作的关系。三是要不断健全和完善总揽全局、协调各方的各项工作制度。① 比如，建立健全提高省委议事和决策水平的有关制度等；提出了发挥群团组织桥梁纽带作用的三个"着眼点"，即在加强领导上做文章，在支持工作上下功夫，在狠抓落实上求实效。

第三，强调通过完善党的执政方式来更有效地提高党的执政能力。首先，党员的执政意识强不强是决定执政地位巩固与否的重要前提。一方面，习近平同志强调党的干部是执政能力建设的主体。② 另一方面，强调共产党执政不是仅靠少数领导干部执政，而是要靠全体党员去执政，发挥全体党员的先锋模范作用，在各个领域团结和带领群众前进。③ 其次，要改善党的领导。习近平同志强调："法治建设绝不是要削弱党的领导，而是要从理念上更好地强化党的意识、执政意识、政权意识，从制度上、法律上保证党的执政地位，通过改善党的领导来更有效地坚持党的领导、加强党的领导，通过完善党的执政方式来更有效地提高党的执政能力、保持党的先进性。"④ 推动立法，要贯彻依法治国基本方略，善于使党的主张通过立法程序成为国家意志，从制度上、法律上保证党的路线方针政策的贯彻实施。最后，要统揽经济社会发展和改革开放的大局。制定政策，就是要制定实现经济社会发展目标和主要任务的重大政策，坚持改革开放，促进城乡、区域、经济社会协调发展，促进人和自然协调发展。"八八战略"，体现了浙江省委坚定履行统揽经济工作大局，为浙江发展把关定向的职责。

---

① 参见习近平《干在实处　走在前列——推进浙江新发展的思考与实践》，中共中央党校出版社，2006，第457页。
② 参见习近平《之江新语》，浙江人民出版社，2007，第84页。
③ 参见习近平《干在实处　走在前列——推进浙江新发展的思考与实践》，中共中央党校出版社，2006，第464页。
④ 习近平：《之江新语》，浙江人民出版社，2007，第207页。

第四，强调学会弹钢琴，善于抓重点，创新工作方法。习近平同志指出："针对这些问题，我们必须切实把发展的理念转变到科学发展观上来，转变到以人为本上来。在这个过程中，共产党员一定要服务群众并教育群众，努力做为人民群众服务的带头人，做人民群众信赖、尊敬的贴心人。"①习近平同志还强调："正确的决策，绝对不是一个人或者一堆人，不作调查研究，坐在房子里苦思冥想就能产生的，它要在人民群众改革发展的实践中才能产生。"②他号召领导干部迈开步子，走出院子，去车间码头，到田间地头，进行实地调研，从而得出正确的结论。他要求，各级干部要察实情、讲实话、办实事，干在实处、务求实效。要保持求真务实的作风，努力在求深、求实、求细、求准、求效上下功夫。③他倡导求"四真"、务"四实"，注重考察干部政绩的"显绩"与"潜绩"的辩证法。习近平同志强调，要掌握正确的思想方法和工作方法。为提高各级干部领导水平，他提出：一是要有高超的领导艺术，增进团结，形成领导班子的整体合力。二是要有世界眼光、战略思维，善于抓方向谋大局。三是各级干部必须要学会辩证法，善于把重点论和两点论有机结合起来。这些都构成了习近平总书记系列重要讲话关于科学的思想方法和工作方法的思想源头。

三 以改革创新精神加强党的自身建设

党的十六大以来，在社会日益发展的形势下，历届浙江省委始终坚持党要管党、从严治党的方针，不断推进党的自身能力的建设，确保全省各级党组织始终保持先进性和纯洁性。

（一）奠定浙江党的建设的牢固基础

党的十六大以后的近五年，省委高度重视党的建设，牢牢抓住从严管党、治党这个关键不放，为此后浙江党的建设奠定了坚实基础。

---

① 习近平：《之江新语》，浙江人民出版社，2007，第139页。
② 习近平：《之江新语》，浙江人民出版社，2007，第154页。
③ 参见习近平《之江新语》，浙江人民出版社，2007，第1页。

1. 始终坚持把思想建设放在首位

党的十六大以后的五年间，结合实施"八八战略"，全省深入开展了学习实践科学发展观的活动，推动了理论学习不断深入。省委中心组学习采取了省委常委专题学习会、中心组学习会、省委专题读书会、"浙江论坛"等不同的学习形式。

2002年、2003年，省委先后通过的《中共浙江省委关于认真贯彻落实党的十六大精神，加快全面建设小康社会，提前基本实现现代化的决定》《中共浙江省委关于兴起学习贯彻"三个代表"重要思想新高潮，进一步加强和改进党的建设的决定》，明确提出"学在深处、谋在新处、干在实处"，努力在真学、真懂、真信、真用上下功夫，不断落实用发展着的马克思主义指导新实践的要求。

省委抓干部队伍的理论学习坚持"三突出"（突出抓好各级领导干部的脱产理论培训；突出抓好各级党委理论学习中心组的学习；突出抓好以学习考核、检查交流、评比表彰等制度为主要内容的理论学习制度建设）。为此，省委组织部先后出台了《关于今年下半年对县处级以上领导干部进行"三个代表"重要思想学习轮训的实施意见》《关于全省组织系统干部"三个代表"重要思想学习轮训的实施意见》《关于在基层党组织中兴起学习贯彻"三个代表"重要思想新高潮的实施意见》。2004年初，在全省县以上党政领导班子中开展"树立科学的发展观、树立正确的政绩观、树立牢固的群众观，创为民、务实、清廉好班子"的教育实践活动（简称"三树一创"活动），在领导班子思想政治建设上形成了鲜明的特色。

2. 加强各级领导班子和干部队伍建设，巩固基层组织，永葆党的先进性

党的十六大以后的五年里，浙江牢牢夯实了这个基础。

第一，切实加强各级领导班子和干部队伍建设。省委本着"关心一个地方、一个部门的工作，首先要关心这个地方、这个部门的领导班子建设；支持一个地方、一个部门的工作，首先要帮助这个地方、这个部门把领导班子建设好"的精神，把各级领导班子建设成为坚强的领导集体。

第二，在实践锻炼中提高干部的素质、能力。其一，把各方面比较优秀、发展潜力大的年轻干部放到县（市、区）党政"一把手"岗位上进行重点培养、使用。其二，将长期在机关工作、缺乏基层工作经验的干部下派到基层进行挂职锻炼。其三，从发达地区选派干部到贫困山区、海岛任职。其四，组织一批后备干部到纪委、信访部门及"12345"市长电话专线协助工作。其五，对经过公选任职的高学历年轻干部，指定专门的老同志作为联系人结对帮带，建立定期约谈制度，加强传帮带。其六，2004年以来，推行农村工作指导员制度，既推动了"三农"工作，又锻炼了广大干部。其七，省委先后制定了《关于五年内大规模开展干部教育培训工作的实施意见》《2003～2007年省直部门组织的干部教育培训实施计划》《2006～2010年浙江省干部教育培训规划》，把干部教育培训作为一项战略性、基础性工作来抓。

第三，巩固基层组织的根基。五年中，浙江先后出台了《浙江省非公有制企业党组织工作暂行规定》《关于加强非公有制企业党建工作覆盖网建设的意见》等文件，基本实现了"双覆盖"，探索出非公有制经济党组织发挥作用、服务发展的具体方式方法。在农村，大力实施"先锋工程"，全面提升农村党组织建设水平。以"强核心、强素质、强管理、强服务、强实力"为主要内容，依托"365服务窗口"、"技能型政府"、农技"110"服务中心载体，着力教育和引导农村基层党员干部实现"三带、三转变"。以"一配二选三训四留"的工作思路，加强街道社区党组织的自身建设。此外，国企、机关、高校等领域党的建设都有了长足发展。

第四，抓好党员的发展教育管理服务工作。努力把好党员发展的"入口关"，探索制定出"三培养"、民主推优、公示、票决、责任追究、私营企业主入党多部门联审、入党积极分子连续培养考察等制度。积极稳妥地在新社会阶层中发展党员。2005年12月，义乌市第一批10个业主入党时，先在《义乌报》上公示7天，然后劳动、税务等10个部门联席会议进行联审，最后报党委审批。积极探索党员教育管理服务工作新方法、新机制，努力构建党委统一领导，组、宣、纪分工负责，有关部门和单位相互配合的党员管理工作新格局。

第五，全面开展保持共产党员先进性教育活动。继杭州市、浙江大学分别被列入全国城市基层和高校先进性教育活动试点单位后，2005 年 1 月，浙江省先进性教育活动正式全面启动。在教育活动中，各级党委（党组）牢牢把握"紧密结合时代要求加强党的先进性建设"、"关键是要取得实效"、"成为群众满意工程"和"走在前列"的具体要求，强化前列意识，坚持求实创新，体现浙江特色，取得较好成效。

3. 密切联系群众，大力开展党风廉政建设

切实改进党风政风。省委从自身做起，大兴求真务实之风。2004 年 3 月，出台《关于改进会议管理提高会议效率的意见》；2004 年 4 月，出台《关于进一步转变领导作风的意见》。省委明确提出要大兴调查研究之风，仅 2003 年省委、省政府就确定 21 个重大调研课题。出台为民办实事长效机制的若干意见，建立省委常委、副省长基层联系点和领导干部下访制度。

2004 年以来，在全省范围内开展了机关效能建设。在实践中，省委以规范事权、财权、人事权为目标，以行政服务中心、会计服务中心、招投标中心为主要载体，以效能投诉中心（经济发展环境投诉中心）为保障机制，建立了省、市、县三级机关效能监察投诉中心，建立完善了行政服务中心。机关效能建设努力从制度建设上关口前移，例如，宁波市探索建立"三重一大"保廉体系；杭州市西湖区成立小型建设工程管理中心，50 万元以下项目进入该中心进行阳光交易；等等。

率先在全国建立教育、制度、监督并重的反腐倡廉体系。2002 年，浙江省就提出了这个问题，2003 年 7 月以省委名义又下发《反腐保廉防范体系的意见》。几年里，浙江实行了多种形式的领导干部述职述廉制度，强化行政监察和审计职能，建立巡视制度。2004 年 7 月 15 日，省委常委会公开向全省人民做出六项廉政承诺，自觉接受公众的监督。推出"四条禁令"，规范干部行为。普遍开展以群众"满意不满意"为主要标准的民主评议考核，建立长效机制。要求每一位领导干部算好"干部待遇账、法律纪律账、个人良心账"。

首倡廉政文化建设。改革开放以来，浙江提出不仅要建设经济大省，而且要建设文化大省。这种文化追求，引领浙江人在反腐倡廉的实践中孕育出一个新的文化形式——廉政文化，为我们党和国家建立惩治和预防腐败体系，提供了宝贵经验。

4. 以创新制度、机制为动力，规范党的各项建设

按照科学执政、民主执政、依法执政的要求，理顺了各级党委领导体制。建立健全"一个核心""三个党组""几个口子"的领导体制和工作机制。按照总揽全局、协调各方的要求，发挥党委的核心领导作用，加强人大工作、政协工作和工青妇等群团工作。

健全完善民主集中制根本制度。先后制定了《中共浙江省委议事规则》《浙江省人民政府工作规则》和《浙江省人民政府会议制度》，用制度来保证决策的民主化、科学化。坚持做到重大问题提交党委常委会集体讨论决定，涉及全局和长远的问题，提交党的委员会全体会议讨论决定。

制度、机制创新亮点纷呈。全省各地结合实际，进行了新的探索。比如：在理论学习上，金华市探索出的领导干部理论学习学分制考核制度。在干部制度改革上，杭州市探索出的市、县（市）两级联合公开选拔领导干部制度；嘉兴市探索出的市县联动、分类分层备用结合公开选拔领导干部和领导干部职务任期制的制度；湖州市探索出的领导干部"两圈考察"的制度；瑞安市探索出的规范干部使用初始提名行为的制度。在选举制度改革上，衢州市探索的民主推荐提名、差额选举副县长的制度；台州市路桥区探索的区（县）级党代表直选的制度；奉化市探索的农村党组织书记"公推公选"的制度；绍兴市探索的农村党组织换届"二推二选"的制度；平湖市探索的"党内无候选人直选村党组织领导班子"的制度。在乡镇班子和干部队伍建设上，金华市探索的推行乡镇"365 服务窗口"制度；衢州市探索的创办"农技 110 服务体系"；庆元县探索的建设技能型乡镇政府。在基层党组织建设上，杭州市探索的流动党员"安家工程"；常山县探索的发展党员"三推一定"制度；缙云县探索的发展党员票决制。在村级民主建设上，金华市探索的建立村务

监督委员会；余姚市探索的"阳光村务八步法"；新昌县探索的村务公约制度；江山市探索的重要村务公决制度；天台县探索的村务民主决策"五步法"。在非公企业党的建设上，温州市瓯海区探索的非公企业党组织活动社区化；乐清市探索的非公企业党建联合共建；诸暨市探索的非公企业"民主恳谈会""党员议事会"。

这些改革创新，为保持和不断发展浙江各级党组织的先进性提供了强有力的制度、机制保证，有力地推动了党的建设新的伟大工程。

（二）理论上的探索与创新

习近平同志主政浙江期间，提出的关于如何加强浙江党的建设的相关论述，为浙江党的建设指明了方向。

1. 保持共产党员先进性，关键是要干在实处，走在前列

在主政浙江期间，习近平同志始终高度重视党的先进性建设，始终强调要把保持党的先进性和履行自身职责紧密结合起来，切实为浙江在全面建设小康社会、加快推进社会主义现代化进程中继续走在前列，提供坚强有力的保证。① 2006年6月，他指出："只要党的先进性常在，党的创造力就不竭，党的凝聚力就不散，党的战斗力就不减，党的生命力就永存。"②

保持共产党员先进性，关键是要干在实处，走在前列。实现这个目标，其根本保证是在加强党的先进性建设方面走在前列。

干在实处，走在前列，必须始终保持良好的精神状态。习近平同志指出："精神状态是动力所在。浙江发展的一个重要因素是依靠精神力量特别是'浙江精神'的激励"。"我们必须始终保持良好的精神状态，认清使命，增强信心，在迎接挑战中把握机遇，在克难攻坚中脱胎换骨，在解决矛盾和问题中实现凤凰涅槃。"良好的精神状态是指奋发有为的精神状态，是指"敢为天下先"的胆识和锐气，绝"不能把'走在前列'泛化俗化口号化，

---

① 参见习近平《保持先进性就是走在前列》，《浙江日报》2005年6月1日，第1版。
② 习近平：《干在实处 走在前列——推进浙江新发展的思考与实践》，中共中央党校出版社，2006，第457页。

搞不顾条件的盲目攀比和违背客观规律的大干快上"①。

干在实处，走在前列，必须具备宽广的发展视野。新世纪新阶段，浙江全面建设小康社会的各项工作态势良好，但是仍然存在许多问题。习近平同志要求广大党员干部，"我们要具有世界的眼光和开放的思维，把浙江的发展置于更加广阔的背景中来观察、认识和思考，在更大范围、更高层次上找座次、定坐标，不断激发推进发展的动力、活力和勇气，在新一轮的发展中走在前列，尽领风骚。"②

干在实处，走在前列，最终要体现在真正干出有益于党和人民事业发展的实事，真正建立起经得起历史检验的一流的工作业绩。习近平同志指出："不仅要在经济增长的数量和速度方面继续走在前列，更要在经济发展的质量和效益方面走在前列，在经济社会全面、协调、可持续发展方面走在前列。"广大党员干部都要"立足本职，锐意进取，开拓创新，树立一流的目标，追求一流的水平，创造一流的效率，干出一流的业绩"③。创造出经得起实践、人民、历史检验的实绩。

2. 把思想理论建设摆在更加突出的位置

用发展着的马克思主义指导新的实践。一方面，对待理论，要"努力在真学、真懂、真信、真用上下功夫"。"四真"要求，成为此后历届浙江省委学习理论和党的十七大、十八大精神及习近平总书记系列重要讲话精神的指导方针。另一方面，要始终保持与时俱进的精神状态。习近平同志结合浙江实际，多次系统阐述了始终保持与时俱进的精神状态的具体要求，强调理论接了地气才能落到实处。

要在接受革命精神教育中坚定理想信念。习近平同志也多次强调坚定理想信念及传统教育的重要性。作为中国共产党诞生地的嘉兴南湖，更是浙江

---

① 习近平：《干在实处 走在前列——推进浙江新发展的思考与实践》，中共中央党校出版社，2006，第45~46页。

② 习近平：《干在实处 走在前列——推进浙江新发展的思考与实践》，中共中央党校出版社，2006，第46页。

③ 习近平：《干在实处 走在前列——推进浙江新发展的思考与实践》，中共中央党校出版社，2006，第46~47页。

党员干部理想信念教育的圣地。习近平同志曾深情地说："我调任浙江后，即怀着无限崇敬的心情，专程到嘉兴南湖瞻仰红船，接受革命精神教育。"①党的十八大之后，习近平总书记更是在许多场合谈及"坚定理想信念"，提出理想信念就是共产党人精神上的"钙"，理想信念不坚定，精神上就会"缺钙"，就会得"软骨病"。理想信念的坚定，是好干部的第一位标准。

学风问题也是党风问题。习近平同志高度重视学习，同时强调要学以致用，深入研究党建重大理论和实际问题。学习要系统全面，学习贵在坚持，学习重在应用。学以致用既是一种良好的学风，更是学习的最终目的所在，领导干部学习理论要有的三种境界，要求各级领导干部要做到带头学、深入学、持久学，成为勤奋学习、善于思考的模范，解放思想、与时俱进的模范，学以致用、用有所成的模范。

在践行社会主义核心价值观中凝聚中国梦的共同理想。习近平同志强调要弘扬和培育民族精神，特别是丰富和发展浙江精神，不断赋予民族精神以新的内容，增强人们的精神力量。各级领导干部必须作出表率。浙江省委对社会主义核心价值观建设的重视和作为，为浙江率先实现现代化最大限度地形成共识、凝聚了力量，筑牢了浙江人民实现中国梦的共同思想基础。

在加强意识形态工作领导中做到守土有责。习近平总书记在全国宣传思想工作会议上指出："意识形态工作极端重要。""做好意识形态工作，宣传思想部门承担着十分重要的职责，必须守土有责、守土负责、守土尽责。"②实际上，在主政浙江期间，习近平同志就多次针对宣传思想工作强调，要"高度重视新闻宣传的地位和作用"，要"做到守土有责"，要"加强对意识形态工作的领导"，"抓好宣传思想工作，发挥政治核心作用"等重要观点。③

---

① 习近平：《弘扬"红船"精神　走在时代前列》，《光明日报》2005 年 6 月 21 日。
② 《习近平在全国宣传思想工作会议上强调：胸怀大局、把握大势、着眼大事，努力把宣传思想工作做得更好》，《人民日报》2013 年 8 月 21 日。
③ 习近平：《干在实处　走在前列——推进浙江新发展的思考与实践》，中共中央党校出版社，2006，第 307～312 页。

3. 大力加强党的组织自身建设

习近平同志在察人识人、选人用人、管人育人等方面思考了很多问题，开展了很多实践，提出了很多具有针对性、前瞻性、建设性的重要论断。比如：坚持凭实绩用干部，树立正确用人导向；激励干部拎着乌纱帽为民干事，强调"为官不易"，不能"为官不为"；正确处理德与才的关系，更加注重德，把德放在首位；领导班子建设是核心，"响鼓不用重锤敲"，"一把手"的综合素质要非常高；干部监督管理要务求严格，警惕"小节无害"，防止"温水效应"；党管干部原则任何时候都不能丢，党委要切实把好用人关等等。这些论断在浙江付诸具体实践，为党的十八大以来习近平总书记"大力培养选拔党和人民需要的好干部"，"党要管党首先是管好干部、从严治党关键是从严治吏"等重要思想的形成，提供了思想渊源和实践基础。两者是一个前后相继、紧密联系、相互贯通的整体。

习近平同志在担任浙江省委书记期间，多次强调"我们共产党可以说是全世界最重视基层的党"。"基础不牢，地动山摇。"① 他指出："党和国家的各项方针政策和工作部署，省委提出的'八八战略'和'平安浙江'，最终要靠广大基层党员干部带领群众去贯彻和实施，人民群众的经济、政治、文化利益，也要靠广大基层干部组织引导群众去实现。"② 他从战略高度重视基层党建工作的态度是一贯的，贯彻党要管党、从严治党方针，必须扎实做好抓基层、打基础的工作，使每个基层党组织都成为坚强战斗堡垒。越是情况复杂、基础薄弱的地方，越要健全党的组织、做好党的工作，确保全覆盖，固本强基，防止"木桶效应"。关于基层干部队伍建设，习近平同志强调："我们一定要认识到基层干部和基层工作的极端重要性，采取切实有效的措施，把基层干部队伍建设好、培养好、使用好。"③ 习近平同志对基层干部的关爱是一贯的。党的十八大后，习近平总书记强调："要把热情

① 习近平：《之江新语》，浙江人民出版社，2007，第 111 页。
② 习近平：《干在实处　走在前列——推进浙江新发展的思考与实践》，中共中央党校出版社，2006，第 433 页。
③ 周咏南：《省委书记习近平给基层干部拜年》，《浙江日报》2004 年 12 月 28 日。

关心和严格要求结合起来，对广大基层干部充分理解、充分信任，格外关心、格外爱护，多为他们办一些雪中送炭的事情。"① 在浙江工作期间，习近平同志特别强调要向永嘉县村支书郑九万学习。到中央工作后，又先后对沈浩、文建明等优秀基层干部的先进事迹作出重要批示，号召全党同志向这些优秀基层干部学习。

党内民主是党的生命。习近平同志主政浙江期间，始终高度重视党内民主建设。他善于把马克思主义的基本原理转化为指导具体实践的思想方法和工作方法，在发展党内民主方面作出许多精辟论述。从"坚持和完善民主集中制""保障党员主体地位和民主权利""完善党代表大会制度和党内选举制度""完善党内民主决策机制""维护党的集中统一"等方面，阐述和贯彻了党中央在新形势下"坚持和健全民主集中制，积极发展党内民主"的指导方针和工作部署。

4. 密切党同人民群众的血肉联系

习近平同志主政浙江期间，积极探索党的作风建设的内涵与具体内容，取得了不少理论创新成果，对党的十八大后全面从严治党产生重大影响。

第一，作风建设的宗旨日渐明晰。2003年2月，习近平同志强调："我们要经常扪心自问：手中的权力是从哪里来的？是用来干什么的？要经常告诫自己，权力只能用来为民谋利，而不能成为牟取私利的手段。"② 习近平同志在主政浙江期间，形成了三个方面的思想：一是群众中蕴藏着巨大的智慧和能量，拜群众为师的思想；二是强调为民办实事，把党的群众工作体现在为群众多办事、办好事、办实事的具体行动中的思想；三是跟着群众跳火坑，与群众感情上拉近了工作就好做了的思想。③ 党的十八大后，习近平总书记在中央政治局第一次集体学习时的讲话中指出，党坚强有力，党同人民保持血肉联系，国家就繁荣稳定，人民就幸福安康。为新时期党的作风建设指明了

---

① 习近平：《在全国组织工作会议上的讲话》，《党建研究》2013年第8期。

② 《浙江省委书记习近平：廉洁自律从我做起》，中国广播网，2003年2月24日。

③ 参见中共浙江省委理论学习中心组《中国特色社会主义在浙江实践的重大理论成果——学习〈干在实处 走在前列〉和〈之江新语〉两部专著的认识和体会》，《浙江日报》2014年4月4日，第3版。

方向。

第二，良好的精神状态，是做好一切工作的重要前提。在习近平同志看来："领导干部在工作顺利的时候，保持良好的精神状态并不难，难的是在面对众多矛盾和问题时、遇到困难和挫折时，能够始终保持昂扬向上、奋发有为的精神状态。"① 倡导党员尤其是党员领导干部积极开展批评与自我批评，不断实现思想观念的净化与境界的提升。党的十八大以来，习近平总书记更是再三强调和注重发挥批评与自我批评这一党的优良传统作风的重要价值与积极效应。"照镜子、正衣冠、洗洗澡、治治病"正是对党员及干部队伍加强思想改造、开展批评与自我批评的形象提法。

第三，干部作风建设要做到"四个结合"、抓好"三个环节"。2007 年 3 月，习近平同志对于加强领导干部作风建设提出了做到"四个结合"、抓好"三个环节"的新要求。② 习近平同志赴任上海后，又进一步明晰了教育、制度、监督三者在加强领导干部作风建设上的关系，指出教育是基础，制度是保证，监督是关键；对领导干部自身修养提出"六个始终不能忘记"的要求。③

第四，艰苦奋斗、求真务实。工作作风是习近平同志关于党的作风建设思想的核心内容，在这方面，他倡导广大党员干部艰苦奋斗、求真务实。习近平同志积极倡导领导干部向焦裕禄学习、弘扬艰苦奋斗精神。习近平在浙江工作期间多次提到："县委书记的榜样焦裕禄，'官'有多大？但他的形象是十分高大的。"④ 将焦裕禄精神概括为"勤政为民、艰苦奋斗的创业精神"⑤。2009 年，习近平同志又将焦裕禄精神概括为"亲民爱民、艰苦奋斗、科学求实、迎难而上、无私奉献"。党的十八大后，习近平总书记重申必须

---

① 习近平：《之江新语》，浙江人民出版社，2007，第 60 页。
② 参见习近平《干部作风建设要加强领导、教育和监督》，http://news.xinhuanel.com/misc/2007 - 03/05/content_ 5803666. htm，2007 年 3 月 5 日。
③ 参见《习近平同志谈官员作风建设　要求做到六个"始终不忘"》，《解放日报》2007 年 4 月 14 日，第 1 版。
④ 习近平：《之江新语》，浙江人民出版社，2007，第 3 页。
⑤ 习近平：《之江新语》，浙江人民出版社，2007，第 218 页。

发扬艰苦奋斗的作风，并将艰苦奋斗摆在更加重要的位置。在赴第二批群众路线教育联系点兰考考察时，又专门论述了学习焦裕禄精神的重要意义。

习近平同志反复倡导并努力践行求真务实的工作作风。2004年春节前夕，习近平同志写了四副对联，以凝练的语言分别阐释了求真务实的内涵、主要途径、基本要求和根本目的，而横批都是"求真务实"。① 在他担任总书记后，就首先向全党发出了"空谈误国，实干兴邦"的号召，极大振奋了党心民心。

第五，文风求短、求实、求新。2004年12月9日，习近平同志提出了改进文风的三点要求：求短、求实、求新。为此，习近平同志率先垂范，《之江新语》一书发表的232篇短论，便是这种文风的典型表现。到中央工作后，习近平同志再次强调关于文风"求短、求实、求新"的思想，并对领导干部改进文风提出了两个方面的要求，一是勤于学习，拓宽视野，增长学识；二是增强党性修养，做到言行一致、表里如一。②

第六，干部生活作风要"小事当慎、小节当拘"。2004年3月20日，习近平同志在《浙江日报》"之江新语"专栏发文警示领导干部："每个领导干部都应慎独慎微，从小事小节上加强自身修养，从一点一滴中自觉完善自己，懂得是非明于学习、境界升于自省、名节源于修养、腐败止于正气的道理，始终保持共产党员的本色。"③ 习近平同志曾语重心长地告诫领导干部：一名领导干部的蜕化变质往往就是从生活作风不检点、生活情趣不健康开始的。生活作风不检点、不正派，就很难做到清正廉洁，很难对社会风气起到正面引导和促进作用。④

5. 走出一条预防和治理腐败的新路子

习近平同志主政浙江时期高度重视反腐倡廉工作，与时俱进地提出了许

① 中共浙江省委理论学习中心组：《中国特色社会主义在浙江实践的重大理论成果——学习〈干在实处 走在前列〉和〈之江新语〉两部专著的认识和体会》，《浙江日报》2014年4月4日，第3版。
② 参见习近平《领导干部改进文风要在短、实、新上下功夫》，http://news.xinhunet.com/politics/2010-05/12/c_1291502_2.htm，2010年5月12日。
③ 习近平：《之江新语》，浙江人民出版社，2007，第38页。
④ 参见习近平《之江新语》，浙江人民出版社，2007，第261页。

多新的思想与观点。

第一，树立党章权威，严格党的纪律。早在 2006 年 1 月，习近平同志就提出，把学习贯彻党章与深入开展党风廉政建设和反腐败斗争结合起来，切实做好反腐倡廉工作。① 这一思想，深远地影响着党的十八大后担任总书记的习近平同志。他认为，"严明党的纪律，首要的就是严明政治纪律。严明政治纪律就要从遵守和维护党章入手。"② 他要求，每一个共产党员特别是领导干部都要牢固树立党章意识，自觉用党章规范自己的一言一行。

第二，反腐倡廉要从自身做起。2003 年 2 月，习近平同志在浙江省纪委二次全会上作出庄严承诺："我代表省委向大家郑重承诺，在廉洁自律问题上，要从我做起，以身作则，严于律己，落实责任，自觉接受社会各方面的监督，要求别人做到的，自己首先做到，要求别人不做的，自己坚决不做。"③党的十八大以来，以习近平同志为总书记的中央政治局带头遵守八项规定、坚决反对"四风"，一级示范给一级看，起了很好的作用。

第三，构建预防和惩治腐败的体系。2004 年 11 月，习近平同志在全国首次提出，要围绕建立健全教育、制度、监督并重的惩治和预防腐败体系，突出重点，注重教育崇廉、制度保廉、监督促廉，取得使人不想腐败、不能腐败、不敢腐败的综合功效。④ 党的十八大后，习近平总书记在十八届中央纪委二次全会上再次发表重要讲话中，强调要深入推进党风廉政建设和反腐败斗争，全面加强惩防体系建设。

第四，加强反腐倡廉制度建设。2004 年 5 月，习近平同志指出，积极推进体制、机制和制度建设，努力从源头上解决问题。2005 年 2 月，习近平同志在浙江省纪委七次全会上的讲话中指出，不断推进反腐倡廉的规范化、制

---

① 参见习近平《干在实处　走在前列——推进浙江新发展的思考与实践》，中共中央党校出版社，2006，第 453 页。

② 《习近平在十八届中央纪委二次全会上发表重要讲话强调：更加科学有效地防治腐败，坚定不移把反腐倡廉建设引向深入》，《人民日报》2013 年 1 月 23 日。

③ 《浙江省委书记郑重承诺：廉洁自律从我做起》，新华网，2003 年 2 月 25 日。

④ 参见《切实落实党风廉政建设责任制　努力取得反腐倡廉工作新成就》，《浙江日报》2004 年 11 月 23 日。

度化、法制化，努力开创我省反腐倡廉工作的新局面。习近平同志就任总书记后，在 2013 年 4 月中央政治局第五次集体学习时强调："关键是要健全权力运行制约和监督体系，让人民监督权力，让权力在阳光下运行，把权力关进制度的笼子里。"①

第五，用法治思维和法治方式反对腐败。建设"法治浙江"，是"八八战略"的重要内容，是建设法治国家在地方的生动实践，为习近平总书记水到渠成地提出"用法治思维和法治方式反对腐败"的思想奠定了坚实的基础。党的十八大后，习近平总书记"用法治思维和法治方式反对腐败"的思想更加成熟。提出了"要善于用法治思维和法治方式反对腐败，加强反腐败国家立法，加强反腐倡廉党内法规制度建设，让法律制度刚性运行"②的重要思想。

第六，树立和践行"八种良好风气"。2007 年 1 月 25 日，习近平同志指出，各级领导干部要自觉树立和努力践行"八种良好风气"。党的十八大以后，习近平总书记在谈到反对腐败、建设廉洁政治时，多次强调要加强党风建设。他指出："作风上的问题绝对不是小事，如果不坚决纠正不良风气，任其发展下去，就会像一座无形的墙把我们党和人民群众隔开，我们党就会失去根基、失去血脉、失去力量。"③

第七，保持反腐败的高压态势。习近平同志 2003 年 2 月强调："查办违法违纪案件是惩治腐败的重要手段。我们要继续加大力度，毫不放松地抓好查办案件特别是大案要案的工作。"④ 并表达了对腐败分子发现一个就要坚决查处一个，绝不姑息，绝不手软的坚决态度。⑤ 党的十八大后，习近平总

---

① 《习近平在中共中央政治局第五次集体学习时强调：积极借鉴我国历史上优秀廉政文化，不断提高拒腐防变和抵御风险能力》，《人民日报》2013 年 4 月 21 日。

② 《习近平在十八届中央纪委二次全会上发表重要讲话强调：更加科学有效地防治腐败，坚定不移把反腐倡廉建设引向深入》，《人民日报》2013 年 1 月 23 日。

③ 《习近平在十八届中央纪委二次全会上发表重要讲话强调：更加科学有效地防治腐败，坚定不移把反腐倡廉建设引向深入》，《人民日报》2013 年 1 月 23 日。

④ 习近平：《干在实处　走在前列——推进浙江新发展的思考与实践》，中共中央党校出版社，2006，第 449 页。

⑤ 参见习近平《干在实处　走在前列——推进浙江新发展的思考与实践》，中共中央党校出版社，2006，第 451 页。

书记重申:"从严治党,惩治这一手绝不能放松。要坚持'老虎','苍蝇'一起打","要坚持党纪国法面前没有例外,不管涉及谁,都要一查到底,绝不姑息。"①

第八,加强廉政文化建设。浙江把廉政文化建设作为防腐倡廉的重要抓手,较早在全国进行廉政文化建设的探索。2004年2月,习近平同志强调:"加强廉政文化建设,同各种有悖于先进文化的颓废思想、腐朽文化作斗争,有利于增强党员干部特别是领导干部拒腐防变能力,有利于形成全社会反对和防止腐败的良好氛围,有利于巩固党和国家的思想阵地。"习近平同志担任总书记后继续强调加强廉政文化建设,他在十八届中央纪律检查委员会第二次全体会议、中央政治局第五次集体学习上又先后强调了这一问题的重要性。

第九,重视反腐倡廉基础建设。习近平同志主政浙江后反复强调,要加强党风廉政责任制;多次要求纪检监察机关明确自身的定位,充分发挥反腐倡廉的作用;加强巡视巡查工作。党的十八大后,习近平总书记突出强调加强党风廉政建设责任制,强调要落实党委的主体责任和纪委的监督责任,做到守土有责。② 同时要求加强干部队伍建设,"改革党的纪律检查体制,完善反腐败体制机制,增强权力制约和监督效果,保证各级纪委监督权的相对独立性和权威性。"特别是中央巡视组认真履职,落实监督责任,敢于碰硬,善于发现问题,发挥震慑力,遏制腐败现象蔓延的势头。

6. 民主集中制是根本组织制度和领导制度

在主政浙江期间,习近平同志抓党的制度建设主要体现在四个重要方面。

完善了"总揽全局、协调各方"的体制机制。重点研究和解决的有三方面问题。一是要积极探索和完善总揽全局、协调各方的领导体制。二是要

建立健全总揽全局、协调各方的工作机制。三是要"不断健全和完善'总揽全局、协调各方'的各项工作制度"①。比如，完善议事决策的制度，建立健全提高省委议事和决策水平的有关制度，等等。

强调不把民主集中制当"稻草人"。民主集中制是我们党和国家的根本组织制度和领导制度，也是最重要的组织纪律和政治纪律。为健全民主集中制，习近平同志从制度建设层面提出："要进一步发挥党的各级委员会全体会议的作用，按照'集体领导、民主集中、个别酝酿、会议决定'的原则，完善党委内部的议事和决策机制，完善常委会向全委会报告工作制度，完善全委会讨论决定全局性、战略性重大问题的制度，完善市、县党委、政府正职拟任人选和推荐人选全委会投票表决和征求意见制度；进一步健全党代表大会制度，在总结经验的基础上，逐步扩大党代会常任制试点工作，积极探索党的代表大会闭会期间发挥代表作用的途径和形式；进一步健全党员民主权利的保障机制，拓宽党内民主渠道，开辟党内民主新途径，完善党内情况通报、情况反映和党内重大决策征求意见制度，实现党员对党内事务的充分了解、广泛参与和有效监督；进一步完善党内民主生活制度，正确开展批评与自我批评，努力营造民主、和谐、团结的良好氛围。"② 为贯彻落实这一制度规范，省委相继出台了《中共浙江省委议事规则》《集体领导和分工负责制度实施办法》等一系列文件，确保民主集中制落到实处。

强调全省领导干部要认真学习党章。在主政浙江期间，习近平同志反复强调必须认真贯彻落实党章的思想。③ 党的十八大后担任总书记的习近平同志又指出，每一个共产党员特别是领导干部都要牢固树立党章意识，自觉用党章规范自己的一言一行，使纪律真正成为带电的高压线。④

---

① 习近平：《干在实处　走在前列——推进浙江新发展的思考与实践》，中共中央党校出版社，2006，第403页。
② 习近平：《干在实处　走在前列——推进浙江新发展的思考与实践》，中共中央党校出版社，2006，第370页。
③ 参见习近平《认真学习党章　始终保持党的先进性》，《浙江时报》2006年6月26日。
④ 参见《习近平在十八届中央纪委三次全会上发表重要讲话强调：强化反腐败体制机制创新和制度保障，深入推进党风廉政建设和反腐败斗争》，新华网，2014年1月14日。

将思想、组织作风建设的成果固化为党的制度。这样的例子在浙江党的建设实践中是非常多的。

（三）浙江党的建设持续发展

党的十七大以来，浙江省委始终坚持围绕中心、统揽全局，突出加强党的执政能力建设和先进性纯洁性建设这一主线，团结带领全省各级党组织和广大党员干部，以改革创新精神全面推进党的建设新的伟大工程，为全省经济社会各项事业科学发展提供了坚强保证。

1. 思想建设常抓不懈

常补精神之"钙"。省委常委会带头重温习近平同志在主政浙江期间的重要讲话，把《之江新语》《干在实处　走在前列——推进浙江新发展的思考与实践》作为学习的重要内容，增强了学习讲话精神的自觉性。浙江还在全国率先完成学习习近平总书记系列重要讲话精神省管干部集中轮训。

自觉加强学习型党组织建设。2011 年 6 月，省委及时制订《中共浙江省委关于推进全省学习型党组织建设的实施意见》，探索形成专题读书会、"浙江论坛"、理论务虚会等多种学习方式，形成"社科普及周""人文大讲堂"等一批理论普及品牌。

让社会主义核心价值体系引领广大干部群众。省委旗帜鲜明地提出，要巩固马克思主义在意识形态领域的指导地位。先后举办纪念改革开放 30 周年、庆祝新中国成立 60 周年、庆祝建党 90 周年系列活动，连续多年开展"浙江骄傲""风云浙商""时代先锋"等宣传活动。先后组织开展"与时俱进的浙江精神"、"科学发展观在浙江的实践"、"创业创新之路——浙江改革开放 30 年"、"从浙江的实践看'六个为什么'"和"十二五"规划等系列课题研究。编辑出版《中国共产党浙江历史》（第一、二卷），资政育人。

深入推进以中国梦为主题的中国特色社会主义宣传教育活动。分层次、分领域推进信念引领梦想、"最美"激发梦想、劳动创造梦想、实干成就梦想"四大教育"，切实增强人民群众道路自信、理论自信、制度自信。全省涌现第三届道德模范 20 位、第四届全国道德模范 2 人，"最美"现象变成一道靓丽的人文"风景",生动诠释了当代浙江人的共同价值观。

2. 组织建设为浙江发展蓄积新能量

将思想政治建设作为领导班子建设的核心和灵魂。从 2007 年开始,省委连续两年深入开展"树新形象、创新业绩"主题实践活动,分别组织百名市县委书记和百名厅局长蹲点调研谋发展;2009 年以来,连续三年开展"服务企业、服务基层"专项行动,从省级机关单位抽调厅处级干部和专家教授,全方位对口服务 11 个市;2012 年,着眼市县新班子产生和省级机关面临换届调整的实际情况,围绕"三实三强"主题开展领导干部"创先争优示范行动"。

坚持德才兼备、以德为先的用人导向。省委制定贯彻《2010~2020 年深化干部人事制度改革规划纲要》。省级层面于 2008 年、2010 年两次开展大规模竞争性选拔干部工作。杭州市开展"两轮推荐、两轮票决",宁波市规范干部初始提名,温州市实行领导干部"绩擢法",湖州市吴兴区坚持"多元海推、全程差额"……各地干部人事制度改革亮点纷呈。党的十八大以后,省委强调大力培养敢于担当的干部。省委坚持"以实绩论英雄"导向,开展 12 次领导班子建设专题分析,发现和储备了一批"坚持原则、敢于担当"的干部,多次召开县委书记工作交流视频会。明确要求倾斜干部资源、推行乡镇干部住夜值班、严格控制对乡镇的"一票否决"事项等一系列举措,努力培养造就一大批"全科干部"。完善竞争性选拔办法,2013年省直单位竞争性选拔中突出注重干部的经历、能力和素质,取得了良好的社会反响。

深入实施人才强省战略。颁布《省中长期人才发展规划纲要(2010~2020)》,着力构筑人才资源新优势。从积极推进人才引进"千人计划",到加快打造青山湖科技城与"海创园";从出台浙江"红卡",到研究"人才+资本"创业投融资政策,人才工作进入全面创新、整体推进的新阶段。2013 年,省委出台了加快培养引进高素质人才的实施意见等一系列政策措施,大力引进海外高层次人才,新入选国家"千人计划"人数继续保持全国第四。

抓好换届选举。2011 年是市县乡村集中换届之年。根据中央纪委的要求，各地通过微博直播选举承诺、"十部联审"提名人选、建立换届风纪监督组等形式，开展换届纪律教育宣传和督察，规定"五种人员"不得参选村两委干部，严厉查处拉票贿选等违纪违法行为，营造了风清气正的换届环境。2013 年省委抓住村级组织换届契机，严格选人标准，把好候选人"入口关"，9000 余名不符合资格条件的人员被劝退或取消资格。明确贿选的"九种情形"，查处违法违纪案件 387 起，处理 645 人，确保换届风清气正。

基层党建呈现新格局。随着浙江城市化进程的不断推进，构建城乡统筹的基层党建工作新格局愈发迫切。省委及时出台《中共浙江省委关于按照构建城乡统筹基层党建新格局要求，全面加强农村基层组织建设的意见》，并配套制定村级事务民主决策等 15 个文件。2013 年，省委着力深化"两新"组织"双强争先"，突出抓好"青春党建"，党组织在"两新"领域的号召力、凝聚力持续增强。全省 60 余万在职党员到社区报到，志愿服务，先后 8 次得到中央领导同志批示肯定并在全国推广。各级党组织积极利用信息技术加强和改进党建工作，形成了浙江特色的政务微博群。2010 年在全国率先开办浙江领导干部网络学院。省委注重加强以党组织书记为重点的基层党员干部队伍建设，深入实施"党员素质提升工程"，在绍兴等地探索开展打通农村党员"进出口"活动的试点工作，落实"三真"要求，关爱基层党员干部。全省相继涌现出省第七地质大队和孟祥斌、陈柱平、何小川、江小金、王益群、杜洪英、吴菊萍、钟杏菊、杨七明等一大批先进典型。

3. 狠抓正风肃纪

省委坚持一年突出一个主题推进作风建设。2012 年上半年开展的"进村入企"大走访活动，将"作风建设年"推向一个新高潮。省委先后组织开展了"三服务一满意""千局万站优环境促发展"等专项行动，全面开办"行风热线"，深入开展"民主评议行风"等活动，坚决纠正损害群众利益的不正之风。

党的十八大以后，省委坚持高标准、严要求抓好"四风"整治。2013

年，以狠刹"酒局""牌局"为重点深入开展正风肃纪，在第一时间制定贯彻落实八项规定的"28条办法"和"六项禁令"，连续出台元旦春节"六个严禁"、中秋国庆"五条禁令"和严禁公款购买印制寄送贺年卡等规定。严格压缩文山会海、"三公"消费，有效整饬机关工作纪律。2013年全年查处违反规定的党员干部865名，通报典型案例47起。2014年浙江省进一步加大纠正"四风"力度，全年共查处违反中央八项规定精神行为3689起，处理4161人，处分285人，通报典型案例2305起。

认真开展好各项党内活动。2008年9月起，省委组织开展以"加快转变经济发展方式、推进经济转型升级，再创浙江科学发展新优势"为主题的学习实践科学发展观活动。习近平同志亲自联系嘉善县，专程来浙江调研指导，并相继2次在北京专题听取浙江省及嘉善县情况汇报，先后14次作出重要批示。从2010年开始，以"学习实践科学发展观、建设服务型基层党组织"为主题的"之江先锋"创先争优活动如火如荼展开。活动中，浙江以"三大指数"为抓手，在全国率先开展服务型基层党组织建设。省委认真总结推广舟山"网格化管理、组团式服务"经验，衢州、嘉兴、丽水等地还探索推行"三民工程""百团品牌服务""手绘民情地图"等，初步构建起寓管理于服务的基层工作新体系。2013年以来，又按照中央精神，先后两批开展了以为民、务实、清廉为主要内容的群众路线学习教育活动，进一步密切了党群干群关系。

4. 廉政建设取得新成效

省委始终保持惩治腐败高压态势，把查办违纪违法案件作为反腐败最直接、最有效的手段，坚持严厉惩处腐败分子毫不放松。加大违纪违法案件查办力度。继续保持案件查办工作强劲势头，全省各级纪检监察机关2013年共立案8915件，处分党员干部8907人。

自2008年，省委开始着力构筑富有浙江特色的惩治与预防腐败体系，力求从制度上正本清源。一部以廉政风险防控机制建设为突破口、涵盖8个方面、312项重点任务的《浙江省2008～2012年惩治与预防腐败体系建设实施办法》在全省全面实施，标志着浙江的反腐倡廉建设进入规范化、系统化、制度化新阶段。党的十八大以后，又制定出台《浙江省建立健全惩治和预防腐败体系 2013～2017 年实施办法》。严格执行党风廉政建设责任制，对 156 名领导干部进行问责。加大巡视工作力度，巡视中发现并督促整改问题 217 个，发现并查处违纪违法问题线索 79 条。深化廉政风险防控机制建设，切实做好医疗卫生、住房公积金、社保基金等专项资金管理使用等重点领域廉政风险防控工作。深化"阳光工程"建设，打造"阳光工程网"，省直部门 2645 项行政权力事项向社会公开。继续抓好纠风专项治理工作，深化村级便民服务中心建设，加强对村务监督委员会换届的指导，实现全省城市社区居务监督委员会全覆盖。

不断加强党的纪律教育和执行情况督察。把维护党章作为严明政治纪律的切入口，组织开展党章学习教育活动。按照党章和行政监察法赋予的职责，进一步明确各级纪检监察机关职能定位，强化纪检监察派驻（出）机构监督责任，切实提高履职能力。重点开展对"三改一拆"、浙商回归、水环境综合治理等的监督检查，以铁的纪律保障全省上下步调一致、政令畅通。从严从紧加强干部监督管理，组织开展规范党政干部在企业兼职（任职）、领导干部个人有关事项报告抽查核实等工作，深入开展破格提拔干部情况自查，集中倒查"带病提拔"干部选任过程，推进超职数配备、擅自提高干部职级待遇等问题的专项治理，从严管理逐步融入干部工作全过程。

5. 党的制度体系不断健全

党的十六大以后五年间，省委坚持带头贯彻民主集中制，完善省委常委会、全委会议事规则和程序。近年来浙江实施的重大决策部署，都做到由省委集体研究决定。在省委的影响和带动下，各地各单位普遍建立党委（党组）议事规则，完善民主决策机制。

干部考核评价"一个意见、五个办法"、规范市县委书记用人行为暂行办法、村级组织工作规则、党代表任期制和党代表活动五项制度等一系列制度性文件出台实施。特别是基层党内民主建设，是浙江党的建设最为耀眼的实践之一。全面实行党代表任期制，逐步完善相关制度体系，建立健全党代

表提案、提议、调研视察、列席党内重要会议、学习培训等制度，使党代表
活动趋于常态化。

狠刹"四风"、转变作风，同样要靠制度发力。省委不断建立健全作风
建设长效机制，省委常委领衔建章立制，牵头制定出台完善厉行节约、公务
用车配备使用管理等 15 项制度；开展"学、清、立、改、停"工作，开展
党内法规和规范性文件清理工作。

回顾党的十六大以来的浙江发展历程，可以很清晰地看到，在党中央的
坚强领导下，秉承科学发展的崇高使命，浙江党的建设伟大事业之船乘风破
浪，在实现中国梦的伟大航程中不断驶向更加辉煌的明天。

第一章
围绕政治路线加强党的建设
铸造伟大事业坚强领导核心

中国共产党是中国特色社会主义事业的领导核心。适应世情、国情、党情的新变化，在新形势下加强和改进党的领导，必须改革和完善党的领导方式和执政方式，发挥党委在同级各种组织中的领导核心作用，按照党"总揽全局，协调各方"的原则，规范党委与人大、政府、政协以及人民团体的关系。为贯彻落实党中央的决策部署，习近平同志在担任浙江省委书记期间，提出要强化党的领导核心作用，建立"一个核心""三个党组"的领导体制，完善分类推进的工作机制，明确"巩固八个方面的基础，增强八个方面的本领"的具体要求，着力培养执政意识和执政素养，注重团结的领导艺术等思想和举措，有力地促进了浙江"八八战略"、平安浙江、文化大省、法治浙江等重大决策部署的顺利推进，为浙江科学发展提供了坚强的政治和组织保证，同时也提高了浙江党组织的凝聚力和战斗力，加强了浙江党的建设伟大工程。自那时，历届浙江省委领导班子，一张蓝图绘到底，一任接一任，一届接一届，围绕浙江经济社会发展大局，按服务浙江走在全国前列的目标抓党建，把浙江各级党组织铸造成浙江各项事业的坚强领导核心。

第一节 "联系政治路线来进行，
围绕中心任务来展开"
—— 习近平同志关于围绕政治路线加强党的建设的论述

习近平同志主政浙江期间，始终高度重视围绕政治路线加强党的建设，把党领导的伟大事业和党的建设伟大工程有机统一起来，在促进发展中强化党的领导核心地位。他创造性地进行思考和开展工作，在围绕政治路线加强党的建设方面作出了很多精辟论述，提出了坚持以伟大事业推动伟大工程，以伟大工程保证伟大事业；坚持党总揽全局、协调各方的领导核心作用；完善党的领导方式和执政方式；提高领导艺术，创新工作方法等重要论断，阐述和贯彻了围绕政治路线加强党的建设、铸造伟大事业坚强领导核心的指导方针和战略部署。这些重要论断，为浙江经济社会发展和党的建设工作指明了方向。

一 伟大事业推动伟大工程，伟大工程保证伟大事业

党领导伟大的事业和党的建设伟大工程密切结合、相互促进，这是由党的宗旨和性质决定的。党的宗旨是为人民服务，党领导的事业是带领全国各族人民革命、建设和改革，完成中华民族的伟大复兴，二者的契合点是国家、民族和人民的利益。党的建设的目标应以伟大的事业成功与否作为衡量的标准，以国家独立富强、民族振兴发展、人民解放富裕为依据，二者密不可分。

（一）把坚持党的先进性切实落实到推进伟大事业当中

习近平同志高度强调党的建设伟大工程和党领导的伟大事业的辩证统一关系。2006年6月28日，在浙江省庆祝中国共产党成立85周年暨总结保持共产党员先进性教育活动大会上，他结合党的历史阐述道，85年来党的先进性建设的历史雄辩地证实，党的先进性建设要紧密联系党的政治路线来进行，围绕党的中心任务来展开。伟大事业推动伟大工程，伟大工程保证伟大事业。党建的历史经验给当前处理好伟大事业和伟大工程的关系、加强党的建设提供了有益启示。他强调："当前，保持党的先进性，必须围绕落实科学发展观和构建社会主义和谐社会的要求，把坚持党的先进性切实落实到发展社会主义先进生产力、发展社会主义民主政治、发展社会主义先进文化、构建社会主义和谐社会、实现最广大人民的根本利益上来。"[①] 具体到浙江

---

① 习近平：《干在实处 走在前列——推进浙江新发展的思考与实践》，中共中央党校出版社，2006，第457页。

省，围绕党的政治路线加强党的建设，就是要把党的建设落实到深入实施"八八战略"、全面建设"平安浙江"、加快建设文化大省和努力建设"法治浙江"上，落实到推动浙江全面建成小康社会、提前基本实现现代化上，落实到让全体人民共享经济社会发展的成果上。只有这样，才从根本上抓住党的先进性建设的关键，把握党的建设的方向。他反复强调，党的建设伟大工程一定要不断发展，时代和实践的发展给党的建设提出了新的要求，党的事业在变，党建必须要与时俱进，跟上伟大事业的新步伐。

（二）把加强执政能力建设作为伟大事业和伟大工程的结合点

习近平同志不但在理论上对伟大事业和伟大工程的辩证关系有清醒的认识，而且在实际工作中找到了处理好两者关系的抓手，即把加强执政能力建设作为两者的结合点。2004 年 8 月 23 日，在甬温绍舟台党建工作座谈会上，习近平同志提出了要把加强党的执政能力建设作为两者结合点的初步设想。"必须把加强党的执政能力建设作为推进党领导的中国特色社会主义伟大事业和党的建设新的伟大工程的结合点。紧跟时代发展要求，不断适应形势变化，切实加强自身建设，努力把党的执政能力建设贯穿于党的思想、组织、作风和制度建设之中，同时又通过扎实推进党的思想、组织、作风和制度建设，有效提高党的执政能力。"①

（三）巩固八个方面的基础，增强八个方面的本领

2004 年 10 月 23 日，省委召开十一届七次全会，贯彻落实党的十六届四中全会精神，紧密结合浙江实际，作出了《中共浙江省委关于认真贯彻党的十六届四中全会精神，切实加强党的执政能力建设的意见》，确定了浙江加强党的执政能力建设的主要任务和工作部署。会上，习近平同志代表省委提出了"巩固八个方面的基础，增强八个方面的本领"的具体要求。这八个方面的本领就是：用发展着的马克思主义指导新实践的本领，驾驭社会主义市场经济的本领，发展社会主义民主政治的本领，建设社会主义先进文

---

① 习近平：《干在实处　走在前列——推进浙江新发展的思考与实践》，中共中央党校出版社，2006，第401页。

化的本领，构建社会主义和谐社会的本领，党委统揽全局、协调各方的本领，带领人民群众干事业的本领，拒腐防变、抵御风险的本领。这八项本领，不仅涵盖了推进党的伟大事业所需要的本领，而且涵盖了推进党的建设新的伟大工程所需要的本领，把两方面的本领统一到党的执政能力建设的整体布局中，是党中央加强党的执政能力建设的精神在浙江的具体化，反映了浙江贯彻落实科学发展观、推进科学发展转型升级的内在要求，找准了加强党的执政能力建设这个关键。

习近平同志始终强调伟大工程与伟大事业的互动性。2008 年，他在《改革开放 30 年党的建设回顾与思考》一文中再次强调："（改革开放）30 年党的建设伟大实践，又是一个与中国特色社会主义伟大事业相互促进、共同发展的历史进程。"① 党的十八大以来，习近平总书记多次反复强调协调推进伟大工程与伟大事业。

二 要强化党的领导核心作用

在主政浙江期间，习近平同志按照党的十六大的要求，坚持党总揽全局、协调各方的领导核心作用，坚持党的领导、人民当家作主、依法治国的有机统一，改革和完善党的领导方式和执政方式，以不断提高党的领导水平和执政水平。他在这个方面提出了一系列深刻论述，做出了一系列重要部署。

（一）在地方同级各种组织中，党委是领导核心

2004 年 5 月 11 日，习近平同志在全省人大工作会议上，就如何贯彻中央精神，坚持党的领导核心作用进行了重点阐述。第一，明确党委是地方同级各种组织的领导核心。他指出："要强化党的领导核心作用。在地方同级各种组织中，党委是领导核心，各种组织必须自觉接受和服从党委的统一领导，围绕党委中心工作来安排和部署各自的工作。"② 党委在地方同级各种

---

① 习近平:《改革开放 30 年党的建设回顾与思考》,《学习时报》2008 年 9 月 8 日。
② 习近平:《干在实处　走在前列——推进浙江新发展的思考与实践》,中共中央党校出版社, 2006, 第 401 页。

组织中，即在党委、人大、政协、政府地方四大班子中，居领导核心地位，人大、政协、政府其他三大班子应接受和服从党委的统一领导，在党委的领导下开展工作。坚持共产党的领导，这是我国四项基本原则之一，不可动摇。第二，按党总揽全局、协调各方的原则规范党委和其他组织的关系，形成经济社会发展的整体合力。他强调："同时，按照党总揽全局、协调各方的原则，规范党委与人大、政府与政协以及人民团体的关系，保证各方既独立负责、各司其职，又步调一致、运转有效地开展工作，形成整体合力。"① 人大及其常委会与"一府两院"虽然分工不同、职责不同，但都是党领导下的国家机关，总的目标和任务是一致的。因此，各级党委要根据经济社会发展情况，按照人大、政府、政协以及人民团体的职权范围和工作方式提出任务和要求，并加强督促检查，抓好工作落实。

（二）积极探索和完善领导体制、工作机制、工作制度

为贯彻中央精神，更好地发挥省委的领导核心作用，习近平同志带领浙江省委班子，结合浙江省委实际，创造性地开展工作，完善总揽全局、协调各方的体制机制制度。2003 年 12 月 5 日，习近平同志在浙江省委常委务虚会上提出了完善总揽全局、协调各方的体制机制需要重点研究和解决的三方面问题：一是要"积极探索和完善'总揽全局、协调各方'的领导体制。在这一领导体制中，省委居于核心地位，筹划全局、掌握方向，各方按照职能、做好工作，从而形成整体合力，体现出党的凝聚力和战斗力"。省委的主要职责，就是集中精力把好方向，抓好大事，出好思路，管好干部，总揽不包揽，协调不取代，实现省委对同级各种组织的领导，对各个工作领域的领导。二是要"建立健全'总揽全局、协调各方'的工作机制。领导体制要由工作机制来保证。省委要对全局工作进行通盘考虑，整体谋划，形成全面推进的工作机制；要合理划分工作层次，处理好重点工作和面上工作的关系"。要坚持集体领导和

---

① 习近平：《干在实处　走在前列——推进浙江新发展的思考与实践》，中共中央党校出版社，2006，第 402 页。

分工负责相结合，既更好地发挥省委领导集体的核心作用，又使班子成员都能够各负其责、步调一致地开展工作，形成分类推进的工作机制。三是要"不断健全和完善'总揽全局、协调各方'的各项工作制度"①。比如，完善议事决策的制度，规范决策程序的制度，建立健全提高省委议事和决策水平的有关制度，等等。

（三）更好地发挥群团组织桥梁纽带作用的"三个着眼点"

党的领导核心作用既体现在党对国家政权的领导，还体现在党对群团组织的领导上。工会、共青团、妇联是我国最重要的三大群团组织，是党联系群众的桥梁纽带，是党开展群众工作的重要帮手。习近平同志高度重视群众工作，注意充分发挥群团组织的桥梁纽带作用。2004 年 4 月 21 日，他在浙江省工会共青团妇联工作会议上，提出了发挥群团组织桥梁纽带作用的"三个着眼点"。一是要"在加强领导上做文章。加强领导，主要是在政治原则、政治方向和重大决策上加强对工青妇组织的领导"。党委要对重大原则问题作出决定，推荐、协商工青妇组织的领导人选，要通过工青妇组织内的党组织活动和共产党员的先锋模范作用这一主要途径实现党的意图和主张。二是要"在支持工作上下功夫。主要是支持工青妇组织围绕中心、发挥作用，维护群众合法权益，参与民主管理和监督，推进各方面的改革和创新"。党委要积极支持工青妇组织按照法律和各自章程独立自主创造性地开展工作，履行维护合法权益和参与管理监督的职能。三是要"狠抓落实，主要是落实制度，落实政策，落实责任，着力形成各方支持工青妇工作的良好格局"②。要把抓好工青妇工作的理论成果和实践成果制度化，形成发挥群团组织桥梁纽带作用加强党的领导的长效机制，不断推进工青妇工作。

2008 年，他指出："党委要在同级各种组织中发挥领导核心作用，集中

---

① 习近平：《干在实处 走在前列——推进浙江新发展的思考与实践》，中共中央党校出版社，2006，第 403 页。

② 习近平：《干在实处 走在前列——推进浙江新发展的思考与实践》，中共中央党校出版社，2006，第 407 页。

力量抓大事，支持各方独立负责、协调一致地开展工作。"① 党的十八大以来，习近平总书记进一步强调发挥党委的领导核心作用，加强对群团工作的组织领导。他指出："各级党委必须从党和国家工作大局出发，切实加强和改进党对群团工作的领导。要坚持党委统一领导。"②

三　通过完善党的执政方式来更有效地提高党的执政能力

党的执政地位不是与生俱来的，也不是一劳永逸的。我们必须居安思危，增强忧患意识，深刻汲取世界上一些执政党兴衰成败的经验教训，更加自觉地加强执政能力建设，始终为人民执好政、掌好权。各级党组织必须增强执政意识，加强执政能力建设，维护执政地位的稳固。

（一）执政意识和执政素质至关重要

习近平同志高度重视通过加强党员的执政意识巩固党的执政地位。2005年3月22日，他在淳安县调研时，联系党的先进性建设强调了增强执政意识的重要性。他指出："党员的执政意识强不强是决定执政地位巩固与否的重要前提。"他还从中西政党制度的差异谈到增强执政意识的原因，"我们中国与西方不同。一些西方国家选了总统，组织了内阁，党员和执政就关系不大了"③。一些西方国家政党的作用主要是竞选，竞选完毕后政党的任务也就结束了。可中国不一样，中国共产党是执政党，政党和党员还有巩固执政地位的任务，这样，增强党员的执政意识就是理所当然了。政治路线决定以后，干部就是决定因素，领导干部在执行党的路线方针政策的过程中发挥决定性作用。对此，习近平同志强调说："党的干部是党的执政能力建设的主体，党的干部的执政意识和执政素质至关重要。"④ 当然，共产党执政是全体党员执政，不是光靠少数领导干部执政，所以，不仅要增强领导干部的

① 习近平：《改革开放 30 年党的建设回顾与思考》，《学习时报》2008 年 9 月 8 日。
② 习近平：《切实保持和增强政治性先进性群众性　开创新形势下党的群团工作新局面》，《人民日报》2015 年 7 月 8 日。
③ 习近平：《干在实处　走在前列——推进浙江新发展的思考与实践》，中共中央党校出版社，2006，第 464 页。
④ 习近平：《之江新语》，浙江人民出版社，2007，第 84 页。

执政意识，也要增强全体党员的执政意识。"要靠全体党员去执政，发挥全体党员的先锋模范作用，在各个领域团结和带领群众前进，这也是我们党得以长期执政的一个重要原因。"①

（二）通过改善党的领导来更有效地加强党的领导

习近平同志带领浙江省委，按照党中央精神，依据科学执政、民主执政、依法执政的目标，不断改革和完善党的领导方式和执政方式，稳步推进法治浙江建设。2006 年 4 月，习近平同志在省委十一届十次全会上代表浙江省委指出："我们在推进'法治浙江'建设中，要认真贯彻依法治国、执法为民、公平正义、服务大局、党的领导五个方面的内容，更好地体现党的领导、人民当家作主和依法治国的有机统一。"② 与此同时，在改革和完善党的领导方式和执政方式的过程中，特别是在推进法治建设过程中，一些地方出现了弱化党的领导的错误倾向。对此，习近平同志强调："法治建设绝不是要削弱党的领导，而是要从理念上更好地强化党的意识、执政意识、政权意识，从制度上、法律上保证党的执政地位，通过改善党的领导来更有效地坚持党的领导、加强党的领导，通过完善党的执政方式来更有效地提高党的执政能力、保持党的先进性。"③ 他旗帜鲜明地反对那种假借法治来否定党的领导的错误做法，确保完善领导方式和执政方式沿着正确的政治方向前进，确保法治浙江建设始终是为了加强和改善党的领导。这些论述，与党的十八大以来习近平总书记强调的"坚持依法治国、依法执政、依法行政共同推进，坚持法治国家、法治政府、法治社会一体建设"等一系列重要讲话精神在思想脉络上是前后贯通的。

（三）统揽经济社会发展和改革开放的大局

中国共产党是中国特色社会主义事业的领导核心，发展是党执政兴国的

---

① 习近平：《干在实处　走在前列——推进浙江新发展的思考与实践》，中共中央党校出版社，2006，第 464 页。

② 习近平：《干在实处　走在前列——推进浙江新发展的思考与实践》，中共中央党校出版社，2006，第 357 页。

③ 习近平：《之江新语》，浙江人民出版社，2007，第 207 页。

第一要务，所以，党必须统揽经济工作大局，掌握经济工作的主动权。2004年12月20日，习近平同志在浙江省经济工作会议上，明确了党委领导经济工作的主要职责和任务。"把握方向，就是要认真贯彻执行中央的路线方针政策，正确地把握经济社会发展和改革开放的方向，保证各项事业沿着中国特色社会主义道路前进。"① 坚持党的领导、坚持中国特色社会主义道路是党委抓改革促发展的政治前提。"谋划全局，就是要把中央要求和地方实际紧密结合起来，从全局高度谋划地方发展，研究制定经济社会发展基本思路，解决影响全局发展的重大问题。"② 地方党委要吃透两头：中央精神和地方实际，运筹帷幄，谋划地方发展。"提出战略，就是要研究制定经济社会发展长远规划，确定经济社会发展的战略目标、战略步骤、战略重点和战略举措。"③ 地方党委要把发展作为执政兴国的第一要务，制定出既符合中央科学发展要求，又体现本土特色、发挥本地优势的经济社会发展战略目标。浙江的"八八战略"、"两创"战略、"两富"战略、"两美"战略等一系列战略的提出，都体现了浙江省委坚定履行统揽经济工作大局，为浙江发展把关定向的职责。"制定政策，就是要制定实现经济社会发展目标和主要任务的重大政策，坚持改革开放，促进城乡、区域、经济社会协调发展，促进人和自然协调发展。"④ 制定本地区重大的发展战略后，还要统筹规划，制定各方面配套政策予以落实，否则，宏伟的战略永远是可望而不可即的空中楼阁。"推动立法，就是要贯彻依法治国基本方略，善于使党的主张通过立法程序成为国家意志，从制度上、法律上保证党的路线方针政策的贯彻实施。"⑤

① 习近平：《干在实处　走在前列——推进浙江新发展的思考与实践》，中共中央党校出版社，2006，第412页。
② 习近平：《干在实处　走在前列——推进浙江新发展的思考与实践》，中共中央党校出版社，2006，第412页。
③ 习近平：《干在实处　走在前列——推进浙江新发展的思考与实践》，中共中央党校出版社，2006，第412页。
④ 习近平：《干在实处　走在前列——推进浙江新发展的思考与实践》，中共中央党校出版社，2006，第412~413页。
⑤ 习近平：《干在实处　走在前列——推进浙江新发展的思考与实践》，中共中央党校出版社，2006，第413页。

我们党要根据时代的变化和实践的要求，改革和完善领导方式和执政方式，坚持科学执政、民主执政、依法执政，地方党委要善于运用法律的手段实现党对经济工作的领导。"营造良好环境，就是要通过党领导的各方面工作，为经济社会发展创造良好的经济环境、政治环境、法治环境和社会环境。"① 党委应发挥领导核心作用，为经济社会发展提供各种支持和保障。到中央工作后，习近平同志继续强调：通过党善党的执政方式来更有效提高党的执政能力。2008 年，他指出："要坚持科学执政、民主执政、依法执政，党的全部执政活动都要尊重客观规律，尊重人民意愿，遵守法定程序，严格接受监督。"② 党的十八大以来，习近平总书记更加强调科学执政、民主执政、依法执政，不断加强党的领导、改进党的领导。

四　学会弹钢琴，善于抓重点，创新工作方法

围绕党的政治路线加强党的领导，强化党的领导核心作用，必须通过实实在在的工作来实现，而要搞好党建工作，就必须要提高党的领导艺术，创新工作方法。

（一）做人民群众信赖、尊敬的贴心人

习近平同志对党群关系的重要性有深刻的理解。他说："针对这些问题，我们必须切实把发展的理念转变到科学发展观上来，转变到以人为本上来。在这个过程中，共产党员一定要服务群众并教育群众，努力做为人民群众服务的带头人，做人民群众信赖、尊敬的贴心人。"③ 要关心群众的衣食住行，要关心群众的就业问题、医疗问题、子女教育问题等有关群众切身利益的问题，只有这样，才是真正的共产党员，才是真正的领导干部，才能真正得到群众的拥护和支持。除了重视群众工作，还要善于

---

① 习近平：《干在实处　走在前列——推进浙江新发展的思考与实践》，中共中央党校出版社，2006，第413页。

② 习近平：《政策开放和年光的建设回顾与思考》，《学习时报》2008年9月8日。

③ 习近平：《之江新语》，浙江人民出版社，2007，第139页。

做群众工作。现在基层出现的问题，很多是因为领导干部没有重视群众工作，没有做好群众工作，不会做群众工作。不少领导干部不会和群众说话，不擅长与群众沟通，甚至不屑于与群众沟通。他说："不会说话是表象，本质还是严重疏离群众，或是目中无人，对群众缺乏感情；或是身无才干，做工作缺乏底蕴；或是手脚不净、形象不好，在人前缺乏正气。"① 做好群众工作的要义在于将心比心，换取真心。取得群众的信任和认同是做好群众工作的重要前提。

（二）调查研究是一种见诸实践的科学，也是一项讲求方法的艺术

习近平同志主政浙江期间，始终坚持以调查研究开局，建立省领导年度重点调研课题制度，把开展课题研究与推进重点工作结合起来。他指出："正确的决策，绝对不是一个人或者一堆人，不做调查研究，坐在房子里苦思冥想就能产生的，它要在人民群众改革发展的实践中才能产生。"② 他号召领导干部迈开步子，走出院子，去车间码头，到田间地头，进行实地调研，从而得出正确的结论。鉴于调查研究之于科学决策的重要作用，他强调："调查研究的过程就是科学决策的过程，千万省略不得、马虎不得。"③ 调研要取得预期的效果，还必须要按科学方法展开。他指出，各级领导干部在调研工作中，一定要保持求真务实的作风，努力在求深、求实、求细、求准、求效上下功夫。'深'，就是要深入群众，深入基层，善于与工人、农民、知识分子和社会各界人士交朋友，到田间、厂矿、群众和社会各层面中去解决问题。'实'，就是作风要实，做到轻车简从，简化公务接待，真正做到听实话、摸实情、办实事。'细'，就是要认真听取各方面的意见，深入分析问题，掌握全面情况。'准'，就是不仅要全面深入细致地了解实际情况，更要善于分析矛盾、发现问题，透过现象看本质，把握规律性的东西。'效'，就是提出解决问题的办法要切实可行，制定的政策措施要有较

---

① 习近平：《之江新语》，浙江人民出版社，2007，第 146 页。
② 习近平：《之江新语》，浙江人民出版社，2007，第 154 页。
③ 习近平：《之江新语》，浙江人民出版社，2007，第 154 页。

强操作性，做到出实招、见实效。"① 调查研究是一种见诸实践的科学，也是一项讲求方法的艺术。领导干部时间和精力有限，为保证调研对象有足够的代表性，调查研究要点面结合。

（三）"察实情、讲实话、办实事"，干在实处、务求实效

党的十八大以后，习近平总书记在很多会议和活动中，反复强调"实干兴邦，空谈误国"，这与他在浙江工作时所倡导和践行的实干的工作作风是完全一致的。一是倡导求"四真"、务"四实"。2004 年春节前夕，习近平同志写了四副春联，横批都是"求真务实"。通过四副春联，他分别阐述了求真务实的深刻内涵、主要途径、基本要求和根本目的。二是深刻阐述了"显绩"与"潜绩"的辩证法。在谈政绩观时，习近平同志指出："潜"与"显"是对立统一的一对矛盾。"潜"是"显"的基础，"显"是"潜"的结果，后人的工作总是建立在前人的基础之上的，如果大家都不去做铺路石，甘于默默无闻地奉献，"显绩"就无从谈起，就成了无本之木、无源之水，即使有"显绩"，充其量也只是急功近利的"形象工程"。在深刻阐述了"显绩"与"潜绩"的辩证关系基础上，他强调："不追求脱离实际的高指标和盲目攀比，不喊哗众取宠的空口号；察实情、讲实话、办实事，不搞形式主义、官僚主义，不搞劳民伤财的'形象工程'、'政绩工程'。"②

（四）掌握正确的思想方法工作方法

习近平同志善于把马克思主义基本原理应用到实际工作中，用辩证思维科学方法指导实践。一是要有高超的领导艺术，增进团结，形成领导班子的整体合力。领导干部要善于团结不同的人包括意见不同的人一起工作，形成合力。"一把手"的领导艺术，就在于有容人之气度、纳谏之雅量，充分发扬党内民主，确保决策的科学化和民主化，确保党委班子认识上的统一和行动上的一致。"一把手"应该像乐队的指挥一样，善

① 习近平：《之江新语》，浙江人民出版社，2007，第 1 页。
② 习近平：《干在实处　走在前列——推进浙江新发展的思考与实践》，中共中央党校出版社，2006，第 542 页。

于把"多种声音"协调为"一首乐曲",这才是高超的领导艺术。① 二是要有世界眼光、战略思维,善于抓方向谋大局。"一把手"要出色地履行自己的职责,就要以"登东山而小鲁""登泰山而小天下"的气度和胸襟,始终把全局作为观察和处理问题的出发点和落脚点,以全局利益为最高价值追求,以世界眼光去认识政治形势。② 只有把本地区的工作放在国际大背景下和全国的大局去思考,有了正确的思想方法,才会不断提高领导工作的原则性、预见性和创造性。三是各级干部必须要会运用辩证法,善于把重点论和两点论有机结合起来。作为党委书记,要总揽而不包揽,学会弹钢琴,善于抓重点,充分发挥党委的领导核心作用,发挥各个班子的职能作用,而不能事必躬亲,专权武断,干预具体政务。③除了抓重点,还要抓全面,要学会十指弹琴,学会统筹兼顾。片面理解上级精神,抓工作强调一面而忽视另一面,认为现在确定宏观调控、建设平安浙江,就可以放慢发展,这种认识是片面的,是不正确的。④ 党的十八大以来,习近平总书记关于党的建设方面发表了一系列重要讲话,高度强调中国特色社会主义是我们党领导的伟大事业,全面推进党的建设新的伟大工程,是这一伟大事业取得不断胜利的关键所在。党的建设必须服从服务于党的历史任务是党的建设的一条根本指导原则,必须把推进党的建设伟大工程同推进党领导的伟大事业紧密结合起来,按照党的政治路线来进行,围绕党的中心任务来展开,朝着党的建设总目标来加强,坚持党要管党,从严治党,确保党始终成为社会主义事业的坚强领导核心。这些重要讲话精神同他担任浙江省委书记期间的一系列重要论述和思想观点,前后相通,一脉相承,构成了清晰的思想脉络,体现了他对党的事业与伟大工程之间辩证关系的深刻认识,对社会主义建设规律和共产党执政规律的把握更加成熟。

---

① 参见习近平《之江新语》,浙江人民出版社,2007,第22页。
② 参见习近平《之江新语》,浙江人民出版社,2007,第20页。
③ 参见习近平《之江新语》,浙江人民出版社,2007,第23页。
④ 参见习近平《之江新语》,浙江人民出版社,2007,第62页。

第二节　不断完善体制机制　形成经济社会发展的坚强领导核心

完善党的领导方式和执政方式，是应对党的历史方位变化的新要求，应当按照总揽全局、协调各方的原则，规范党委与同级各种组织的关系，并通过体制、机制、制度的完善来体现探索的理论成果和实践成果。党的十六大以来，历届浙江省委不断健全省委领导体制、工作机制和民主决策制度，加强和改进省委对人大、经济工作、政协的领导，形成浙江经济社会发展的坚强领导核心，充分发挥群团组织的桥梁纽带作用，取得了一系列实质性进展。

一　健全省委领导体制，完善三类工作机制，强化党的领导核心作用

坚持党的领导核心作用除了在思想上要有理论认知，还要用体制机制和具体工作制度予以落实。历届浙江省委认真学习贯彻中央精神，落实习近平同志的部署，在完善省委领导体制、工作机制和工作制度方面做出了一系列创造性探索。

（一）建立健全"一个核心""三个党组""几个口子"的领导体制

多年以来，按照中央和习近平同志的要求，浙江省委结合本地实际，通过建立健全"一个核心""三个党组""几个口子"的领导体制来发挥省委的领导核心作用。第一，"一个核心"就是省委全委会，在省委全会闭会期间，由常委会主持日常工作。省委对全省工作主要是实行政治、思想和组织领导，集中精力把好方向、抓好大事、出好思路、管好干部。第二，"三个党组"是指省人大常委会、省政府、省政协三个党组。三个党组是同级党委的派出机构，接受省委领导，负责落实中央和省委的决策部署，同时要分别在省人大常委会机关、省政府和省政协中发挥领导核心作用，讨论和决定本单位的重大事项，按照权限做好干部推荐、管

理工作。第三，"几个口子"是指省委副书记和常委分管的经济建设、纪检监察、农村工作、组织党群、意识形态、政法、统战、国防建设和民兵预备役等几个方面。"几个口子"体现了省委集体领导和分工负责相结合，这样既更好地发挥省委领导集体的核心作用，又使班子成员各负其责、步调一致地开展工作。通过省委领导体制的不断完善，既充分发挥省委的领导核心作用，又充分动员各方力量、协调班子成员共同推进党的伟大事业。

（二）不断推进和完善三类工作机制

领导体制要靠工作机制来保证。浙江省委在吃透中央精神的基础上，结合浙江实际，从三个方面完善了总揽全局、协调各方的工作机制。

一是建立健全全面推进的工作机制。从理论层面来讲，党是中国特色社会主义的领导核心，党的领导是对国家和社会的全面领导；从领导体制来说，省委居核心地位，谋划全局，掌握方向，省委的角色是总揽和协调。所以，省委应对全局工作进行通盘考虑，整体谋划，形成全面推进的工作机制。

二是建立健全分类推进的工作机制。所谓分类推进的工作机制，就是合理划分工作层次，处理好重点工作和面上工作的关系。对此，浙江省委把工作明确区分为三类，并要求按类别差异分类推进，省委根据不同工作类型或总揽或协调。第一类是需要省委牵头抓的工作，主要是事关浙江经济社会发展全局，具有前瞻性和战略性的工作。比如，涉及各个方面和领域的"八八战略"，全面建设"平安浙江"，构建和谐社会等工作。再如，加强党的执政能力建设，需要由省委牵头，把人大、政府、政协及纪检、组织、宣传、统战、政法等方方面面的智慧集中起来、力量协调起来，在全省范围内形成合力。第二类是需要省委推动的工作，主要是由省委提出总体目标要求，由省政府具体组织实施，各方配合支持工作。比如，经济体制改革与创新、统筹城乡发展、主动接轨上海、生态省建设等事关浙江改革、发展、稳定的重大任务。在实施中，省委听取阶段性进展情况汇报，及时协调各方力量，共同推进。第三类是需要省委支持的工作，主要是面上的日常工作，由省委提出总体要求，牵头推动，在贯彻实施中按照一项工作由一个部门为主负责的原则，让有关职能部门组织推进，省委予以支持。

三是完善领导班子集体领导和分工负责相结合的工作机制。在领导班子里，"一把手"要充分调动班子成员的积极性，使他们各司其职、各负其责、各尽其才，形成班子整体合力。党委副书记和班子成员要到位而不越位，自觉接受党委领导，主动按照党委的决策和书记的意图开展工作。

二 建立健全决策工作制度，实现集体领导、民主决策、科学决策

发挥地方党委在同级各种组织中总揽全局、协调各方的领导核心作用，必须进一步加强地方党委领导班子的自身建设，切实按照民主集中制的原则，实行民主决策，体现集体领导。党的十六大以来，浙江省各级党委按照中央"集体领导、民主集中、个别酝酿、会议决定"的要求，逐步建立健全民主决策的工作规范和工作制度。

（一）建立健全决策前的调查研究和决策咨询制度

调查研究是民主科学决策的前提和基础。习近平同志在总结浙江工作经验时强调，"我牢记毛泽东同志的至理名言，坚持调研开局、调研开路，凡事眼睛向下，先当学生，不耻下问，问计于基层、问计于群众，每年至少用三分之一以上时间深入基层和部门调查研究。"[①] 按照习近平同志的要求，2003 年浙江省委建立了常委会议题调研制度，省委常委、副省长围绕中心工作和重大决策部署，每年都根据工作分工选择重点调研课题。2007 年，浙江省委又专门规定：省委常委每年分工主持 1 至 2 个重点调研课题，每年下基层调研时间不少于 2 个月，每年到基层下访或约访不少于 2 次。每人确定 1 个县（市、区）和 1 所高校作为工作联

---

① 习近平：《干在实处　走在前列——推进浙江新发展的思考与实践》，中共中央党校出版社，2006，第 2~3 页。

系点，每年到联系点调研 2 至 3 次。坚持与省级民主党派和工商联的联系制度，每年与所联系的省级民主党派和工商联负责人开展谈心活动 1 至 2 次。① 下访接访是调查研究的重要途径，省委始终强调各级领导干部要深入基层、深入群众，把领导干部下访办成一项"民心工程""民生工程"。2012 年上半年，浙江省委统一部署，采取省、市、县、乡四级联动方式，在全省开展大走访活动，截至 2012 年 4 月初，省四套班子领导全部下基层开展了大走访活动，共走访 90 余个行政村，近 100 家企业。有 12 名省领导同时开展了大接访活动，接待群众来访 14 批 30 人次，当场解决问题 8 批 15 人次。②

　　"调研开路"已经成为浙江省委解决重大问题的重要方法和特色，在浙江省委历次重大决策中扮演了重要角色。习近平同志提出的、浙江历届省委一以贯之落实的"八八战略"，就是深入调查研究的结果。习近平同志到浙江工作后，用大量时间深入市县和省直部门调查研究，在内外结合上力求跑遍跑深跑透，把握浙江实际，充分认识自身优势，形成了以发挥"八方面优势"、推进"八方面举措"为核心的"八八战略"。"法治浙江"重大决策的出台也是深入调研的结果。2004 年 10 月召开的省委十一届七次全会，明确提出了建设法治社会的目标。会后，习近平同志就指示省委政研室开展法治浙江研究工作，为法治浙江建设提供理论支撑。2005 年，省委将法治浙江建设作为年度重点调研课题，由习近平同志亲自主持调研工作，还专门成立了建设法治浙江工作筹备小组。在深入调研和广泛征求各方意见的基础上，2006 年 4 月，省委十一届十次全会作出了建设法治浙江的重大决策部署。

　　科学决策离不开社会各方面力量的积极参与，必须借助专家力量，加强决策咨询论证工作。2002 年以来，浙江省委通过整合资源，健全体制，搭建平台，明确职责，建立健全了决策咨询与论证的各项机制。对内依托

---

① 参见《中共浙江省委关于进一步加强自身作风建设的决定》，《今日浙江》2007 年第 12 期。
② 参见中共浙江省委党史研究室《创业富民　创新强省——中共浙江省第十二次代表大会以来》，浙江人民出版社，2012，第 317 页。

浙江大学等高校，对外借助北京大学、清华大学、中国社会科学院等著名高校、科研机构，对统筹城乡发展、"文化大省"建设等重大项目开展多层次的专家咨询、论证工作。2005年7月初，时任省委书记的习近平同志率领有关人员进京，与中国社会科学院联合举办加快浙江文化大省建设恳谈会。来自中央部委办的领导和专家学者各抒己见，献计献策，对浙江省委关于加快文化大省建设的有关文件稿及政策举措提出了许多积极的意见和建议。在此基础上，省委十一届八次全会对加快文化大省建设进行了专题部署。① 浙江各市先后根据当地实际制定本地区的制度。如湖州市2008年制定出台《直属局级单位重大事项决策社会征询、专家论证、听证公示实施办法（试行）》，明确界定重大事项标准并要求重大事项应实行专家论证或听证公示。②

（二）规范党委决策程序和议事规则

按照集体领导、民主集中、个别酝酿、会议决定的原则，完善党委内部的议事和决策机制，进一步发挥党的委员会全体会议的作用，是我们党明确提出的重大制度。为贯彻落实这一制度规范，浙江省委相继出台一系列文件。2003年7月，省委十一届四次全会审议并通过《中共浙江省委议事规则》，完善了省委议事和决策机制。2005年6月，省委制定和完善了《集体领导和分工负责制度实施办法》，完善党委常委分工负责制。通过这一系列文件的出台，浙江省委重点规范了全委会、常委会和书记办公会的决策权限和议事程序。

一是扩大了全委会的决策权限。按照中央要求，浙江各级党委强化了全委会的职能，凡属方针政策性的大事、全局性的问题、重要干部的选拔任用，逐步由人数较少的常委会扩大为人数较多、人员结构较为全面的全委会来决定，以提高党委决策的科学化民主化水平。浙江省委对召开全委会的次数和会期都作了较大改革，把原来每年召开一次省委全会改为每年召开两至

---

① 参见丁文《注重发挥"智囊团"作用》，《今日浙江》2005年第13期。

② 参见中共浙江省委党史研究室《创业富民 创新强省——中共浙江省第十二次代表大会以来》，浙江人民出版社，2012，第106页。

三次，主要是讨论决定全省长远性和全局性的重要工作，同时把会期由原来的五天左右缩减为两天半左右，大大提高了会议效率。另外，浙江省委按照中央要求，逐步建立健全了由常委会向全委会报告工作的制度。

二是发挥好常委会在决策过程中的核心作用。浙江省委规范决策审批和提交程序，严格按规定报批、审核决策方案，严把上会决策方案的质量，建立健全了省委常委会学习、调研等制度，确保常委会能够围绕重大决策开展工作，提高常委会决策效率和水平。

三是发挥书记会办公统筹协调、统一思想的作用。通过书记办公会，增强领导之间的信息交流与情况互通；统一思想，议定方向，为常委会决策作好前期准备；处理一些不需要上常委会决定的事务。

（三）完善决策反馈、责任追究制度

要提高决策的民主化、科学化，必须加强反馈工作查漏补缺，必须建立决策责任制度纠错改正。对涉及群众切身利益的重大事项，浙江省委、省政府实施社会公示制度，以法规的形式明确了社会公示的范围和原则，制订了社会公示的具体程序及有效形式。对公示期间群众和利益相关者反映的问题、情况、信息要高度重视，认真研究，切实解决，并把其纳入决策的实施过程中。为便于随时了解决策执行情况，浙江省委、省政府加大了对决策执行的督察力度，建立了督察工作机制，加强了对决策执行过程的全程监管，也利于后续决策的调整和修改。浙江省委、省政府还通过制定有关的法律和制度，把决策者的权力和承担的责任统一起来，建立了决策失误责任追究制度和决策纠错机制，既增强了决策者决策的责任心和使命感，提升了决策的效果和质量，也为决策失误增加了事后补救渠道，尽可能减少决策失误给社会带来的影响。2012年2月，省政府向社会公布《浙江省行政执法过错责任追究办法（草案）》，征求各界意见。[①]

---

① 参见中共浙江省委党史研究室《创业富民　创新强省——中共浙江省第十二次代表大会以来》，浙江人民出版社，2012，第109页。

三 规范和协调党委同各方面的关系，加强党对各项事业的领导

2002 年以来，浙江省委按照总揽全局、协调各方的原则，相继出台了《关于进一步加强人大工作的意见》《关于加强和改善党的领导，支持人民政协履行职能制度化规范化和程序化建设的意见》《关于加强和改善党对新世纪新阶段工会、共青团、妇联工作领导的意见》等文件，规范了党委与人大、政府、政协和群团组织的关系，支持和保障了各种组织依法履行职能发挥作用，保证了把党的意志贯彻到各个机构的工作中，加强了党对各项事业各个领域的领导。

（一）加强党委对人大的领导和支持

坚持和完善人民代表大会制度，必须坚持党的领导核心作用。近年来，浙江各级人大和常委会按照总揽全局、协调各方的原则，坚持党的领导核心作用，主动接受同级党委的领导，善于把党的意志通过法律程序转变为国家意志，使党中央的路线方针政策得以落实，使地方党委的决策得以贯彻。

党委把人大工作纳入总体工作布局。在《关于进一步加强人大工作的意见》中，浙江省委明确要求，一般情况下，每届党委至少召开一次人大工作会议，对一个时期的人大工作作出部署，明确指导思想、工作重点和保障措施；坚持每年听取人大工作专题汇报，全面了解人大工作的进展情况，及时研究解决有关重大问题。兼任人大常委会主任的党委书记，要按照中央要求，拿出足够的精力做人大工作，履行好自己的职责。为了便于人大及常委会及时了解地方党委的重大决策部署，更好领会和贯彻党委意图，浙江省委建立了人大负责人列席党委重要会议制度，使他们更好地了解党委工作动态，了解党委各部门的决策部署。

充分发挥人大常委会党组的作用。通过党组落实同级党委决策部署的功能以实现党委对各方面各领域的领导。人大常委会党组的作用主要通过两个方面实现：一方面，人大常委会党组是在同级党委的领导下开展工作。党组主动接受同级党委的领导，贯彻党中央的路线方针政策和党委的

重大决策部署，积极向党委请示和汇报工作，确保党委的意图落到实处。另一方面，人大常委会党组充分发挥在人大及其常委会的领导核心作用。党组依据职责权限，在讨论决定本单位的重要事项和重要人事任免时，发挥领导核心作用。

积极支持人大工作。浙江各级党委按照中央要求，结合浙江实际，以依法治省为标准，以制度化建设为抓手，以结合实际为特色，积极支持人大开展工作，为人大及其常委会依法履行职权提供了切实保证。一是探索实施按照法律程序把党的意图转变为国家意志。省委明确要求，全省各级党委要支持和善于运用人大的重大事项决定权，凡属人大及其常委会法定职权范围内讨论、决定的重大事项，应依法及时提交人大及其常委会审议。同时，要发挥人大党组的领导核心作用，实现依法治国、党的领导和人民当家作主的有机统一。2003～2006年，浙江省人大常委会根据省委相关建议，作出了关于实施"八八战略"、建设平安浙江、建设文化大省、建设法治浙江、建设生态省等一系列决定，就是把党委重大决策经过法定程序转变成国家意志、转化为全省人民共同行为的重要举措。二是加强制度建设，建立健全人大及其常委会依法履行职权的长效机制。省委建立健全了一系列人大行使监督权的制度，完善了监督机制。例如，建立健全了县级以上政府要定期向同级人大常委会报告经济社会发展情况或其他重大事项制度，建立健全了各级审计机关每年向本级人大常委会提交预算执行、决算的审查和其他财政收支的审计工作报告的制度，人大及其常委会建立审议意见落实反馈制度，等等。通过制度化建设，维护了人大及其常委会的探索成果，保证了工作的连续性。三是服务发展大局。这在保证依法行使立法权方面体现得尤为明显。在省委的领导下，浙江省人大及其常委会从全省经济社会发展的实际需求出发，制定和完善了一批有利于进一步完善社会主义市场经济体制，适应科学发展观要求，推进浙江省全面协调可持续发展，保证省委"八八战略""两创"总战略深入实施，促进浙江省干好"一三五"、实现"四翻番"，建设物质富裕精神富有的现代化浙江的地方性法规。

（二）加强党委对政协的领导和支持

坚持党的领导，是坚持和完善中国共产党领导的多党合作和政治协商制度的前提。一是发挥党委的领导核心作用。浙江省各级党委把政协工作摆在全局工作的重要位置。各市、县（区）党委坚持每届至少召开一次政协工作会议，研究新情况，解决新问题。党委常委会每年至少专题听取一次政协工作汇报，研究重要问题，提出任务和要求，帮助解决实际困难。省委明确要求，党委、政府领导班子成员中都要明确一名同志联系政协工作。党委主要领导同志要关心和过问政协工作，认真听取政协的意见和建议。二是充分发挥政协党组的作用。省委明确要求，事关统一战线和人民政协的一些重大问题、政协人事安排、委员人选等，事先要征求政协党组的意见，并严格按照《政协章程》规定的程序办事。党委可视情况委托政协党组召开民主党派、工商联和无党派人士座谈会，通报或交流重要情况，传达重要文件，听取意见和建议。

党委保证人民政协发挥政治协商、民主监督和参政议政的作用。政治协商是人民政协的首要职能。2002 年以来，历届浙江省政协围绕"建设平安浙江""法治浙江建设""生态文明建设""建设山上浙江、发展山区经济""发展海洋经济、建设海上浙江""人文浙江""全省'十一五'规划编制""浙江'十二五'规划编制"等重点课题进行调研，为省委、省政府决策献计献策，提出的很多意见建议被省委、省政府采纳。提案是政协委员参政议政的重要方式。在省委领导下，全省各级政协发挥委员联系面广的优势，主动协助党委、政府深入了解民意，广泛集中民智。2003 ~ 2006 年，省级各民主党派、工商联、人民团体和各界委员，每年以提案形式提出的意见建议都在六七百件以上。① 省委、省政府高度重视政协提案工作。每年，省委主要领导均要领办重点提案。2009 年，赵洪祝同志领办省政协《抓住人民政协成立 60 周年契机，进一步推进我省政协事业不断发

---

① 参见中共浙江省委党史研究室《创业富民　创新强省——中共浙江省第十二次代表大会以来》，浙江人民出版社，2012，第 185 页。

展》的重点提案。2010年，吕祖善同志领办由民建省委提出的《我省十二五规划过程中应重点关注的几个问题》等重点提案。[①] 浙江省委还坚持和完善在重大问题上与政协的协商通报制度。省委多次召开由各民主党派、工商联和无党派人士参加的协商会议，就事关浙江经济社会发展规划、重要人事任免等重大问题的决策进行民主协商，对党中央、国务院的大政方针和省委的重要工作部署进行通报。

省委在自觉接受人民政协的民主监督，充分发挥政协重要作用的同时，制订出台了《中共浙江省委关于进一步加强中国共产党领导的多党合作和政治协商制度建设的实施意见》，支持政协依据新修订的《政协章程》履行职能，加强制度建设，推进政协工作的制度化、规范化、程序化。2009年，省委召开全省政协工作会议，出台了《关于加强和完善人民政协政治协商，促进科学民主决策的意见》，从制度上保障了在新的历史条件下政协职能的发挥。

（三）加强党委对工青妇等人民团体的领导和支持

加强党的领导是发挥工青妇等人民团体作用的前提。浙江省各级党委把人民团体工作摆上重要位置，健全工作机制，形成了党委领导班子集体领导与分工负责相结合的领导体制，完善了人大、政府、政协联系工青妇工作的各项制度。多数县以上党委坚持每年至少一次专门研究群团工作，听取一次工青妇工作汇报，研究、解决群团工作中的重要问题。许多市县党委明确把工青妇工作列入对下级党委的考核内容。例如，湖州市委把群团组织建设纳入县区年度综合考核内容，长兴、安吉在全省率先推行了县委与各乡镇党群副书记签订企业工会组建工作目标责任书制度；绍兴市委还开展了群团工作专项督察，有力地推动了工青妇工作。省委还明确要求，各级党校要设立群众工作课，加强对马克思主义工运理论、青运理论、妇运理论和马克思主义妇女观、男女平等基本国策的

---

① 参见中共浙江省委党史研究室《创业富民　创新强省——中共浙江省第十二次代表大会以来》，浙江人民出版社，2012，第104页。

宣传教育。

大力支持人民团体维护群众合法权益的基本职能。在党的领导下，全省各级工青妇组织坚持把切实维护各自所代表群体的合法权益作为基本职责，放在突出位置，加大工作力度，探索有效途径，提高工作的针对性和实效性。2013年，工会积极推行工资集体协商工作，保障职工最基本经济权益。全省签订工资协议13.96万份，覆盖企业31.3万家，其中区域性工资协议6966份，覆盖企业20.28万家，行业性工资协议561份，覆盖企业3.1万家。建会企业工资集体协商率超过90%，比2012年提高了17.9%。世界500强在浙企业全部开展了工资集体协商。2014年，出台工资集体协商五年工作规划（2014~2018）和提升协商实效性的意见，全省签订工资协议11.58万份，覆盖企业38万家，惠及职工1470万人。快速推进职工医疗互助保障制度建设，努力解决职工因病致贫问题。2014年，已有64个市、县（市、区）总工会开展了这项工作，覆盖面达62%，有9.5万人次的职工得到救助，给付互助保障金7800余万元。① 近年来，浙江省各级共青团组织在服务大局、服务社会、服务青年中工作成效显著。2010年，通过全省各级团组织的努力工作，在团中央服务青年就业创业工作的综合考评中，浙江省取得了全团第一的好成绩：新建青年就业创业见习基地2242个，新增城市青年创业小额贷款15.8亿元，扶持青年创业4.43万人，"订单式"培训青年农民工4.45万人。② 妇联组织加大维权探索力度，省预防和制止家庭暴力委员会办公室制定下发了《浙江省预防和制止家庭暴力行动计划（2011~2015年)》，计划通过五年努力，在浙江省建成政府主导的家庭暴力宣传、预防、干预、救助、保障五大体系。各级妇联充分发挥信访窗口作用，及

---

① 参见戴震华《凝聚职工力量　释放工会活力，为全面深化改革、实现稳中求进作出积极贡献》，http://www.zjftu.org/template/10001/file.jsp? cid = 41&aid = 7634，最后访问日期：2014年1月23日。

② 参见周艳《在全省城市共青团工作会议上的讲话》，http://www.zjgqt.org/Item/11931344.aspx，最后访问日期：2011年3月30日。

时通过信访专报向党委政府和上级妇联报告信访情况，推动党委、政府、上级妇联重视解决相关问题。①

为工青妇组织开展工作创造良好条件和社会环境。浙江省委要求，各级党委要充分发挥协调各方的作用，切实做好人大、政府、政协和工青妇组织之间的协调工作，争取社会各方面对工青妇工作的支持。各级党委、人大、政府及其有关部门在研究制定经济和社会发展规划，以及教育、劳动、工资、社会保障等涉及职工、青少年、妇女儿童切身利益的重大政策和措施时，应充分听取工青妇组织的意见。各级政府要明确 1 名以上领导同志联系工青妇工作，每年至少召开 1 次工青妇工作联席会议，协调工青妇组织与政府部门之间的关系，推动工青妇有关工作的落实。浙江省先后制定和颁布了《浙江省外商投资企业工会条例》《浙江省集体合同条例》《浙江省实施〈工会法〉办法》《浙江省私营企业工会条例》《浙江省未成年人保护条例》《浙江省实施〈妇女权益保障法〉办法》等地方性法规和政府规章，省委、省政府制定了一系列支持工青妇工作和推进青年、妇女、儿童工作的规范性文件。各级党委、政府和有关部门在工青妇工作的经费投入、阵地建设、机构编制、人员配备、待遇落实等各方面都给予了积极支持。各级宣传部门和报纸、广播、电视及网络等媒体加大了对工青妇工作的宣传力度，积极宣传相关法律法规，大力宣传工青妇群体中的先进模范，扩大了工青妇工作的社会影响，积极引导社会各界关心支持工青妇工作，为新时期工青妇工作营造了良好的舆论氛围和社会环境。

（四）加强党委对经济社会发展全局的领导

党领导经济社会发展全局，主要是把握方向，谋划全局，提出战略，制定政策，推动立法，营造良好环境。这是在社会主义市场经济条件下加强和改善党对经济工作领导的根本指针。历届浙江省委贯彻这一精神，结合浙江

① 参见陈美云《在全省妇联系统维权工作研讨会上的讲话》http：//www. zjswomen. org. cn/article. html1？Id = 12433，最后访问日期：2012 年 12 月 19 日。

地方实际，根据发展的不同阶段，提出了一系列重大发展战略，极大地促进了浙江经济社会的发展，使浙江发展始终走在全国前列。

2002年12月，省委十一届二次全会通过了《中共浙江省委关于认真贯彻落实党的十六大精神，加快全面建设小康社会，提前基本实现现代化的决定》，提出了加快全面建设小康社会，对提前基本实现现代化作出了全面部署。2003年7月，省委十一届四次全会提出要进一步发挥"八大优势"，推进"八项举措"，即"八八战略"，要求进一步加强和改善党的领导，努力促进经济社会的新发展，这是习近平同志带领下的十一届浙江省委作出的重大战略决策。2007年11月省委十二届二次全会通过了《中共浙江省委关于认真贯彻党的十七大精神，扎实推进创业富民创新强省的决定》，"两创"是赵洪祝同志带领下的十二届浙江省委提出的，是对改革开放以来浙江发展经验的深刻总结，是"八八战略"的深化，是浙江落实科学发展观、全面建设小康社会的重大战略决策。2012年12月，省委十三届二次全会通过了《中共浙江省委关于认真学习贯彻党的十八大精神，扎实推进物质富裕精神富有现代化浙江建设的决定》，这是夏宝龙同志带领下的十三届浙江省委作出的战略决策，提出了努力开创建设"两富"现代化浙江新局面的要求。

完善体制和方式是加强党对经济社会发展大局领导的基础。浙江省委认为，各级党委要在经济工作中切实履行好"把握方向、谋划全局、提出战略、制定政策、推动立法、营造良好环境"的职责，关键是要统揽经济工作大局，掌握工作主动权，做到既不缺位失职，也不越俎代庖。一是明确党政决策权限以及党的全委会、常委会决策权限职责。省委明确要求，凡涉及国民经济和社会发展规划、重大方针政策、工作总体部署以及关系国计民生的重要问题，由党委集体讨论决定，经常性工作由政府及其部门按照职责权限决策和管理。省委、市委、县委全体会议要对经济社会发展中长期规划提出建议并作出决定，对经济社会发展、经济体制改革中的重大问题作出决策。二是完善经济工作会议制度，理顺机制。省委在每年年底召开经济工作会议，总结全省一年来的经济工作，分析国内外经济形势，全面部署来年的经济工作。省委常委会坚持每季度的经济形势分析会制度，听取省政府党组关于经济运行情况的报告，掌握经济走势、分析存在问题、研究对策措施。成立了省委财经工作领导小组，并逐步健全了工作制度。实践证明，省委财经领导小组在研究确定全省国民经济建设和经济体制改革的指导方针和重大决策、研究提出处理全省重大财经问题和重大建设项目的原则和措施等方面发挥了重要作用。三是协调各方力量抓经济工作。党委要支持政府依法充分履行职责，加快职能转变，提高政府行政能力，特别是做好经济工作的能力。支持人大加强对经济工作和社会经济活动的监督，推动经济法治化建设，充分调动政协、各民主党派、工商联以及各人民团体的积极性，围绕经济社会发展的重大问题，调查研究，建言献策，更好地集中各方面的智慧和力量。

第三节　加强执政能力建设
推动率先全面建成小康社会

在 2004 年 10 月召开的省委十一届七次全会上，习近平同志明确提出，党的执政能力建设是中国特色社会主义伟大事业和党的建设新的伟大工程的结合点，加强党的执政能力建设要"巩固八个方面的基础，增强八个方面的本领"，把不断增强执政能力作为先进性建设和纯洁性建设的着眼点，作为推进科学发展转型升级的着力点，作为加强自身建设的着重点。自那时以来，历届浙江省委立足浙江实际，认真贯彻落实这一总体部署，坚持"一张蓝图绘到底"，做到聚精会神抓党建、抓好党建促发展，为率先实现"两富"现代化浙江提供了坚实的政治保证和组织保证，实现伟大事业与伟大工程的双向互动。

一　以巩固"八个基础"、增强"八项本领"为根本提升执政能力

加强和改善党的领导，是浙江各项事业蓬勃发展的根本保证。党的十六

大以来，历届浙江省委坚持党要管党、从严治党方针，以执政能力建设为重点，以先进性建设为目标，坚持用中国特色社会主义理论体系武装头脑、指导实践、推动工作，引导广大干部在真学、真懂、真信、真用上下功夫，干在实处，为推动浙江经济社会发展走在前列提供了有力的政治保证和思想保证。①

2004 年 8 月 23 日，习近平同志在甬温绍舟台党建工作座谈会上强调，必须把党的执政能力建设作为推进党领导的中国特色社会主义伟大事业和党的建设新的伟大工程的结合点，扎实推进党的思想、组织、作风和制度建设，有效提高党的执政能力。②

2004 年 10 月 23 日，省委召开十一届七次全会，作出了《中共浙江省委关于认真贯彻党的十六届四中全会精神，切实加强党的执政能力建设的意见》，确定了浙江加强党的执政能力建设的主要任务和工作部署。在这次会议上，习近平同志代表省委作出了巩固"八个基础"，增强"八项本领"的重要论述，对浙江省加强党的执政能力建设提出了具体要求：致力于巩固党执政的思想基础，加强理论武装和党对意识形态工作的领导，不断增强用发展着的马克思主义指导新实践的本领；致力于巩固党执政的经济基础，全面推进经济强省建设，不断增强驾驭社会主义市场经济的本领；致力于巩固党执政的政治基础，全面推进法治社会建设，不断增强发展社会主义民主政治的本领；致力于巩固党执政的文化基础，全面推进文化大省建设，不断增强建设社会主义先进文化的本领；致力于巩固党执政的社会基础，全面推进"平安浙江"建设，不断增强构建社会主义和谐社会的本领；致力于巩固党执政的体制基础，健全和完善党的领导制度和领导方式，不断增强地方党委总揽全局、协调各方的本领；致力于巩固党执政的组织基础，加强干部队伍建设和基层组织建设，不断增强自身素质和团结带领广大群众干事业的本

---

① 参见习近平《干在实处　走在前列——推进浙江新发展的思考与实践》，中共中央党校出版社，2006。
② 参见习近平《干在实处　走在前列——推进浙江新发展的思考与实践》，中共中央党校出版社，2006，第 401 页。

领；致力于巩固党执政的群众基础，密切党同人民群众的血肉联系，不断增强拒腐防变和抵御风险的本领。

巩固"八个基础"、增强"八项本领"的要求，既涵盖了推进党的伟大事业，也涵盖了推进党的建设新的伟大工程，把两方面有机结合到党的执政能力建设的整体布局中；找准加强党的执政能力建设这个结合点，既使中央加强党的执政能力建设的精神在浙江具体化，又反映了浙江推进科学发展的内在要求；以加强党的执政能力建设为抓手，既表现了习近平同志对伟大工程和伟大事业辩证关系的熟练把握，又体现了习近平高度的政治敏感和睿智的目光。

自习近平同志提出巩固"八个基础"、增强"八项本领"要求以来，历届浙江省委和浙江省的广大干部群众，牢牢坚持和贯彻落实这些要求，不断在实际工作中切实提高执政能力，并以高超的能力推动事业发展。

二　以战略思维领导制订和实施重大发展战略

进入新世纪新阶段，浙江经济社会发展过程中出现的新情况、新问题、新矛盾，对省委的执政能力提出了新的更高的要求。历届浙江省委着力提升战略思维能力，认真贯彻中央精神，按照发展中国特色社会主义的总布局总要求，统领全省经济社会发展全局，立足浙江具体实际，大力弘扬"干在实处、走在前列"精神，把制订发展战略作为提高执政能力的重要载体，形成了关系浙江长远发展的"八八战略"、"两创"战略、"两富"战略、"两美"战略等现代化浙江目标，推动中国特色社会主义在浙江的实践不断再创新成就，同时也为巩固党的执政地位和加强党的建设奠定了雄厚的物质基础。

（一）制订和实施以"八八战略"为核心内容的"发展总纲"

2003 年 7 月，省委十一届四次全体（扩大）会议围绕如何实现浙江全面加快建设小康社会、提前基本实现现代化的目标，提出了发挥"八个优势"、推进"八项举措"（即"八八战略"）的重大战略部署。"八八战略"立足浙江的区位实际、资源实际和发展实际，更加注重统筹兼顾，更加注重经济增长的质量和效益，更加注重实现和维护广大人民群众的切身利益，充分体现了全面、协调、可持续的科学发展观，改革创新的动力观，为民谋利的宗旨观，是对浙江改革发展实践的一次有高度有新意和完整的经验总结。它充分体现了浙江改革发展实践的基本经验，更是对浙江人民群众创新和智慧的总结概括，是浙江近十多年来推进改革、发展的总蓝图。"八八战略"提出以后，浙江省委领导全省各级领导干部和广大人民群众，把这项重大战略贯彻落实到实际当中，大力推进建设平安浙江、文化大省、法治浙江、生态省，不断开创浙江改革开放和现代化建设的新局面。

（二）制订和实施以"创业富民、创新强省"为核心内容的总战略

党的十七大以后，浙江处于一个深入推进工业化、信息化、城市化、市场化、国际化的关键时期，既面临前所未有的机遇，也面临前所未有的挑战。面对浙江实践的需要，省委认识到，创业创新是富民之本、强省之源头。

2007年11月，省委十二届二次全会作出《关于认真贯彻党的十七大精神扎实推进创业富民创新强省的决定》，明确提出实施"创业富民、创新强省"战略：坚持把支持人民群众干事业、干成事业作为创业富民、创新强省的根本之举，大力推进全民创业和全面创新；坚持把解放思想、改革开放作为创业富民、创新强省的动力源泉，进一步解放和发展社会生产力；坚持把转变经济发展方式作为创业富民、创新强省的主攻方向，促进经济又好又快发展；坚持把实现好、维护好、发展好人民群众的根本利益作为创业富民、创新强省的出发点和落脚点，加快构建社会主义和谐社会；坚持把人力资源建设作为创业富民、创新强省的关键环节，开创人才辈出、人尽其才的新局面；坚持把建设先进文化作为创业富民、创新强省的重要支撑，推动文化大发展大繁荣；坚持把加强党的领导作为创业富民、创新强省的坚强保证，以改革创新精神全面推进党的建设新的伟大工程。这"七个坚持"是中国特色社会主义事业浙江篇章的"总布局"。以此为依据，浙江提出了"绿色浙江"、"平安浙江"、"法治浙江"、文化强省、海洋经济强省、体育

强省、科技强省等重大战略和重要举措，引领中国特色社会主义浙江实践走向新辉煌。

"两创"战略是改革开放以来浙江发展经验的深刻总结，是"八八战略"的发展和深化，是充分激发全省人民创业创新热情，增添各方面创业创新活力，以创业创新破解发展难题、增强发展后劲的战略举措，使浙江在新的起点上取得经济社会新的更大发展，不断深化中国特色社会主义在浙江的生动实践，体现浙江经济社会发展的鲜明时代特征。总战略提出以后，省委带领全省广大干部群众深入贯彻落实，扭住科学发展转型升级这个总开关，加快转变经济发展方式，坚持"两个毫不动摇"，大力支持非公有制经济发展，充分利用丰富的海洋资源和优越的海洋地理区位优势发展"海洋经济"，推行"海洋经济强省"战略，实现陆海联动，统筹城乡一体化发展、内地与海洋互动式发展，为浙江的发展注入活力和动力，实现全省经济跨越式发展，不断夯实党执政的经济基础。

（三）制订和实施以"物质富裕、精神富有"为核心的"两富"现代化浙江目标

浙江省第十二次党代会以来，浙江社会主义现代化建设突飞猛进，在社会主义市场经济、民主政治、先进文化、和谐社会以及生态文明建设和党的建设的各个方面取得了重要的阶段性成就。

在继续实施"八八战略"和"两创"战略取得成就的基础上，2012年6月6日召开的中国共产党浙江省第十三次党代会提出，我们要建设的现代化浙江，必须始终坚持一切从浙江实际出发，始终坚持把富民放在首位，始终坚持促进人的全面发展，核心是实现全省人民物质富裕精神富有。在扎实推进"八八战略"、"两创"战略的基础上，动员全省共产党员和各族人民，为实现"两富"现代化浙江而奋斗。2012年12月，省委十三届二次全会通过了《中共浙江省委关于认真学习贯彻党的十八大精神，扎实推进物质富裕精神富有现代化浙江建设的决定》，提出要努力开创建设"两富"现代化浙江新局面。

"两富"现代化浙江的价值基础就是精神世界的丰富与高尚。提高人民

文化素质和精神文明，需要重视文化建设、科教事业以及核心价值观建设。浙江一直树立"文化立世、文化兴邦"理念，推动"文化强省"战略的大力实施，增强文化软实力和文化综合竞争力。省委把"文化强省"战略发展实践作为加强党的思想理论建设的最佳时机，坚持不懈地用中国特色社会主义理论体系武装党员干部、教育人民群众，深入开展理想信念教育，把广大人民群众团结和凝聚在中国特色社会主义伟大旗帜下，大力弘扬以创业创新为核心的浙江精神，注重道德素质提升，不断加强公民道德建设。浙江人民在省委的坚强领导下，沐浴着社会主义先进文化，树立终身学习的新学习观，注重思想涵养，不断实现精神富有。

建设物质富裕精神富有的现代化是对社会主义现代化规律认识的深化，物质富裕精神富有是中国特色社会主义的价值旨趣和本质要求，建设物质富裕精神富有的现代化社会是进一步推进浙江科学发展的逻辑必然。"两富"现代化浙江目标是"八八战略""两创"的深化，在本质上三者是一个统一的整体，既一脉相承，又与时俱进。省委提出"两富"现代化浙江，更加明确了中国特色社会主义浙江实践的重点内容和目标方向，继续引领中国特色社会主义在浙江的发展实践。

（四）制订和实施以干好"一三五"、实现"四翻番"为核心的目标

2012 年 12 月以后，夏宝龙同志接任浙江省委书记。他带领省委明确提出，要继续写好"八八战略"这篇大文章，关键是要抓好落实的要求。为此，2012 年 12 月召开的省委十三届二次全会明确提出了干好"一三五"、实现"四翻番"的目标：全力以赴做好 2013 年的工作，确保开好局，起好步；力争经过三年努力，确保不折不扣完成省"十二五"规划确定的目标任务；力争经过五年努力，确保在经济强省、文化强省、科教人才强省和法治浙江、平安浙江、生态浙江建设方面取得重大进展。到 2020 年，实现全省生产总值、人均生产总值、城镇居民人均可支配收入和农村居民人均纯收入比 2010 年翻一番，力争提前实现。

2013 年党的十八届三中全会召开，作出了全面深化改革的总体部署。浙江省委迅速贯彻落实。2013 年 11 月召开的浙江省委十三届四次全会通过了《中共浙江省委关于认真学习贯彻党的十八届三中全会精神，全面深化改革再创体制机制新优势的决定》，十年后又一次对"八八战略"进一步具体对接和发展。会议提出了"八个着眼于"的要求：着眼于使市场在资源配置中起决定性作用、推动结构调整和产业升级、培育开放型经济新优势等八个方面，全面推进浙江改革伟业，具体绘制了浙江全面深化改革的路线图。

在实践中，省委要求注重解决以下几个问题：一是提出全面深化改革的重点是经济体制改革，核心问题是处理好政府和市场的关系，使市场在资源配置中起决定性作用和更好发挥政府作用，再造市场竞争新优势。具体到政府，重在推进政府职能转变和机构改革，市场能做的事尽可能让市场去做，政府管好自己该管的事。二是强化以治水为突破口的转型升级"组合拳"的体制机制保障，再造发展方式新优势。以大禹治水的精神，以"重整山河"的雄心壮志，以砸锅卖铁的决心，举全省之力，坚持"科学治水、依法治水、铁腕治水、全民治水"，大力推进治污水、防洪水、排涝水、保供水、抓节水的"五水共治"，统筹推进浙商回归、扩大有效投资、淘汰落后产能、"三改一拆"、"四换三名"、"个转企、小升规、规改股、股上市"等各项工作，以环境、能耗等指标作为硬约束倒逼经济转型升级，以短期阵痛换取长远绿色发展，追求没有水分、没有后遗症的生产总值，追求有效益、有质量、可持续的经济发展，确保跨越中等收入陷阱。通过治水，治出转型升级，治好绿水青山，治服洪水之虎，治去内涝之患，让广大群众安居乐业，与自然和谐相处，努力走出"绿水青山就是金山银山"的发展新路。三是深刻理解法治浙江建设在法治中国建设中的地位和作用，正确处理局部与整体的关系，在保证法制统一的原则下，积极探索法治建设的基本规律，不断提高浙江经济、政治、文化、社会、生态文明建设的法治化水平，为法治中国建设提供更多经验和有益借鉴。认真总结八年来法治浙江建设的实践经验，大力弘扬社会主义法治精神，真正信仰法治、坚守法治，进一步健全法治的体制机制，坚持依法执政，运用法治思维，严格以法制权，紧紧围绕改革抓法治、围绕发展抓法治、围绕和谐抓法治、围绕民生抓法治，着力解决有法不依、执法不严、司法不公、普法不够、立法不全等问题，推进科学立法、严格执法、公正司法、全民守法。积极运用法治方式深化改革、推动发展、化解矛盾、维护稳定，有效发挥法治在平衡、调整、规范各种社会关系中的重要作用，切实提高社会治理能力，以法治浙江建设保障发展、造福群众。坚持法制教育与法治实践相结合，加强法治宣传，弘扬法治精神，增强全社会学法尊法、守法用法意识，提高全社会法治化水平。四是大力培育和弘扬社会主义核心价值体系和核心价值观。要把培育和弘扬社会主义核心价值观作为凝魂聚气、强基固本的基础工程，通过教育引导、舆论宣传、文化熏陶、实践养成、制度保障等，使社会主义核心价值观内化为人们的精神追求、外化为人们的自觉行动。坚持用社会主义核心价值观引领整合社会思潮，做到在多元中立主导、在多变中谋共识，不断增强人民群众对党、国家和社会主义的向心力。深入贯彻落实《公民道德建设实施纲要》，继续加强"最美浙江人"品牌打造，推动形成学习、宣传、争做"最美浙江人"的良好社会风尚。面对诋毁正能量、干扰主旋律的噪音、杂音，面对错误文化思潮的渗透，要当战士不当绅士，不断提升舆论引导水平，牢牢掌握舆论引导的话语权，不断凝聚广大人民群众投身中国特色社会主义建设的正能量。

三　发挥领导核心作用，为率先全面建成小康社会提供强大政治保障

"八八战略""两创""两富""两美"，干好"一三五"、实现"四翻番"等重大战略，描绘了浙江在新的历史条件下推进中国特色社会主义伟大事业、全面建成小康社会的宏伟蓝图，这些战略举措的推行必须始终坚持党的领导，紧紧依靠浙江党建所起的政治保障作用。浙江各级党委在紧密结合地区实际过程中分解、细化省委的战略决策，在本地区和本部门切实贯彻。党的政治保障作用主要体现在抓政治方向、抓全局决策、抓领导班子、抓基层建设等方面。

（一）抓好发展导向，引领正确政治方向

在党中央的统一部署下，省委结合浙江实际，在全省抓经济发展的社会主义市场经济方向、社会主义民主政治发展方向、社会主义先进文化"文化强省"、社会和谐创建"平安浙江"、生态文明创建"生态省"、党建科学化加强自身建设。

浙江是经济相对发达的东部省份和市场经济的先发地区，市场经济成分相当高，个别地市形成了民营经济占主体的经济格局，也出现了民办非企业组织。强化党的政治领导必须在"两新"组织中抓党建，实现党建的"两个覆盖"和"两个作用"。为此，省委第十一届委员会第五次全体会议通过了《中共浙江省委关于贯彻落实党的十六届三中全会精神，进一步完善社会主义市场经济体制的决定》。依法治国是我国治党治国的基本方略，省委抓全省法治建设是对依法治国基本方略在浙江的贯彻落实，将为全省营造风清气正的政治氛围和执政环境。中国共产党始终代表社会主义先进文化的前进方向，省委强调"文化强省"，紧紧扭住先进文化这一主题不放松，为全省经济社会发展提供精神力量和智力支撑。社会和谐是中国特色社会主义的本质属性，构建和谐浙江、"平安浙江"是省委、省政府充分运用稳定是改革和发展的前提的理论，把党和国家构建社会主义和谐社会在浙江具体化、实践化的首要政治任务。生态文明是马克思主义发展理论的价值依归，浙江具有得天独厚的生态区位优势，全省上下齐心协力在省委的坚强领导下大力推进"生态省"建设，是对中国特色社会主义生态文明建设的重大贡献。浙江省第十一次党代会以来的三届省委都重视抓党建科学化，党建的首要任务在于省委自身建设。为了贯彻落实党的十五届六中全会通过的《中共中央关于加强和改进党的作风建设的决定》，2002年3月，浙江在全省各级领导机关中认真开展了"调查研究年"和"转变作风年"活动。2003年7月，省委十一届四次全体（扩大）会议通过《中共浙江省委议事规则》。2007年6月16日，省委十二届一次全会审议通过了《中共浙江省委关于进一步加强自身作风建设的决定》。2012年6月10日，省委十三届一次全会审议通过《中共浙江省委关于按照保持党的先进性和纯洁性要求，切实加强自身建设的决定》。

这一系列重大决策和战略部署，为浙江的改革开放和现代化建设把好了关，领好了路，浙江的经济社会发展始终沿着中国特色社会主义道路的正确方向开拓前进。

（二）抓好全局决策，绘制发展美好蓝图

浙江省第十一次党代会以来，除了上述浙江省委领导制定和实施的一系列重大发展战略外，历届省委、省政府还结合浙江实际，谋篇布局，纵横策论，为贯彻落实这些重大战略出台了一系列事关浙江经济社会发展全局的重大决策，不断描绘浙江美好蓝图。

2003 年 3 月 18 日，《浙江生态省建设总体规划纲要》在北京通过专家论证，由此，浙江拉开了全面建设生态省的序幕。同年 5 月 21 日，省委召开常委会，讨论并原则通过了《浙江生态省建设总体规划纲要》。7 月 11 日，省委、省政府召开生态省建设动员大会，全面启动生态省建设，努力打造"绿色浙江"。2003 年 6 月 5 日至 6 日，省委、省政府在杭州召开"千村示范、万村整治"工作会议，部署此后 5 年，全省要对 1 万个左右的村进行全面整治，把其中 1000 个左右的中心村建设成全面小康示范村。2003 年 8 月 18 日，省委、省政府在杭州召开全省海洋经济工作会议，会议提出了建设海洋经济强省的目标。2003 年 12 月 3 日，省委、省政府在衢州召开"山海协作"工程情况汇报会。会议要求，大力推进"山海协作"工作，努力实现区域协调发展。2003 年 12 月 22 日至 23 日，省委十一届五次全体（扩大）会议号召要充分发挥"八个优势"，深入实施"八项举措"，扎实推进浙江全面协调可持续发展，2004 年 1 月 10 日，省委、省政府在全国率先制定并实施《浙江省统筹城乡发展、推进城乡一体化纲要》。2005 年 7 月 28 日至 29 日，省委十一届八次全体（扩大）会议审议通过《中共浙江省委关于加快建设文化大省的决定》。2005 年 12 月 29 日，省委、省政府发出《关于推进欠发达地区加快发展的若干意见》。2006 年 4 月 25 日至 26 日，省委十一届十次全体（扩大）会议审议通过《中共浙江省委关于建设"法治浙江"的决定》。同年 3 月 24 日至 25 日，省委、省政府在杭州召开全省农村综合改革工作会议，研究部署全省农村综合改革工作。11月13日至15日，省委十一届十一次全体（扩大）会议审议通过《中共浙江省委关于认真贯彻党的十六届六中全会精神，构建社会主义和谐社会的意见》。12月22日，省委召开常委会议，专题研究《2006～2010年浙江省干部教育培训规划》和《关于贯彻〈干部教育培训工作条例〉（试行）实施办法》。

上述这些重大的全局性的决策，涉及浙江省经济政治文化社会生态和党的建设的方方面面，形成了由经济强省、文化大省、平安浙江、法治浙江、绿色浙江等构成的社会主义现代化浙江的壮丽蓝图。随着这幅美好蓝图逐步成为现实，中国特色社会主义"五位一体"总布局在浙江的生动实践越来越呈现出新的辉煌。

（三）抓好领导班子，形成坚强领导集体

习近平同志主政浙江期间高度重视领导干部队伍建设，他认为："班子建设非常重要，一个地方看一个核心，党委就是核心。"[①] 历届浙江省委认真领会习近平同志的精神，十分重视领导班子建设，把它视为党委核心作用的关键。他们制定了《关于贯彻〈2004～2008年全国党政领导班子建设规划纲要〉的实施意见》，对全面加强全省县以上党政领导班子建设的指导思想、工作原则和基本目标等提出了明确要求。该意见提出，各级领导班子建设以加强党的执政能力建设为重点，坚持干部队伍革命化、年轻化、知识化、专业化方针和德才兼备原则，把思想建设、组织建设和作风建设有机结合起来，把制度建设贯穿其中，把各级领导班子建设成为推动"第一要务"、坚持"两个务必"、实践"三个代表"的坚强领导集体，为深入实施"八八战略"，建设"平安浙江"，全面建设小康社会，提前实现基本现代化提供强有力的组织保证。在抓领导班子建设时，省委重视对班子成员的知识能力的提高、年龄梯次的合理化、配备女干部、后备干部建设、突出抓好

---

① 习近平：《干在实处　走在前列——推进浙江新发展的思考与实践》，中共中央党校出版社，2006，第421页。

"一把手"建设，既强化对"一把手"的配备工作，也高度重视对县级党政"一把手"的教育培训和严格监管。浙江在干部人事制度改革方面取得了六项重要的突破：一是规范干部任用初始提名行为。二是推行干部生活圈、社交圈考察。三是开展市、县级党政领导班子和领导干部综合考核试点工作。四是完善公开选拔方式方法。五是规范党政领导干部辞职"下海"。六是探索领导干部任期制试点。浙江通过全面深化干部人事制度改革，不断健全完善干部选拔任用机制、考核评价机制、管理监督机制和退出机制，创新完善竞争性选拔等制度，有力地激发了干部队伍干事创业的活力。

这些年来，浙江省委不断优化干部队伍，提高领导水平，着眼于提高领导班子和领导干部的执政能力与执政水平，从培养、选拔、管理、监督等方面加大工作力度，努力建设一支政治上靠得住、工作上有本事、作风上过硬的高素质干部队伍，为浙江的经济社会发展提供坚强的组织干部保障。

与此同时，历届浙江省委把抓好基层组织建设作为极端重要的工作高度重视，在继续以抓国有企业、机关、学校以及事业单位的党建工作为重点的同时，下大力气抓非公有制企业党建、农村党建和社区党建，高度重视新经济组织和新社会组织的党建工作。抓"两新"组织党建是浙江落实巩固"八个基础"、增强"八项本领"的具体体现，这是具有中国特色、浙江特点的党建新思路，不仅实现了"两覆盖"，夯实党的执政基础，而且发挥了"两个作用"，提高了党的影响力。

四 实现伟大工程和伟大事业的双向互动

中国共产党始终是中国特色社会主义伟大事业的坚强领导核心。中国特色社会主义事业是包含经济建设、政治建设、文化建设、社会建设、生态文明建设和党的建设等多方面、多层次的总体布局，党的建设新的伟大工程主要涵括党的思想建设、作风建设、组织建设、制度建设和反腐倡廉建设。历届浙江省委通过深入实施"八八战略"，切实把"八项本领"贯彻落实到推动党的建设新的伟大工程中，贯彻落实到中国特色社会主义在浙江的生动实践中，实现了伟大事业与伟大工程的双向互动。

（一）大力加强理论武装，提高科学理论指导实践的本领

党的十六大以来，历届浙江省委全面贯彻落实党中央指示精神，按照习近平同志的相关论述和做法，致力于巩固党执政的思想基础，加强理论武装和党对意识形态工作的领导，不断增强用发展着的马克思主义指导新实践的本领。2003年上半年，省委按照中央的部署在全省开展兴起学习"三个代表"重要思想新高潮的活动，重视理论联系实际，重在研究解决问题，推动各项工作发展。此后，省委十一届四次全会提出了进一步发挥"八个方面的优势"，推进"八个方面的举措"的"八八战略"。2004年，省委在全省县以上党政领导干部班子中开展"三树一创"教育实践活动，这在浙江领导班子思想政治建设上形成了鲜明的特色。2005年1月13日，浙江省先进性教育活动正式全面启动。浙江的"保先"教育活动，牢牢把握"紧密结合时代要求加强党的先进性建设""走在前列"的具体要求，强化前列意识，坚持求实创新，体现浙江特色。江山市建立"三级联动、服务三农"活动长效机制，宁波镇海区骆驼街道探索建立"民情五则"，常山县结合实际，探索建立了民情沟通日制度。2008年9月，省委按照中央决定，在全党开展深入学习实践科学发展观活动，出台《关于深入学习实践科学发展观活动的实施意见》，分3批对省级机关、市、县（市、区）机关、乡村和新经济组织中的党员进行马克思主义中国化最新理论成果的集中学习教育。浙江学习实践科学发展观活动共涉及单位8.47万个、党员282.83万名。2013年5月，以习近平总书记系列重要讲话精神为指导，由夏宝龙同志主持的省委常委会召开会议，专题研究部署开展党的群众路线教育实践活动。在理论学习的过程中，浙江各级领导干部，不断提升理论思维能力，提出了一系列创新性的方式方法，极大地促进了浙江经济社会发展，把科学理论指导实践的本领落实到实际工作当中。

（二）在全面推动科学发展的实践中形成创新性思维方法

浙江省委和各级领导干部，在推动中国特色社会主义创新实践，实现党的建设新的伟大工程在浙江辉煌发展的过程中，围绕中心任务，遵循发展浙江、服务全国、放眼全球的战略原则，积累了新经验、好做法、新路子，形成了一系列创新性思维。其一，发扬"走在前列"、敢为人先的精神，积极贯彻落实科学发展观在浙江的实践，绘制浙江科学发展的蓝图，从各个方面做好科学发展这篇大文章，坚持与创新统一，全面贯彻实施"八八战略"，着眼于新时期浙江经济社会发展长远目标，构筑了浙江全面可持续发展的新平台，有力地推动了全省经济社会发展。其二，充分利用"倒逼"机制，推动经济增长方式转变实现新突破。浙江省第十一次党代会以来，省委抓住宏观调控的有利时机，痛下"凤凰涅槃，浴火重生"的决心，采取"倒逼机制"，在努力改善要素资源供给的同时，"腾笼换鸟"，苦练内功；"优农业、强工业、兴三产"，调整和优化产业结构；加快科技创新和技术改造，不断增强市场竞争力；加快生态省建设，提高集约化发展水平，从而推进了产业结构调整和经济增长方式转变，使经济发展的高效性、稳定性、协调性进一步增强。其三，坚持"跳出浙江发展浙江"，推动改革开放迈出新步伐。省委不断深化省属国有企业改革，大力推动民营经济新飞跃。主动接轨上海，积极参与长三角地区的合作与交流，积极参与西部大开发、东北老工业基地振兴和中部崛起战略的实施，鼓励"选商引资"和境外投资，在全球范围内开拓市场、配置资源，经济发展空间和领域进一步拓宽。其四，实施"山海协作、陆海联动"，城乡和区域发展取得新进展。坚持统筹发展兼顾、注重协调发展和可持续发展。统筹城乡发展，大力推进社会主义新农村建设，深入实施"四个千万"工程，农村面貌有了很大改善。坚持实施"山海协作""百亿帮扶致富""欠发达乡镇奔小康"等三大工程，促进区域协调发展。推动城乡互促共进。积极优化海洋渔业结构，大力发展海运业和海洋旅游业，加快港口建设和整合，海洋经济发展水平不断提高。其五，创新发展"枫桥经验"，共建共享平安和谐局面。"枫桥经验"是浙江干部群众的一大创造，是全国政法维稳战线的一面旗帜，是加强基层基础、化解社会矛盾的一棵"常青树"。全省各级党委政府和广大干部按照"贵在落实、贵在坚持"的要求，积极创新发展"枫桥经验"，大力推行领导干部下访，扎实开展平安创建活动，着力破解新生社会管理难题，用平安保增长、保民生和保稳定，努力为推动科学发展创造良好的环境。在化解党群、干群和群群矛盾过程中，党员干部发挥了应有的作用，密切了党群关系，加强了上下的沟通交流，为创建平安环境做出了贡献。这些创新性的思维，不仅成为浙江科学发展的重要方法支撑，也为全国其他地方的发展提供了重要的方法借鉴。

（三）在全面推进经济强省建设中增强驾驭社会主义市场经济的本领

浙江省委把推进经济建设同提升经济发展能力紧紧集合起来，着力在全面推进经济强省建设的过程中，增强推进改革开放和驾驭社会主义市场经济的本领。首先，在深化改革上，发挥浙江的体制机制优势，促进经济全面发展。始终坚持公有制为主体，促进多种所有制经济共同发展，"坚持两个毫不动摇"，不断深化省属国有企业改革，继续保持民营经济在全国的领先地位，突出浙江民营经济特色和优势，率先发展以专业市场为特色的各类商品市场，继续巩固市场大省地位；明确市场经济条件下政府的地位，从经济建设型政府向公共服务型政府转变，实现从经济目标优先向社会目标优先的转变，完善政府的公共管理职能。其次，在对内对外开放上，创新思路，选商引资，"以民引外""以外引外"，拓宽引资领域，把引进投资与促进全省产业结构调整升级、提高技术水平和研发能力结合起来；同时，又克服困难，扩大出口，深化外经贸体制改革，加大放开外贸出口经营权的力度，实施主体、商品、市场、贸易方式"四个多元化战略"，加快外贸增长方式转变和浙江产业结构提升，充分利用国内国际两种市场、资源，加快"走出去"步伐，建立"走出去"专项基金，境外投资居全国首位；积极参与长三角区域合作与交流、西部大开发、中部崛起和东北老工业基地振兴，"跳出浙江发展浙江"，延伸浙江的产业链，推动浙江产业的梯度转移，促进资源要素的合理流动和优化配置，最大程度上拓展经济发展的空间和领域。再次，突出"海洋经济强省"特色，发挥"市场大省"优势，形成开放型经济体系新格局。2003年8月，省委、省政府召开第三次全省海洋经济工作会议，下发《关于建设海洋经济强省的若干意见》，明确提出建设海洋经济强省的目标。省委、省政府以发展海洋经济为新亮点，实现陆海联动，实现陆海"双丰收"，统筹陆海合作与发展，使得区域实现新跨越。省第十二次党代会以来，浙江把加快发展海洋经济作为实施"八八战略"的组成部分和"两创"战略的重要内容，积极规划海洋经济发展带，着力打造现代海洋产业体系，加快建设"港航强省"，初步构筑起以宁波、舟山为中心，温州、台州、杭州、嘉兴为两翼的海洋经济发展格局。① 浙江狠抓海洋经济实现强省目标步入新征程，也有利于开放型经济格局的形成。改革开放不断深化所产生的强大动力，使浙江的机制体制优势不断增强，竞争力不断提升，实现了经济的健康快速发展。

（四）在全面推进文化大省建设中增强建设社会主义先进文化的本领

浙江省委在党中央的领导下，立足浙江实际，大力弘扬浙江精神，加快建设文化大省，壮大文化产业，发展文化事业，发挥文化立世、文化兴邦、文化强省的作用，提升文化软实力，全面提升建设社会主义先进文化的本领。省第十一次党代会以来，省委坚持先进文化的前进方向，努力建设社会主义核心价值体系，着力展现和提升以浙江精神为中心的"文化软实力"、"思想凝聚力"和"精神原动力"。抓住全面加强以未成年人为重点的公民思想道德建设，大力开展社会主义荣辱观教育，致力于从根本上提高民众素质。不断深化文化体制改革，积极实施文化建设"八项工程"，加快推进基层文化建设，促进了文化与经济的紧密融合，使得文化产业不断壮大，进一步增强了综合竞争的软实力。从全面建设小康社会，加快实现"两富"现代化浙江的战略高度，不断深化思想认识，加快文化事业的发展，搭建科技创新平台、努力建设科技强省，开发人力资源、努力建设人才强省，构筑现代教育体系、努力建设教育强省，完善公共卫生服务体系、努力建设卫生强省，发展体育事业、努力建设体育强省，努力推动浙江从建设文化大省向建设文化强省迈进。2006 年，党的十六届六中全会提出，要建设社会主义核心价值体系。省委高度重视社会主义核心价值体系建设，省第十二次党代会提出要用社会主义核心价值体系引领社会思潮，最大限度地形成共识、凝聚力量，大力弘扬并创新。党的十八大以来，省委把培育和弘扬社会主义核心价值观作为一项凝神静气的基础工程，全面推进，大力加强，践行社会主义

---

① 参见中共浙江省委党史研究室《创业富民 创新强省——中共浙江省第十二次代表大会以来》，浙江人民出版社，2007，第 32 页。

核心价值观已经在全社会蔚然成风。

（五）在推进"法治浙江"建设中增强社会主义民主政治建设本领

浙江省委把增强社会主义民主政治建设本领同大力推进"法治浙江"建设紧密联系起来，不断改革和完善党的领导方式和执政方式，坚持和完善社会主义民主制度，加强社会主义法治建设，全面提高各级党委依法执政能力，发挥党委对同级各种组织的领导核心作用。2005 年 11 月，省委十一届九次全会把建设"法治浙江"正式写入《中共浙江省委关于制定国民经济和社会发展第十一个五年规划的决议》，作为浙江省发展社会主义民主政治的有效途径和建设社会主义法治国家在浙江的具体实践，成为党的十六大以来省委继深入推进"八八战略"、全面建设"平安浙江"和加快建设文化大省之后作出的又一重大战略部署。2006 年 4 月，省委十一届十次全会审议通过了《中共浙江省委关于建设"法治浙江"的决定》，全面部署了"法治浙江"的各项工作。浙江认真落实我国基层群众自治制度，努力健全基层选举、议事、公开、述职、问责等机制，创新基层民主建设载体，完善法治、强化德治、推进自治。在农村制定村级重大事务决策工作机制，建立村务监督委员会制度，开展"和谐社区""民主法治村（社区）""农村党风廉政建设示范村"等创建活动。当前，在党中央的领导下，浙江省委正带领全省广大干部群众，以推进"法治浙江"建设为载体，正在向着建设民主健全、法治完备、公共权力运行规范、公民权利切实得到保障的法治社会迈进。

第二章
做到干在实处走在前列
始终保持党的先进性纯洁性

先进性和纯洁性是马克思主义政党的本质属性，是马克思主义政党的生命所系、力量所在。从马克思、恩格斯、列宁到毛泽东、邓小平、江泽民、胡锦涛同志，都高度重视和强调这个问题，一直把保持和发展党的先进性摆在突出位置来抓，形成了丰富的实践经验和理论总结。习近平同志主政浙江期间，要求全省各级党组织做到干在实处，走在前列，始终保持党的先进性纯洁性。党的十六大以来，历届浙江省委强调各级党组织要按照党的先进性和纯洁性建设的总要求，不断加强思想、组织、作风、反腐倡廉和制度建设，着力提高领导水平和执政能力，确保浙江省党的建设工作和其他各项工作始终干在实处，走在前列。

第一节　"保持共产党员先进性，关键是要
干在实处走在前列"
——习近平同志关于保持党的先进性纯洁性的论述

习近平同志主政浙江期间始终高度重视党的先进性建设。他认为保持共产党员先进性，关键是要干在实处，走在前列。① 到中央工作以后，习近平同志又特别强调党的纯洁性，并且把先进性和纯洁性结合在一起，把保持、发展先进性和纯洁性看作马克思主义政党根本的思想政治任务。②

---

① 参见习近平《保持先进性就是走在前面》，《浙江日报》2006 年 6 月 1 日，第 1 版。
② 参见习近平《坚持不懈推进党的先进性和纯洁性建设——在全国创先争优理论研讨会上的讲话》，《党建研究》2012 年第 6 期。

一　永葆党的队伍的先进性和纯洁性

党员的先进性是党的先进性的根基，党员发挥先锋模范作用，是党组织发挥战斗堡垒作用的基础。[①] 在主政浙江期间，习近平同志结合保持共产党员先进性教育活动，切实把党员队伍先进性纯洁性建设，摆在了党的建设根本性地位，当作根本性建设来抓。要通过先进性教育活动，使广大党员真正做到理想常在，信念常驻，宗旨不变，本色不褪，真正成为执行政策的明白人、农民致富的带头人、文明新风的倡导人、农民群众的贴心人。

他着重强调，保持党员先进性的关键在于强化"三种意识"。要增强宗旨意识，他告诫党员与群众的距离远了，就与党拉开了距离；心中没有群众，就不配再做共产党员。要增强党的意识，告诫党员自己的第一身份是党员，办任何事情都要想到党、想到党所代表的群众利益，做任何工作都是代表党去开展工作，有任何成绩都是党组织领导和培养的结果。要增强执政意识，告诫党员党的执政不是光靠领导干部去执政，而是要靠全体党员去执政。全体党员都要为巩固党的执政地位努力提高实践本领。[②]

党的十八大以来，习近平总书记多次反复强调永葆党的先进性和纯洁性。他指出："党员是党的肌体的细胞。党的先进性和纯洁性要靠千千万万党员的先进性和纯洁性来体现。"[③] 这就为新时期继续加强党的先进性建设指明了方向。

二　把思想理论建设放在先进性建设的首位

坚定对马克思主义的信仰和中国特色社会主义的信念，是习近平同志一

---

① 参见习近平《干在实处　走在前列——推进浙江新发展的思考与实践》，中共中央党校出版社，2006，第463页。
② 参见习近平《干在实处　走在前列——推进浙江新发展的思考与实践》，中共中央党校出版社，2006，第464页。
③ 习近平：《在全国组织工作会议上的讲话》，《党建研究》2013年第8期。

贯强调并身体力行的政治品格。习近平同志主政浙江期间的重要报告、讲话、文章和批示，处处体现了马克思列宁主义、毛泽东思想、邓小平理论、"三个代表"重要思想、科学发展观的精髓要义，处处体现了"永不动摇信仰"这条红线，处处体现了高举中国特色社会主义伟大旗帜的坚定信念，在道路、方向、立场等重大问题上态度鲜明，充满了使命担当意识，显示了理论逻辑、实践逻辑、历史逻辑的高度统一，表达了对中国特色社会主义的道路自信、理论自信、制度自信。①

习近平同志十分强调马克思主义的理论武装工作。他指出，马克思主义是我们立党立国的根本指导思想，是全党全国各族人民团结奋斗的共同理论基础，带领广大人民群众始终走在时代前列，向着正确的方向胜利前进，一刻也不能忽视加强理论武装，一刻也不能放松对意识形态工作的领导，一刻也不能停止增强用发展着的马克思主义来指导新的实践的本领。② 2006 年 6 月 19 日，习近平同志在《人民日报》撰文指出：思想理论建设是党的建设的根本，要把思想理论建设放在首位，努力提高党员干部特别是领导干部的思想理论水平。③

习近平同志非常重视对马克思主义理论的运用。他强调指出，学习的目的全在于运用，运用是更重要的学习，④ 对马克思主义中国化的基本理论，广大党员干部必须努力在真学、真懂、真信、真用上下功夫，切实达到理论上弄通，思想上搞清，行动上落实，工作上创新。习近平同志还对"真学、真懂、真信、真用"进行了解读：真学，就是要认真研读，深刻领会；真懂，就是要深入思考，融会贯通；真信，就是要态度坚决，行动自觉；真用，就是要结合实际，学以致用。⑤ 只要我们在思想上不断有新解放，理论

---

① 参见中共浙江省委理论学习中心组《中国特色社会主义在浙江实践的重大理论成果——学习〈干在实处 走在前列〉和〈之江新语〉两部著作的认识和体会》，《浙江日报》2014年4月4日，第2版。

② 参见习近平《巩固执政基础 增强执政本领》，《党建研究》2005年第2期。

③ 参见习近平《先进性教育实践对先进性建设的启示》，《人民日报》2006年6月19日，第9版。

④ 参见习近平《干在实处 走在前列——推进浙江新发展的思考与实践》，中共中央党校出版社，2006，第13页。

⑤ 参见习近平《干在实处 走在前列——推进浙江新发展的思考与实践》，中共中央党校出版社，2006，第14~16页。

上不断有新发展，实践上不断有新创造，就一定能把党和人民的事业不断推向前进。[①]

党的十八大以后，习近平总书记在新进中央委员会的委员、候补委员学习贯彻党的十八大精神研讨班上的讲话中指出："中国特色社会主义是社会主义而不是其他什么主义，科学社会主义基本原则不能丢，丢了就不是社会主义……随着中国特色社会主义不断发展，我们的制度必将越来越成熟，我国社会主义制度优越性必将进一步显现，我们的道路必将越走越宽广。我们就要有这样的道路自信、理论自信、制度自信。"[②]

三　基层党组织和党员队伍的生机和活力是党的先进性的基础

党的基层组织是党的全部工作和战斗力的基础，党员是党的一切活动的主体。基层组织是党执政的基础。[③] 截至2014年底，我们党有436万多个基层党组织，有8779.3万多名党员，这是任何其他政党都不具有的强大组织资源。浙江有数十万个基层党组织，有374.76万名党员。把基层党建工作抓好了，基层党组织牢不可破，党员队伍坚不可摧，党的执政地位就坚如磐石。

习近平同志非常重视党的组织覆盖和工作覆盖。2004年8月23日，他在甬温绍舟台党建工作座谈会上，针对农村，国有企业和集体企业、非公有制企业、城市社区、党政机关、学校、科研院所、文化团体等，分门别类地谈了党的组织覆盖和工作覆盖问题。他强调指出，要优化党组织设置，建立健全基层党建工作长效机制，强化基层党建目标管理机制，落实好基层党建各项任务，做到哪里有群众哪里就有党的工作、哪里有党员哪里就有党组织、哪里有党组织哪里就有健全的组织生活和党组织作用的充分发挥，使党

---

① 参见习近平《干在实处　走在前列——推进浙江新发展的思考与实践》，中共中央党校出版社，2006，第457页。

② 《习近平谈治国理政》，外文出版社，2014，第22页。

③ 参见习近平《干在实处　走在前列——推进浙江新发展的思考与实践》，中共中央党校出版社，2006，第427页。

的领导、党的工作、党组织的作用有效覆盖到社会的各个领域，把广大人民群众紧紧地团结在党组织的周围，使基层党组织真正成为推动发展、服务群众、凝聚人心、促进和谐的坚强堡垒。①

习近平同志高度重视"质量强党"。党员是党的肌体的细胞，党的先进性要靠千千万万党员的先进性来体现，党的执政使命要靠千千万万党员卓有成效的工作来完成，党要管党、从严治党必须落实到党员队伍的管理中去。2005年7月6日，在浙江省委第二批先进性教育活动工作会议上，习近平同志指出，对那些软弱涣散、不起作用的基层党组织要进行集中整顿。党组织书记不强、在党员中没有威信、群众意见较大的，要及时调整；缺位的，要及时配备；没有按规定配备班子成员的，要抓紧配齐配强；对因班子不团结等原因，影响整体战斗力的，上级党组织要找准问题症结，有目的地开展整顿。② 2005年12月6日，在浙江省委第三批先进性教育活动工作会议上，习近平同志进一步指出："对那些不履行党员义务、不具备党员条件的党员，要认真做好教育帮助工作；对经教育仍不改正、不符合条件的党员，要根据党章和有关规定，按照正常程序进行处理；对违纪党员，按照《中国共产党纪律处分条例》的规定，给予纪律处分。"③

党的十八大以来，以习近平同志为总书记的党中央，高度重视党的建设，进一步加强基层党组织和党员队伍建设，通过群众路线教育实践活动，进一步密切了党群干群关系，使全党焕发了生机。习近平总书记指出："党员是党的肌体的细胞。党的先进性和纯洁性要靠千千万万党员的先进性和纯洁性来体现。"④

① 参见习近平《干在实处 走在前列——推进浙江新发展的思考与实践》，中共中央党校出版社，2006，第428~431页。
② 参见习近平《干在实处 走在前列——推进浙江新发展的思考与实践》，中共中央党校出版社，2006，第469页。
③ 习近平：《干在实处 走在前列——推进浙江新发展的思考与实践》，中共中央党校出版社，2006，第473页。
④ 习近平：《在全国组织工作会议上的讲话》，《党建研究》2013年第8期。

四　保持党同人民群众的血肉联系是党的先进性的核心

亲民爱民是习近平同志不变的情怀，他对人民群众充满着朴素的、纯真的感情。在主政浙江期间，习近平同志始终站在提高党的执政能力，保持党的先进性，巩固党执政的群众基础的高度看待党群关系。他指出："从根本上讲，必须解决好相信谁、依靠谁、为了谁的问题，悉心研究和把握新形势下群众工作的特点和规律，不断提高组织群众、宣传群众、教育群众、服务群众的水平。"①

如何处理党员干部和人民群众的关系，是习近平同志密切关注的问题。习近平同志强调："党员领导干部是人民的公仆，人民是领导干部的主人。这个关系任何时候都不容颠倒。"② 党员领导干部要始终坚持党的根本宗旨和群众工作路线，一切从人民的利益出发，站在人民群众的立场上立身、处事、从政，尽心尽力为群众出主意、想办法、谋利益，以"天下大事必做于细"的态度，把群众的安危冷暖挂在心上，"在为民动真情、谋利出实招中，把'立党为公、执政为民'的本质要求落到实处"③。习近平同志还要求，党员干部要自觉做到亲民爱民、为民谋利，切实为人民执好政、掌好权，"对于群众提出的具体问题，一定要做到'事事有回音，件件有着落'。"④ 多做"雪中送炭"的事，多搞直接造福于民的"满意工程""民心工程"，帮助群众解决各类实际问题。⑤

从群众中来到群众中去，一切相信群众，一切依靠群众，一切为了群众是党的群众路线，也是习近平同志一贯倡导的工作方法。他认为，群众的实践是最丰富最生动的实践，群众中蕴藏着巨大的智慧和力量。要解决矛盾和

---

① 习近平：《巩固执政基础　增强执政本领》，《党建研究》2005 年第 2 期。

② 习近平：《之江新语》，浙江人民出版社，2007，第 257 页。

③ 习近平：《之江新语》，浙江人民出版社，2007，第 34 页。

④ 习近平：《干在实处　走在前列——推进浙江新发展的思考与实践》，中共中央党校出版社，2006，第 466 页。

⑤ 参见习近平《干在实处　走在前列——推进浙江新发展的思考与实践》，中共中央党校出版社，2006，第 468 页。

问题，就要深入基层，深入群众，拜群众为师，深入调查研究。调查研究多了，情况了然于胸，才能够找出解决问题、克服困难的办法，作出正确决策，推进工作落实，才能够不断增进与群众的感情。① 习近平同志还要求，各地各部门要根据本地区本部门实际情况，突出重点，选准切入点，做好体察民情、了解民意等工作，倾听群众呼声，关心群众疾苦，把群众的呼声作为作风建设的第一信号，把群众的需要作为作风建设的第一需求，以群众关心的热点和难点问题为工作重点，有什么问题就重点解决什么问题，群众需要什么就重点帮助解决什么。②

党的十八大以来，习近平总书记突出强调密切党与群众的联系，他指出："失去了人民拥护和支持，党的事业和工作就无从谈起。党要继续经受住执政考验、改革开放考验、市场经济考验、外部环境考验，就必须始终密切联系群众，在任何情况下，与人民同呼吸共命运的立场不能变。"③

五 保持党的先进性，关键是要干在实处、走在前列

习近平同志指出："一个阶级、一个政党、一个集团，能否具有和始终保持自己的生命活力，归根到底，在于能否与时代发展的方向和趋势相吻合，始终走在历史和时代潮流的前列。"④ 这个理论概括，对于党的先进性建设具有重要指导意义。"走在前列"是政党先进性的根本要求，达到这个要求，需要有清晰的路径，这就是要"干在实处"。用辩证唯物主义的观点来看，"干在实处，走在前列"是发展的、具体的、实践的，既是一个很高的目标，也是一项长期的任务，实现这个目标，完成这项任务，其根本保证是在加强党的先进性建设方面走在前列。⑤ 习近平同志主政浙江期间，高度

---

① 参见习近平《之江新语》，浙江人民出版社，2007，第61页。
② 参见习近平《之江新语》，浙江人民出版社，2007，第263页。
③ 《习近平谈治国理政》，外文出版社，2014，第367页。
④ 习近平：《干在实处 走在前列——推进浙江新发展的思考与实践》，中共中央党校出版社，2006，第454页。
⑤ 参见习近平《干在实处 走在前列——推进浙江新发展的思考与实践》，中共中央党校出版社，2006，第68页。

重视党的先进性建设，始终强调要把保持党的先进性和履行自身职责紧密结合起来，切实为浙江在全面建设小康社会、加快推进社会主义现代化进程中继续走在前列，提供坚强有力的保证。

干在实处，走在前列，必须始终保持良好的精神状态。浙江发展的一个重要因素是依靠精神力量特别是"浙江精神"的激励。必须始终保持良好的精神状态，认清使命，增强信心，在迎接挑战中把握机遇，在克难攻坚中脱胎换骨，在解决矛盾和问题中实现凤凰涅槃。习近平同志所强调的良好精神状态是指奋发有为的精神状态，是指"敢为天下先"的胆识和锐气，在实际工作中，绝不能把"走在前列"泛化俗化口号化，搞不顾条件的盲目攀比和违背客观规律的大干快上。①

干在实处，走在前列，必须具备宽广的发展视野。新世纪新阶段，浙江经济进入新一轮增长期，全面建设小康社会的各项工作态势良好，但是仍然存在许多问题，面临着难以预测的困难。习近平同志要求广大党员干部，一定要看到世界政治、经济、文化、科技等发生的重大变化，一定要看到我国社会主义建设发生的重大变化，一定要看到广大党员干部和人民群众工作、生活条件和社会环境发生的重大变化，一定要充分估计这些变化对我们党执政提出的严峻挑战和崭新课题，一定"要具有世界的眼光和开放的思维，把浙江的发展置于更加广阔的背景中来观察、认识和思考，在更大范围、更高层次上找座次、定坐标，不断激发推进发展的动力、活力和勇气，在新一轮的发展中走在前列"②。

干在实处，走在前列，必须创造一流的工作业绩。干在实处，走在前列，最终要体现在真正干出有益于党和人民事业发展的实事，真正创造出经得起历史检验的实绩上。习近平同志指出："在新的发展阶段，我们不仅要在经济增长的数量和速度方面继续走在前列，更要在经济发展的质量

---

① 参见习近平《干在实处　走在前列——推进浙江新发展的思考与实践》，中共中央党校出版社，2006，第45~46页。

② 习近平：《干在实处　走在前列——推进浙江新发展的思考与实践》，中共中央党校出版社，2006，第46页。

和效益方面走在前列，在经济社会全面、协调、可持续发展方面走在前列……我们每个同志要立足本职，锐意进取，开拓创新，树立一流的目标，追求一流的水平，创造一流的效率，干出一流的业绩"①，创造出经得起实践、人民、历史检验的实绩。

党的十八大以后，习近平总书记多次强调"干在实处、走在前列"，"空谈误国、实干兴邦"，激发全党投身到改革开放新的实践之中。习近平总书记在浙江调研时进一步提出："干在实处永无止境，走在前列要谋新篇。"②

第二节 认真开展系列教育实践活动 始终保持党组织的先进性纯洁性

中国共产党要实现、保持、发展先进性纯洁性，最根本的路径就是要加强自身建设。党的十六大以来，历届浙江省委按照党中央统一部署，结合自身实际，先后开展了保持共产党员先进性教育活动、深入学习实践科学发展观活动、创先争优活动、群众路线教育实践活动、"三严三实"教育活动等，始终强调用马克思主义中国化最新理论成果武装广大党员干部，引导他们在真学、真懂、真信、真用上下功夫，为推动浙江经济社会发展继续走在全国前列，提供有力的思想保证、政治保证和组织保证。

一 把"走在前列"的要求贯穿于先进性教育活动的全过程

2004 年 11 月，中共中央下发《关于在全党开展以实践"三个代表"重要思想为主要内容的保持共产党员先进性教育活动的意见》，先进性教育活动在全国推开。浙江省委按照党中央要求，于 2005 年 1 月 13 日正式启动先进性教育活动。习近平同志要求浙江省各级党组织把"走在前列"的要求

---

① 习近平：《干在实处 走在前列——推进浙江新发展的思考与实践》，中共中央党校出版社，2006，第 46～47 页。

② 《习近平在浙江调研时强调：干在实处永无止境，走在前列要谋新篇》，《新华每日电讯》2015 年 5 月 28 日。

贯穿于先进性教育活动的全过程，做到谋划工作有"走在前列"的意识，学习动员有"走在前列"的内容，分析评议有"走在前列"的标准，整改提高有"走在前列"的要求，真正使先进性教育活动成为推进各级党组织自身建设的基础工程、提高党员思想政治水平和工作能力的素质工程、人民群众真正得到实惠的满意工程。

（一）"走在前列"在组织领导上要求强化责任

搞好先进性教育活动，关键是保持强有力的组织领导。浙江省各级党委切实承担起领导责任，把先进性教育活动作为用"三个代表"重要思想武装全党的一个重大举措来把握，作为深入实施"八八战略"的重要保证来认识，作为加强党的先进性建设走在前列的重大机遇来看待，紧扣工作主线开展活动，突出工作重点搞好活动，体现群众满意推进活动，确保组织有序、措施有力、切实有效。

省委常委以普通党员身份参加先进性教育活动，做到"五带头"：带头学习、上党课，带头征求群众意见，带头参加组织生活会和民主生活会，带头深入联系点调研指导教育活动，带头整改提高，切实发挥示范表率作用。省委常委会还提出了"八个一"的具体要求：作一次专题报告、开展一次慰问活动、听一堂党史课、召开一次优秀党员代表座谈会、建立一个联系点、开展一次谈心活动、听一次群众意见、过一次双重组织生活。习近平同志亲自作"保持共产党员先进性"的专题报告，到联系点开展"下基层，送温暖，访民情"活动，到南湖听党史课，召开座谈会听取群众意见，还参加了省委办公厅综合一处党支部的组织生活会。

各级党委切实负起责任，对不同行业、不同群体的党员，提出了不同的教育目标要求，采取了有针对性的教育方法，确定了各自的教育重点。仅在第一批教育活动中，全省县处级以上领导干部就建立 2159 个联系点，其中省级领导建立联系点 28 个；县处级以上领导干部上党课5954 次，作专题报告4000 多场。①

---

① 参见王骏、厉佛灯等编著《执政之魂——浙江党建新探索》，浙江人民出版社，2006，第42页。

（二）"走在前列"在理论学习上要求学在深处

早在 2004 年 9 月，浙江省委就决定用一年时间，在县以上党政领导班子中开展树立科学的发展观、树立正确的政绩观、树立牢固的群众观，创为民、务实、清廉好班子的"三树一创"集中教育实践活动，重点抓好对"三个代表"重要思想、党的十六大和十六届三中全会精神及胡锦涛等中央领导同志讲话精神的学习教育，全面提高了各级领导班子和领导干部的思想政治素质和领导能力。

在先进性教育活动中，浙江省委更是坚持把学习实践"三个代表"重要思想和牢固树立科学发展观作为主线。省委领导通过理论学习中心组、"浙江论坛"、读书会、专题报告会等多种形式带头学、深入学，并主动到基层宣讲。仅在 2005 年，省委常委专题学习会就达 30 次，集中学习 11 次，其中"浙江论坛"专题报告会 8 次，省委专题读书会 1 次。① 全省深入开展了"'三个代表'重要思想和科学发展观在浙江的实践"及"先锋形象"大讨论；探索建立了领导领学、专家讲学、典型引学、讨论促学、考核查学等行之有效的学习方法和学习制度。

通过学习教育，浙江省各级党组织和广大党员进一步坚定了理想信念，增强了学习实践"三个代表"重要思想和全面落实科学发展观的自觉性和坚定性，提高了政治敏锐性和政治鉴别力，增强了工作的原则性、系统性、预见性。

（三）"走在前列"在活动开展上要求群众参与

党的先进性建设是一项系统工程，既需要党员领导干部发挥带头作用、全体共产党员积极参与，又需要广泛动员全社会力量积极支持和共同推动，这样，党的先进性建设才能具有坚实的群众基础和社会基础。在先进性教育活动中，浙江省各级党委坚持开门搞教育，广泛征求群众意见，积极接受群众监督，充分调动社会各方面的积极性、主动性和创造性，齐心协力推动活

---

① 参见毛传来《为走在前列提供坚强政治保证——五年来浙江省党建工作的五个关键词》，《浙江日报》2007 年 6 月 8 日，第 3 版。

动开展。

在学习动员阶段，开展"百名厅（局）长进百村""党员干部进社区"等活动，听取群众意见，确保群众参与。在分析评议阶段，采取"请进来"、听群众评，"走出去"、请群众点，"背靠背"、让群众提等多种形式，找准党组织和党员在思想、组织、作风上存在的突出问题。仅第一批教育单位就征求到意见近69万条，查摆问题10万余条，共有220多万人次参加谈心活动。[①] 在整改提高阶段，按照细筹划、真实施、诚公开的要求，组织群众参与修订整改措施及方案、通过媒体公布整改情况、开展满意度测评，落实群众对整改提高工作的建议权、监督权和评价权，收到了"一项整改，万民受益"的良好效果。

（四）"走在前列"在评价标准上要求群众满意

开展先进性教育活动，根本目的是实现好、维护好、发展好最广大人民的根本利益，因此必须把群众满意作为重要标准，使先进性教育活动真正成为群众满意工程。在教育活动中，浙江省各级党委教育引导广大党员干部牢固树立群众观点，自觉坚持立党为公、执政为民，努力为群众办实事、解难事、做好事。

让群众满意，最根本的是要解决直接涉及群众利益的问题。浙江省委以密切党群关系为出发点，不断健全转变作风、服务群众的长效机制，出台《关于建立健全为民办实事长效机制的若干意见》，明确提出重点办好社会保障、就业再就业、医疗卫生、扶贫开发、权益保障等10件实事；完善省市县领导干部下访制度和信访接待日制度，帮助群众解决实际问题；建立完善乡镇（街道）和村级民情接待日、全程办事代理制、民情民事调处服务中心和"农技110"服务中心，以及党员联系群众、党员设岗定责、党员会客厅、党员志愿者服务等制度，努力为群众提供及时有效的服务，真正使群众满意贯穿教育活动全过程。[②]

---

① 参见王骏、厉佛灯等编著《执政之魂——浙江党建新探索》，浙江人民出版社，2006，第42页。

② 参见朱炽初《浙江先进教育的实践成果、制度成果、理论成果》，《今日浙江》2006年第7期。

二 深入学习实践科学发展观活动，始终注重实效

从 2008 年 9 月到 2010 年 3 月，浙江省学习实践科学发展观活动先后分三批开展，分别对省级机关、市县机关、农村和新经济组织中的党员进行集中教育，全省共涉及单位 8.47 万个、党员 282.83 万名。习近平同志对浙江省的学习实践活动高度重视，并于 2008 年 10 月专程到浙江省调研指导。他还亲自联系嘉善县，两次听取浙江省及嘉善县学习实践活动情况汇报，先后 7 次对嘉善县和浙江省的学习实践活动作出重要批示，这些都有力地推动了浙江省学习实践活动的深入开展。

（一）在深化理论武装上下功夫

思想是行动的先导，理论是实践的指南。搞好学习实践活动，深入学习、提高认识是基础。在第一批学习实践活动中，省委理论学习中心组集中学习了《毛泽东邓小平江泽民论科学发展》和《科学发展观重要论述摘编》，学习了中央领导同志关于学习实践科学发展观的重要讲话和中央有关文件精神。各部门各单位把深化学习、提高认识放在首位，在用科学发展观武装头脑上下功夫，进一步增强实施"两创"总战略、推进经济转型升级的自觉性和坚定性。在第二批学习实践活动中，各级各部门共组织党委（党组）理论中心组学习 18154 次，举办学习会、培训班 33929 期，召开专题研讨会 19859 次、辅导报告会 16145 场。① 党员干部对科学发展观的内涵、实质和根本要求的理解进一步加深，在要不要科学发展、能不能科学发展、怎么样科学发展等重大问题上，形成共识、凝聚了力量。

在学习实践活动中，浙江省各级党组织紧扣"加快转变经济发展方式，推动经济转型升级，再创浙江发展新优势"这一载体，普遍采取专题研讨深入学、举办展览直观学、案例剖析对照学、网络电教点题学、支部班组错

---

① 参见史建《在更高层次上推进科学发展——浙江省第二批深入学习实践科学发展观活动综述之一》，《今日浙江》2009 年第 17 期。

时学、心得笔谈深化学等多种方式方法，广泛开展"科学发展理论传播行动""科学发展理论扎根行动""科学发展理论举措调研行动"，引导党员干部在解放思想中深化学习，在深化学习中解放思想。杭州市委常委带头宣讲科学发展观；嘉兴市举办"红船论坛"大型报告会，组织"百名领导谈发展""百场讨论转观念""百篇征文聚共识""百场演讲展风采"活动……通过各种形式的理论学习，广大党员干部底气更足了，脑子更清了，眼睛更亮了，脚步更快了，为群众考虑得更多了。

（二）在解决突出问题上下功夫

浙江省委把应对严峻经济形势作为学习实践活动最现实、最紧迫的任务来抓，提出"标本兼治、保稳促调"的工作方针。各级党组织紧密结合本地实际贯彻落实省委要求，努力破难题、着力促发展。湖州市围绕"千方百计保增长、齐心协力促转型、科学发展创新业"主题，由市委常委挂帅开展"集中攻坚月"活动，狠抓重点项目、完善扶持政策、强化科技支撑，切实解决了一批制约科学发展的突出问题。丽水市深化集体林权制度改革，通过林权抵押贷款融资，提高资源资产变现能力和融资能力，累计完成林权抵押贷款 11363 户，发放贷款 4.84 亿元，有效解决了贷款难问题，为林农增收提供了资金保障。[①]

广大党员干部紧紧围绕"人民群众得实惠"的要求，扎实开展"服务企业、服务基层"行动，敢碰"老大难"，敢啃"硬骨头"，对事关群众切身利益的急难问题一桩一桩地落实，对群众反映强烈的突出问题一个一个地解决。第一批开展学习实践活动的单位，共查找到影响和制约科学发展的难题 1122 个，初步解决 804 个。第二批开展学习实践活动的单位，共列整改事项 29471 个，提出整改措施 45388 条。这些都有力地推动了全省经济社会平稳较快发展。[②]

---

① 参见史建《在更高层次上推进科学发展——浙江省第二批深入学习实践科学发展观活动综述之二》，《今日浙江》2009 年第 17 期。

② 参见史建《在更高层次上推进科学发展——浙江省第二批深入学习实践科学发展观活动综述之二》，《今日浙江》2009 年第 17 期。

（三）在营造有利于科学发展的政策制度环境上下功夫

浙江省始终把建立健全体制机制作为学习实践活动的核心和重点来抓，强调把解决突出问题与建立健全体制机制有机结合起来，进一步完善本地区本单位推动科学发展的政策制度。第一批单位共制定出台政策文件 1062 个，修改完善 1259 个，废止 322 个，形成有利于贯彻落实科学发展观的政策导向和体制机制。

第二批单位与第一批单位联动开展了"体制机制批次互建"专项行动。一方面，对第一批活动已经确定而尚未出台的体制机制继续抓好创建工作，不断把"立、改、废"工作推向深入；另一方面，对已出台的体制机制政策文件进一步深化、细化、具体化，及时把制度成果转化为推动经济社会发展的实际举措。第二批单位共组织清理各类政策制度和文件 26056 个，修改完善 6865 个，废止 5418 个，制定出台新政策 8290 个，进一步营造科学发展的制度环境。[①]

（四）在加强和改进作风上下功夫

解决党员干部党性党风党纪方面群众反映强烈的突出问题，是学习实践活动的一个重要目的。浙江省委要求，要通过这次学习实践活动，着力解决党员干部党性党风党纪方面群众反映强烈的突出问题，加强各级领导班子思想政治建设，推动广大党员特别是党员领导干部讲党性、重品行、做表率。活动一开始，浙江省就安排各级党员领导干部集中开展"蹲点调研"专项行动，特别强调各市、县（市、区）主要领导要带头蹲点调研，带着问题下去，形成思路上来。

仅对第二批活动进行统计，全省共有 4.23 万名县处级以上领导干部参加了蹲点调研，其中各市党政领导干部 293 人，县（市、区）党政领导干部 3992 人。在调研过程中，征求到意见建议 329770 条次，梳理查找突出问题 50257 个，解决突出问题 34215 个，为基层和群众办实事 155193 件。通

---

① 参见史建《在更高层次上推进科学发展——浙江省第二批深入学习实践科学发展观活动综述之二》，《今日浙江》2009 年第 17 期。

过深入调查研究，查找和解决了一批群众反映的热点难点问题和自身工作存在的突出问题，广大党员领导干部经受了实践锻炼，增强了应对复杂局面和做群众工作的能力，提高了机关效能，转变了工作作风，得到了广大党员干部群众的广泛认可。①

三　开展创先争优活动重在解决问题

2010 年 4 月 22 日，浙江省召开动员大会，对全省开展创先争优活动作出专门部署。浙江省委坚持把创先争优活动作为党的先进性和纯洁性建设的有效载体，作为深入实施"八八战略"和"两创"战略的强大动力，精心谋划、周密部署、扎实推进。习近平同志非常关心浙江省的创先争优活动，并于 2010 年 9 月 25 日，对嘉善县打造创先争优活动示范点作出重要批示，指出嘉善县开展创先争优活动，把打造科学发展示范点和创先争优活动示范点有机结合起来，从各基层单位实际出发实施"八大先锋工程"，从而使"创"有标准、"争"有目标、"干"有载体。嘉善的经验值得各地借鉴。习近平同志的重要批示对浙江省开展创先争优活动起到了极大的推动作用。

（一）始终突出服务主题，紧紧围绕推动科学发展开展创先争优活动

浙江省委把建设服务型基层党组织作为最大的特色、最亮的品牌，狠抓落实、强力推进，扎实做好"服务"这篇大文章，推动创先争优活动取得实效。

一张张管理服务大网，打破城乡藩篱，网罗民声，化解民忧。全省深化"网格化管理、组团式服务"工作，到 2012 年 10 月已建立网格 30.4 万个，组建服务团队 9.6 万支，覆盖企业和基层单位 21.7 万家；一支支党员志愿服务队，助危机中的企业开辟坦途，给困难里的群众雪中送炭。党员服务中心建设覆盖所有县（市、区）和乡镇，15 分钟党员服务圈、党员服务日、党员工作室……各种形式的党员志愿服务活动蓬勃开展；一次次创先达标的

---

① 参见史建《在更高层次上推进科学发展——浙江省第二批深入学习实践科学发展观活动综述之二》，《今日浙江》2009 年第 17 期。

评比活动，用微笑服务，让群众切实感受到活动带来的变化和实惠。全省共创建党员示范窗口（岗位）1.85 万个、党员先锋岗 4.8 万个；一句句立足岗位、掷地有声的真心承诺，顺应人民过上更好生活新期待，昭示一心为民的决心与信心。全省集中开展 3 轮公开承诺，基层党组织和党员共就 1400 余万件事项作出承诺，其中 95.8% 得到落实。①

（二）积极创新活动载体，激发广大党员创先争优的积极性、主动性

创先争优活动的主体是广大党员。浙江省充分发挥党员的主体作用，明确目标、设计载体，全面实行基层党组织和党员公开承诺，并通过公开栏、报刊广播、党员大会等形式向群众公开承诺事项，明确完成时限，全程接受群众监督。

杭州市健全完善"片组户民情联系、区域化统筹服务"工作机制，推行"民情服务网"与"基层综治网"两网合一，实现基层社会管理与社会服务的有机融合。台州市全面推行"驻村百晓工作法"，引导镇村党员干部经常深入基层一线，倾听群众呼声、帮助排忧解难。丽水市组织党员干部深入基层开展乡情民情调研，推行"住村联心""手绘民情地图"等制度。宁波市在全市开展"三思三创"活动，引导广大党员干部深入思考推进科学发展的宁波之路，积极思量在全国乃至国际发展坐标中的宁波之位，认真思索加快转变发展方式的宁波之策；引导广大党员干部增强创业创新的主体意识和责任意识，对照标杆找差距，振奋精神干事业，改进作风破难题，在落实经济社会发展的战略部署中做表率、创一流。

（三）着眼夯实基层基础，切实加强党的基层组织建设

在城市社区，根据地域、产业、行业的不同特点，最大限度地实现区域内"组织共建、资源共享、党员共管、活动共办、事务共商"。到 2012 年底全省建立区域性党组织 9285 个、区域党建工作联席会议 9063 个、区域党建和公共服务中心 9178 个。在农村，遵循"行业相近、地域相邻、活动便

---

① 参见马跃明《浙江全面开展创先争优活动的实践与启示：党旗下的永恒追求》，《今日浙江》2012 年第 19 期。

利"的原则，加大在农民专业合作社、专业协会、产业链、流动党员集聚区组建党组织的力度。在非公企业，扎实开展"双强争先"活动，促进企业发展与企业党建相互促进。

温州市面向全国招选民营企业党组织书记，建立"两新"组织党务工作者协会。金华市在全市16700个基层党组织中深入开展"五星争创"活动，着力提升基层党组织和党员干部服务群众促进发展的能力，真正让百姓得实惠，为发展添活力。湖州市德清县推行基层党建星级管理五步法，做到标准细化、程序规范、实效操作，让基层党组织明白存在不足、明白赶超目标、明白晋级举措，确保党组织整转提高，晋位升级长效化、常态化……各地各部门以改革创新精神加强组织体系、骨干队伍、活动载体、工作制度、场所阵地建设，切实解决了基层党建工作不落地、作用弱等问题，加强了基层组织建设，提升了战斗力。

（四）努力扩大活动效果，发挥创先争优活动的社会影响力和带动力

创先争优活动开展得怎么样，从根本上说解决问题是关键。群众对创先争优活动满意不满意，很重要的也是看问题解决得怎么样。浙江省把解决群众反映强烈的突出问题贯穿于创先争优活动的全过程，深入开展"深化作风建设年"活动和"服务企业、服务基层"专项行动，引导基层党组织和党员在为民排忧解难中创先争优，使活动的过程真正成为为民解难、为民谋利、为民造福的过程。

宁波市按照"真干、实干、大干"和"群众看、群众议、群众评"的要求，积极回应群众关切，着力解决人民群众最关心、最直接、最现实的利益问题，在2012年组织开展打通"断头路"、城区建筑工地扬尘综合整治、淘汰落后产能推进"腾笼换鸟"、百万学生餐饮放心工程等9项"惠民利民"专项行动，各地区各部门分别制定"时间表"和"路线图"，定期分析、督察考评，确保每一项专项行动都切实取得成效。衢州市开化县结合"百千万先锋行动"，组建了党员义工服务队、实用技术服务队、产品销售服务队等10支特色服务队，深入农村、企业，帮助群众解决实际困难，使人民群众获得了看得见、摸得着的实惠。

四 群众路线教育实践活动集中解决"四风"问题

浙江省群众路线教育实践活动于 2013 年 6 月正式启动，自上而下分两批进行，每批大体安排半年时间，2014 年 9 月基本完成。在活动中，各级各部门认真贯彻习近平总书记系列重要讲话精神，紧扣为民、务实、清廉主要内容，全面落实"照镜子、正衣冠、洗洗澡、治治病"总要求，高标准抓好学习教育、听取意见、查摆问题、开展批评，整改落实、建章立制等 3 个环节的工作，把加强作风建设，集中解决形式主义、官僚主义、享乐主义和奢靡之风等方面的问题作为主要任务。

（一）紧扣主题抓好学习教育，思想认识再深化

一是认真学习研读。通过领导带头讲党课、自学研读、集中宣讲、专家辅导等多种形式，组织党员干部认真学习党章和党的十八大报告、习近平总书记系列重要讲话、中央和省委有关会议精神，以及党中央确定的《论群众路线——重要论述摘编》《党的群众路线教育实践活动学习文件选编》《厉行节约反对浪费——重要论述摘编》等指导用书。二是开展信念教育。重温习近平总书记在主政浙江期间关于坚持群众路线、加强作风建设的重要讲话精神，特别是关于"老百姓在干部心中的分量有多重，干部在老百姓心中的分量就有多重"的批示精神，用好南湖革命圣地等教育资源，强化理想信念、党性党风党纪教育和道德品行教育。三是组织专题讨论。紧扣党的群众路线时代内涵、为民务实清廉要求、"四风"具体表现和危害，开展形式多样的讨论交流，引导党员干部深化思想认识。

杭州市江干区深入开展"万名党员大轮学"活动，打造"中心课堂""网络课堂""微云课堂"三大课堂，实现学习载体多样化。一是打造互动式"中心课堂"，依托区、镇两级党员服务中心、教师进修中心等"中心课堂"，采取领导干部辅导、经验介绍、案例剖析、课堂讨论、现场调研等多种方式，增进学员互动，营造浓厚学习氛围。二是打造自助式"网络课堂"，利用现代网络技术，依托"干部学习新干线"、远程教育网、"江干党建网"等网络平台，上传教学视频资料，为基层党员提供学习便利。三是

打造推送式"微云课堂"。利用现有的短信课堂、微信课堂、微博课堂等三个"云课堂"，引导党员干部利用碎片化业余时间，接受理论理想教育。对区级领导，重点发送《之江新语》的重要段落摘编；对区管干部，重点发送干部精气神提振等作风建设的内容；对其他党员干部，重点发送党史党章名言警句。以上措施确保全体党员都能实时接收最新鲜的群教资讯。

（二）聚焦"四风"广泛听取意见，力求更全更实更准

各地各单位坚持开门搞活动，把全面开展"增进与百姓的感情"的调研走亲活动，作为听取意见的重要抓手。一是端正态度听意见。本着"发现问题是本领、解决问题是勇气、找不到问题是最大的问题"的态度，广泛征求群众意见，虚心接受群众批评。二是突出重点听意见。着重听取群众反映党员干部作风方面的突出问题，听取具体工作中反映出来的作风问题，听取对存在问题的根源分析，听取对贯彻落实中央"八项规定"和省委"28 条办法""六项禁令"还不够到位的批评。三是深入群众听意见。采取进村入企、民主恳谈、约访下访等形式，广泛听取下级单位和基层群众的意见，既面对面听，也背靠背提，让群众讲真话、讲实话、讲心里话。四是学习典型听意见。广泛开展"向身边的先进典型学习"活动，注重选树在推进"五水共治""三改一拆"等中心工作中勇挑重担的先进典型，组织党员干部向身边先进典型学习，对照先进典型找差距、听意见，把寻找发现身边先进典型的过程作为自我教育、自我提高的过程。

平湖市在"走亲连心大走访"的基础上建立了分类分层大走访制度。在走访主体上，以村级先锋站覆盖范围为走访网格，由市级机关部门走访小组直接联系各村先锋站；在走访对象上，将独居老人、失独家庭、低保户、残疾户、种植养殖大户、个体工商户、工作特殊户等村民，由各村（社区）根据生活条件、身体状况、就业情况及工作需要，细分为 1 至 5 个走访星级，星级越高，走访频率越高。兰溪市建立完善服务群众工作机制，建立了群众工作站制度、民情代表体验制度、网络问政常委直播间制度、民生提案月制度、民意采集点制度等"五位一体"的群众意愿表达机制，做到民意收集全覆盖，将民声一听到底。

（三）立说立行解决突出问题，更早更好见到实效

聚焦"四风"解决突出问题，是教育实践活动的鲜明特色，也是贯穿教育实践活动全过程的主要任务。从活动一开始就立规矩、建制度，能改的马上改，让群众看到变化、见到成效。一是坚持边学边查边改。把学习教育与查摆问题、解决问题结合起来，通过群众提、自己找、上级点、互相帮，认真查找在宗旨意识、工作作风、廉洁自律上与百姓期盼的距离，深入排查问题，立即着手整改。二是及时解决突出问题。对发现的问题，找准症结、对症下药，及时加以解决。各级机关部门深化"严纪律、正作风、做表率"集中行动，省委督导组加强督察，对存在问题及时指出、督促整改。三是谋划开展集中行动。深入开展以"三百"（"增进与百姓的感情"调研走亲、"增强心中百姓的分量"学习讨论、"拉近与百姓的距离"总结反思）为主要内容的万名机关干部基层走亲连心活动。同时，做到学习教育与建章立制有机结合，对已有的制度进行梳理，做好"立、改、废"。

余姚市着眼抓常抓细抓长，以全国先进基层党组织谢家路村为样板，总结提炼出"小板凳"群众工作法，党员干部与群众"同坐一条凳，连成一条心"，赢得了群众信任，密切了党群干群关系，也从根本上激发了广大农村党员干部群众建设美好家园的强大动力。台州市路桥区建立了以"问题清单、反馈清单、办结清单"为主要内容的"三项清单"工作法，坚持把整改作为回应群众期盼的有力抓手，确保群众反映的问题事事有人管、件件有人办，做到改得准、改得实、改得好，使干部转作风、群众得实惠。湖州市长兴县在村级党组织全面推行"全天候联系、全方位服务"的"双全服务"工作法，以"看得见"的行动、"摸得着"的实惠满足群众多样化需求，切实解决联系服务群众"最后一公里"的问题。

（四）切实加强组织领导，从严从紧推进活动

坚持领导示范带头，把从严从紧的要求贯穿始终，确保活动高标准、高质量。一是抓紧抓实每个环节。发扬"钉钉子"精神，把每个步骤都抓实抓到位，做到时间服从效果、进度服从质量。二是严格落实领导责任。各级领导干部特别是主要负责同志切实履行好"一岗双责"，既带头参加活动，

又抓好下属部门、分管部门的活动，做到一级带着一级干，一级做给一级看，一级抓一级，层层抓落实。三是严字当头不走样。坚持围绕中心、服务大局，把推动转型升级的成效、改革创新的进展、社会的平安和谐、群众满意的程度、干部精神状态的提振作为检验教育实践活动效果的标准，做到活动和工作两手抓、两促进、两不误。对违反制度规定踩"红线"、闯"雷区"的，发现一起查处一起，维护制度的严肃性、权威性。对典型案例进行通报，达到惩处一起、挽救一批、教育一片的目的。

温州市部署开展"群众办事难、工作推进难"专项整治工作，发现一起查处一起通报一起，严格落实实名通报制度，典型问题在媒体上点名道姓地通报曝光，着力解决一些地方、单位和基层站所存在的办事推三阻四、拖着不办、相互"踢球"现象。永康市突出"抓整改、抓落实、增活力、添动力"的总要求，以"六个有"（工作部署有强度、舆论宣传有热度、日常检查有频度、重点督察有力度、专项整治有深度、专项督办有速度）为抓手开展正风肃纪工作，促进整改落实，一些"四风"问题得到有效治理，党员干部"精、气、神"明显提振。

第三节 干在实处走在前列 把党的先进性纯洁性落实在具体工作中

党的十六大以来，浙江省各级党组织和广大党员干部把保持党的先进性纯洁性和履行自身职责紧密结合起来，求真务实，狠抓落实，切实为浙江在全面建设小康社会、加快推进社会主义现代化进程中继续走在前列，提供坚强有力的保证。

一 省级领导作保持党的先进性的表率

2005 年 1 月 14 日，习近平同志在浙江省委理论学习中心组专题学习会上强调，省级领导干部是党的高级干部，是推进党的事业的中坚分子，是制定和执行党的路线方针政策的重要力量，是团结带领各族人民推进中国特色社会主义伟大事业的组织领导者，保持共产党员先进性必须具有更高的要求。在习近平同志带领下，浙江省级领导按照保持党的先进性的要求，切实加强自身建设。

（一）带头增强党性观念

2002 年 10 月，习近平同志到浙江工作后，专程到嘉兴南湖去瞻仰红船。他说，我们的党员同志到南湖看一次展览，听一次党课，学一次党章，观一次专题片，瞻仰一次红船，重温一次入党誓词，都有助于精神传承、思想升华。① 在先进性教育活动中，习近平同志专门率省委常委到南湖重温党的历史和优良传统。他指出发源于嘉兴南湖的"红船精神"充分体现了走在时代前列的精神，集中体现了党的先进性，是党的先进性之源。

多年来，浙江省级领导到南湖参观学习、瞻仰红船已经成为政治生活常态。赵洪祝、夏宝龙同志等历任省委书记都经常到南湖重温习近平同志关于"红船精神"的重要论述，深刻领会习近平同志概括的"开天辟地、敢为人先的首创精神，坚定理想、百折不挠的奋斗精神，立党为公、忠诚为民的奉献精神"的"红船精神"内涵，进一步坚定中国特色社会主义道路自信、理论自信、制度自信。

（二）带头强化理论武装

习近平同志主政浙江期间，高度重视理论学习，强调要"用发展着的马克思主义指导新的实践"②。习近平同志非常重视理论同实践相结合，在实践调研中深化理论学习，用理论来指导实践。在先进性教育活动中，浙江省建立健全了党员领导干部分课题调研制度。习近平同志重点调研指导新经济组织中党的先进性教育活动情况，先后深入杭州、宁波、温州、台州等地进行重点调研，访党员，听意见，察民情，问对策，提出了新经济组织党建工作要贴近企业实际、贴近党组织实际、贴近党员实际、贴近业主实际、贴近职工实际的"五贴近"原则。

---

① 参见余玮《习近平：乘"红船"而"走在前列"》，《大地》2006 年 12 月 1 日。
② 习近平：《干在实处 走在前列——推进浙江新发展的思考与实践》，中共中央党校出版社，2006，第 10 页。

　　浙江省级领导始终牢记习近平同志指示，把学习理论作为一种政治责任、精神追求和生活方式，在真学、真懂、真信、真用上下功夫。赵洪祝同志接任浙江省委书记，提出要加强思想政治建设，用科学理论武装头脑、指导实践，建设物质富裕精神富有的现代化浙江。现任浙江省委书记夏宝龙更是身体力行地贯彻习近平总书记的指示，把理论武装摆在首位，切实改进学风，拿出足够多的时间和精力抓学习，系统地掌握马克思主义群众观点和党的群众路线。夏宝龙同志倡导的暗访式调研已经在浙江省级领导班子中成为一种调研新风。①

（三）带头履职求真务实

　　习近平同志一贯强调求真务实，他要求每一名党员领导干部都要时时处处重实际、说实话、务实事、求实效。2004年春节前夕，习近平同志写了四副春联，横批都是"求真务实"。第一副春联讲的是求真务实的深刻内涵。上联是：求客观实际之真；下联是：务执政为民之实。第二副春联讲的是求真务实的主要途径，就是怎么求真、怎么务实的问题。上联是：深化理论武装求真谛；下联是：深入调查研究重实际。第三副春联讲的是求真务实的基本要求，就是如何做到求真、做到务实的问题。上联是：狠抓工作落实动真格；下联是：加快浙江发展务实效。第四副春联讲的是求真务实的根本目的，就是求真为了谁、务实为了谁的问题。上联是：高度关注民生系真情；下联是：坚持为民谋利出实招。② 这求"四真"、务"四实"的四副对联鲜明地概括了习近平同志一贯倡导和践行的工作作风，也是对浙江省各级党员干部的殷切希望。

　　浙江省级领导干部历来有求真务实的传统。党的十六大以来，浙江省委领导班子始终坚持以科学发展观统领经济社会发展全局，始终坚持社会主义市场经济改革方向，始终坚持以人为本，突出发展这个主题，奋力冲破思想观念的障碍、突破利益固化的藩篱，奋力攻克各领域体制机制的顽瘴痼疾，

---

① 参见《浙江省委书记夏宝龙暗访式调研倡导调研新风》，《杭州日报》2013年8月22日，第1版。

② 参见习近平《干在实处　走在前列——推进浙江新发展的思考与实践》，中共中央党校出版社，2006，第539页。

努力把各项改革不断引向深入。中共浙江省委先后作出《关于贯彻落实党的十六届三中全会精神，进一步完善社会主义市场经济体制的决定》《关于认真贯彻党的十七大精神，扎实推进创业富民创新强省的决定》《关于全面实施创新驱动发展战略，加快建设创新型省份的决定》《关于认真学习贯彻党的十八届三中全会精神，全面深化改革再创体制机制新优势的决定》等决定，坚持人民主体、市场取向、全面改革、统筹兼顾，一张蓝图绘到底，扎实推进中国特色社会主义在浙江的实践。

（四）带头密切联系群众

习近平同志主政浙江期间曾经说过一句现在广为流传的话：当县委书记一定要跑遍所有的村；当地市委书记，一定要跑遍所有的乡镇；当省委书记应该跑遍所有的县（市、区）。这句话的内在含义就是领导干部要密切联系群众。2002 年 10 月，习近平同志到浙江工作之后，在一年多的时间里，跑遍了浙江全省 11 个市和 90 个县（市、区），先后 7 次到联系点淳安县调查研究、指导工作。从东海之滨到三衢大地，从繁华都市的街道社区，到交通不便的山区农村，从大型国企，到个私企业，浙江所有县（市、区）都留下了他奔波操劳的身影。

在习近平同志倡导下，浙江省级领导干部密切联系群众已经成为一项制度化工作。2007 年 6 月 16 日，中国共产党浙江省第十二届委员会第一次全体会议选举赵洪祝同志担任浙江省委书记，赵洪祝同志在会上强调，新一届省委要心系百姓、倾情民生，切实为人民群众办实事、做好事、解难事，以自身作风建设的实际成果作出表率，取信于民。夏宝龙同志到浙江工作 10 余年，无论是在省委副书记任上，还是在省长、省委书记任上，每年都坚持用大量的时间和精力到基层走访，为群众解决困难。他常常动情地说："我们所做的一切工作，都应当把满足群众需求、解决群众反映的问题、让群众满意作为努力方向，形成需求导向、问题导向、满意导向，做到群众想什么，我们就干什么。"①

---

① 《夏宝龙在温州开展基层走亲连心活动时强调：群众想什么，我们就干什么》，《浙江日报》
2013 年 7 月 5 日，第 1 版。

二　市县级领导干部是保持党的先进性的组织者、领导者和执行者、实践者

市县级领导干部处于重要岗位，负有重大责任，起着关键作用，既是保持党的先进性的组织者和领导者，又是执行者和实践者。党的十六大以来，浙江省各市县领导身体力行、做好表率，始终保持昂扬向上、奋发有为的精神状态，认真履行一岗双责，一级带着一级干，一级做给一级看，坚持把"取得实效""群众满意""走在前列"的要求，贯穿于先进性和纯洁性建设的全过程。

（一）加强思想政治建设，树立科学的世界观、人生观、价值观

浙江省委着眼于提高领导班子和领导干部的执政能力与执政水平，着眼于建设一支政治上靠得住、工作上有本事、作风上过得硬的高素质干部队伍，要求市县级党员领导干部按照习近平同志提出的学在深处、谋在新处、干在实处的要求和省委的部署，坚持带头参加学习，带头先学一步、多学一点、学深一些，力争认识高一层、学习深一步、实践先一着、剖析解决突出问题好一筹。

各市县以党员领导干部为重点，以党校、行政学院、干部学院为主要阵地，充分利用各种论坛、读书会、干部在线学习等载体，抓好理论学习。各市县全都建立健全了党委中心组学习制度、党员干部学习考核激励制度和新任领导干部学习培训制度，完善领导干部述学、评学、考学办法。不少市县还把理论学习中心组的学习活动搬到现场。嘉兴市委理论学习中心组把南湖作为理想信念教育的重要阵地，宁波市委理论学习中心组经常到四明山老区接受革命传统教育。

（二）深化下访方式方法，面对面做好群众工作

习近平同志主政浙江期间，大力推行领导下访制度。这项制度充分体现了我们党"立党为公、执政为民的本质要求，体现了我们党密切联系群众的优良传统和作风，体现了领导干部权为民所用、情为民所系、利为民所谋的具体实践"[1]。在习近平同志示范带动下，浙江省党员领导干部下访已经

---

[1]　习近平：《之江新语》，浙江人民出版社，2007，第54页。

成为一种工作习惯，通过定期下访、专题下访、主动约访，畅通了与群众沟通的渠道，切实为群众解决了信访诉求，面对面向群众宣传了党的路线、方针、政策和法律法规。

杭州市要求全市县以上党政领导班子成员每年至少下访一次。同时，完善行政机关负责人信访接待日制度，每月固定时间和地点，公开接待群众来访，逐步形成密切联系群众、了解群众意愿的稳定渠道。衢州市委书记陈新担任市委书记不久，就到柯城区下访约访群众，认真倾听群众诉求。他还要求衢州各级领导干部要带头下访接访，结合"进村入企"大走访活动和"第一书记"履职等，深入到群众中去，引导群众依法合理表达诉求，及时解决群众反映的突出问题。

（三）切实转变工作作风，点面结合搞好调查研究

习近平同志主政浙江期间非常重视调查研究工作。他指出，"调查研究是一门致力于求真的学问，一种见诸实践的科学，也是一项讲求方法的艺术。"搞好调查研究，"既要抓点、搞好典型调查，也要注重调查研究对象的广泛性。"① 在习近平同志带领下，浙江省各级党员领导干部切实转变作风，深入联系点和基层单位调查研究，听取群众意见，使决策最大限度地建立在充足的事实依据之上。

为了做好调查研究工作，浙江省建立了党员领导干部联系点制度，所有市县党员领导干部全都建立了各自的联系点。各联系点党员干部访农户、下田头，察实情、问民生，深入基层走亲连心。2007 年春节刚过，全省 100 多名县（市）委书记，先后背起行囊，用一周左右时间下乡蹲点，吃住在农家。2008 年，在"蹲点调研谋发展"的行动行列中，又增加了百余名省级机关的厅（局）长。各联系点党员领导干部认真对照省委要求，以及上级点出的、群众反映强烈的突出问题，深入梳理分析，找准找实问题。富阳市委常委会建立了"夜谈夜议"机制，利用晚上时间召开专题会议进行集体会诊，提出解决办法。湖州市长兴县开展

① 习近平：《之江新语》，浙江人民出版社，2007，第 166 页。

"领办实事、化解难题"活动，县级领导牵头负责解决群众反映强烈的问题。

（四）在部署中出实招，在落实中求实效

党的十六大之后，以习近平同志为班长的浙江省委提出了"八八战略"。为了全面贯彻"八八战略"，习近平同志在2004年初提出了"抓落实"问题，他强调，"要切实把抓落实摆上重要位置，认真解决怎样抓落实、靠谁抓落实、采取什么措施抓落实的问题。"①10年之后的2014年，省委书记夏宝龙在全省县（市、区）委书记工作交流视频会议上同样强调"抓落实"，他指出，抓落实是做好一切工作的关键，抓落实一天也不能耽误，抓落实永远在路上。②

正确的战略需要正确的战术来落实，落实才能出成绩，执行才能见成效。浙江市县两级领导干部，把工作的着力点真正放到研究解决事关改革发展稳定的重大问题上，放到研究解决群众生产生活的紧迫问题上，放到研究解决党的建设的突出问题上，对省委的总体部署和各项任务，一项一项分解，一件一件落实。衢州市提出"干实事、抓落实"，启动"十大专项"工作。市委书记陈新强调要不折不扣抓落实，分类争先创特色，他还多次利用周末休息时间，到"十大专项"工作现场，了解项目进展情况，看望慰问一线工作者，征询群众期待。舟山群岛新区是我国首个以海洋经济为主题的国家级新区，科学发展的任务十分繁重，市政府提出了"聚焦快发展，全力抓落实"的要求，市委书记、市长亲自抓落实。

三　基层党员干部的先进性是党的先进性的根基

党的基层组织是党在社会基层组织中的战斗堡垒，是党联系群众的桥梁和纽带，是党的全部工作和战斗力的基础，是党的领导和执政的重要基础，

---

① 习近平：《求客观规律之真　务执政为民之实》，《人民日报》2004年3月1日，第9版。
② 参见夏宝龙《抓落实一天也不能耽误》，《浙江日报》2014年7月21日，第1版。

党的先进性建设的加强，要靠基层党组织的先进性来体现。党的十六大以来，历届浙江省委始终坚持解放思想、实事求是、与时俱进、求真务实，大力加强基层党组织建设，充分发挥党员的先锋模范作用。近年来，浙江基层党员干部队伍中涌现出许许多多时代先锋，如扶贫帮困的模范干部张祖安、为民好书记郑九万等等。他们始终保持共产党员的先进性和纯洁性，站在时代前列、站在群众前列。

（一）做好党员联户工作

全省各地基层党组织根据党员自身的能力素质和群众居住的集中程度等情况，以党员所在的居住地或单位为基础，按照自觉自愿原则确定党员联户规模，尽可能使党员联户活动覆盖每一户群众，确保党员联户干事服务群众。

奉化市根据"地域相邻、人缘相近、规模适中、便于组织"的原则，以村民小组或自然村为单元成立党小组，以党员活动中心户为载体，建立区域党群服务团组，开展以对接群众需求为主要内容的"党建进组、服务入户"工作。衢州市柯城区出台《党员干部包村联户服务群众工作机制》，区直机关党员干部每周用一天时间下基层走访，了解村情民情，征求意见建议。每个党员干部每月配发一本民情笔记本，记录群众反映的热点难点问题和群众生产生活中存在的困难。

（二）党员结对帮扶困难群众

浙江省各级党组织鼓励和动员有能力的党员与困难群众开展各种形式的结对帮扶活动。各级党员领导干部带头结对帮扶困难群众，普通党员以单独或联合结对的形式帮扶困难群众，切实帮助困难群众解决实际困难。

杭州市扎实开展"万名党员干部结对帮扶万户城乡困难家庭"活动，仅2008年，全市116家市直单位和13个县（市、区）就有1.6万多名党员干部参加结对帮扶活动，他们纷纷上门结亲、倾听民声、体察民情、帮扶解困，送去了党和政府的温暖以及党员干部的爱心。各单位在上门慰问的基础上，注重发挥自身优势，结合本单位工作实际和业务特点，坚持"输血"与"造血"相结合，扶贫与扶智相结合，近期效益与长远效益相结合，开展"造血式扶贫"活动。海宁市针对全市困难户，实施党员干部结对帮扶

"两富同行"温暖工程，把民生重点向困难群体倾斜，全市上万名党员干部与3775户困难户结"穷亲"，实现了所有困难户都有人帮扶、所有党员干部都参加帮扶的两个"全覆盖"。

（三）开展设岗定责和党员承诺活动

浙江省在全省范围内广泛推行设岗定责，积极开展"一员双岗"活动，引导党员在做好"本职工作岗"的同时，主动认领"为民服务岗"。引导有条件的党员承诺每年为群众办一两件实事，推动党员联系服务群众工作有效落实。

余姚市全面开展"亮牌亮诺亮绩"活动，全市5万多名党员在工作地和居住地同时亮出身份、职责和成绩，发挥双重先锋模范作用。在工作地，党员根据本单位重点工作、中心任务和个人岗位职责进行公开承诺，做到"亮牌承诺"与争创"党员责任区""党员先锋岗""文明窗口"等活动有机结合，切实增强服务意识。在居住地，党员一方面承诺履行认领岗位工作职责，另一方面在履行家庭责任、维护社会公德等方面作出承诺，自觉接受社会监督。

（四）细化党员志愿者服务

在浙江，党员志愿者服务活动已经成为一个品牌。基层党组织按照"自愿参加、无偿服务、志在奉献"的要求，积极引导和组织有能力、有特长的党员，根据自身特长和意愿，向所在党组织或党员服务中心（站、点）申报服务项目。党员服务中心（站、点）合理进行分类、编组，制定方案，组织党员志愿者开展多种形式的便民利民活动。一些基层党组织还推行"党员奉献积分卡"制度，激发广大党员主动参与组织生活，积极服务群众、服务基层、奉献社会的热情。

温岭市紧紧围绕"服务发展、服务社会、服务群众、服务党员"的要求，开展党员志愿者组团服务，并在每个镇（街道）组建一支党员志愿者突击分队，确保在发生"急、难、险、重"事件时，能够"拉得出、冲得上、打得赢"。杭州市上城区探索创新了"一站式受理，多元化服务"的党建综合平台——"党员会客厅"。"党员会客厅"有固定场所，由党员志愿者轮流值班，通过民情联络组、服务工作组和监督评议组的有效运转，实现第一时间了解居民群众需求、整合社情民意，第一时间协调各部门、社区工作者及社区党员为群众提供针对性服务，第一时间对服务质量及效果进行跟踪监督和评议。社区党组织运用这一平台，整合社区资源，满足社区居民的个性化需求，巩固了党的群众基础。

第三章
加强理论武装　巩固思想基础

浙江不仅是改革开放的先发之地，也是党的诞生地，历届浙江省委以"党的圣地成为党建高地"为己任，把思想理论建设放在党的先进性建设的首位，不断巩固党执政的思想基础。习近平同志主政浙江期间，高度重视理论武装，坚持用"三个代表"重要思想、科学发展观武装党员、教育群众，解放思想、实事求是、与时俱进，在真学、真懂、真信、真用上下功夫，做到学在深处、谋在新处、干在实处，不断增强用发展着的马克思主义指导新实践的本领。党的十六大以来，历届浙江省委持之以恒地坚持这一做法，在理论武装方面取得明显成效。

第一节　"把思想理论建设摆在更加突出的位置"
——习近平同志关于加强理论武装的论述

党的十六大后，历届浙江省委高度重视理论武装工作，始终把思想建设作为保持党的先进性，增强党的团结和统一，提高党的凝聚力、战斗力的一项根本性措施来抓，不断为开创浙江改革开放新局面提供科学的理论指导和强大的精神动力。

一　用发展着的马克思主义指导新的实践

党的十六大提出一系列重大战略思想，丰富和发展了中国特色社会主义理论体系。时任浙江省委书记的习近平同志敏锐地意识到，这些理论和实践的创新成果，是对党的基本理论的发展、基本路线的坚持、基本纲领的充实、基本经验的深化，为浙江在新世纪新阶段推进新发展指明了方向，强调要用发展着的马克思主义指导新的实践。

（一）努力在真学、真懂、真信、真用上下功夫

"三个代表"重要思想是党的十六大的灵魂，并被确立为全党的指导思想。当时，习近平同志提出，兴起学习贯彻"三个代表"重要思想高潮，必须着眼于在对"三个代表"重要思想的时代背景、实践基础、科学内涵、精神实质和历史地位的理解上达到新的高度，在认真贯彻"三个代表"重要思想的根本要求、始终做到"三个代表"上取得新的成效，努力在真学、真懂、真信、真用上下功夫，切实达到理论上弄通，思想上搞清，行动上落实，工作上创新，真正使"三个代表"重要思想成为认识和改造世界的思想之"魂"、指导和做好各项工作的统揽之"纲"、推进改革开放和现代化建设的指路明灯。

习近平同志指出："真学"，就是要认真研读，深刻领会，在把握科学理论体系上下功夫；"真懂"，就是要深入思考，融会贯通，在形成科学的世界观和方法论上下功夫；"真信"，就是要态度坚决，行动自觉，在强化"三个代表"重要思想的政治信仰上下功夫；"真用"，就是要结合实际，学以致用，在改造客观世界和主观世界上下功夫。真学、真懂、真信、真用的要求，体现的是一种理论联系实际的马克思主义学风，成为此后历届浙江省委学习党的十七大、十八大精神和习近平总书记系列重要讲话精神的指导方法。

对科学发展观，习近平同志强调，我们党改革开放以来提出的发展是硬道理、发展是党执政兴国的第一要务，都是科学发展观的本义所在。无论在任何条件下，遇到任何困难，发展的意识不能淡化，发展的热情不能降低，发展的干劲不能减少。但是，发展不能走老路。再走高投入、高消耗、高污染的粗放经营老路，国家政策不允许，资源环境不允许，人民群众也不答应。首先，发展不能脱离"人"这一根本。我们仍然需要 GDP，但必须明确经济发展不是最终目的，以人为中心的社会发展才是终极目标。其次，发展不能是城市像欧洲、农村像非洲，或者这一部分像欧洲、那一部分像非洲，而是要城乡协调、地区协调。最后，发展不能竭泽而渔，断送了子孙的后路。①

对和谐社会理论，他指出，我们党提出的社会主义和谐社会，属于科学社会主义的范畴，而不是封建式的"田园牧歌"，也不是空想社会主义的"乌托邦"，更不是现代资本主义式的"福利社会"。构建社会主义和谐社会，必须着眼于整体来谋划，涵盖"民主法治、公平正义、诚信友爱、充满活力、安定有序、人与自然和谐相处"这些基本特征；必须着眼于长远来谋划，既坚定信心，积极推进，又不操之过急、急于求成、刮风、攀比；必须着眼于制度来谋划，建立健全正确引导发展的激励机制、顺达通畅的利益表达和协调机制、全面覆盖的社会管理和社会整合机制、有效疏导和化解人民内部矛盾的机制。②

（二）始终保持与时俱进的精神状态

在主政浙江期间，习近平同志结合浙江实际，多次系统阐述了"始终保持与时俱进的精神状态"的具体要求，强调理论联系实际接了地气才能学以致用落到实处。

他提出，保持与时俱进的精神状态，就一定要看到《共产党宣言》发表 150 多年来世界政治、经济、文化、科技等发生的重大变化；一定要看到我国社会主义建设发生的重大变化；一定要看到广大党员干部和人民群众工作、生活条件和社会环境发生的重大变化；一定要充分估计这些变化对我们党执政提出的严峻挑战和崭新课题。保持与时俱进的精神状态，还必须把思想理论建设摆在更加突出的位置，进一步加强理论武装。保持与时俱进的精神状态，就要认真研究不断发展变化的客观实际，认真回答和解决实际工作和生活中的重大问题，自觉地把思想认识从那些不合时宜的观念、做法和体制中解放出来，从对马克思主义的错误的和教条式的理解中解放出来，从主观主义和形而上学的桎梏中解放出来，使我们的各项工作更好地体现时代

---

① 参见习近平《干在实处 走在前列——推进浙江新发展的思考与实践》，中共中央党校出版社，2006，第 23 页。

② 参见习近平《干在实处 走在前列——推进浙江新发展的思考与实践》，中共中央党校出版社，2006，第 238 页。

性、把握规律性、富于创造性。保持与时俱进的精神状态，就要把握新的趋势，着眼新的实际，总结新的经验，探索新的路子，讲科学、鼓实劲、求实效，不断推进理论创新、制度创新、科技创新、文化创新以及其他各方面的创新，真正做到发展有新思路，改革有新突破，开放有新局面，各项工作有新举措。① 保持与时俱进的精神状态，还包括领导干部在面对众多矛盾和问题时、遇到困难和挫折时，能够始终保持昂扬向上、奋发有为的精神状态。"当官就是要为民办实事，干工作就是同矛盾和困难作斗争。不是仅仅不贪污，不腐败就可以了。如果面对困难垂头丧气，占着位置毫无作为，那还是一个不合格的领导干部。"② 这里所提的要求，正是"为官不易"且不能"为官不为"的思想。

二　在接受革命精神教育中坚定理想信念

在主政浙江期间，习近平同志在多个场合多次强调"坚定理想信念"及其教育的重要性。党的十八大之后，习近平总书记更是在许多场合谈及"坚定理想信念"，提出理想信念就是共产党人精神上的"钙"，没有理想信念，理想信念不坚定，精神上就会"缺钙"，就会得"软骨病"，就会没有骨气，就经不起诱惑，政治上变质，经济上贪婪，生活上堕落。提高干部素质，第一位的任务就是坚定理想信念。

在接受党的历史教育中进一步坚定理想信念，是历届浙江省委开展理想信念教育的重要传统。浙江全省有156个革命传统教育基地，其中，作为中国共产党诞生地的嘉兴南湖，更是浙江党员干部理想信念教育的"圣地"。2002年10月12日，习近平同志从福建调任浙江省副省长、代省长，10月22日便赴嘉兴市调研并瞻仰南湖革命纪念馆。他满怀深情地说："我调任浙江后，即怀着无限崇敬的心情，专程到嘉兴南湖瞻仰红船，接受革命精神教

---

① 参见习近平《干在实处　走在前列——推进浙江新发展的思考与实践》，中共中央党校出版社，2006，第398页。

② 习近平：《之江新语》，浙江人民出版社，2007，第60页。

育。"① 这次讲话，被收录进中共中央党校出版社出版的时任浙江省委书记习近平同志《干在实处　走在前列——推进浙江新发展的思考与实践》一书，是时间最早的一篇。

2006 年 6 月 28 日，浙江省委在嘉兴南湖举行纪念中国共产党成立 85 周年暨总结保持共产党员先进性教育活动大会。习近平同志指出：必须把思想理论建设放在先进性建设的首位，自觉用发展着的马克思主义理论武装全党。我们党是一个高度重视思想建党、思想立党、思想兴党的马克思主义政党。只要我们在思想上不断有新解放，理论上不断有新发展，实践上不断有新创造，就一定能把党和人民的事业不断推向前进。② 该篇讲话也被收录进《干在实处　走在前列——推进浙江新发展的思考与实践》一书，是时间最晚的一篇。这一早一晚，足见习近平同志和浙江省委领导对嘉兴南湖之于中国共产党的宝贵精神财富的重视，以及对思想理论建设之于党的建设首要地位的倚重。

2005 年 6 月 21 日，习近平同志在《光明日报》发表署名文章，首次就"红船精神"进行阐释。"红船精神"的内涵，就是开天辟地、敢为人先的首创精神，坚定理想、百折不挠的奋斗精神，立党为公、忠诚为民的奉献精神。也是在这篇理论文章里，习近平同志利用"红船"形象地重申了党的群众路线，巧妙地传达中国共产党与人民之间舟与水的关系：依水行舟，忠诚为民，成为贯穿中国革命和建设全过程的一条红线，也是"红船精神"的本质所在。2011 年党的 90 华诞前夕，南湖革命纪念馆新馆正式开馆。浙江省委书记赵洪祝号召，要大力弘扬"红船精神"，丰富和发展以创业创新为主要内容的浙江精神，用党的优良传统来鼓舞人、激励人、凝聚人，为全面建设惠及全省人民的小康社会、基本实现社会主义现代化而不懈奋斗。③

---

① 习近平：《弘扬"红船精神"走在时代前列》，《光明日报》2005 年 6 月 21 日。
② 参见习近平《在推进科学发展的实践中保持和发展党的先进性》，《浙江日报》2006 年 6 月 28 日。
③ 参见赵洪祝《大力弘扬"红船精神"继续保持和发展党的先进性》，《今日浙江》2011 年第 11 期。

党的十八大后，围绕保持党的先进性和纯洁性，全党深入开展了以"为民务实清廉"为主要内容的党的群众路线教育实践活动。2013 年 8 月，省委书记夏宝龙继承传统，率省四套班子领导、省高院院长、省检察院检察长等领导来到南湖，开展重温"红船精神"活动，开展"三观"教育。夏宝龙同志强调，站在红船边上，重温"红船精神"，就要深刻懂得与群众风雨同舟、百姓可载舟覆舟、发展如逆水行舟的道理。①

三 在实践中贯彻落实中国特色社会主义理论体系的最新成果

学风问题是关系党的兴衰和事业成败的重大政治问题。习近平同志高度重视学习，同时强调要"学以致用"，深入研究党建重大理论和实际问题。历届省委和全省领导干部大兴学习之风、大兴调查研究之风，保证了浙江各项工作始终走在前列。从习近平同志到赵洪祝同志再到夏宝龙同志，历届省委主要领导都重视学以致用，坚持理论与实践相结合，每年都亲自组织几项重大课题深入实际调查研究，其中，党的建设课题是必不可少的一项。

（一）重视学以致用

习近平同志高度重视学习。来浙江工作不久，在杭州市委常委会民主生活会上，习近平同志集中阐述了对领导干部加强学习的要求。他提出"学习要系统全面""学习贵在坚持""学习重在应用"等重要观点。强调"学以致用"既是一种良好的学风，更是学习的最终目的所在。领导干部学习搞得如何，不仅要看学习得怎样，更要看能不能把学到的理论和知识用于实践。只有不断学习，不断思考，并不断把学到的东西运用于实践，正确回答实践提出的重大问题，切实解决本地区、本部门的改革发展稳定中的实际问题，才能真正做到解放思想、实事求是，与时俱进、开拓创新，才能真正取得改革开放的新突破，开创现代化建设的新局面。②

---

① 参见《重温党的历史 弘扬红船精神》，《浙江日报》2013 年 8 月 14 日。
② 参见习近平《干在实处 走在前列——推进浙江新发展的思考与实践》，中共中央党校出版社，2006，第 396 页。

习近平同志指出，著名学者王国维论述治学有三种境界，领导干部学习理论也要有这三种境界。首先，理论学习上要有"望尽天涯路"那样志存高远的追求，耐得住"昨夜西风凋碧树"的清冷和"独上高楼"的寂寞，静下心来通读苦读；其次，理论学习上要勤奋努力，刻苦钻研，舍得付出，百折不挠，下真功夫、苦功夫、细功夫，即使是"衣带渐宽"也"终不悔"，"人憔悴"也心甘情愿；再次，理论学习贵在独立思考，学用结合，学有所悟，用有所得，要在学习和实践中"众里寻他千百度"；最后，"蓦然回首"，在"灯火阑珊处"领悟真谛。① 只有这样，各级领导干部才能做到带头学、深入学、持久学，成为勤奋学习、善于思考的模范，解放思想、与时俱进的模范，学以致用、用有所成的模范。

习近平同志还强调全省领导干部要不断深化学习研究。他指出，对学习的追求是无止境的，既需苦学，还应"善读"。学习必须联系实际、知行合一。

（二）坚持理论与实践相结合

习近平同志始终坚持马克思主义的实践观，坚持在实践中贯彻落实中国特色社会主义理论的最新成果。马克思主义认为，实践是认识的基础，认识来源于实践又指导实践，同时接受实践的检验。社会实践的发展推动着人们的生产方式、生活方式和思维方式的改变。马克思、恩格斯把生产力的发展看作社会发展的根本动力，把人的解放和全面发展作为社会发展的根本目的。党的三代领导集体在领导我国社会主义建设的实践中，不断丰富和发展马克思主义发展观。毛泽东同志在《论十大关系》和《关于正确处理人民内部矛盾的问题》等文章中，提出要充分调动一切积极因素，正确处理好各种矛盾，协调好各方面的关系，统筹兼顾好各个领域的发展，走自己的发展道路。邓小平同志对什么是社会主义、怎样建设社会主义等重大问题进行了创造性的思考和探索，作出了改革开放的重大决策，提出建设有中国特色

---

① 参见习近平《干在实处　走在前列——推进浙江新发展的思考与实践》，中共中央党校出版社，2006，第397页。

社会主义理论和现代化建设"三步走"发展战略，提出"以经济建设为中心""发展才是硬道理""两手抓，两手都要硬"等科学论断。以江泽民同志为核心的第三代中央领导集体在实践的基础上，提出了"三个代表"重要思想，强调发展是党执政兴国的第一要务，坚持用发展的办法解决前进中的问题，明确提出在发展社会主义市场经济条件下正确处理现代化建设中的一系列重大关系，提出科教兴国战略、可持续发展战略、西部大开发战略等重大战略，进一步丰富了社会主义现代化建设的理论和实践。以胡锦涛同志为总书记的党中央提出的科学发展观，同毛泽东、邓小平、江泽民等同志关于发展的重要思想一脉相承，进一步解决了为什么发展和怎样发展得更好的问题，是与时俱进的马克思主义发展观。它标志着我们党对人类社会发展规律、社会主义建设规律和共产党执政规律的认识更加深刻、更加全面、更加成熟。

党的十六大以来，浙江省委按照党中央的要求，始终坚持理论与实践相结合，与时俱进地贯彻落实中国特色社会主义理论的最新成果，推动着邓小平理论、"三个代表"重要思想和科学发展观在浙江的生动实践，不断开创社会主义现代化建设的新局面。

四 在践行社会主义核心价值观中凝聚中国梦的共同理想

加强社会主义思想道德建设，是发展先进文化的重要内容和中心环节。习近平同志曾代表浙江省委提出，要通过深入贯彻实施《浙江省公民道德规范》，不断加强社会公德、职业道德、家庭美德教育，全面提高公民的思想道德素质。他还强调要弘扬和培育民族精神，特别是丰富和发展"浙江精神"，不断赋予民族精神以新的内容，增强人们的精神力量。他要求深入学习领会社会主义荣辱观，同时各级领导干部必须作出表率。浙江省委对思想道德、精神文明，包括荣辱观在内的社会主义核心价值观建设的重视和作为，为浙江率先实现现代化筑牢共同思想基础。

（一）全面加强公民思想道德建设，实现依法治国与以德治国相结合

习近平同志对全面提高公民的思想道德素质做过许多重要论述。2001

年10月，中共中央颁布《公民道德建设实施纲要》后，浙江省委于2002年1月及时印发了《浙江省公民道德规范》。

习近平同志提出，要创新道德建设内容，积极鼓励和支持一切有利于解放生产力、发展社会主义市场经济的新的道德观念和道德规范。要创新道德建设方式，坚持加强道德教育与开展道德实践活动相结合、大众传媒引导与文学艺术感化相结合、运用经济手段与提供法律支持相结合，不断探索新途径、新手段。要广泛动员群众参与各种形式的道德实践活动，促进道德建设进课堂、进企业、进机关、进社区、进军营，渗透到人们生产生活的各个环节。要结合浙江加快完善社会主义市场经济体制的实际，深入开展打造"信用浙江"活动，引导人们坚持诚信为本、操守为重，推动社会信用体系建设，促进社会主义市场经济健康发展。要在各级党委统一领导下，充分调动社会各方面参加道德建设的积极性和创造性，形成公民道德建设合力。[①]

对未成年人的思想道德建设，习近平同志强调："孩子要成才，必须先成人。人而无德，行之不远。""未成年人思想道德建设是一项系统工程，涉及方方面面，需要全社会参与，形成强大合力共同来做。"并指出，"学校是未成年人思想道德建设的主渠道、主阵地、主课堂"，应解决好以往重智育轻德育的问题、为人师表的问题、学校思想政治课的质量问题、课业负担过重的问题。[②] 2005年6月，习近平同志以"同大学生谈人生"为主题，为在杭州的高校学生作报告。指出在大学阶段树立正确的世界观、人生观、价值观，是人生的一个新起点。大学生要学会对自己负责，对亲人负责，对周围的人和更多的人负责，进而对民族、对祖国、对社会和人类负责，做一个有价值、负责任的人。[③]

[①]　参见习近平《干在实处　走在前列——推进浙江新发展的思考与实践》，中共中央党校出版社，2006，第303页。

[②]　参见习近平《干在实处　走在前列——推进浙江新发展的思考与实践》，中共中央党校出版社，2006，第303~304页。

[③]　参见习近平《干在实处　走在前列——推进浙江新发展的思考与实践》，中共中央党校出版社，2006，第306~307页。

（二）弘扬和培育民族精神，丰富和发展"浙江精神"

党的十六大召开后，浙江省委把党的十六大精神和"三个代表"重要思想贯彻到浙江文化事业建设的各个领域。时任浙江省委书记的习近平同志强调："一定要大力弘扬和培育民族精神，不断丰富人们的精神世界，把弘扬和培育民族精神，与反映人民群众的伟大实践紧密结合起来，与继承学习中华民族的优秀文化传统，借鉴吸收人类社会一切优秀文化成果结合起来，与思想道德建设紧密结合起来，与丰富和发展'浙江精神'紧密结合起来，不断赋予民族精神以新的内容，增强人们的精神力量。"①

在浙江，弘扬和培育民族精神，与丰富和发展"浙江精神"得以紧密结合。习近平同志主政浙江期间，多次高度赞赏、热情传播、深刻阐释"浙江精神"。他说：浙江老百姓聪明，干部精明，出的招数很高明。其背后是浙江的人文优势，是深厚的文化底蕴和"浙江精神"在起作用。② 他曾向陕西省的领导同志介绍说，浙江历史文化的交汇融合，在改革开放中孕育和造就了自强不息、坚韧不拔、勇于创新、讲求实效的浙江精神，推动了文化与经济的相互交融，构成了浙江综合竞争力的软实力，极大地促进了社会生产力的解放和发展。"自强不息"，就是说浙江人不奢望天上掉馅饼，找不到国有企业的"铁饭碗"，就办乡镇企业和个私企业，自己造一个"泥饭碗"。"坚韧不拔"，就是说浙江人宁肯苦干，不愿苦熬，为了创业，可以四海为家，"白天当老板，晚上睡地板"。"勇于创新"，就是说浙江人敢闯敢干，敢为天下先，在改革开放实践中进行了许多卓有成效、在全国颇有影响的探索创新。"讲求实效"，就是说浙江人不尚空谈，不图虚名，不争论、不攀比、不张扬，踏踏实实地从小事做起，一步一步地创业，一点一点地积累。③

要坚持和发展自强不息、坚韧不拔、勇于创新、讲求实效的浙江精神，

① 周咏南：《深入贯彻十六大精神大力弘扬先进文化　积极开创我省社会主义文化建设新局面》，《浙江日报》2002 年 12 月 26 日，第 1 版。
② 参见习近平《干在实处　走在前列——推进浙江新发展的思考与实践》，中共中央党校出版社，2006，第 316 页。
③ 参见习近平《干在实处　走在前列——推进浙江新发展的思考与实践》，中共中央党校出版社，2006，第 318 页。

与时俱进地培育和弘扬求真务实、诚信和谐、开放图强的新浙江精神，激励全省人民干在实处，走在前列。"求真"就是追求真理、遵循规律、崇尚科学；"务实"，就是要尊重实际、注重实干、讲求实效；"诚信"，就是重规则、守契约、讲信用、言必信、行必果；"和谐"就是民主法治、公平正义、诚信友爱、充满活力、安定有序、人与自然和谐相处；"开放"，就是全球意识、世界胸襟，就是海纳百川、兼容并蓄，以我为主，为我所用；"图强"，就是勇于拼搏、奔竞不息，就是奋发进取、走在前列。①

（三）各级领导干部要成为树立社会主义荣辱观的表率

2006 年 3 月，胡锦涛总书记以"八荣八耻"为主要内容的社会主义荣辱观论述，成为全国进一步推进精神文明建设的重要指导方针。习近平同志结合当时的浙江实际，在 3 月 23 日的浙江省委理论学习中心组学习会上提出对社会主义荣辱观要深入学习领会的要求。强调胡锦涛总书记所倡导的"八荣"，是中华民族的优良传统和时代精神，所批判的"八耻"，是现实社会生活中的丑陋现象和社会风气方面存在的突出问题；"八荣八耻"的重要论述，对于分清是非、善恶、荣辱的界限，对于在全社会坚持什么、反对什么，提倡什么、抵制什么，树立了一个鲜明的标准；关于社会主义荣辱观的重要论述，体现了先进文化前进方向的要求，体现了中华民族传统美德与时代精神的有机结合，体现了社会主义道德规范的本质要求，体现了依法治国与以德治国相结合的治国方略，也为我们指明了社会主义价值观的导向。②

习近平同志反复要求，浙江各级领导干部要成为树立社会主义荣辱观的表率。当前，人民的价值判断和价值追求出现了多样化的趋势，人们的思想观念包括党员干部的思想观念发生了深刻变化。党员领导干部树立什么样的荣辱观，对全社会具有十分重要的导向意义和标杆作用。群众看党员，党员看干部。各级领导干部作为负有重要职责的社会公民，应当在树立社会主义荣辱观方面以身作则、率先垂范，既要在本职岗位上贯彻党的宗旨、当好人

---

① 参见习近平《与时俱进的浙江精神》，《浙江日报》2006 年 2 月 5 日。
② 参见习近平《干在实处　走在前列——推进浙江新发展的思考与实践》，中共中央党校出版社，2006，第 300~301 页。

民公仆，也要在社会生活中严格自律、严格要求，常修为政之德，正确行使权力，为人讲道德、做事分荣辱，用自己的模范言行和个人魅力在全社会树立良好形象，为广大党员和群众做出榜样。[①]

五　在加强意识形态工作领导中做到"守土有责"

在主政浙江期间，习近平同志就多次针对宣传思想工作强调要"高度重视新闻宣传的地位和作用"，要"做到守土有责"，要"加强对意识形态工作领导"，"抓好宣传思想工作，发挥政治核心作用"，等等。同样，在浙江文化事业发展中，习近平同志也特别关注这一问题，认为比较有挑战的是两个方面的问题：一个是如何在对外开放的多样化社会里，坚持用一元化的指导思想统领意识形态，另一个是如何消除负面文化或者说劣质文化的影响，有效抵御敌对势力和敌对分子的各种渗透、颠覆和破坏活动。这两个方面的问题，归结起来，就是"守土有责"。[②]

（一）把握正确舆论导向，做到守土有责

在2004年8月4日省委新闻宣传工作座谈会上，习近平同志强调："切实增强政治意识、大局意识、责任意识，增强识别和抵制西方资产阶级新闻观侵蚀的能力，始终保持政治上的清醒和坚定，旗帜鲜明地坚持马克思主义的新闻观和新闻的党性原则，牢牢把握正确的舆论导向。"[③]

他认为：增强政治意识，就是要增强政治敏锐性和政治鉴别力，善于从政治上观察和处理问题，任何时候、任何情况下，都自觉地在思想上、政治上、行动上与党中央保持一致，维护中央权威，保证政令畅通，在事关政治方向和根本原则问题上旗帜鲜明、立场坚定。在我们的新闻宣传中，绝不能出现政治性差错，绝不能给错误的思想和观点提供传播渠道，绝不能宣传同

---

① 参见习近平《推进社会主义精神文明建设的重要指导方针》，《人民日报》2006年5月9日。

② 参见中共浙江省委理论学习中心组《中国特色社会主义在浙江实践的重大理论成果——学习〈干在实处　走在前列〉和〈之江新语〉两部著作的认识和体会》，《浙江日报》2014年4月4日，第2版。

③ 习近平：《干在实处　走在前列——推进浙江新发展的思考与实践》，中共中央党校出版社，2006，第308页。

党的方针政策相悖的观点和做法，绝不能片面地错误地宣传党的方针政策。增强大局意识，就是要站在大局的高度思考问题，按照大局的要求推进工作，善于正确地把握改革、发展、稳定三者的关系，善于围绕全省工作大局部署任务，善于针对省委重点工作营造氛围。多做解疑释惑、提高认识的工作，多做宣传引导、耐心说服的工作，多做统一思想、凝聚力量的工作，努力做到鼓劲而不泄气、帮忙而不添乱。增强责任意识，就是要真正把新闻宣传摆上重要位置，在思想上要高度重视新闻宣传的地位和作用，在工作中要把它作为一件大事切实抓好，以强烈的事业心和责任感，切实担负起党和人民交给的任务，兢兢业业、恪尽职守、极端认真、极端负责，绝不能因为我们工作上的疏忽和不慎给当党和人民事业造成损失。要坚持不懈地宣传科学理论，推动经济发展，传播先进文化，塑造美好心灵，弘扬社会正气，倡导科学精神。特别是新闻战线的各级领导干部，要在政治、政策、导向、热点问题、舆论引导、宣传格调、媒体形象、管理和技术等各方面把好关，切实负起领导责任，重要关头靠前指挥，重要稿件亲自审定，重要岗位亲自把关，真正做到守土有责。

（二）研究哲学社会科学要"真""情""实""意"

哲学社会科学是提高党的领导水平和执政能力的重要理论武器。2004年初，中共浙江省委根据中央精神下发了《关于进一步繁荣发展哲学社会科学的意见》后，习近平同志提出了研究哲学社会科学要做到"真""情""实""意"的四字要求。

"真"，就是要真正坚持马克思主义的指导地位，这表明的是一种立场。哲学社会科学的一切学科和领域，都必须坚持以马克思主义为指导，绝不能在指导思想上搞多元化。真正坚持马克思主义的指导地位，内在地包含了马克思主义是科学真理和维护、巩固马克思主义在意识形态领域指导地位的要求。

"情"，就是要对哲学社会科学工作充满激情，这显现的是一种态度。他要求广大社科工作者要充满激情地开展哲学社会科学工作。大家都必须振奋精神、自加压力、奋发有为，保持昂扬进取、开拓创新的斗志，为繁荣发展浙江省的哲学社会科学事业作出应有的贡献。同时，社会科学界联合会要高度热情地服务于广大社科工作者。

"实",就是要坚持理论联系实际,这强调的是一种方法。他提出,各级社科联组织要坚持围绕中心,服务大局,以浙江加快全面建设小康社会、提前基本实现现代化进程中面临的重大理论和实践问题为主攻方向,以课题为纽带,打破单位、部门、地区间的局限,组织力量集体攻关,更好地发挥组织协调作用。

"意",就是要树立精品意识,这提出的是一种导向。他评价,当前理论研究工作中存在着"三多三少"的问题,即对重大问题一般阐述的多,深入研讨的少;简单重复的多,原始创新的少;零碎无序的多,系统有序的少。特别是哲学社会科学的"重复研究"问题值得重视,其主要原因是缺少自身的优势和特点,缺少原创性的精品力作,也存在着急功近利的不良倾向。因此,我们要按照优化基础性研究、强化应用性研究、突出政策性研究的原则,重点抓好具有浙江特点的优势学科建设,加强新兴、边缘、交叉学科的建设,提倡大胆探索,鼓励锐意创新,摒弃急功近利,为精品力作甚至是传世之作的问世创造条件。①

第二节　加强理论武装　建设学习型党组织

党的十六大以后,习近平同志担任省委书记,浙江省委班子要求把思想理论建设放在首位,始终强调要坚持马克思主义在意识形态领域的指导地位,在"真学、真懂、真信、真用"上下功夫,深入推进中国特色社会主义理论体系的学习和研究。以省委领导班子为模范,创新学习载体,积极探索和完善"全员化、常态化、长效化"的学习机制,大力推进学习型党组织建设,不断增强用发展着的马克思主义指导实践的本领,创造性地推动浙江各项事业的新发展。

---

① 参见习近平《干在实处　走在前列——推进浙江新发展的思考与实践》,中共中央党校出版社,2006,第312~315页。

一　深入推进中国特色社会主义理论体系的学习和研究

党的十六大高举邓小平理论和"三个代表"重要思想伟大旗帜，根据国际国内新的形势和党所肩负的历史重任，大力推进理论创新，提出了科学发展观等一系列重大战略思想。围绕深入学习党的理论创新思想，浙江省委深入推进中国特色社会主义理论体系的学习和研究。

（一）深入学习实践中国特色社会主义理论最新成果

在学习"三个代表"重要思想活动中，浙江的理论学习活动呈现出鲜明特色。一是在轮训力度上，努力做到"四个坚持"，即坚持规定动作一个不少、坚持规定程序一步不减、坚持规定篇目一篇不缺、坚持规定对象一个不漏。二是在轮训分工上，坚持分级负责、全面培训，即省委组织部负责制订全省县处级以上领导干部学习轮训的总体计划，制订省管领导干部的具体轮训计划，组织实施好省管领导干部的轮训工作；省级机关工委、省委教育工委、省经贸委和各市委及组织部门负责各自管理的县处级领导干部的学习轮训。三是在培训形式上，突出"五个结合"，即统一培训与分级培训相结合，系统学习与专题研讨相结合，集中轮训与分散培训相结合，脱产学习与专题培训相结合，中心组学习与个人自学相结合，创新轮训方式，提高学习效果。四是在组织管理上，各地普遍建立了党委"一把手"负总责，组织、宣传、党校等部门各司其职，分工配合，一级抓一级，层层抓落实的学习轮训工作机制。学习轮训工作告一段落后，浙江深入开展了学习党的十六大、十六届三中、四中全会精神以及树立和落实科学发展观、正确政绩观的活动，结合实施"八八战略"、建设"平安浙江"的实践，进一步加深了广大党员干部对"三个代表"重要思想的理解，将学习贯彻"三个代表"重要思想的活动不断引向深入。

2004年初，省委决定在全省县以上党政领导班子中开展"三树一创"教育实践活动。各地各部门党委（党组）高度重视，切实加强领导，在领导班子和领导干部中形成了以突出的业绩造福于民，以优良的作风取信于民，以良好的形象感召于民的精神风貌，在推动浙江改革开放和现代化建设中发挥了积极作用。

党的十七大后，浙江省委组织开展以"加快转变经济发展方式、推进经济转型升级，再创浙江科学发展新优势"为主题的学习实践科学发展观活动。省委出台《关于开展深入学习实践科学发展观活动实施意见》，从2008年9月开始到2010年2月结束，分三批对省级机关、市县（市、区）机关、乡村和新经济组织中的党员进行集中教育，共涉及单位8.47万个、党员282.83万名。值得一提的是，截至2011年3月，全省基层党组织共化解各类矛盾纠纷14.9万件，有力推动了基层矛盾问题的解决，维护了社会和谐稳定。时任中共中央政治局常委、中央书记处书记、国家副主席的习近平同志亲自联系嘉善县，专程来浙江调研指导学习实践科学发展观活动，并相继2次在北京专题听取浙江省及嘉善县情况汇报，先后14次作出重要批示，给全省党员干部群众以鼓舞和鞭策。

（二）加强重大决策理论支撑课题研究，推进决策科学化

习近平同志一直非常重视哲学社会科学事业的发展。2005年，在他担任省委书记期间，直接推动了浙江省和中国社会科学院的全面合作，完成了国情调研重点项目——"浙江经验与中国发展"重大课题研究。2007年2月，课题成果《浙江经验与中国发展——科学发展观与和谐社会建设在浙江》（六卷本）正式出版。作为"省院合作"的第一个重大项目，该丛书从经济、政治、文化、社会、党建五个方面对浙江深入实践科学发展观、努力构建和谐社会、全面建设小康社会的一系列经验和做法进行了科学总结，对进一步探索和解决中国未来发展过程中可能遇到的问题和矛盾，促进浙江科学发展具有积极意义。

赵洪祝同志、夏宝龙同志同样十分重视哲学社会科学事业的发展，特别是始终高度重视和推进对浙江现象、浙江问题、浙江经验、浙江发展的理论研究和经验总结，不断推出有分量、有价值、有影响的研究成果；始终支持浙江省与中国社会科学院之间的"省院合作"；数次走访看望浙江省社会科学院、浙江省委党校等科研教学单位，与专家学者交流座谈；几乎每年都带领省四套班子领导和相关职能部门出席浙江省社会科学院组织的浙江省年度经济社会形势专题分析会；围绕深入实施"八八战略"和省委中心工作，

如近年来在全面深化改革、加快转变经济发展方式、实施创新驱动发展战略、健全现代市场体系、发展海洋经济、建设现代农业、积极稳妥推进城镇化、繁荣发展社会主义文化、加强和创新社会管理、加快生态文明建设、提高党的建设科学化水平等重大问题中，省委、省政府领导每年圈定十多项重大决策理论支撑课题，由浙江省社会科学院组织重点攻关，推出一批高水准的研究成果，为省委、省政府决策提供科学依据和重要参考。这些创新方式推动了浙江哲学社会科学对重大理论问题和现实问题的研究，也推进了浙江各级各部门决策的科学化。

二 大力推进学习型党组织建设

党的十六大以后，历届浙江省委着眼于建设学习型领导班子，结合工作实际和思想实际，不断健全中心组及干部理论学习制度，认真抓好省委理论学习中心组的学习，努力增强各级领导干部的理论思维和战略眼光。

（一）加强和改进理论学习中心组制度

习近平同志主政浙江期间，一直高度重视中心组理论学习，做到"四个亲自"：亲自担任中心组组长，亲自确认学习主题，亲自审定学习计划，亲自主持中心组学习。中心组成员自觉把学习作为一种政治责任，作为深化思考、提高能力的重要途径。通过坚持不懈的学习，不断提高理论政策水平、思想政治素质和领导工作水平，有力促进了领导班子执政能力的提高。浙江省委以贯彻落实党的十六大精神部署为契机，以党的基本理论、基本路线、基本经验，中央的重大理论和现实问题等为主要学习内容，以省委常委专题学习会、中心组学习会、省委专题读书会、研讨交流会、"浙江论坛"报告会等为基本形式，形成了学习计划、学习档案、学习预告、学习通报、学习交流和学习考核等一系列行之有效的考核制度。

党的十七大以后，浙江各级党组织按照"武装头脑、指导实践、推动工作"的要求，着力抓好党委理论学习中心组的学习。其主要经验，一是省委和领导带头示范。把对待学习的态度从简单的个人习惯和爱好上升到精神状态和事业成败的高度，把学习当作一种神圣职责、一种精神状态、一种终身追求，作为自觉的、经常的、不间断的任务，强化党委（党组）主要负责同志作为中心组学习第一责任人的责任意识和表率意识。二是推进制度创新和建设。建立健全并严格执行党委理论学习中心组学习考勤、个人自学、集体研讨、学习档案、学习交流、专题研讨、学习通报和学习考核等制度，确保学习计划和学习任务落到实处。如组织人事部门把考核结果纳入领导干部综合评价体系和领导班子建设目标管理体系，作为考核领导班子和使用干部的重要依据，以及强化中心组学习巡视督导，探索实施中心组学习旁听制度，开展学习质量评估等。

党的十八大以来，浙江省委充分发挥各级党委（党组）理论学习中心组引领导向、示范带头、辐射拓展作用，努力形成自觉学、持续学、常态学的长效机制和良好氛围。特别是四次学习习近平总书记系列重要讲话精神的理论学习中心组学习活动，始终与推进中心工作结合起来，与贯彻浙江省委十三届四次、五次全会精神结合起来，与开展党的群众路线教育实践活动结合起来，切实把学习成果转化为推进改革发展的强大动力。

（二）大规模开展干部教育培训

干部教育培训是我党一项事关全局的战略性、基础性工作。党的十六大以后，中央提出大规模培训干部、大幅度提高干部队伍素质的战略任务，浙江省委多次召开专题会议，研究具体实施意见，先后对全省大规模开展干部教育培训作出了一系列决策。一是健全组织领导机制。成立了以省委分管副书记为组长，省委常委、常务副省长和省委常委、省委组织部长为副组长，有关职能部门领导为成员的领导小组，进一步完善了在省委领导下，由省委组织部统筹规划、宏观指导、综合管理，有关部门分工负责、分级管理的干部教育培训管理体制。二是完善培训规划体系。制定了《关于五年内大规模开展干部教育培训工作的实施意见》，对此后五年全省干部教育培训工作作了详细规定，确保五年内使全体在职干部普遍轮训一遍。省委组织部还编制了《2003~2007年省直部门组织的干部教育培训实施计划》《2006~2010年浙江省干部教育培训规划》，各地各部门也调整和完善了干部教育培训的目标和规划，制定了大规模培训干部的实施计划。三是突出培训重点和培训对象。按照一手抓政治理论学习和党性教育，一手抓专业知识培训的要求，在培训内容上，突出领导干部的思想政治素质和执政能力建设。围绕提高其思想政治素质和宏观决策能力、驾驭全局能力、综合协调能力，精心组织提高理论素养、树立世界眼光、培养战略思维、加强党性修养等方面的培训。在培训对象上，以培养高层次、复合型领导人才为主体，加大对省管领导干部和中青年干部的培训力度。

（三）推进学习型党组织建设

党的十七届四中全会提出了建设马克思主义学习型政党的重大战略任务。省委根据中央部署，把坚持学习、善于学习视为促进浙江发展进步的决定性因素，积极探索和完善"全员化、常态化、长效化"的学习机制，不断深化学习型党组织建设。

浙江成立省建设学习型党组织工作协调小组，积极建立由省委统一领导，宣传部牵头协调，组织部、机关工委、农办、党校、教育、国资委等部门分工负责，各级党组织积极参与的领导体制和工作机制。在出台的《关于推进学习型党组织建设的实施意见》中，省委明确提出要建立健全集体学习、干部轮训、个人自学、调查研究、干部宣讲、网络学习、考核评价、评选表彰八项制度，要求县以上领导干部每年至少上党课、作形势报告两次以上，并将述学与述职、述廉一同列为年终目标责任制考核的重要内容，将干部学习情况作为民主评议和选拔任用的重要依据。与此同时，各地也积极创新机制，深化学习活动。如绍兴市将全市各类党组织分为决策层、执行层和基础层三个层面，出台了《绍兴市建设学习型党组织基本评估标准》，着力构建全方位的学习网络体系。

在推进学习型党组织建设过程中，浙江通过在领导干部中广泛开展坚定理想信念的教育，不断增强宗旨意识，切实转变工作作风。每月给全省县以上中心组成员印发《浙江省党政干部读物推荐书目》，组织党员干部全面深入学习马克思主义经典著作与党的创新理论。强调领导干部下基层蹲点调查每年不少于一周，并持续开展"走进矛盾、破解难题"和"服务企业、服务基层"专项行动，举办以"六个一"为主要内容的党风廉政教育，使学习真正内化于心、外化于行。在全省基层党员中开展党的创新理论的学习普及活动，相继开展了"六个为什么""七个怎么看"等思想大讨论。省、市党报刊先后推出"从浙江的实践看六个为什么"系列理论文章，并拍成电视政论片播出。为了让基层党员群众都能了解当时热点、提高实践能力，省委专门下发了《关于在全省开展学习型党组织建设宣讲活动的通知》，紧贴面临的形势及群众需求，发动省、市、县三级 220 余个专兼职讲帅和 10.7 万余名基层宣讲员，深入开展科学发展观宣讲、学习型党组织建设宣讲、经济转型升级和生态文明建设宣讲等活动，广泛组织"百场党课进基层、千名书记上党课、万名党员上讲台"活动，举行"走向大众，强基固本——推动当代中国马克思主义大众化百法百例"评选活动，总结推广基层开展学习型党组织建设工作的创新经验。

为了激发更多群众的学习热情，省委不断探索创新学习方法。组织召开了全省理论学习中心组经验交流会，评选出 48 家先进中心组，推出了一批学习先进典型；通过"每周学习日"、结对共学等活动，推动全省机关事业单位党员走在前面学；通过发挥"市民讲坛""楼道学习户"的作用，推动社区党员就近方便学；通过"村支书论坛""农民读书会""农民信箱"等，推动农村党员结合生产学；通过"学习特派员""学习 QQ 群"等，推动流动党员参与学；还积极开展全省学习型党组织 100 个典型案例征集活动，组织编写案例书籍，不断丰富学习内容和形式。

在学习过程中，省委领导班子还十分注重发挥模范带头作用，给各级领导班子和领导干部做示范和表率。例如，省委理论学习中心组高频次、高要求组织学习活动，省领导带头赴全省各地作形势政策专题报告，省委主要领导还纷纷撰写文章，谈学习心得，等等。此外，还多次举办市县长专题研讨班，围绕全省经济社会发展的重大问题进行专题研讨，由省委、省政府领导和有关部门负责人作专题报告，推动各级领导干部加强学习。

三 扎实推进中国特色社会主义在浙江的新实践

历届浙江省委坚持以理论武装为统揽，按照习近平同志主政浙江时提出的

"学在深处、谋在新处、干在实处"的要求，由省委领导带头，各级领导干部坚持深入调研、理清思路、科学决策，为浙江的经济社会发展确定了正确的方向。

（一）领导干部带头深入实际调查研究蔚然成风

在加强理论学习的同时，浙江坚持学用结合，省委常委和省政府领导每年领衔重大课题深入调研，并在全省形成了一股领导干部习惯并善于带头调查研究的良好工作作风。如组织专家先后开展了国内外推进经济转型升级比较、加快培育发展战略性新兴产业对策等数十项重大课题研究，作出了推进大平台、大产业、大项目、大企业建设等一系列决策，并总结推广了转变经济发展方式100例，集中开展了推进生态文明建设对策与思路的学习调研，形成100多万字的调研报告，进一步破解了经济转型升级难题；举办专题研讨班、学习会，在不断学习比较中统一思想，明确思路，提出了打造"富饶秀美、和谐安康"生态浙江的发展方略，进一步凝聚了全省科学发展的共识；利用成为国家发展海洋经济试点省的契机，组织海洋经济课题组专题攻关，发动党员干部群众献计献策，形成了打造"海洋经济强省"的总体思路，制定了浙江海洋经济发展示范区规划并上报国务院，被国务院列入国家战略，进一步形成浙江发展新优势；召开省委专题读书会，组织20多个专题进行调研，省领导深入各地，总结新形势下坚持和发展"枫桥经验"，推进"网格化管理、组团式服务"，构建企业和谐劳动关系等方面的实践经验和工作方法，提出了加强和创新社会管理的思路举措，进一步推进了浙江社会建设与管理的创新和发展。

党的十八大以后，浙江省委理论学习中心组按照党的优良传统，多次举行专题学习会和报告会，深入学习习近平总书记系列重要讲话精神。

2013年7月15日至16日，浙江省委理论学习中心组举行专题学习会，围绕开展党的群众路线教育实践活动主题，认真学习领会党的十八大以来习近平总书记系列重要讲话精神，进一步强化理论武装，深化思想认识，为在全省扎实开展党的群众路线教育实践活动奠定了坚实的思想理论基础。[①]

---

① 参见《深刻学习领会习近平总书记重要讲话精神　在党的群众路线教育实践活动中走在前列》，《浙江日报》2013年7月16日。

2014 年 4 月 1 日，省委举行学习贯彻习近平总书记系列重要讲话精神专题报告会。省委书记夏宝龙作专题报告。他强调，我们要深入学习贯彻习近平总书记系列重要讲话精神，坚定不移深入实施"八八战略"和建设平安浙江、法治浙江等重大决策部署，坚定不移推进全面深化改革，推动浙江经济持续健康发展与社会和谐稳定，以干在实处的成效落实走在前列的要求。①

2014 年 8 月 29 日至 30 日上午，浙江省委理论学习中心组举行专题学习会，认真学习习近平总书记关于经济工作的系列重要讲话精神。省委书记夏宝龙强调，我们要坚持学用结合、知行合一，把习近平总书记关于经济工作的系列重要讲话精神作为把握方向、推动工作、促进发展的重要法宝，坚定不移地续写"八八战略"这篇大文章，与时俱进地适应发展新常态、构筑发展新优势、提升发展新本领，不断开创浙江经济社会发展新局面。

（二）从"两创"到"两美"，不断深化"八八战略"

21 世纪头十年，浙江全面建设惠及全省人民的小康社会取得了决定性胜利，浙江成为全国发展最快、协调性最好、人民生活水平最高的省份之一。从温饱到总体小康再到全面小康，"富民强省"自始至终贯穿着浙江现代化进程的各发展阶段。

2007 年 6 月，浙江省十二次党代会发展和深化"八八战略"，提出"创业富民、创新强省"的"两创"发展战略。2012 年 6 月，浙江省十三次党代会围绕着深化"八八战略"和"创业富民、创新强省"战略的目标追求，更形象地提出实现"物质富裕、精神富有"的"两富"现代化目标。其工作重点是加快建设"三个强省和三个浙江"，即经济强省、文化强省、科教人才强省和法治浙江、平安浙江、生态浙江。

党的十八大以后，浙江根据新的形势和要求，紧紧围绕建设物质富裕、精神富有的现代化浙江，扎实推进创业富民、创新强省，奋力干好"一三五"、努力实现"四翻番"，以改革统领全局，坚持稳中求进、改中求活、转中求好，推进"五水共治""五措并举"，打好经济转型升级组合

---

① 参见夏宝龙《深入学习贯彻习近平系列重要讲话精神》，《浙江日报》2014 年 4 月 1 日。

拳，着力在提质增效上见成效，在改善民生上出实招，在狠抓落实上下功夫，推进经济持续健康发展与社会和谐稳定，推动了浙江的各项工作继续走在全国前列。

省委十三届五次全会贯彻落实党的十八大、十八届三中全会和习近平总书记关于建设"美丽中国"与"人民对美好生活的向往，就是我们的奋斗目标"等系列重要讲话精神，认真总结浙江省从"绿色浙江""生态浙江"到"美丽浙江"的生态文明建设实践，顺应浙江经济社会和生态环境发展规律，作出了《中共浙江省委关于建设美丽浙江创造美好生活的决定》。建设"两美"浙江的新目标，将生态文明建设在浙江经济社会发展中的定位提到了前所未有的高度，是浙江建设"美丽中国"和实践"中国梦"的战略指引和奋斗目标，是"八八战略"的新飞跃。

第三节　发挥政治核心作用　抓好宣传思想文化工作

浙江地处东南沿海，人们的思想十分活跃，民主意识比较强，精神文化需求非常高。面对国际国内形势的变化和浙江的实际情况，浙江宣传思想文化战线以政治上强起来、能力上强起来、作风上强起来、合力上强起来为目标，不断加强意识形态领域管理。

一　在不断加强党对意识形态工作领导中牢牢掌握宣传舆论工作的主动权

2004 年 12 月，第十一届浙江省委为深入贯彻党的十六届四中全会精神，下发了中共浙江省委《关于加强党对意识形态工作的领导若干意见》。十多年来，浙江始终坚持马克思主义在意识形态领域的指导地位，坚持党管意识形态不动摇，坚持贴近实际、贴近生活、贴近群众，强化政治意识、大局意识、责任意识，切实增强党对意识形态领域的控制力，增强正确引导社会舆论的影响力，增强人民群众建设中国特色社会主义的凝聚力。

（一）在加强党对意识形态领导方面，始终把握主动权

在第十一届省委作出的《关于加强党对意识形态工作的领导若干意见》的基础上，第十二届省委出台《关于加强和改进意识形态工作的若干意见》，进一步加强党对意识形态工作的领导。第十三届省委贯彻党的十八大和习近平总书记系列重要讲话精神，深入开展以中国梦为主题的中国特色社会主义宣传教育活动，努力增强全省广大干部群众的道路自信、理论自信、制度自信，推动中国特色社会主义在浙江的实践，为实现中华民族伟大复兴的中国梦提供坚实的理论支撑和思想保证。

特别是2013年下半年全国宣传思想工作会议后，浙江省委成立了以夏宝龙同志为组长的宣传思想文化工作领导小组，进一步加强对宣传思想文化工作的领导和组织协调。以省委名义相继下发了《关于深入推进马克思主义理论研究和建设工程的意见》《关于加强网上舆论工作的意见》《关于进一步强化和改进高校宣传思想工作的若干意见》《关于进一步加强和改进基层宣传思想文化工作的若干意见》等重要文件。

纵观这些年浙江加强党对意识形态工作的领导，把握意识形态工作领导权和主动权的基本做法，一是以各级党委、政府特别是领导干部为主体，切实增强做好意识形态工作的自觉性；二是从对党委、政府特别是主要领导干部领导水平和执政能力的考验角度出发，切实提高做好意识形态工作的能力；三是坚持"谁主管、谁负责"和属地管理的原则，切实加强对意识领导阵地的管理；四是坚持依靠班子、依靠队伍、依靠人才，切实抓好意识形态工作队伍建设；五是以全党全社会的共同责任为原则，切实构建意识形态工作的新格局。

（二）在深入推进思想理论武装方面，不断创新方式方法

第一，深入学习宣传贯彻中国特色社会主义最新理论成果，着力抓好理论武装。包括抓好以领导干部为重点的党委中心组理论学习；抓好以青年学生为重点的高校思想政治教育；抓好重大理论和现实问题的研究。第二，深入开展中国特色社会主义理论体系宣传教育，着力增强"三个自信"。从邓小平理论、"三个代表"重要思想、科学发展观、"四个全面"战略思想等

中国特色社会主义的理论创新成果的宣传，到党的先进性纯洁性、执政能力建设、群众路线教育、"三严三实"等各类专题教育实践，到社会主义荣辱观、社会主义核心价值体系、社会主义核心价值观等的培育和践行，浙江在宣传教育上努力做到入耳入脑入心。第三，切实抓好意识形态领域的引导和管理，着力凝聚社会共识。浙江强化阵地管理，加强对各类媒体、研究机构、高校课堂、讲座论坛、出版物、报告会、研讨会等阵地的有效管理，深入持久地开展"扫黄打非"工作，绝不让错误思想有传播的空间和渠道。强化斗争意识，深化"当战士不当绅士"学习讨论实践活动，进一步树立担当精神，增强政治定力，加大对错误思潮的辨析和批驳力度。强化分类指导，深入研究掌握不同社会群体思想状况，加强人文关怀和心理疏导，分门别类做好广大工人、农民、知识分子、青年学生，以及流动人口、"两新"组织人员的思想政治工作。

（三）在深入推进舆论引导能力建设方面，逐渐扩大影响力

全面深化文化体制改革，是加强和改进党对意识形态工作领导的内在要求。浙江把提高舆论引导能力放在党的执政能力建设和国家治理能力现代化的高度，加以重视和把握。坚持党管媒体原则不动摇，切实管好导向、管好班子、管好队伍。

第一，加大正面宣传力度，着力营造主流舆论强势。浙江要始终坚持团结稳定鼓劲、正面宣传为主的方针，做大做强新闻主页，把党和政府的声音传递好，把人民群众的心声反映好，把社会进步的主流展示好，唱响主旋律、提振精气神、激发正能量。

第二，改进创新新闻宣传，着力增强舆论引导能力，高度重视改进创新中的问题。管住了不等于管好了，内容正确不等于效果就好。浙江重视解决四个方面的问题：一是解决正面宣传的"感染力"问题，二是解决对热点问题引导的"说服力"问题，三是解决突发公共事件报道的"公信力"问题，四是解决舆论监督的"建设性"问题。

第三，加强网络舆论宣传工作，着力抢占信息传播制高点。一是建强网络舆论主阵地，加快推进传统媒体与新兴媒体的融合发展。二是做强网络正能量。进一步加强网络内容建设，改进网络宣传，大力发展文化、教育、科技等专业网站，加大优秀网络文化产品的生产供给，以强势主流舆论和健康文化产品占据网络空间，同时加强网络新平台运用，积极拓展网络民生服务平台，尽快改变网络舆论宣传被动状况，形成正能量强势。三是增强网络治理能力。加强对网上信息的依法、科学、有限的管理，持续推进打击网络谣言工作，清理整治网上政治类有害信息、网络淫秽色情等低俗信息，着力解决群众反映强烈的网络乱象。

二　在繁荣发展哲学社会科学中巩固马克思主义在意识形态领域中的指导地位

历届浙江省委始终坚持把进一步繁荣和发展哲学社会科学，作为推进文化大省建设的重大任务来抓，为浙江经济社会发展提供理论支撑。

（一）大力繁荣发展哲学社会科学事业

2004 年 3 月，中共中央下发了《关于进一步繁荣发展哲学社会科学的意见》，提出"实施马克思主义理论研究和建设工程"。2004 年，浙江省委制定《中共浙江省委关于进一步繁荣发展哲学社会科学的意见》，随后做出了《关于加快建设文化大省的决定》，又由省委、省政府联合制定《浙江省推动文化大发展大繁荣纲要（2008～2012）》，进一步明确了浙江省繁荣发展哲学社会科学的指导思想、总体要求、发展目标和基本原则，并加大了对哲学社会科学事业的投入。此后，浙江重点加强了基础理论研究、重大现实课题研究、重点研究基地建设、优秀人才培养和优秀成果生产、重点社科活动的开展，通过实施文化研究工程、文化精品工程、文化保护工程，深入研究浙江现象，打造浙江艺术品牌，指导浙江未来发展。整合社科资源，积极开展与国内重点社科研究机构和知名院校的合作，统筹省内高校、党校、社科院、党政部门调研机构、学术社团以及民办研究机构力量，加强重点领域的研究。不断加强和改进马克思主义理论研究宣传和教育工作。深化哲学社会科学管理体制改革，建立有利于调动哲学社会科学工作者积极性，多出精品、多出人才的管理体制和工作机制。大力开展哲学社会科学的宣传普及，提高公众的人文社会科学素养。

（二）深入推进马克思主义理论研究和建设工程

2013 年 10 月，浙江省委作出了《关于深入推进马克思主义理论研究和建设工程的意见》，对推进新一轮马克思主义理论研究和建设工程作出五年计划和全面部署。

首先，进一步深化中国特色社会主义和中国梦理论的学习研究宣传。把研究阐释中国特色社会主义和中国梦理论作为重要任务。新阶段主要是紧紧围绕中国特色社会主义和中国梦每年列出一批重大选题，以项目招标方式组建团队开展研究，形成研究成果。结合浙江实际，组织编写一批经典著作学习导读和普及读物。建立马克思主义理论研究成果资助奖励制度，设立马克思主义理论研究著作和通俗读物出版资金。充分发挥理论研究和建设工程在深化理论武装工作中的重要作用。强化党员领导干部的理论学习，推动党员领导干部理论与实践相结合，要把系统掌握马克思主义基本理论作为看家本领，老老实实、原原本本学习基本理论，深入学习党的理论创新成果，学习党史、国史和基本国情，深入学习省委、省政府重大战略决策部署，系统掌握马克思主义的立场观点方法。加强和改进党校工作，把党校建设成为学习研究宣传马克思主义特别是中国特色社会主义的主阵地。

其次，大力开展对重大理论问题和现实问题的研究。围绕省委、省政府中心工作大力加强基础性、战略性、前瞻性重大问题研究。加强对群众与党员干部关注的热点问题的理论引导。继续使用好《理论热点面对面》通俗理论读物和电视专题片，围绕住房、就业、医疗、教育、食品药品安全、环境保护等热点问题，加强政策解读，加强辩证分析，帮助人们统一思想、提高认识、增强信心。紧密结合浙江干部群众的思想实际，组织编写"三读丛书"等深受干部群众喜爱的本地通俗理论读物，进一步发挥其解疑释惑、凝聚人心的作用。加大对理论动态和社会思潮的研判和引导工作。继续针对西方自由民主、宪政、"普世价值"等错误思潮开展批判，加强正面引导、深度引导和说理性的学术批评，厘清重大是非界限，更好地把思想统一到中央和省委精神上来。通过定期召开理论工作通报会、编发理论动态活页，在媒体上刊发理论评论文章，帮助党员干部群众及时了解和掌握国内外思想理论主要观点和发展动向，把握思想理论导向，增强政治敏感性和鉴别力。

再次，不断加强马克思主义理论研究和建设工程的阵地建设。充实完善马克思主义研究机构。充分发挥浙江省中国特色社会主义理论体系研究会、浙江省理论宣传研究会对马克思主义理论研究宣传的协调指导和桥梁纽带作用。以浙江省中国特色社会主义理论体系研究中心为依托，5 年内建成 20 家左右中国特色社会主义理论体系研究中心基地，扶持若干个实力和影响在全国处于本研究领域前列的示范性研究基地。积极推动研究力量较强的民办社科研究机构健康发展。加强马克思主义理论宣传阵地建设。将浙江省社会科学院主办的《观察与思考》杂志打造成浙江省马克思主义理论研究与建设工程的核心期刊，同时在省内资助《浙江学刊》《浙江社会科学》等期刊设置马克思主义理论研究专栏，定期刊发优秀理论文章。加强报刊、广播、电视、网络理论类栏目建设，5 年内培育扶持一批有影响力和传播力的理论评论品牌栏目。办好"浙江微理论"等网上理论宣传栏目，不断拓展理论传播的渠道。定期面向全省开展优秀通俗理论读物评选活动，加大马克思主义重点研究基地的扶持力度，以浙江省省级哲学社会科学重点研究基地——"浙江省中国特色社会主义理论研究中心"为重点，进一步深化马克思主义理论研究，深化中国特色社会主义理论研究，同时支持高校、党校和社会科学院等教育、研究单位，积极推进马克思主义理论学科建设。

最后，努力加强马克思主义理论人才队伍建设。凝聚和培养一批中青年马克思主义理论家。坚持既出成果又出人才，把凝聚和培养大批优秀人才特别是中青年人才作为战略任务，努力造就一支学术功底深厚、政治素质过硬，在关键时刻靠得住、用得上的理论人才队伍。加强基层理论宣讲员队伍建设。抓好基层宣讲员业务培训，建立健全各级宣讲员队伍和师资库，切实培养一批善于运用通俗语言、善于借助大众传媒、善于回答热点问题的基层理论宣传名家。进一步深化"走基层、转作风、改文风"活动。结合深入开展党的群众路线教育实践活动，持续推进社会科学理论战线"走基层、转作风、改文风"活动，不断深化"社科专家基层行"活动，组织开展各类省情调研考察活动，引导社会科学理论工作者深入实际、深入生活、深入群众，增强对社情民意的了解，增进对群众的感情，坚持在实践中汲取营养、开阔视野、提升能力。

三 推进宣传思想文化队伍建设

浙江按照政治上强起来、能力上强起来、作风上强起来、合力上强起来的"四个强"要求，坚持不懈地抓队伍、抓作风、夯实基层、打牢基础，创新工作内容形式、方式方法，不断开创工作的新局面。

加强干部和人才队伍建设，着力增强能力素质。浙江按照"紧跟中央、安心热爱、钻研求索、积极作为"的要求，加强领导班子建设，确保宣传思想文化工作的领导权牢牢掌握在忠于党和人民的人手中。要求宣传思想战线特别是各级领导干部树立担当精神，落实政治家办报、办刊、办台、办新闻网站的要求，旗帜鲜明地站到意识形态工作第一线，守土有责、敢抓敢管，在大是大非面前当"战士"、不当"绅士"，关键时刻站出来、顶得起、冲得上。把加强能力建设作为重要着力点，提高理论素养、完善知识结构、增强专业能力，真正掌握宣传思想工作需要的"看家本领"。加强人才建设，重视高层次文化人才的培养和使用，实施好文化名家、"五个一批"等各项人才工程和青年理论研究人才、青年文艺人才的培养计划，加强学习培训，加强实践锻炼，强化激励保障，努力建设一支高素质的专业人才队伍。继续深化"走基层、转作风、改文风"活动，继续抓好新闻队伍马克思主义新闻观教育，组织开展新闻工作者全员培训，强化思想政治素质和职业精神、职业道德。加快推进党委宣传部门与高等学校共建新闻学院的工作，推动媒体骨干和高校新闻院系教师"双向挂职"。

加强和改进工作作风，着力锤炼过硬品质。打铁还需自身硬。自身作风好，才有资格、有底气去引导人、教育人。浙江要求宣传思想战线把作风建设作为一个突出任务，牢牢把握为民务实清廉的要求，持之以恒地抓作风、改作风。一是突出一个"严"字。强化宗旨意识，加强党风廉政建设，坚持高标准、严要求，聚焦"四风"问题，着力转变作风、端正学风、改进文风、切切实实走好群众路线。二是突出一个"治"字。重点开展四项治理工作，花大力气治理豪华办晚会、打击新闻敲诈和假媒体假记者站假记者、整治报刊摊派和虚假违规广告、整治少儿出版市场，务求取得成效，从根本上防止信息虚假化、趋向低俗化、商业过度化、娱乐泛滥化等乱象的发生和蔓延。三要突出一个"改"字。改进文风会风是一项长期任务。宣传部门不仅要自己带头改进，还要推动各级党报党刊党台党网持续深入地改进文风，拆除与人民群众之间的"语言墙""文字墙"。

加强创新突破，着力提升工作实效。一要调查研究，突出问题导向，完善调研工作长效机制，在日常调研的基础上，每年都要围绕宣传思想文化工作中的重大问题、难点问题，组织开展深入调研，为优化和推进工作创新工作创造奠定基础。二要虚功实做。宣传思想文化工作是在精神领域搞建设，与其他工作相比有"虚"的一面，因此，特别要求深入探索"虚功实做"的有效途径和方法。三是走进群众，强调做宣传思想文化工作，是为了宣传群众、动员群众、服务群众和教育引导群众，而不是为了给领导、上级看。着力增强贴近性、时效性、持续性，使思想理论工作在宣传发动时能赢得群众的主动、在工作推进中能赢得群众的互动、在任务落实时能赢得群众的感动，树立起宣传部门的良好形象。

四　深入开展当代浙江人共同价值观建设

树立共同价值观是推进事业发展的基础，浙江为此主要狠抓了以下方面的工作。

（一）弘扬与时俱进的浙江精神，激励全省"干在实处，走在前列"

精神作为文化的最高表现，是凝聚人心、推动社会发展的主导力量，历届浙江省委高度重视总结和弘扬浙江精神。为总结改革开放以来富有浙江特色的经济社会发展路子及其成功经验，2000 年，浙江省委十届四次全会在充分调研的基础上，提出了"自强不息、坚韧不拔、勇于创新、讲求实效"的浙江精神。党的十六大以后，省委十一届七次全体会议进一步提出：要认真总结中国特色社会主义在浙江的生动实践，深入研究浙江现象，总结完善浙江经验，丰富发展浙江精神。2006 年 2 月，省委书记习近平撰文阐述了以"求真务实、诚信和谐、开放图强"为重点的与时俱进的浙江精神。

事实证明，与时俱进的浙江精神，在保持和彰显浙江人在社会主义市场经济形成时期的创业意识的同时，更加注重自觉彰显浙江人适应市场经济转型需要而形成的价值取向，表达了实践科学发展的新取向、新状态，进一步增强了浙江精神的现实指导性和未来引领性。不仅推动和促进了浙江经济的持续快速健康发展，还极大地发挥了促进社会发展的凝聚和激励作用，成为区域社会的主体意识，并带动了浙江各地提炼弘扬区域精神的活动。

（二）把"最美"盆景连接成"最美"风景，持续推进浙江构建道德高地

公民思想道德建设是培育和践行社会主义核心价值观的基础工程。浙江始终坚持一以贯之、求真务实的工作作风，确保思想道德教育长期抓、常态化，持续为浙江构筑"道德高地"和建设精神家园注入活力。

2003 年，一场突如其来的"非典"疫情，打乱了人们的生活。省委书记习近平亲临一线，检查督战。各级党委政府加强宣传，稳定人心，用有效的政策措施和科学的防治知识武装市民。省委紧紧抓住抗击"非典"这一突发事件之机，大力弘扬民族精神，用民族精神凝聚人心，把抗击"非典"的斗争作为弘扬民族精神的大课堂，大力宣传这场战斗中涌现出来的先进人物、先进事迹。一场灾情转化为人间大爱。

当两岁女孩突然从 10 楼高空坠落时，"最美妈妈"吴菊萍挺身而出，给出了"惊世一举"。时任省委书记赵洪祝当天下午就去看望正在住院治疗的吴菊萍，代表省委、省政府和全省人民向她表示敬意和问候，号召全省共产党员向她学习，称"吴菊萍是共产党员的优秀代表"，她的先进事迹体现了中华民族的传统美德和人性大爱，也充分体现了一名共产党员"平常时候看得出来、关键时刻豁得出去"的精神风貌。此后，经媒体广泛传播，事迹感动全国人民，吴菊萍被媒体和网友们称为"最美妈妈"，还当选为"全国道德模范"和党的十八大代表。善作善成的浙江各级党委政府，在以

道德建设为基础工程的社会主义核心价值观培育中，省委主要领导极力支持，各级党委政府高度重视、关怀、表彰、宣传"最美"人物，以培育"最美"现象、弘扬"最美"精神，促进"最美现象"在浙江从盆景走向风景，形成道德高地。在其之后，浙江出现了"最美爸爸""最美司机""最美姑娘""最美教师""最美爷爷""最美警察"等一大批影响全国、感动全社会的"最美人物"。省委书记夏宝龙称赞道："道德的光芒像明月般照亮浙江"。省委常委、宣传部长葛慧君指出，模范的"标杆现象"只有被传递放大，才能有效激发"群体效应"。

（三）在全民参与中不断创新弘扬社会主义核心价值观的载体

1997 年，浙江德清县做水产小生意的农民马福建，拿出 1 万元在自己居住的武康镇太平村设立了"孝敬父母奖"，每两年颁发一次。通过对候选人的反复评议，无形之中把评议会变成了"道德课堂"，引起社会的关注。自 2005 年后，这股民间设奖新风在德清越发盛行。年逾古稀的朱天荣用积攒下来的 1 万元设立了"天荣环保奖"；下岗女工钱立玲 6 次自费赴青藏高原慰问德清籍战士，2005 年出资设立"立玲残疾学子励志奖"，帮扶残疾学生和残疾家庭子女上大学；建筑业个体户斯正良设立"正良外来人员风尚奖"。钱素春从 9 岁救助落水者起，至今已救了 21 人，2006 年，55 岁的她用打工积攒的 5000 元设立了"钱素春热心好市民奖"。当时，老百姓自己创设的民间奖已经发展到 25 个，获奖者超过 5000 人。2006 年，德清成立了浙江首家民间自费设奖协会，出台了《德清县民间设奖指导管理办法》，促进草根奖的规范管理。2011 年，全国首个展示道德典型人物事迹的教育馆——德清县公民道德教育馆在德清县城建成，向世人展示一座浙江小城的道德建设成就，成为浙江公民道德建设和培育践行社会主义核心价值观的典范和缩影。

在农村，2012 年初，临安市委市政府为满足农村群众精神需求与挖掘弘扬优秀传统文化，提出以三个村为试点，在 2012 年建设 50 个具有示范意义的村级"文化礼堂"，并提出在 5 年内实现村级文化礼堂建设的全覆盖。目标是把文化礼堂建设成为新时期临安农民的美好精神家园，使其兼具村务管理、文化传承、培训学习、教化熏陶等功能，融先进文化与地方文化、现代文明与传统文化为一体，实现农村公共文化产品的有效供给。截至 2014 年底，3447 个这样的文化礼堂已遍及浙江乡村。礼堂按照有场所、有展示、有活动、有队伍和有机制以及学教型、礼仪型和娱乐型的"五有三型"标准建设，是集思想道德建设、文体娱乐活动、知识技能普及于一体的农村文化综合体。它们既有新建的，也有依托已有的大会堂、文化活动中心、祠堂、书院和闲置校舍等改建的，不贪大求洋，不大兴土木。开门搞活动，群众来参与，以百姓喜闻乐见的形式开展活动，成为当地农民群众的文化殿堂和精神家园。

（四）筑牢中国梦的强大思想基础

进入新阶段，浙江在开展社会主义荣辱观教育、构建社会主义核心价值体系的基础上，把培育和践行社会主义核心价值观作为宣传思想战线的一项重要任务。一是加强宣传教育，促进内化于心。浙江努力找准与人们思想情感的契合点，利用一切宣传教育资源，利用一切传播手段和渠道，深入浅出地宣传核心价值观"三个倡导"的基本内容，大力宣传普及"务实、守信、崇学、向善"为内涵的当代浙江人共同价值观。二是推动实践养成，促进外化于行。近年来浙江以弘扬"诚信、友善、勤俭"精神为重点，推进诚信建设制度化，建立健全社会征信体系。推进志愿服务制度化，推动学雷锋活动常态化；深入开展勤俭教育，倡导绿色低碳消费理念和健康文明生活方式；深入实施公民道德建设工程，加强社会公德、职业道德、家庭美德、个人品德教育，着力整治道德领域的突出问题，引导人们遵守道德、崇尚道德，形成向上、向善的力量。三是强化文化传承，注重以文化人。浙江号召各界要倍加珍惜老祖先留下来的思想精华、道德精髓，广泛开展中华优秀传统文化的宣传普及，认真实施中华文化传承工程，运用好经典诵读、文化讲堂、"我们的节日"等活动载体，组织开展礼节礼仪教育活动，更好地用优秀传统文化滋养心灵、陶冶情操，让每一个人都成为传统中华美德、中华文化的主体。四是强化知行合一、注重理论研究。自 2006 年起，浙江省文明办、省社会科学院每年联合举办一届浙江省精神文明建设理论研讨会暨公民道德论坛，分别以"道德与文明""做一个有道德的人""公德与文明""诚信与文明""我们的价值观""最美精神与价值观""培育和践行社会主义核心价值观"等为主题，鼓励全省从事宣传思想文化工作，尤其是群众性精神文明创建活动、公民道德建设领域的理论和实践工作者进行理论研究和探讨，为精神文明建设实践提供理论支撑。五是坚定理想信念，扎实开展中国梦宣传教育活动。近年来，浙江突出信念引领梦想、"最美"激发梦想、劳动创造梦想、实干成就梦想"四大教育"活动，不断凝聚全省人民的智慧和力量，为实现中华民族伟大复兴的中国梦作出新的贡献。

培育和弘扬社会主义核心价值观，是凝魂聚气强基固本的基础工程。而中国梦意味着中国人民和中华民族的价值体认和价值追求，意味着中华民族团结奋斗的最大公约数，意味着中华民族为人类和平与发展作出更大贡献的真诚意愿。从这个角度来说，培育和践行社会主义核心价值观，其实质就是筑牢中国梦的强大思想基础。

第四章
建设高素质干部队伍
构筑人才发展新优势

建设中国特色社会主义伟大事业，关键在党，关键在人。各级领导干部是党的事业的骨干力量，各类人才是党执政的根本性资源。习近平同志主政浙江期间，突出强调"建设一支高素质领导干部队伍"，将干部队伍和人才队伍建设置于首要位置来抓，为浙江推进中国特色社会主义各项事业奠定了坚实的基础。历届浙江省委始终围绕改革发展稳定这一中心大局，大力推进干部队伍和人才队伍建设，培养造就一批又一批高素质执政骨干和宏大人才队伍，努力为浙江改革开放和社会主义现代化建设提供强有力的干部人才支撑。

第一节 "建设一支高素质的干部队伍"
——习近平同志关于干部和人才队伍建设的论述

正确的政策决定以后，干部是决定性的因素。习近平同志始终高度重视高素质领导干部队伍的建设，形成了一系列重要思想。在其思想指导下，浙江不断强化党管人才原则，确立了聚才、育才和用才的一系列规则和办法，成为历届浙江省委加强组织和干部队伍建设的基本遵循。

一 关于加强干部队伍建设的重要思想

习近平同志2002~2007年主政浙江期间，把建设一支高素质领导干部队伍作为根本大计来抓。他在实践中提出了很多具有针对性、前瞻性、建设性的重要论断。比如：坚持凭实绩用干部，树立正确用人导向，激励干部

"拎"着乌纱帽为民干事；正确处理德与才的关系，更加注重德，把德放在首位；领导班子建设是核心，"响鼓不用重锤敲"，"一把手"的综合素质要非常高；干部监督管理要务求严格，警惕"小节无害"，防止"温水效应"；党管干部原则任何时候都不能丢，党委要切实把好用人关；等等。① 这些论断在浙江付诸具体实践，为党的十八大以来习近平总书记"大力培养选拔党和人民需要的好干部""党要管党首先是管好干部、从严治党关键是从严治吏"② 等重要思想的形成，提供了思想渊源和实践基础。

（一）干部选拔要突出以德为先

从政以德，是我国政治思想一个显著的特点。③ 早在 2002 年，习近平同志主政浙江时期就提出了用人要把德放在首位的思想，他在当年 12 月召开的全省组织工作会议上指出：现在的干部在才能上，总体上是达到一定水平的，才能方面明显不足的通过选举、评议被淘汰下来了。现在容易忽视的往往是德，而德又涉及认识、看法、用人标准问题。我们要把握好德才兼备原则和干部"四化"方针，特别要注重对德的把握，用人要把德放在首位。2004 年，他在《求是》杂志发表《用权讲官德　交往有原则》一文，认为德不仅是立身之本，而且是立国之基。共产党人的官德，就是为民、务实、清廉，为民是官德的核心，务实是官德的基础，清廉是官德的内在要求。④2009 年 1 月，已调任中央工作的习近平同志，在全国组织部长会议上进一步提出，干部应有"四德"标准，即职业道德、社会公德、家庭美德和政治品德。这是他首次对干部"德"的问题作出较为全面而系统的论述。

党的十八大以来，习近平总书记不断丰富和发展"以德为先"的思想，指出：培养干部要抓好党性教育这个核心，抓好道德建设这个基础，加强宗旨意识、公仆意识教育。对干部德的考察，既要在"大事"上看德，又要在"小节"中察德。他要求各级党委及组织部门，必须坚持党管干部原则，

---

① 参见习近平《之江新语》，浙江人民出版社，2007。

② 习近平：《在全国组织工作会议上的讲话》，《党建研究》2013 年第 8 期。

③ 参见习近平《用权讲官德　交往有原则》，《求是》2004 年第 19 期。

④ 参见习近平《用权讲官德　交往有原则》，《求是》2004 年第 19 期。

坚持正确用人导向，坚持德才兼备、以德为先，努力做到选贤任能、用当其时，知人善任、人尽其才，把好干部及时发现出来、合理使用起来。[①] 2014年1月，新修订的《党政领导干部选拔任用工作条例》，明确把"德才兼备、以德为先"作为干部选拔任用必须坚持的重要原则。

（二）干部评价要坚持注重实绩

组织上有什么样的用人观，树立什么样的用人导向，干部就会有什么样的政绩观。[②] 习近平同志认为：要坚持凭实绩用干部，正确运用政绩考核结果，把政绩作为使用干部的重要依据。[③] 他严肃指出了干部队伍中不同程度存在的政绩观偏差问题，主要表现为重始轻终、重短轻长、重显轻隐、重易轻难、重局部轻全局的"五重五轻"现象，强调树立正确政绩观，必须解决"片面认识问题"。[④]

关于政绩为谁而树的问题，他指出：树政绩的根本目的是为人民谋利益。共产党人的政绩，就是做得人心、暖人心、稳人心的事，就是解决群众最关心、最迫切需要解决的问题，就是全面建设小康社会，促进人的全面发展。一个干部树政绩如果是为了给自己留名，替自己立碑，为自己邀官，这样的干部就根本做不到求真务实，根本不可能对群众负责，根本不可能专心致志抓落实。领导干部一定要坚持以人为本，努力在为民动真情、谋利出实招中，把"立党为公、执政为民"的本质要求落到实处。[⑤]

关于树什么样的政绩的问题，他指出：真正的政绩应是为官一任、造福一方的实绩，是经得起群众、实践和历史检验的实绩。[⑥] 他特别强调要看

---

① 参见习近平《在全国组织工作会议上的讲话》，《党建研究》2013年第8期。
② 参见习近平《干在实处 走在前列——推进浙江新发展的思考与实践》，中共中央党校出版社，2006，第417~418页。
③ 参见习近平《干在实处 走在前列——推进浙江新发展的思考与实践》，中共中央党校出版社，2006，第418页。
④ 参见习近平《干在实处 走在前列——推进浙江新发展的思考与实践》，中共中央党校出版社，2006，第414~416页。
⑤ 参见习近平《之江新语》，浙江人民出版社，2007，第34页。
⑥ 参见习近平《干在实处 走在前列——推进浙江新发展的思考与实践》，中共中央党校出版社，2006，第414页。

GDP，但不能唯 GDP，GDP 快速增长是政绩，生态保护和建设也是政绩；经济社会发展是政绩，维护社会稳定也是政绩；立竿见影的发展是政绩，打基础作铺垫也是政绩；解决经济发展中的问题是政绩，解决民生问题也是政绩。他告诫各级领导干部，要坚持按客观规律办事，多做埋头苦干的实事，不求急功近利的"显绩"，创造泽被后人的"潜绩"，① 要"做事"而不"作秀"，"造福一方"而不"造势一时"，② 切忌好高骛远、盲目决策，做那些花哨一时，贻害一世的事情，切忌使今天的政绩成为后人的包袱。

关于靠什么树政绩的问题，他指出：给人民群众带来实惠的政绩，是脚踏实地、埋头苦干出来的。必须大兴求真务实之风，按客观规律办事，办实实在在的事。③ 他特别注重一任接着一任干、"一张蓝图绘到底"，一个决策不是哪一个人定的，是集体的决策，是管一个时期的，朝令夕改对党的事业，对人民的利益没有好处。领导干部要善于"瞻前"，既不搞"一个师公一道法"，也不刻意搞"新官上任三把火"。对于前任留下的工作，只要是符合党的事业和群众利益的，符合实际情况的，就要遵循客观规律，尊重群众意愿，多多"添柴"而不胡乱"起灶"，不求个人"风光"而是一以贯之地干下去。④ 他还十分注重干部的担当精神，一再强调干部要"敢于负责，肩膀硬、能负重"，指出：重任之下，能负重才能担当。负重就要负责，做到有胆有识、有勇有谋，敢于负责、善于负责，敢抓敢管、敢于碰硬。当工作中出现失误或问题的时候，也要敢于承担责任，敢于纠正错误。领导干部要"拎"着乌纱帽为民干事，不要"捂"着乌纱帽为己做官。⑤

---

① 参见习近平《之江新语》，浙江人民出版社，2007，第108页。
② 参见习近平《干在实处 走在前列——推进浙江新发展的思考与实践》，中共中央党校出版社，2006，第414页。
③ 参见习近平《干在实处 走在前列——推进浙江新发展的思考与实践》，中共中央党校出版社，2006，第414页。
④ 参见习近平《新官上任要善于"瞻前"、注意"顾后"》，《浙江日报》"之江新语"专栏，2007年9月23日。
⑤ 参见习近平《干在实处 走在前列——推进浙江新发展的思考与实践》，中共中央党校出版社，2006，第418页。

关于如何考核政绩的问题，他认为："绿水青山也是金山银山"①，要抓紧建立和完善科学的干部政绩考核体系、考核标准和奖惩制度，② 既看经济指标，又看社会指标、人文指标和环境指标，切实从单纯追求速度，变为综合考核增长速度、就业水平、教育投入、环境质量等方面内容。③ 再也不能搞"数字游戏"，要坚决防止"干部出数字、数字出干部"现象的发生。④ 他特别强调了要科学全面客观地评价干部，指出：有的干部甘为人梯，长期铺垫，做打基础的工作，收获的时候他却走了；有的十月怀胎他不在，一朝分娩时他来了。⑤ 他要求各级党组织应做到"明察秋毫"⑥：对那些长期在条件艰苦、工作困难地方工作的干部，要高看一眼；对那些不图虚名、踏实干事的干部，要多加留意；对那些埋头苦干、注重为长远打基础的干部，更不能亏待；对当时被认为有政绩，但被实践证明是虚假政绩或造成重大损失的，必须加以认定和追究责任，已经因此得到提拔重用的干部，必须坚决撤下来。⑦ 在此期间，浙江在中组部的指导下，开展了体现科学发展要求的领导班子和领导干部综合考核评价试点工作，取得了明显实效。

2013 年 6 月，在全国组织工作会议上，习近平总书记进一步指出：用人得当，就要坚持全面、历史、辩证地看干部，注重一贯表现和全部工作。对那些勇担当、有本事、坚持原则、不怕得罪人、个性鲜明的干部，往往会出现认识不尽一致的情况，组织上一定要为他们说公道话。如何考准考实干

---

① 习近平：《绿水青山也是金山银山》，《浙江日报》2005 年 8 月 24 日。
② 参见习近平《干在实处　走在前列——推进浙江新发展的思考与实践》，中共中央党校出版社，2006，第 414 页。
③ 参见习近平《干在实处　走在前列——推进浙江新发展的思考与实践》，中共中央党校出版社，2006，第 416 页。
④ 参见习近平《干在实处　走在前列——推进浙江新发展的思考与实践》，中共中央党校出版社，2006，第 417 页。
⑤ 参见习近平《干在实处　走在前列——推进浙江新发展的思考与实践》，中共中央党校出版社，2006，第 416 页。
⑥ 参见习近平《干在实处　走在前列——推进浙江新发展的思考与实践》，中共中央党校出版社，2006，第 416 页。
⑦ 参见习近平《干在实处　走在前列——推进浙江新发展的思考与实践》，中共中央党校出版社，2006，第 418 页。

部政绩，也是一个难点。要改进考核方法手段，既看发展又看基础，既看显绩又看潜绩，把民生改善、社会进步、生态效益等指标和实绩作为重要考核内容，再也不能简单以国内生产总值增长率来论英雄了。一些干部惯于拍脑袋决策、拍胸脯蛮干，然后拍屁股走人，留下一屁股烂账，最后官照当照升，不负任何责任。这是不行的。我说过了，对这种问题要实行责任制，而且要终身追究。他还指出，竞争性选拔的方式方法也要改进，引导干部在实干、实绩上竞争，而不是在考试、分数上竞争。①

（三）干部使用要防止以票取人

有序扩大干部工作民主，是干部制度改革的基本取向，对于提高选人用人公信度具有积极作用。习近平同志主政浙江期间，在稳妥推进干部制度改革的同时，始终对改革中出现的一些倾向性问题，比如民主测评、民主推荐中的"唯票""拉票"现象，保持着清醒认识和高度警觉。他曾指出：开展民主测评，强调群众公认当然很重要，如果大多数群众反对，一般来说这个干部是有问题的。但讲群众公认绝不是单纯以票取人。干工作的干部往往会丢点票。不能形成"唯票"的导向，不要引导领导干部当"满票干部"，否则就会引导干部当"老好人"，不敢得罪人，甚至搞拉票、贿选。② 他反复强调，要坚持党管干部，强化党委在选人用人上的把关作用，指出：党委把好用人关就是要把握大节、抓住主流、注重品德，让默默无闻、埋头苦干、不求功名、不事张扬、德才兼备的人及时被发现、被承认，让真正坚持立党为公、执政为民，敢负责、能干事的人被提拔、被任用。③

2013年6月，在全国组织工作会议上，习近平总书记进一步指出，要正确认识和处理干部制度改革中出现的新情况新问题。关于民主推荐、民主测评方面，他说：一些地方和单位过度依赖票数、唯票取人，致使那些因拉

---

① 参见习近平《在全国组织工作会议上的讲话》，《党建研究》2013年第8期。
② 参见习近平《干在实处　走在前列——推进浙江新发展的思考与实践》，中共中央党校出版社，2006，第423页。
③ 参见习近平《干在实处　走在前列——推进浙江新发展的思考与实践》，中共中央党校出版社，2006，第423页。

票或当老好人而得票高的人得到提拔重用。他严肃指出：在选人用人工作中，民主是手段而不是目的，并且只是把人选准用好的手段之一。干部工作中发扬民主，不是只有投票推荐一种方式。推荐票只是一方面，只能作为用人的重要参考，不能作为用人的唯一依据。他还特别强调了党管干部，他说：谁最了解干部的德才和实绩啊？那应该是领导班子、分管领导和组织部门，他们在推荐干部方面的权重应该适当加强。"干部怎么用，由组织部门考察，听取群众意见，党委集体决定，按程序办。"

（四）干部考察要功夫下在平时

用人得当，首先要知人。知人不深、识人不准，往往会出现用人不当、用人失误。① 习近平同志主政浙江时期，多次对考察、识别、发现干部提出具体要求。要注重在改革和建设的实践中考察和识别干部，把那些德才兼备、实绩突出和群众公认的人及时选拔到领导岗位上来。政声人去后，民意闲谈中，② 干部考察要走到群众中去。党委班子在察人识人上"一把手"要擦亮自己的眼睛，在实践中识人辨才，加强对干部的考察和了解，尽可能多地掌握第一手情况。同时，要用好集体的多双眼睛，多视角、多侧面、多层次地识别一个人，尽量避免失真现象的产生。③

党的十八大以来，习近平总书记不断深化对察人识人方面的思考，指出：对干部的认识不能停留在感觉和印象上，必须健全考察机制和办法，多渠道、多层次、多侧面深入了解。他强调：要近距离接触干部，观察干部对重大问题的思考，看其见识见解；观察干部对群众的感情，看其品质情怀；观察干部对待名利的态度，看其境界格局；观察干部处理复杂问题的过程和结果，看其能力水平。考察识别干部，功夫要下在平时，并注意重大关头、关键时刻。"操千曲而后晓声，观千剑而后识器。"干部业绩在

---

① 参见习近平《在全国组织工作会议上的讲话》，《党建研究》2013 年第 8 期。
② 参见习近平《政声人去后　民意闲谈中》，《浙江日报》2003 年 11 月 24 日。
③ 参见习近平《干在实处　走在前列——推进浙江新发展的思考与实践》，中共中央党校出版社，2006，第 422 页。

实践，干部声名在民间。要多到基层干部群众中、多在乡语口碑中了解干部。①

（五）干部选配要着眼事业需要

用人得当，就要科学合理使用干部，就要用当其时、用其所长。② 习近平同志主政浙江时期，十分重视干部的人岗相适，强调选干部、配班子、建队伍一定要着眼事业发展需要，指出：合理的结构比例，可以为各类干部的使用提供充足的后备资源。③ 要进一步改善领导班子结构，特别是要大胆选拔一批优秀年轻干部，给他们压担子、铺台阶，让他们在实践中锻炼成长。同时，要注意发挥各年龄段干部的积极性，注意保持领导班子相对稳定。

他反对在干部年龄、资历等结构性要求上搞"一刀切"，尤其对一些地方在选配乡镇班子时搞"年龄层层递减"的做法，提出了严肃批评。乡镇要保持必要的老中青梯队，在年龄上不要搞"一刀切"、搞层层递减，不能清一色的都是年轻人。特别是在处理群体性事件、抗台救灾等突发性事件时，出现始料不及的情况时，就更需要一些有经验的、土生土长熟悉当地情况的同志。乡镇不光是培养年轻干部的"学校"，更是一个守土有责的"阵地"。乡镇工作不是谁都能做好的，应把精兵强将选派到乡镇、守土一方。

2013年6月，在全国组织工作会议上，习近平总书记尖锐指出：现在，有的地方用干部，涉及具体人时，往往只看资历、看轮到谁了，论资排辈、平衡照顾，而不是看谁更优秀、更合适，用非所长，结果干部干得很吃力，问题一大堆，工作也难以打开局面。用什么人、用在什么岗位，一定要从工作需要出发，以事择人，不能简单把职位作为奖励干部的手段。"骏马能历险，力田不如牛。坚车能载重，渡河不如舟。"我们要树立强烈的人才意识，寻觅人才求贤若渴，发现人才如获至宝，举荐人才不拘一格，使用人才各尽其能。只有这样，才能使大批好干部源源不断涌现出来，才能使大家的

---

① 参见习近平《在全国组织工作会议上的讲话》，《党建研究》2013年第8期。
② 参见习近平《在全国组织工作会议上的讲话》，《党建研究》2013年第8期。
③ 参见习近平《干在实处　走在前列——推进浙江新发展的思考与实践》，中共中央党校出版社，2006，第423页。

聪明才智充分释放出来。

在会上，他严肃批评了一些地方在干部配备上，搞"年龄层层递减"，指出，优化干部队伍年龄结构，并不意味着提拔任用每个干部都要年轻的，也不是每个班子都要配备年轻干部，更不是不同层级领导班子成员任职年龄层层递减。一些地方和单位，为了达到领导班子年龄结构要求，降低选人用人标准，或者拔苗助长。更有甚者，为了追求年轻化，一些地方搞领导班子年龄层层递减，到了乡镇，许多主要领导干部过了 40 岁就感到提拔无望、干工作不那么认真负责，或者干脆做一天和尚撞一天钟，或者要求调到县城"养老"去了。40 多岁为什么就不能当乡镇主要领导干部了？50 多岁为什么就不能当县市区主要领导干部了？为什么不能让他们感到有干头、有奔头？没有道理嘛！德才表现好的、群众口碑好的还是应该用，不能简单以年龄划线，否则会造成多大的人才浪费啊！他要求各级党组织"拓宽来源、优化结构，改进人选产生方式"，抓紧建立各级领导班子后备干部队伍，特别是要选好一把手后备人选，使班子形成合理的梯次配备。

（六）干部教育要狠抓素质能力培养

学习培训的目的在于提高干部的思想理论水平和业务素质。2002 年以来，面对浙江改革开放进入新世纪新阶段，习近平同志多次指出，要增强干部的执政本领，不断提高干部的理论素质、知识水平、业务本领和领导能力，以适应加快全面建设小康社会、提前基本实现现代化的需要。

要把干部教育培训放在全省工作的大局中去认识、去把握。在培训内容上，既要抓思想理论的学习，又要抓业务知识的学习。干部学习培训要有所侧重，有的要在政治素质上加以提高，有的要在业务能力上加以提高。总体上，我们的干部在两方面都要提高。要利用好现有的教育阵地，采取多种方式，有针对性地加强干部培训。在培训对象上，要做到重点干部重点培训，优秀干部加强培训，年轻干部经常培训，紧缺人才抓紧培训，区别不同培训对象，因材施教，帮助广大干部掌握更多的新知识、新技能和新本领。在培训渠道上，坚持党校姓"党"，充分发挥党校在干部教育培训中的主渠道作用。同时，要进一步整合干部教育培训资源，构建"大培训""大教育"的格局。他身体力行，多次亲临省委党校课堂，为各级干部讲解党性党风、民主集中制等课程。

党的十八大以来，习近平总书记进一步把教育培训工作，提升到巩固执政地位、履行执政使命的高度来认识和把握。2013 年 8 月，他专门就干部教育培训工作作出重要指示，指出：干部教育培训的首要任务是抓好理想信念教育，确保我们的江山不易色、政权不丢失、道路不改变；学习马克思主义理论，就是要让广大干部知道我们从哪里来，根扎在哪里，要走向哪里；要切实抓好成千上万各级干部的培训，越是重要岗位、关键岗位的干部越需要培训；要高度重视培训质量，坚持理论联系实际，加强师资队伍建设、教材建设；要坚持从严治校、从严治教、从严治学，切实加强学员管理和学风建设。他还要求新干部、年轻干部尤其要抓好理论学习，通过坚持不懈学习，学会运用马克思主义的立场、观点、方法观察和解决问题，坚定理想信念，提高辩证思维能力，做到虔诚而执着、至信而深厚。①

（七）干部培养要注重实践历练

培养选拔年轻干部，事关党的事业薪火相传，事关国家长治久安。② 习近平同志主政浙江时期，高度重视培养选拔年轻干部，大胆起用了一批优秀年轻干部，改善了班子结构，增强了干部队伍活力。同时，他也敏锐察觉到年轻干部中不同程度存在的经历单一、经验不足等问题，直言不讳地指出：有的党员和干部缺乏艰苦工作环境的磨炼，缺乏严格的党内生活的锻炼，缺乏与自身工作岗位相适应的必须具有的执政经验，造成了"能力上的恐慌"，这个问题特别是对一些新上任的年轻干部更具针对性。

他要求从少数问题比较突出的后备干部入手，从组织和干部自身两个角度出发，对此类现象进行剖析，指出：有的干部被列为后备干部、成为培养的"苗子"后，组织上就很愿意为他设好"台阶"，铺好"路子"，而恰恰忽略了把他放到艰苦的岗位上去磨炼；如果组织上真的把他放到艰苦的岗位上，他本人往往认为是对他的不信任。这其实是干部培养工作的一大误区。

---

① 参见《习近平谈治国理政》，外文出版社，2014，第 154 页。
② 参见习近平《在全国组织工作会议上的讲话》，《党建研究》2013 年第 8 期。

好钢要用在刀刃上，"千里马"要在大风大浪中经受考验，后备干部不能放在"温室"里去刻意培养。"天将降大任于斯人也"，必先以磨难历练他，这样才能"增益其所不能"。不经历风雨，怎能见彩虹？① 他强调："千里马"要在竞赛中挑选。对后备干部要注重在艰苦岗位、复杂的环境中去锻炼、识别。铺"路子"不如压"担子"，这才是培养干部的好办法。② 除了后备干部，他还要求：凡是培养选拔优秀年轻干部，都要"注意把年轻干部放到关键岗位、艰苦环境和一些情况复杂、矛盾突出、困难较多的地方进行锻炼和培养"。

2013 年 6 月，在全国组织工作会议上，习近平总书记进一步就加强和改进年轻干部工作，提出重要意见，指出：年轻干部不经过千锤百炼、艰苦磨炼，很难在关键时刻经受住考验，这方面的教训是有的。一些地方对培养的"苗子"百般呵护，为他们设好"台阶"、铺好"路子"，恰恰忽略了把他们放到艰苦岗位上去磨炼。现在形成了一种匪夷所思的怪圈，组织把谁放到艰苦岗位上、放到基层去锻炼，本人以及周围的人往往会认为是组织上不信任他了。这样的风气蔓延开来，我们培养年轻干部会走弯路。一定要扭转过来。

他特别指出：培养不等于照顾。干部成长是有规律的，年轻干部从参加工作到走向成熟，成长为党和国家的中高级领导干部，需要经过必要的台阶、递进式的历练和培养。我们不能唯台阶论，但必要的台阶也是要的，一步登天在现在这个时代是行不通的。许多同志有这样的体会，参加工作后，在普通岗位上经历一些难事、急事、大事、复杂的事，能够更加深刻地感受国情、社情、民情，也就是人们常说的"接地气"，正所谓"不登高山，不知天之高也；不临深溪，不知地之厚也"。早熟的果子长不大，拔苗助长易夭折。干部多"墩墩苗"没有什么坏处，把基础搞扎实了，后面的路才能走得更稳更远。不能今天一来，明天就想走；今天提拔了，板凳还没有坐

① 习近平：《不能在"温室"里培养干部》，《浙江日报》2003 年 6 月 16 日。
② 参见习近平《不能在"温室"里培养干部》，《浙江日报》2003 年 6 月 16 日。

热，又想要升迁。这样的人靠得住吗？

他要求各级党组织：对那些看得准、有潜力、有发展前途的年轻干部，要敢于给他们压担子，有计划安排他们去经受锻炼。这种锻炼不是做样子的，而应该是多岗位、长时间的、没有预设晋升路线图的。要让年轻干部在实践中"大事难事看担当，逆境顺境看襟度"。要形成一种风气，年轻干部都应该争先恐后到艰苦岗位、到基层去，要以此为荣。对年轻干部中确有真才实学、成熟较早的，也要敢于大胆破格使用，不能缩手缩脚。但破格不能"出格"，不能借"破格提拔"之名行谋私之实。

（八）干部来源要强化基层导向

习近平同志曾在陕北农村插队七年，干过大队支部书记，与群众一起凿过窑洞、挖过沼气、打过河坝，有很强的基层情怀，始终对基层干部高看一眼、厚爱一分。2004年春节前夕，他专程赴温州瑞安看望基层干部，座谈时他动情地说："别说我是省委书记，我也是个老基层。我当过乡村的干部、县里的干部，时常同基层干部打交道。可以说，我对基层工作非常牵挂，对基层干部充满感情。"①

走上领导岗位后，特别是在主政浙江期间，习近平同志坚信基层是一个"好课堂"和"大考场"，是锤炼干部的大熔炉。他十分重视从基层一线选拔干部，在提拔干部时要重视干部的基层经历和经验，强调"要加大机关与基层干部交流的力度，促进机关和基层相互体会苦衷，相互理解支持"②。2006年9月，他在《浙江日报》"之江新语"专栏发表文章，指出："宰相必起于州部，猛将必发于卒伍。欠发达地区、工作复杂的地方、挑战性强和困难较多的领域是培养干部的一个重要部位，也是选人用人应关注的地方。哪一个干部能在这些地方和广大干部群众同甘共苦，团结奋斗，做出成绩，不辜负组织的重托，就应该受到称赞，他的思想政治素质和业务素质也会不断地得到提高。贪图安逸、不愿意到这些地方工作的干部，或者即使去了也

---

① 周咏南：《省委书记给基层干部拜年》，《浙江日报》2004年12月28日。
② 习近平：《工作倾斜基层》，《浙江日报》2005年1月27日。

讲价钱、闹情绪、不安心工作的干部，不是党和人民所需要的干部。"① 他尤其强调县（市、区）党政"一把手"，要认清肩上的重担，扎根基层，守土有责、守土有为。

到中央工作后，习近平同志继续重视从基层一线选拔干部。2009 年 3 月，他在全国培养选拔年轻干部工作座谈会上指出：要注重选拔基层中善于做群众工作、能妥善应对复杂局面、有处理实际问题能力的优秀年轻干部充实党政领导机关，改善优化机关干部队伍结构。2010 年 10 月，他在全国组织部长会议上进一步指出，特别要注意"把那些长期在基层及生产一线努力工作和长期在条件艰苦、情况复杂、困难很多的地方努力工作的优秀干部"选拔上来，加快建立"来自基层一线党政领导干部培养选拔链"。

（九）干部管理要重在从严从小

党要管党，首先是管好干部；从严治党，关键是从严治吏。② 习近平同志一贯对干部要求严格，在主政浙江期间，他就反复强调，管理监督干部必须在"严"字上下功夫。现在有的干部职务升了，权力大了，对自己的要求却放松了。如果自己不警惕，组织上又不及时教育和监督，就很容易出问题，甚至出大问题。要把领导干部管住管好，特别是对各级领导班子的主要负责人，更要严格要求、严格管理、严格监督。

他十分重视对干部的日常监督，指出对干部就是要多教育、多提醒、多打招呼，不断地敲打，拉拉袖子，咬咬耳朵，这是爱护干部。如果平时不教育，不加监督管理，出了问题再去查处，那是不教而诛。他特别要求组织部门必须"关口前移"，他说，尽量不要让我们的干部进入到纪检环节，宁可让他们不高兴一点，多一点告诫、批评，甚至多一点党政纪处分。对有苗头倾向的问题，在有小的过失时能及时纠正、惩戒，勿使其变大，成千古之恨。除了组织监督，还反复告诫干部要加强自律，注重小节，防微杜渐。并严肃指出一些干部：信奉吃点喝点、玩点乐点是人之常情，只要不犯大错

---

① 习近平：《越是艰苦环境　越能磨炼干部品质》，《浙江日报》2006 年 9 月 13 日。
② 参见习近平《在全国组织工作会议上的讲话》，《党建研究》2013 年第 8 期。

误、不搞大腐败，有点小毛病，组织上也会宽容、原谅。正是这种"小节无害"的心理，让他们慢慢放松自我约束，在"温水"中越陷越深。他强调："小事当慎，小节当拘。"① 每个领导干部都应慎独慎微，从小事小节上加强自身修养，从一点一滴中自觉完善自己，懂得是非明于学习、境界升于自省、名节源于修养、腐败止于正气的道理，始终保持共产党员的本色。如果我们的每一个党员领导干部都能始终处于如临深渊、如履薄冰的谨慎、清醒状态，就不会出问题。

2013年6月，在全国组织工作会议上，习近平总书记进一步指出：要把从严管理干部贯彻落实到干部队伍建设全过程。坚持从严教育、从严管理、从严监督，让每一个干部都深刻懂得，当干部就必须付出更多辛劳、接受更严格的约束。他强调，组织上培养干部不容易，要管理好、监督好，让他们始终有如履薄冰、如临深渊的警觉。对干部身上出现的苗头性、倾向性问题，要及时"咬咬"耳朵、扯扯袖子，早提醒、早纠正，这是爱护干部，而不是苛求干部。不能睁一只眼闭一只眼，更不能哄着、护着，防止小毛病演化成大问题。

（十）关爱干部要真正落实"三真"

基层干部是党和国家干部队伍的基础，是做好基层工作的骨干力量。② 习近平同志长期艰苦的基层工作经历，使他对基层干部多了一分理解和关怀。认为基层基础工作十分重要，基层干部劳苦功高。各级党委、政府一定要从提高党的执政能力、巩固党的执政地位、实现党的执政使命的战略高度，真正重视、真情关怀、真心爱护广大基层干部，为基层开展工作创造必要的条件，满腔热忱地支持和帮助基层干部做好工作。③

他提出："执政重在基层、工作倾斜基层、关爱传给基层。"④ 执政重在

———————————

① 习近平：《之江新语》，浙江人民出版社，2007，第38页。
② 参见习近平《干在实处 走在前列——浙江推进新发展的思考与实践》，中共中央党校出版社，2006，第433页。
③ 参见习近平《干在实处 走在前列——浙江推进新发展的思考与实践》，中共中央党校出版社，2007，第432~433页。
④ 习近平：《干在实处 走在前列——浙江推进新发展的思考与实践》，中共中央党校出版社，2007，第432页。

基层，就是一定要认识到基层干部工作的极端重要性，认识到基层干部在整个党的事业中具有重要的战略地位，发挥着谁也替代不了的重要作用。提高党的执政能力，关键在于提高包括基层干部在内的各级干部的能力。广大基层干部的工作能力如何，对加强党的执政能力建设具有基础性作用。工作倾斜基层，就是要把基层干部队伍选拔好、培养好、建设好，各种干部培训、培养要向基层干部倾斜，在提拔干部时要重视干部的基层经历和经验。同时，要为基层赋予相应权利，尽可能地在人力物力财力上向基层适当倾斜，指导帮助其开展工作。关爱传给基层，就是要对基层干部工作中、生活上出现的困难，设身处地地加以理解，满腔热情地给予支持，扎实有效地进行帮助。其中最为关键的，是支持基层干部化解矛盾、解决问题，帮助基层干部分担责任，共渡难关。[①]

到中央工作后，习近平同志一如既往关注、关心、关怀着广大基层干部，每次考察调研，他都尽可能抽出时间去看望、慰问坚守在一线的基层干部。2010 年元旦，他通过全国基层党建工作手机信息系统，向全国 100 多万名基层干部发出新年问候短信。2013 年 6 月，习近平总书记在全国组织工作会议上进一步指出：各级都要重视基层、关心基层、支持基层，对广大基层干部要充分理解、充分信任，格外关心、格外爱护，多为他们办一些雪中送炭的事情。

二　关于加强人才队伍建设的重要思想

进入 21 世纪，习近平同志把人才作为确保浙江继续实现科学发展、和谐发展、率先发展的根本性、战略性举措来认识和把握，强调人才问题是关系各项事业发展的关键问题，影响到浙江现代化建设大局和未来发展。他要求全省各级党委、政府，切实增强人才观念，做到求贤若渴、爱才如命、惜才如金、唯才是用，努力把浙江建设成人才辈出之地、集聚之地、创业之地，创造人才活力竞相迸发、聪明才智充分涌流的新局面。

---

① 参见习近平《干在实处　走在前列——推进浙江新发展的思考与实践》，中共中央党校出版社，2006，第 433～435 页。

（一）深入实施人才强省战略

2003 年 12 月，在省委、省政府召开的全省人才工作会议上，习近平同志立足浙江实际和发展使命，放眼国际国内大形势大趋势，就人才工作发表了一系列重要论述。

他从应对国内外激烈竞争的角度，提出谁能把人才优势转化为知识优势、科技优势、产业优势，谁就能够赢得竞争的主动权。一定要着眼于提高综合实力和核心竞争力，把开发人才资源放在关键环节，把营造人才优势作为重中之重，抢占人才制高点。

他从促进经济社会可持续发展的角度，指出浙江是陆域小省，自然资源贫乏，环境容量小。浙江要实现经济社会持续快速发展，最根本的举措就是尽快把依靠物力资本转变为依靠人力资本，把丰富的人力资源转变为现实的人才资源，以最小的资源环境代价谋求经济社会最大限度的发展，走上一条知识驱动、资源节约、环境优美、生态良好的新型发展道路。

他从保证"八八战略"等重大决策部署顺利实施的角度，提出发展孕育人才，人才支撑发展。经济社会发展的重大战略和工作部署，需要大批人才来落实。人才工作和人力资源开发，必须围绕省委、省政府中心工作，为地区重大发展战略服务。只有下大力气做好各方面人才的培养、引进和使用工作，才能保证省委、省政府一系列重大政策决策部署落到实处。

他针对人才工作中出现的新情况新问题，提出要强化科学的"人才观"的重要思想，要牢固树立人才资源是第一资源的观念，纠正把人才资源等同于人力资源的看法；牢固树立人人可以成才的观念，纠正唯学历唯职称唯资历唯身份的看法；牢固树立以人为本的观念，纠正见物不见人的倾向；牢固树立人才资源是社会资源的观念，纠正人才使用中的本位主义做法；牢固树立人才浪费是最大浪费的观念，纠正重引进轻使用的倾向。[①] 他要求各级党委政府和领导干部，牢固树立科学人才观，以爱才之心、识才之智、容才之

---

① 参见习近平《干在实处　走在前列——推进浙江新发展的思考与实践》，中共中央党校出版社，2006，第 426 页。

量、用才之艺，① 更好地统筹人才工作，更好地组织人才资源，切实加强和改进对人才工作的领导，为人才发展创造良好环境。

党的十八大以后，习近平总书记从人才强国的战略高度，就人才工作作出了一系列重要论述，涉及人才培养、引进、使用、激励、体制机制等各个方面，极大地丰富了中国特色社会主义人才理论内涵，揭示了人才对民族振兴、国家富强的重大意义，体现了党中央对各级各类人才的关心重视，彰显了当下中国广纳天下英才的博大胸怀，升华了其人才观。他提出，"要择天下英才而用之"，"要在全社会大兴识才、爱才、敬才、用才之风"。2014 年 6 月 3 日，习近平在国际工程科技大会演讲中强调："中国拥有 4200 多万人的工程科技人才队伍，这是中国开创未来最宝贵的资源。"2013 年 6 月 28 日，习近平在全国组织工作会议上的讲话中指出："要树立强烈的人才意识，寻觅人才求贤若渴，发现人才如获至宝，举荐人才不拘一格，使用人才各尽其能。"

（二）积极创新人才体制机制

完善的人才工作体制和机制，是激发人才工作活力的关键。习近平同志指出：浙江作为市场化改革起步较早的省份，体制机制率先改革是我们最大的优势所在，也是改革开放以来浙江集聚大量人才的重要因素。但要在目前人才竞争日趋激烈的新形势下取得主动、抢得先机，必须按照有利于促进人才的成长、有利于促进人才的创新活动、有利于促进人才工作同经济社会发展相协调的要求，坚持不懈地推进改革，不断创新完善人才工作体制机制。

他就构建形成符合人才成长规律的体制机制，提出了具体要求。要创新人才管理体制，加强对人才资源的统筹管理，克服目前人才资源管理中越位、错位、缺位等弊端，消除对非公经济组织人才在政府奖励、职称评定、教育培训等方面的歧视。要完善人才评价标准，建立以业绩为重点，由品德、知识、能力等要素构成的各类人才评价指标体系。要改进人才管理方式，变"管人"观念为服务观念，变单位管理为社会管理，推行人事代理

---

① 参见习近平《干在实处　走在前列——推进浙江新发展的思考与实践》，中共中央党校出版社，2006，第 425 页。

制度，鼓励人才柔性流动，打破人才单位所有、部门所有、地区所有，实现人才资源的社会化。要创新人才配置机制，大力发展和完善各级各类人才市场，加快人才市场一体化进程，加强人才中介组织建设，推动人才市场信息化，充分发挥市场在人才配置中的基础性作用。要创新人才激励机制，完善知识、技术、管理等生产要素参与分配的实现形式，构建以经营业绩为核心，以年薪制、股权制、期权制、奖励制为内容，与人才效用密切挂钩的多元分配体系，真正使一流的人才、一流的贡献获得一流的回报。

2014 年 6 月 9 日，习近平总书记在中国科学院第十七次院士大会、中国工程院第十二次院士大会开幕会上的讲话中指出，要创新人才体制机制。他强调，我国科技发展的方向就是创新、创新、再创新。实施创新驱动发展战略，最根本的是要增强自主创新能力，最紧迫的是要破除体制机制障碍，最大限度解放和激发科技作为第一生产力所蕴藏的巨大潜能。

（三）统筹推进人才队伍建设

关于人才队伍建设，习近平同志提出："人才培养的投入是收益最大的投入，人才资源的浪费是最大浪费。"[1] 要坚持以人才资源能力建设为主题，以调整和优化人才结构为主线，以培养"三支队伍"中的党政领导干部、企业家、学科带头人为重点，抓住人才的培养、吸引、使用三个环节，[2] 统筹抓好用好各类人才队伍。

他尤其重视各类人才智力资源的吸引和使用，多次强调要开发利用好国际国内两个人才市场、两种人才资源，要抓住长三角地区正日益成为国内外人才集聚地的历史性机遇，把推进人才合作与交流放在突出位置，积极推进区域内人才的自由流动，大力引进现代化建设急需的各类人才。要积极响应国家西部大开发和振兴东北地区老工业基地战略，加强与中西部和东北地区的人才交流，以人才合作推动区域经济合作。要加快人才国际化步伐，积极

---

[1] 习近平：《干在实处 走在前列——推进浙江新发展的思考与实践》，中共中央党校出版社，2006，第 425 页。

[2] 参见习近平《干在实处 走在前列——推进浙江新发展的思考与实践》，中共中央党校出版社，2006，第 425 页。

引进海外和留学人员，重点引进高层次人才和紧缺人才。要创新引才思路，既要引进人才"个体户"，也要通过引进国内外"大院名校"，联合共建科技创新载体等途径，引进人才团队；既要通过引进人才获得就地服务，也要借助于先进网络技术获得人才异地服务。在"引进来"的同时，要鼓励各类人才"走出去"。支持浙江省各类人才到省外创业、到国外深造，使他们不断掌握新理论、新知识、新技能，更好地为浙江建设发展服务。支持有条件的企事业单位，到国内外人才密集区设立办事机构和研发中心，通过岗位聘用、项目聘用、任务聘用和人才租赁等方式，让更多的外地人才为我所用。

筑巢才能引凤。没有施展才华的舞台，就谈不上吸引人才，更谈不上人尽其才。习近平同志强调要为人才创新创业建好平台，加强高等院校和科研院所建设，积极发展各类科技园区、创业园区，培育科技创业服务中心、生产力促进中心、研发中心等各类专业孵化器，为各类人才特别是高层次人才创新创业提供有效载体。他还十分注重人才教育培训工作，要求把教育放在优先发展的位置来抓：要像抓基础设施、抓项目、抓技改那样抓人才培训，舍得花钱，舍得投入。要创新人才培训方式，围绕人才能力建设，突出分类培养和个性化培养，分别制定和落实"三支队伍"的培训计划和培训内容，切实提高培训效益。要加强人才培训载体建设，建立适应不同人才需要的培训基地和实践基地，努力构建多层次、多形式的培训体系。①

"为政之要，惟在得人"。当前，面对复杂多变的国际形势和艰巨繁重的国内改革发展任务，在全社会大兴识才、爱才、敬才、用才之风，有着强烈的现实针对性和长远的战略指导性。把越来越多的人才及时发现出来、合理使用起来，这不仅是党和人民事业发展的紧迫需要，也是推进国家治理体系和治理能力现代化的基础工程。2014 年 6 月 3 日，习近平在国际工程科

---

① 参见习近平《干在实处　走在前列——推进浙江新发展的思考与实践》，中共中央党校出版社，2006，第 425 页。

技大会演讲中强调："我们把创新驱动发展战略作为国家重大战略，着力推动工程科技创新，实施可持续发展战略。"党的十八大作出了实施创新驱动发展战略的重大部署，强调科技创新是提高社会生产力和综合国力的战略支撑，必须摆在国家发展全局的核心位置。这就必须大力加强人才队伍建设。

（四）着力优化人才发展环境

营造一个拴心留人、创新创业的良好环境，对于实施人才强省战略至关重要。为此，习近平同志提出要为人才创新创业营造好"六个环境"，要大力宣传，努力形成尊重知识、尊重劳动、尊重人才、尊重创造的社会氛围，营造良好的舆论环境。要坚持百花齐放、百家争鸣，尊重专业技术人才的成长和工作规律，既满腔热情地支持各类人才探索创造，又以极大的宽容允许失败，营造良好的人文环境。要加快政府职能转变，深化审批制度改革，畅通人才引进渠道，营造良好的政府服务环境。要建立和完善户籍、住房、社会保障等方面政策，同时做到重诺守信、言出必行，营造良好的引才用才政策环境。要加强对人才知识产权、商业秘密的保护，维护人才合法权益，营造良好的法制环境。要加强城乡生态环境建设，加强社会治安综合治理，营造良好的人居环境。他强调，要通过这"六个环境"的建设，真正使各类人才有用武之地而无后顾之忧，有苦练"内功"的动力而无应付"内耗"的压力，有专心谋事的成就感而无分心谋人的疲惫感。

党的十八大以来，习近平总书记不断丰富和深化人才方面的重要思想。2014年6月，他在中国科学院第十七次院士大会、中国工程院第十二次院士大会上进一步指出：创新的事业呼唤创新的人才。人是科技创新最关键的因素。我国要在科技创新方面走在世界前列，必须在创新实践中发现人才、在创新活动中培育人才、在创新事业中凝聚人才，必须大力培养造就规模宏大、结构合理、素质优良的创新型科技人才队伍。要按照人才成长规律改进人才培养机制，"顺木之天，以致其性"，避免急功近利、拔苗助长。要坚持竞争激励和崇尚合作相结合，促进人才资源合理有序流动。要广泛吸引海外优秀专家学者为我国科技创新事业服务。要在全社会积极营造鼓励大胆创新、勇于创新、包容创新的良好氛围，既要重视成功，更要宽容失败，完善好人才评价指挥棒的作用，为人才发挥作用、施展才华提供更加广阔的天地。

第二节　树立正确用人导向　健全干部成长机制

习近平同志关于"建设一支高素质的领导干部队伍"的重要思想，对浙江产生了重大的影响。历届浙江省委坚持正确用人导向，敢于改革创新，结合浙江实际，建立健全了一系列领导干部选拔，任用、管理、监督的制度体系，为浙江改革开放事业培养了一批又一批高素质的骨干队伍。

一　用人把德放在首位

历届浙江省委在习近平同志"用人要把德放在首位"① 重要思想指导下，将德纳入干部考核任用"硬指标"，着重在可量化、可操作、可执行方面进行探索。

2004 年 6 月，浙江省委组织部制定出台《关于推行领导干部生活圈、社交圈考察的意见》，要求重点在市、县党政机关县处级及以下干部的考察中全面推行"两圈"考察。"两圈"考察的主要内容是领导干部个人修养、社会交往、家庭生活等方面情况，一般通过以下途径进行：由考察对象按照要求向考察组口头或书面提供家庭地址、家庭主要成员、个人爱好、家庭重大事项等有关情况；查阅干部档案、户籍资料，获取领导干部的家庭成员和主要社会关系等方面的信息，并以此作为界定领导干部"两圈"的客观依据；采用个别谈话、召开座谈会、问卷调查等方法，到考察对象单位、所在社区、家庭、街坊邻里向有关人员了解被考察对象的"两圈"表现；征询考察对象所在地纪检、监察、公安、法院、检察院、信访、审计等有关部门的意见，广泛搜集干部监督信息。明确要求考察组将"两圈"考察的结果

---

① 习近平：《干在实处　走在前列——推进浙江新发展的思考与实践》，中共中央党校出版社，2006，第 423 页。

与工作圈考察的结果相互印证,综合分析干部的德、能、勤、绩、廉,对干部作出全面、准确、客观、公正的评价。2011年以来,又在全面推行"两圈"考察的基础上,制定实施《浙江省领导干部德的考核考察评价办法(试行)》,运用正反双向同步测评方式,对领导干部的政治品德、职业道德、社会公德、家庭美德进行全面考核。在2012年的换届考察中,全省共有44名干部因德的考核不过关被取消提名资格,79名干部因德的评价不高被诫勉谈话、调离原岗位或者免职,做到了"凡是德有问题的干部,本事再大也不能用"。全省各地积极在德的考察考核上进行探索深化,富阳市在考察环节运用个人重要事项报告、纪委廉政鉴定报告、社区社会公德家庭美德鉴定报告、公检法信访联合政审报告、人民银行个人信用报告等"五个报告",全面考察干部8小时外的"官德"。

浙江在德的考核考察方面的不懈探索,得到了习近平同志极大关注和支持。2010年9月,习近平同志对富阳市选拔干部考察8小时外"官德"的做法作出重要批示,指出浙江富阳考察选任干部8小时之外的"官德",把干部的私领域与公领域统一起来,起到监督与激励作用,是一项具有积极意义的探索。

二 重实绩用干部

历届浙江省委始终坚持"从实绩看德才,凭德才用干部",① 建立健全有利于科学发展的干部考核评价机制。

2004年2月,省委开展了关于加强和完善领导班子和领导干部实绩考核评价工作的课题调研,同年10月在反复讨论和征求意见的基础上,形成了具有浙江特色的地方党政领导班子和领导干部综合考核评价试点工作。2005年5月至10月,在2个市、10个县(市、区)进行了地方党政领导班子和领导干部综合考核评价试点工作。2006年在中组部的指导下,开展了

---

① 参见习近平《干在实处 走在前列——推进浙江新发展的思考与实践》,中共中央党校出版社,2006,第417～423页。

体现科学发展要求的领导班子和领导干部综合考核评价试点工作，取得了明显实效。2007 年 3 月至 8 月，在省、市、县（市、区）30 个党政工作部门进行了综合考核评价试点工作，试点在改进和完善考核评价内容、考核评价方法、考核评价结果的评定方式三大关键环节上取得了新突破。2009 年制定出台《关于健全促进科学发展的领导班子和领导干部考核评价机制的实施意见》等干部考评"一个意见、五个办法"。2011 年，突出转型升级、改善民生、生态文明建设、社会和谐稳定和党的建设等方面内容，对考评办法进行修订，首次设置廉政建设、公民权益保障、民生改善、组织工作、生态环境质量等 5 项"公众满意度"指标，占总分值的 20%。

党的十八大以来，省委进一步修订完善省管干部年度考核办法，重点落实不唯 GDP 要求，注重考核转型升级和经济质量效益，强化对资源消耗、环境保护等指标考核，区分不同发展条件和区域实施分类考核。2013 年，省委明确提出建设过得硬打胜仗干部队伍的目标，要求干部振奋精神狠抓"四个干"——夙兴夜寐抓紧干、甩开膀子放手干、寻找窍门科学干、鼓足劲头拼命干；切实纠"四风"树"四气"——守土有责的志气、"舍我其谁"的豪气、"我不入地狱谁入地狱"的勇气、"功成不必在我"的大气；积极争取"四个在前"——干工作冲在前、转作风做在前、谋发展想在前、带队伍抓在前；努力实现"四能四善"——能谋善断、能干善治、能征善战、能识善任，着力推动干部有勇气、有胆魄、敢担当，加快形成以实干求实绩、以实绩论英雄的正确用人导向。在改革完善政绩考核办法的同时，省委还积极探索领导干部实绩纪实和公示公议制度，在杭州、德清、衢江等地试点的基础上，深入试行领导干部公开"晒绩"并接受群众评议，探索实地考察、实例述职、实效评估实绩的考评办法，以进一步提高实绩考核的科学性准确性。

三　推进干部制度综合改革

2004 年开始，浙江选择 11 个市县开展了干部人事制度综合改革试点，在健全选人用人科学机制上进行了许多有益探索。2005 年，中组部将浙江列为"体现科学发展要求的领导班子和领导干部综合考核评价"试点单位，分别在一些市县开展试点工作。2006 年 7 月，省委组织部制订实施《浙江省市、县（市、区）党政领导班子和领导干部综合考核评价实施办法（试行）》；2007 年 9 月，全面施行《浙江省党政工作部门领导班子和领导干部综合考核评价实施办法（试行）》。这两个办法坚持"官评"与"民评"相结合，改进和完善了民主推荐、个别谈话、民主测评等传统方法，引入民意调查、实绩分析、综合评价等新方法，形成多种考核评价方式方法相互印证、互为补充的工作格局。特别是"综合评价"环节的引入，有利于更加全面、客观、准确地考核评价领导班子与领导干部。

综合评价工作中，坚持定性和定量相结合，对民主测评、民意调查、实绩分析等结果进行量化，实行"分类量化，综合定性"，较好地做到了既重数据分析又重群众评价，极大地提高了考核评价结果的准确性和说服力。2013 年以来，浙江省委贯彻全国组织工作会议精神和新修订的《干部任用条例》精神，强化党委（党组）的领导把关作用。改进民主推荐办法，把推荐票作为选人用人的重要参考，综合考虑平时考核、年度考核和一贯表现情况，以及民主推荐结果、人岗相适度等确定人选；对因敢抓敢管得罪人、票数受影响的干部，进行客观分析，为敢于担当的干部主持公道，真正让奋勇争先的干部"推得出"，德才兼备的干部"选得上"，低调实干的干部"不吃亏"。改进竞争性选拔方式，规范破格提拔办法，改进后备干部工作，防止简单以分数取人、以年龄用人。2013 年 3 月，首次采用"两轮推荐、两轮差额"和省委常委署名推荐的方式，调整任命了 54 名省直单位主要负责人和 9 名设区市党政正职。2014 年 4 月，采取省委常委和列席省委常委会的省人大、政协负责同志署名推荐的方式，共推荐产生 45 名省直单位正职岗位的预备人选。

四　提情知人，提人知情

近年来，浙江省委不断加强和改进干部考察工作，明确要求各级组织人事干部把功夫下在平时，把精力花在近距离接触了解干部上，坚持看平时、重实绩、听口碑，做到"提情知人、提人知情"。全省继续深化完善"两圈"考察和延伸考察工作，注意听取"两代表一委员"、基层干部、服务对象的意见。探索建立领导班子运行情况定期分析研判制度，2013 年 5 月以来，省委组织部已开展 16 次专题分析，内容包括设区市、省直机关、企业、高校领导班子和领导干部队伍建设，全省结构性干部、省管后备干部、公选干部、交流干部、挂职干部队伍建设，省直单位新任"一把手"履职情况，市、县（市、区）领导干部配备情况，调整不适宜担任现职领导干部情况，全省超职数配备干部情况，领导干部在企业、社团兼职清理规范情况等。先后对 91 家省直单位、11 个市、63 所高校和 21 家省属企业领导班子及 38 名省直单位新任"一把手"、180 名县（市、区）党政正职进行综合分析，为省委选人用人当好参谋，为干部调配提供依据。

着重加强领导干部的日常走访了解，按照"提情知人、提人知情"要求，开展省委组织部领导分片联系走访工作，充分利用干部考核考察、个别谈话和任职谈话、日常走访、下基层调研、参加民主生活会、工作督察等时机，与领导干部面对面座谈交流，认真收集关于领导班子运行和领导干部表现的素材、信息，花更多时间和精力分析班子、了解干部、熟悉情况，为准确评价班子和干部提供基础依据，努力做察人识人上的"活字典"。2013 年以来，省委组织部部委班子成员共走访 210 多家单位，与省管领导干部谈心谈话 1500 多人次，对在领导班子综合分析和领导干部日常走访中发现的个别领导班子不团结、不和谐等苗头性问题，及时采取谈心谈话、专项约谈等方式，督促改正。对没有及时改正或者改正不明显的，及时作出组织处理，努力提高领导班子的凝聚力和战斗力。

为更好更及时准确掌握干部在重点工作和关键时刻的表现情况，省委还建立推行专项考察制度，把"三改一拆""五水共治""四换三名"等省委、省政府重点工作开展情况列入专项考察内容。在群众路线教育实践活动督导、干部考察考核、谈心谈话中，注重了解领导班子特别是"一把手"落实重点工作的表现。定期对市县党政领导班子推进重点工作情况进行分析。2013 年 8 月，省委组织部对全省县级领导班子在推进重点工作中的履职情况、工作状态、能力绩效等进行了专题分析。2014年上半年，结合群众路线教育实践活动督导工作和与市县干部谈心谈话，省委组织部对市县落实"五水共治"、"三改一拆"、深化改革、"四换三名"、"浙商回归"等省委、省政府重点工作情况作了了解，针对存在问题，及时予以提醒。

建立新任党政正职一年履职情况考核机制。2014年3月首次对38名省直单位新任主要负责人一年来的履职情况进行集中考核。大力倡导从实绩看德才、凭德才用干部，把中心工作的主战场作为检验和识别干部的大赛场，2013年以来，提拔重用了一批实绩突出的县级党政正职；对工作落实不力的县（市、区），部领导和处室负责人上门约谈党政主要领导；对个别工作不力、排名靠后的县，及时调整了党政主要领导。建立县委书记工作交流制度，组织全省县委书记通过视频交流中心工作和重大部署落实情况，省委主要领导逐个进行点评，提出明确要求。各市也陆续建立乡镇（街道）党（工）委书记工作交流制度。通过这一方式，搭建了省委考察干部、了解情况的有效平台，形成了各地比学赶超、奋勇争先的良好氛围。

五 注重做好干部选配

历届浙江省委始终坚持结构服从功能，加强领导班子和干部队伍建设，制订实施《关于贯彻落实2004～2008年全国党政领导班子建设规划纲要的实施意见》，逐步形成以中青年为主体的梯次年龄结构、合理的知识结构与专业结构。省委抓住省管后备干部、优秀年轻干部、有发展潜力的公务员"三支队伍"，进一步加强梯队培养，努力为党的事业培育合格建设者和可靠接班人。突出组织把关，加强省管后备干部队伍建设。2013年以来，省委按照"拓宽来源、优化结构、改进方式、提高质量"的要求，重点建立掌握1000名左右"75后"县处级干部和"80后"县管乡科级干部名单，深入实施省管后备干部培养选拔"五大计划"，逐步提高来自企业和高校、科研院所等事业单位的人员比例，加快健全培养锻炼、适时使用、定期调整、有进有退的后备干部管理机制，努力做到多渠道、多领域发现、识别和举荐优秀年轻干部。

制订出台《关于进一步加强全省共青团干部队伍建设有关问题的通知》，改进和完善选拔方式，探索职务职级分离的做法，解决年轻干部来源困难的问题。实施"幼苗培育"工程，从在乡镇工作的选调生、有大学生村官经历的乡镇公务员和事业单位人员、有村（社区）"两委"班子任职经历的大学生村官中，择优遴选 500 名左右乡镇（街道）团委书记培养人选，提前储备有发展潜力的公务员。注重用好各年龄段干部，特别是大胆起用一批有经验、有激情、有担当但年龄相对偏大的干部担任县乡"一把手"，形成了良好导向。2013 年底，全省 50 岁以上的县委书记配有 42 人，乡镇党委书记配有 65 人，与 2012、2011 年相比配备数均有明显增加。2014 年，在新一轮省管后备干部集中调整工作中，省委着重发挥考察组、单位党组织、组织部门的领导和把关作用，比如在推荐环节，由各单位党委（党组）研究提出建议人选，省委组织部按照资格条件严格把关，着重把好人选的政治关、素质关、廉政关。

六　加强干部实践历练

历届浙江省委坚持实践第一观点，大力选派干部到生产发展第一线、改革开放第一线、环境艰苦和情况复杂第一线去学习锻炼，使领导干部在实践中掌握新知识、积累新经验、增长新本领。注重在交流任用中锻炼干部，2006 年至 2008 年，全省通过轮岗等方式交流任用干部 100 名，打破了干部任职的地域和部门界限，扩大了干部任职的区域范围，开阔了干部的从政视野。注重在上挂下派中锻炼干部，对没有基层经历的年轻干部，采取分批次、有计划地选派到基层进行锻炼的方式，让他们了解基层情况，积累基层工作经验，掌握领导工作艺术。对县处级后备干部，以选派到乡镇担任领导职务为主要培养途径，2001 年至 2008 年，省直单位共下派到县（市、区）干部 261 名。注重在重大工程建设中锻炼干部，把综合锻炼干部的能力与各级党委政府在各个时期的中心工作融为一体，坚持哪里工作任务重、困难多、任务急，就把干部派往哪里。为了支援服务浙江海洋经济发展示范区、舟山群岛新区、温州金融综合改革试验区、义乌市国际贸易综合改革试点等浙江省四大国家战略举措的实施，从 2011 年起，省委大力实施 4 个"百人计划"，每年从省直单位选派 400 名干部和专业人才分 4 组赴舟山、温州、义乌等地挂职锻炼，在为省委重大战略举措实施提供干部人才支撑的同时，不断丰富干部的成长阅历，增强干部处理复杂问题的能力。

在加强干部实践锻炼的同时，浙江省委还突出实践性要求，切实加强领导班子思想政治建设和领导干部党性教育。2007 年至 2008 年，针对换届后领导班子建设实际，省委部署开展以"团结和谐干在实处、科学发展走在前列"为主要内容的"树新形象、创新业绩"主题实践活动，先后组织开展了"百名书记蹲点调研谋发展""百名厅局长蹲点调研送服务""万名干部下基层转作风办实事"和"走进矛盾、破解难题"专项行动、"百场民主恳谈和民主听证"等系列活动，走出了一条突出实践性加强领导班子思想政治建设的路子。

出台《关于进一步加强市、县（市、区）领导班子作风建设的意见》，建立健全蹲点调研、联系困难群众、下访沟通民情、破难攻坚等长效制度。2009 年，省委以开展学习实践活动为契机，组织实施"双服务"专项行动，帮助基层企业积极应对金融危机。从 2010 年起，进一步深化这一行动，组成 11 个省直服务组一年 4 次分赴各地开展专项服务，着重帮助民营企业破解融资难、投资难、创新难等实际困难，支持浙商发展实体经济。2012 年市县领导班子换届后，省委及时把领导班子建设的重点转移到加强领导班子思想政治建设上来，在市县班子层面以"摸实情、办实事、求实效"为主题，在省直部门层面以"强责任、强服务、强效能"为主题，部署开展"领导干部创先争优示范行动"。党的十八大后，按照中央要求部署开展党的十八大精神专题教育活动，深入开展党的群众路线教育实践活动，进一步推进各级领导班子和领导干部改进作风、提高能力、推进工作。

习近平同志在干部来源上的基层导向，促使浙江较早开始探索从基层一线选拔干部工作。2002 年，浙江探索从优秀村干部中考录乡镇公务员工作，在资格条件上，规定任职满一定年限的村"两委"正职可以参加选拔，此后，放宽到村"两委"副职；在报考年龄上，从 35 周岁以下进一步放宽到 40 周岁以下；在考试内容上，逐步取消侧重死记硬背的《公共基础知识》科目，适当增加农业农村工作知识和工作能力的测试内容，同时规定，对在新农村建设中做出显著成绩，获得过市（地）级以上党委、政府表彰奖励的优秀村干部，可以适当加分，以此有效调动村干部积极性，鼓励村干部努力工作、创造业绩。2004～2007年，全省先后4次开展从优秀村干部中考录乡镇公务员工作，共录用村干部545名，以此为突破口，加快形成了从农村、企业、社区等基层一线招考公务员，和从基层公开选拔优秀公务员到上级机关工作的有效机制，显著改善了全省干部队伍结构，形成了"基层一线出干部，从基层一线选干部"的用人导向。2008年，已调任中央工作的习近平同志，对浙江等地《从基层一线培养干部》一文作出重要批示，指出：要注重从基层选拔大批善于做群众工作、能妥善应对复杂局面、有处理实际问题能力的优秀干部充实各级党政领导机关，这是一项关系党的事业后继有人的重要战略任务。

2013年以来，省委进一步强化干部来源基层导向，在选拔设区市党政正职时，把"上级派""平级转""下级选"结合起来，优先从上一级党政机关部门正职、同级政府正职、有下一级地方党政正职经历的干部中选拔。截至2014年7月，全省各设区市党政正职中，有12人担任过县（市、区）党政正职，5人担任过省直机关部门正职。选拔高校、企业正职时，注意选拔有二级院系和二级企业正职经历的领导人员。同时，大力选拔那些基层工作经验丰富、熟悉基层情况、善于做群众工作的干部担任县（市、区）党政正职。目前，县（市、区）党政正职中有110人具有3年以上乡镇（街道）或企事业单位领导工作经历。加快完善基层公务员录用制度，坚持定向从优秀村（社区）干部、大学生村官等服务基层项目人员中考录公务员，探索从优秀工人、农民等生产一线人员中考录公务员的办法，注重补充乡镇发展急需的专业性公务员，对31个欠发达及海岛县（市、区）施行专项政策，着重解决艰苦地区公务员"考录跳板"、留人难等问题。

七　强化日常监督管理

2002年以来，历届浙江省委坚持以"一把手"为重点，切实加强对领导班子和领导干部的日常监督管理。2003年，在总结"一把手"年度总结报告工作的基础上，出台《关于实行领导干部述职述廉制度的实施意见》，在领导干部中全面开展述职述廉工作，对领导干部述职述廉报告进行民主评议，对领导干部履行职责、胜任岗位程度进行民主测评。对民主测评不称职票超过20%的，进行诫勉谈话；对民主测评不称职票超过1/3的或连续两年民主测评不称职票超过20%的，予以调整。

2005年6月，制订出台了包括重要情况通报和报告制度、谈话和诫勉制度、询问和质询制度、舆论监督制度、罢免或撤换要求及处理制度等在内的《党内监督十项制度实施办法（试行）》，进一步强化了干部监督的规范性、程序性和可操作性。

2006年，省委组织部、省审计厅联合下发《浙江省省本级经济责任审计对象分类管理办法》和《浙江省领导干部离任经济事项交接办法（试行）》，积极开展对领导干部的经济责任审计工作，加强对领导干部行使事权、财权的监督力度。建立健全干部监督联席会议制度，由纪检、监察、审计、信访和司法机关为成员单位，定期召开干部监督联席会议，交流信息、沟通情况，共同研究加强干部监督工作的对策。实行干部任用前征求纪检机关意见制度，在考察对象确定后，将名单送纪检监察机关征求意见，努力防止"带病提拔""带病上岗"。

2007年以来，在深入总结试点经验的基础上，制订实施规范市县委书记用人行为的暂行办法。明确了市县委书记调整动议、推荐提名、组织酝酿、主持决策、监督管理5项权力，界定了必须承担的5个方面责任，严明了"5个不准"的用人纪律。按照中央部署，在嘉善推行县委权力公开透明运行试点工作。同时，实行关键岗位干部重点配备重点管理，省委制定实施进一步从严管理干部、加强县委书记队伍建设等的实施意见，组织开展党政"一把手"年度总结报告和领导干部述职述廉，探索开展市县委书记与市县长同步经济责任审计，全面加强对领导干部监督管理。

党的十八大召开后，特别是全国组织工作会议召开以来，省委认真贯彻落实习近平总书记"关键是从严治吏"的要求，严格按照新修订的《干部任用条例》选人用人，不断加大严格监督管理领导干部的力度。

一是严格执行干部管理各项规定。认真执行信访调查、函询诫勉、巡视、个人有关事项报告、经济责任审计等制度。2013年，全省纪检监察机关共函询607人次、诫勉谈话1031人次；2014年上半年，省党政领导约谈省直部门负责人13人次，委托市委和省直厅局约谈56人次。2013年以来，省委还对全省339名高校领导干部近三年出国（境）情况进行专项检查，对7名未经审批因私出国（境）的领导干部作出严肃处理；安排对53名省管领导干部进行经济责任审计，全面推行县市区、高校党政主要领导经济责任同步审计，在3个市开展公检法主要领导干部经济责任审计试点，对16名省直机关主要领导、3名地级市市长、4名高校校长组织开展离任经济事项交接。陆续出台《加强干部选拔任用工作监督的意见》《规范领导干部在企业兼（任）职的意见》《领导干部个人有关事项抽查核实办法》《严禁超职数配备干部的通知》《"裸官"任职岗位管理办法》《加强领导干部出国（境）管理监督工作的通知》等一系列政策文件。2014年起，按照中央统一部署，对拟提拔的部分考察对象、后备干部等进行重点抽查核实，同时继续稳妥推进新提任领导干部有关事项公开制度（财产内部公示）试点。

二是深入开展违规问题专项整治。重点治理超职数配备、超范围党政分设、违规设置助理以及干部违规在企业、社团兼职等问题，向全省10个市、84个县（市、区）发放整改督办单，提出"限""消""改""停"四项措施，一对一督办落实。全省已纠正超范围党政分设的单位23家，清理违规设置助理67名，规范清理省管干部违规兼任社团职务354个，清理89名厅局级干部违规在企业兼职（任职）。2013年以来，全省共纠正违规用人行为10件次。规范企业领导人员职务消费，到2013年底，省属企业公务接待费下降35%，车辆购置运行费下降20%，因公出国（境）费用下降60%。2014年，浙江全省"三公"经费下降34.4%。①

三是坚决调整不适宜担任现职的领导干部。制订实施《关于完善能上

---

① 《2014年浙江"三公"经费支出下降34.4%》，中国新闻网，2015年1月21日。

能下机制　建设过得硬打胜仗干部队伍的若干意见》和《浙江省调整不适宜担任现职领导干部办法（试行）》，大力整治干部队伍"慵、懒、散"问题，对不适宜担任现职的干部，该拿下的坚决拿下，该调整的及时调整。2012年换届以来，全省市县两级共调整不适宜担任现职领导干部435人，其中降、免职234人；对日常管理中发现问题苗头的701名干部进行诫勉谈话。2013年以来，省委对5名工作不称职、不胜任的省管领导干部作出职务调整，其中免职1人、调整为非领导职务4人。

八　真正关爱基层干部

基层干部奋斗在改革发展稳定的第一线，承担着艰巨繁重的任务，同时，在过去一段时期，面临着权责不一、压力较大和条件艰苦的矛盾和困难，[①] 基层干部的工作很不容易。习近平同志对基层干部的工作感同身受，对基层干部历来充满感情，他说自己也是个老基层，当过村党支部书记、县委书记，一直同基层干部打交道，对基层工作非常牵挂，对基层干部充满感情。[②] 习近平同志一方面为广大基层干部打气，要求基层干部承受得住压力，不能有"骄娇"二气；另一方面又强调要真正关心重视、真正帮助支持基层干部，对基层干部工作中、生活上出现的困难，要设身处地地加以理解，满腔热情地给予支持，扎实有效地进行帮助。[③] 在他的重视和推动下，全省广泛开展了"落实'三真'、关爱基层"活动。其中包括改善基层组织办公条件、提高基层干部报酬等许多实实在在的举措。在改善基层组织办公条件方面，从2005年至2006年，浙江省通过以财政安排为重点，采取省里补一点、市里拿一点、县里出一点、结对部门帮一点、乡里筹一点等"五个一点"的筹资办法，解决了全省3599个村的村级组织

---

① 参见习近平《干在实处　走在前列——推进浙江新发展的思考与实践》，中共中央党校出版社，2006，第435页。

② 参见周咏南《省委书记习近平给基层干部拜年》，《浙江日报》2004年12月28日。

③ 参见习近平《干在实处　走在前列——推进浙江新发展的思考与实践》，中共中央党校出版社，2006，第435页。

活动场所建设问题。

2005 年，省委制订下发了《关于认真落实"三真"要求　切实加强基层干部队伍建设的意见》，就进一步加强对基层干部的培养锻炼、加大对优秀基层干部的选拔力度、逐步改善基层干部的工作和生活条件等内容作出详细规定。对于广大基层干部普遍比较关心的职务职级待遇等方面问题，该意见明确：在主任科员、副主任科员等非领导职务设置上，给予乡镇机关一定程度放宽；省财政每年安排 2000 万元资金，专项用于基层干部的培训、误工报酬、健康体检和工作条件改善等。该意见的实施，在全省基层干部中引起广泛反响，广大基层干部深切感受到来自省委的真情温暖。尤其值得一提的是，习近平同志更加重视分担责任和帮助解难式的关爱而非给钱给人式的关爱。他说："关心基层干部，最关键的可能不是给基层多少钱、多少人，最关键的是支持基层干部化解矛盾、解决问题，帮助基层干部分担责任、共渡难关。我们要明确，对基层工作中出现的困难，凡是基层能够解决的，基层要尽心尽力地解决，基层解决不了，上级要责无旁贷地帮助解决。"① 应该说，这是一种更有利于基层干部成长的关爱、更让基层干部感到欣慰的关爱，因而也是一种更有效的关爱。习近平同志无论在什么工作岗位上，他对基层干部的关爱是一贯的。2013 年 6 月 28日，习近平总书记在全国组织工作会议上发表重要讲话，强调指出："广大基层干部任务重、压力大、待遇低、出路窄，要把热情关心和严格要求结合起来，对广大基层干部充分理解、充分信任，格外关心、格外爱护，多为他们办一些雪中送炭的事情。"② 难能可贵的是，习近平总书记注意到近年来出现的利用一些基层干部违纪违法问题而以偏概全地对基层干部进行"污名化"的现象，强调："不能因为出了一些事就把基层干部整体'污名化'了。有些人这样做是别有用心的，要提高政治警惕性。"③ 很显然，这种既

---

① 习近平：《干在实处　走在前列——推进浙江新发展的思考与实践》，中共中央党校出版社，2006，第 435 页。

② 习近平：《在全国组织工作会议上的讲话》，《党建研究》2013 年第 8 期。

③ 习近平：《在全国组织工作会议上的讲话》，《党建研究》2013 年第 8 期。

细到深处又有政治高度的关爱，也正是广大基层干部特别渴望的关爱。在他的这种警惕"污名化"的关爱思想的指导下，各级主流媒体深入开展了聚焦最美基层干部、展示基层干部良好形象的报道。习近平同志还经常通过走访慰问看望基层干部等方式表达他对基层干部的关爱之心。在浙江任职期间，他曾特地在元旦期间给基层干部拜年，亲自上门看望一心为民的永嘉县优秀村支书郑九万，与基层干部座谈更是常见之事，是其基层调研的必经程序。到中央工作后，他依旧保持这一作风，或给大学生村官回信，或慰问优秀基层干部及其家属，或邀请基层干部参加调研座谈，等等，真真切切地成为广大基层干部的贴心人。

到中央工作后，习近平同志一如既往关注、关心、关怀着广大基层干部，每次考察调研，他都尽可能抽出时间看望、慰问坚守在一线的基层干部。2010年元旦，他通过全国基层党建工作手机信息系统，向全国100万名基层干部发出新年问候短信。2013年6月，习近平总书记在全国组织工作会议上进一步指出：各级都要重视基层、关心基层、支持基层，对广大基层干部要充分理解、充分信任，格外关心、格外爱护，多为他们办一些雪中送炭的事情。

第三节　坚持党管人才原则　打造人才生态最优省份

历届浙江省委在深刻领会习近平同志关于"人才问题是关系各项事业发展的关键问题"重要思想的基础上，坚持党管人才的原则，大力实施人才强省战略，努力把浙江建设成人才辈出之地、集聚之地、创业之地，真正实现知识驱动发展。

一　坚持党管人才原则

抓好人才工作，关键在党管人才。人才事业快速发展对党管人才工作提出新课题新挑战，要求必须加强科学人才观的普及应用，推进党管人才体制机制、方式方法创新，全面提高人才工作科学化水平。坚持党管人才原则是人才发展的根本组织保证，是发挥党的独特优势做好人才工作的重要实现方式。特别是随着经济全球化深入发展，经济社会加快转型，人才工作面临的情况更加复杂。在新形势下继续开创人才工作新局面，必须在科学人才观指导下，遵循市场经济规律、人才资源开发规律和人才成长规律，真正做到解放人才、发展人才、用好用活人才。加强顶层设计和统筹谋划，总结基层探索实践，吸收国际人才发展先进理念，改进党管人才的方式方法，增强人才工作合力。

2003 年 12 月 29 日，省委、省政府召开全省人才工作会议，就大力实施人才强省战略进行部署，以加快推动浙江造就集聚一大批高素质劳动者、专门人才和拔尖创新人才，建设数量充足、结构合理、素质较高的人才队伍，充分发挥人才资源开发在经济社会发展中的基础性、战略性、决定性作用。2004 年 1 月，省委正式制定出台《中共浙江省委关于大力实施人才强省战略的决定》，明确人才强省战略的总体要求和目标任务，确立了浙江人才优先发展的整体战略布局。浙江的人才工作由此进入全面创新、整体推进的新阶段，经历届浙江省委持之以恒推动深化，逐步形成了支撑浙江科学发展的人才资源新优势。

党的十七大以来，浙江全面贯彻落实中央要求，坚持党管人才原则，牢固树立和落实科学人才观，以制定实施中长期人才发展规划纲要为主线，抓思想落实、任务落实、责任落实、力量落实，大力培养引进创业创新人才，人才强省建设呈现良好势头，人才发展走在了全国前列。浙江出台实施中长期人才发展及"十二五"人才发展、企业经营管理人才、专业技术人才、高技能人才、农村实用人才、社会工作人才队伍建设的"1＋6"人才规划，11 个市、90 个县（市、区）全部出台实施人才发展规划。

历届浙江省委高度重视人才工作，省委常委会每年听取人才工作情况汇报，研究部署人才强省工作，省委、省政府主要领导亲自抓重大人才工作，出席重要人才活动。仅 2012 年，时任省委书记赵洪祝就人才工作作出批示20 次。浙江出台并落实《关于进一步加强党管人才工作的实施意见》，还普遍建立党政领导联系高层次人才制度、优秀人才表彰制度、人才疗休养制度和春节走访慰问制度。

二 积极推进人才强省战略

自 2003 年以来，浙江就大力实施人才强省战略进行部署，以加快推动浙江造就集聚一大批高素质劳动者、专门人才和拔尖创新人才，建设数量充足、结构合理、素质较高的人才队伍，充分发挥人才资源开发在经济社会发展中的基础性、战略性、决定性作用。

2004 年 1 月，省委正式制定出台《中共浙江省委关于大力实施人才强省战略的决定》，明确人才强省战略的总体要求和目标任务，确立了浙江人才优先发展的整体战略布局。同时，浙江省一次性出台了 10 个与实施人才强省战略决定相配套的政策文件，推行了包括实行浙江省特级专家制度、加强非公有制经济组织人才队伍建设、引进人才居住证等在内的一批行之有效的创新做法。浙江的人才工作由此进入全面创新、整体推进的新阶段，经历届浙江省委持之以恒的推动深化，逐步形成了支撑浙江科学发展的人才资源新优势。2013 年，浙江出台《关于加快培养引进高素质人才，支撑创新驱动发展的实施意见》，明确今后五年人才发展的重点目标任务。

近年来，浙江人才强省建设呈现四个明显特点：一是人才是科学发展第一资源等新思想新理念深入人心，党委政府抓人才工作更加有力，把人才工作摆上重要议事日程，把人才强省落实到人才强市、人才强县、人才强企、人才强院、人才强校，人才工作呈现你追我赶创先争优的局面。二是服务发展、高端引领的导向更加清晰，坚持以高层次高技能人才为重点，以重大人才规划、重大人才工程、重大人才平台、重大人才政策为抓手，各领域人才开发有序推进，效果逐步显现。三是人才政策创新更趋系统化精细化，从单项突破向体系配套拓展，从重个体向重团队建设、平台支撑转变，从引进环节向培养、使用、服务等各环节延伸，加快构建衔接紧密、配套完善的人才开发链。四是党管人才工作责任进一步落实，人才工作运行机制更加协调高效，人才实际投入明显增加，各级各部门多谋善干、真抓实干，体现出较强的创造力、执行力。2011 年，省市县全部设立人才专项资金,市县两级财政人才专项经费投入超过 32 亿元(不含人才专用房建设投入),省级财政建立"千人计划"引进人才奖励资金,已发放近 4 亿元。

三 不断创新人才体制机制

完善的人才工作体制和机制,是激发人才工作活力的关键。根据习近平同志就完善人才工作体制机制提出的要求,2004 年,浙江省一次性出台了 10 个与实施人才强省战略决定相配套的政策文件。此后,又逐渐探索实行了海外高层次人才居住证制度,建立完善浙江省重大科技贡献奖、青年科技奖、钱江技能大奖等一批人才表彰激励制度,逐步形成了具有浙江特点的人才政策体系,为更好激发人才创业创新提供了有力的体制机制保证。

2009 年,浙江启动实施省"千人计划",构建了包括创新人才长期项目、创业人才项目、"海鸥计划"(创新短期项目)和外专计划的引才体系。11 个市和 40 多个县(市、区)也积极实施海外引才专项计划。省里坚持每年组团赴硅谷、纽约、波士顿、东京、巴黎、法兰克福等海外人才集聚城市和地区招才引才,成功招聘者多为新能源、新材料、生物医药、信息技术等高新技术领域人才。自 2012 年至 2014 年底,引进硕士以上海外高层次留学人才 5000 多人,聘请国(境)外专家 8 万人次。

四 持续加强人才队伍建设

根据习近平同志的指示,浙江始终坚持以重大人才工程为抓手,加强以高层次高技能人才为重点的各类人才队伍建设。省级层面全面实施 151 人才工程、"千人计划"、创新团队推进计划等 13 项重大人才工程,11 个市实施重大人才工程 101 项。

2004 年以来,历届浙江省委着眼创新型省份建设的导向和要求,把加强创新型人才队伍建设作为战略抓手,不断优化人才培养引进机制,加快培育人才创新创业平台。重点打造青山湖科技城、杭州未来科技城,累计引进海外高层次人才 332 名，落户高端项目 150 余个，促进海归人才创业创新"本土化"。杭州未来科技城还被中组部等确定为央企集中建设人才基地、全国四大未来科技城之一。2010 年，全省人才资源总量达到 752.1万人，人才贡献率达到 29.9%，分别居全国省区市第 4 位、第 5 位。2011年全省从事科技活动人员 56 万人，R&D 人员 26.29 万人，专利授权量居全国第 2 位。建立以"千人计划"为龙头的引才体系，2013 年，浙江已入选第一批国家"万人计划"20 人，培育"151 人才"7024 名、重点创新团队 275 个，高技能人才达到 130 多万人。截至 2014 年底，省"千人计划"累计引进 939 人，入选国家"千人计划"共 333 人，入选总量居全国第 4 位。

五　营造人才发展良好环境

2004 年以来，浙江在改善优化人才发展环境方面作出不懈努力。比如，建立健全党管人才领导体制，构建形成党委统一领导，组织部门牵头抓总，有关部门各司其职、密切配合，社会力量广泛参与的人才工作新格局；省委、省政府专门出台《在杭州未来科技城建设人才特区打造人才高地的意见》，明确了创业奖励与资助、创业投融资、税收、用地、外汇管理、人才培养等 10 个方面政策；积极创新人才特区政策，全面推行海外高层次人才居住证制度，明确海外高层次人才持"浙江红卡"可在创业、社保、购房、出入境、就医、子女教育等方面，基本享受与浙江居民同等待遇等；加强人才住房保障，全省建成人才专项房 250 万平方米，已入住人才 2 万多人，努力把浙江打造成各类人才创新创业的天堂和乐园。2011 年成立的浙江海邦人才基金规模达到近 10 亿元，已与数十个海归创业项目达成投资合作。在浙创投企业 166 家，创投管理资本超过 369 亿元，居全国第 3 位。

浙江还进一步健全人才工作运行机制，建立省级有关单位重点人才工作项目化管理制度、重要事项交办督察制度、人才规划专项督察制度、重大人才工程和政策推进协调制度，并把人才强省抓到市县、抓到各级部门，推动

"一把手"抓"第一资源"。坚持和完善市县党政领导人才工作目标责任制，建立重点人才工作考核制度，每年给各市下达重点人才工作指标，进行重点考核和排名通报，并评选出人才工作考核优秀市县。

党的十八大以来，根据习近平总书记不断丰富和深化人才建设方面的重要思想，浙江省继续推进人才强省战略，取得巨大的成效。

第五章
注重抓基层打基础
推进基层党组织建设

基层是事关党的执政基础、执政能力和执政地位的大问题。在主政浙江期间，习近平同志指出："基层组织是党执政的基础，是保持党的先进性和战斗力的前沿和关口。只有基层党组织建设得充满活力，生气勃勃，整个党才能坚强有力，朝气蓬勃。"① 因此，他明确提出要把工作的着力点放在基层，强调：办好浙江的事情，关键在党，关键在各级党委充分发挥领导核心作用，基层党组织充分发挥战斗堡垒作用，广大共产党员充分发挥先锋模范作用。这是浙江深化改革、加快发展、维护稳定的一条根本经验。历届浙江省委注重抓基层打基础，不断推进基层党组织建设。

第一节　"把基层党组织建设得充满活力"
——习近平同志关于加强基层组织建设的论述

习近平同志主政浙江期间十分重视基层党组织的建设工作，形成了一系列重要思想。他要求：各级党委必须牢固树立固本强基的思想，② 坚持"执政重在基层、工作倾斜基层、关爱传给基层"③，"把基层党组织建设得充满

---

① 习近平：《干在实处　走在前列——推进浙江新发展的思考与实践》，中共中央党校出版社，2006，第427页。
② 参见习近平《干在实处　走在前列——推进浙江新发展的思考与实践》，中共中央党校出版社，2006，第433页。
③ 习近平：《干在实处　走在前列——推进浙江新发展的思考与实践》，中共中央党校出版社，2006，第432页。

活力"①，切实把基层的积极性保护好、引导好、发挥好，不断增强基层党组织的创造力、凝聚力、战斗力。②

一　全面提升农村党组织建设水平

习近平同志主政浙江期间，高度重视农村基层组织建设，对农村党组织建设提出了许多新要求，他还经常围绕村级组织建设搞调研、出题目、提要求。同时，他对村级组织建设中存在的突出问题，比如组织涣散、工作基础薄弱、战斗力不强、党员素质不高等有着清醒认识，认为抓好农村基层组织建设是一项长期任务，必须"围绕主题、解决问题"，有什么问题就解决什么问题，什么问题突出就重点解决什么问题，什么问题能解决就抓紧解决什么问题，务求实效。

在主政浙江期间，习近平同志根据中央精神，结合浙江实际，把深入开展"先锋工程"作为全面加强村级组织建设的重要举措，大力实施"先锋工程"，以"强核心、强素质、强管理、强实力、强服务"为目标，全面提升乡镇党委和村级组织建设水平。在他的亲自部署和推动下，全省各地切实加强了对村干部的教育培训，建立健全了村党组织领导的村民自治运行机制，强化了村务民主监督，丰富完善了农村党组织建设内容，推出了一系列便民利民的服务举措，进一步密切了农村党群、干群关系，有效激发了广大基层党组织争创领导班子好、党员队伍好、工作机制好、小康建设业绩好、农民群众反映好的"五好"党组织的热情，进一步发挥了农村党组织的领导核心作用。

根据习近平同志重要指示精神，浙江各地抓住2003年换届契机，以村级组织"带头人"队伍建设为突破口，大力推行"两推一选""公推直选""自荐海选"等做法，同步实行村干部创业承诺制，探索形成了"先定事、后选

---

① 习近平：《干在实处　走在前列——推进浙江新发展的思考与实践》，中共中央党校出版社，2006，第427页。

② 参见习近平《干在实处　走在前列——推进浙江新发展的思考与实践》，中共中央党校出版社，2006，第438页。

人、再践诺"的村干部产生机制，使一大批思想好、素质高、能力强的优秀党员干部走上村级事务管理岗位，有力推动了后进村党组织的整转提高。

为进一步推进党委、政府工作重心下移，2003年12月，习近平同志在省委十一届五次全会上，首次提出实施农村工作指导员制度。2004年起，历届省委坚持每年从省、市、县、乡四级党政机关和科研院所等单位，选派近4万名优秀干部，进驻全省各个行政村担任农村工作指导员，支援农村建设、发展农业经济、服务农民群众。截至2014年，全省已先后有27余万名农村工作指导员驻扎农村。农村指导员在村情民意调研、政策法规宣传、矛盾纠纷化解、富民强村服务、民主制度规范、组织建设督导等方面发挥了积极作用。

面对当时全省农村普遍薄弱的集体经济基础，习近平同志在采取切实有效的措施推动农村集体经济发展的同时，还积极解决工作条件的问题。他认为，既要给基层下达"过河"的任务，又要切实指导帮助其解决"桥"和"船"的问题，尽可能在人力、物力、财力上向基层作适当倾斜，为基层开展工作创造必要条件。① 要千方百计发展农村集体经济，② 把有地方办事、有钱办事作为改善基层工作条件的重要切口，要认真研究解决集体经济薄弱地方村"两委"基本办公条件的具体办法。在他的亲自关心和推动下，2005～2006年，省委以财政安排为重点，通过省里补一点、市里拿一点、县里出一点、结对部门帮一点、乡里筹一点等"五个一点"办法，累计投入资金14.3亿元，建设村级活动办公场所8040个，率先全面解决了村级组织活动场所问题，有效改善了村级组织工作条件。

二 非公企业党建越来越重要

在主政浙江期间，习近平同志十分注重加强非公企业、新社会组织的"两新"党建工作。他提出了"只要有利于社会主义建设的新领域，都要建

① 参见习近平《干在实处 走在前列——推进浙江新发展的思考与实践》，中共中央党校出版社，2006，第434页。
② 参见习近平《干在实处 走在前列——推进浙江新发展的思考与实践》，中共中央党校出版社，2006，第429页。

立党的组织"① 的要求。他告诫各级党委：不能认为单位小就觉得没有必要，更不能因为目前条件不具备就主动放弃。② 新领域党建不能有死角、盲区。在他任上，全省大力推行了支部建在楼道中、项目上和专业协会里等行之有效的做法，努力做到有群众的地方就有党的工作，有党员的地方就有党的组织，有党组织的地方就有正常的组织生活和坚强的战斗力。③

浙江是经济先发之地，非公企业的数量和作用，决定了非公企业党建工作在整个党建工作中越来越重要。④ 习近平同志坚持把非公企业作为"两新"党建工作的重点来抓，他指出，要进一步做好在符合条件的企业中建立党组织的工作，重点把那些企业规模较大、影响也较大的非公企业的党组织建立起来。非公企业中已经建立的党组织，要按照党章规定开展工作，发挥作用。暂时尚不具备建立党组织条件的非公企业，要通过在优秀员工中发展党员、加强对业主党员的教育管理、做好工会工作以及向非公企业选派党建工作指导员等办法，推动这部分非公企业的党建工作。⑤ 他特别注重发挥非公企业党组织的实质作用，强调要突出发挥作用这个重点，努力探索党组织开展活动的有效方法和途径；要引导非公企业经营管理者尊重和维护职工的合法权益，确保企业的发展和稳定；要进一步推进组织覆盖和工作覆盖，不断提高党在非公企业的影响力。⑥ 他主政浙江期间，也是浙江非公企业党的组织覆盖和工作覆盖加快推进的时期。

2004 年 6 月，在纪念建党 83 周年暨表彰农村党建"三级联创"先进单

---

① 习近平：《干在实处　走在前列——推进浙江新发展的思考与实践》，中共中央党校出版社，2006，第 429 页。
② 参见习近平《干在实处　走在前列——推进浙江新发展的思考与实践》，中共中央党校出版社，2006，第 429 页。
③ 参见习近平《干在实处　走在前列——推进浙江新发展的思考与实践》，中共中央党校出版社，2006，第 428 页。
④ 参见习近平《在全国非公有制企业党的建设工作会议上的讲话》，《人民日报》2012 年 3 月 22 日。
⑤ 参见习近平《干在实处　走在前列——推进浙江新发展的思考与实践》，中共中央党校出版社，2006，第 429 页。
⑥ 参见习近平《干在实处　走在前列——推进浙江新发展的思考与实践》，中共中央党校出版社，2006，第 428 页。

位和先进个人电视电话会议上，他指出，要进一步加强非公有制企业、新社团组织、城市社区等新领域党建工作的探索力度，大力推行支部建在楼道中、支部建在项目上、支部建在专业协会里等行之有效的做法，不断拓展党的工作领域，扩大党的覆盖面。① 同年8月23日，在甬温绍舟台党建工作座谈会上，他又进一步强调，只要是有利于社会主义建设的新领域，都要建立党的组织。不能认为单位小就觉得没有必要，更不能因为目前条件不具备就主动放弃。"在社会和民间组织、流动人口中，要不断总结、推广、创新已有的支部建在楼道上、支部建在项目上、支部建在专业协会等好做法。"②

习近平同志重视新经济组织和新社会组织的党建工作，既有巩固党的执政基础的战略考虑，也有促进企业又好又快发展的战略考虑。他提出在企业面临生产要素制约、市场竞争日趋激烈的大环境下，必须进一步强化企业党组织建设，充分发挥基层党组织的战斗堡垒作用和共产党员的先锋模范作用，团结带领广大职工树立信心，化压力为动力，变挑战为机遇，依靠科技创新，走新型工业化道路，努力促进企业又快又好地发展。③ 新经济组织的党组织是党在这些组织中的战斗堡垒，是团结带领职工群众推进新经济组织健康发展的中坚力量。④ 由于习近平同志的高度重视、大力推动和切实指导，浙江省的非公有制企业党建工作取得巨大成绩，到2007年底，全省的规模以上非公企业基本建立了党组织。

2012年3月，习近平同志在全国非公企业党建工作会议上着重指出，加强和改进非公企业党建工作，抓好"两个覆盖"、发挥好党组织"两个作用"、加强"两支队伍"建设很重要。抓好"两个覆盖"，就是要抓好党组织覆盖和党的工作覆盖，不具备建立党组织条件的要采取多种方式积极开展党的工作，增强党的影响力。发挥好"两个作用"，就是党组织要在职工群众中发挥政治

---

① 参见习近平《干在实处 走在前列——推进浙江新发展的思考与实践》，中共中央党校出版社，2006，第428页。

② 习近平：《干在实处 走在前列——推进浙江新发展的思考与实践》，中共中央党校出版社，2006，第429页。

③ 参见周咏南《以执政能力建设为重点全面推进党的建设》，《浙江日报》2004年6月10日。

④ 参见周咏南《习近平调研第二批保持共产党员先进性教育活动》，《浙江日报》2005年9月7日。

核心作用，在企业发展中发挥政治引领作用，把贯彻党的路线方针政策、维护职工群众合法权益、引领建设先进企业文化、创先争优推动企业发展贯穿党组织活动始终。加强"两支队伍"建设，就是要加强党组织书记和党建工作指导员队伍建设，为开展非公企业党建工作提供组织保障。[①]

习近平同志到中央工作后，仍对浙江的新领域党建工作，特别是非公企业党建工作高度关注。2010 年 1 月 22 日，他对绍兴市越城区实施社区党建"契约化"共建工作作出重要批示，指出要加强城市社区党建工作，需要社区党组织与驻社区单位党组织"共建共享"。浙江绍兴市越城区党建"契约化"共建，是一个有益探索。同年 1 月 31 日，习近平同志又对台州市推行非公企业党建"十八法"，助推企业积极应对复杂经济形势的工作作出重要批示，要求浙江省台州市全面推行非公企业党建"十八法"，助推企业转型升级和科学发展。各地要善于总结推广这方面的好做法、好经验，进一步探索非公企业党组织发挥作用的途径和方法。

三　不断加强城市社区党建

在主政浙江期间，习近平同志十分注重加强城市社区党建工作。2004 年 6 月，他强调要创新组织覆盖和工作覆盖。进一步加强非公有制企业、新社团组织、城市社区等新领域党建工作的探索力度，大力推行支部建在楼道中、支部建在项目上、支部建在专业协会里等行之有效的做法，不断拓展党的工作领域，扩大党的覆盖面，努力做到有群众的地方就有党的工作，有党员的地方就有党的组织，有党组织的地方就有正常的组织生活和坚强的战斗力，使党的领导、党的工作、党组织的作用有效地覆盖到社会的各个领域，把广大人民群众紧紧地团结在党组织的周围。[②]

---

① 参见习近平《在全国非公有制企业党的建设工作会议上的讲话》，《人民日报》2012 年 3 月 22 日。

② 参见习近平《干在实处　走在前列——推进浙江新发展的思考与实践》，中共中央党校出版社，2006，第 428 页。

2004 年 8 月 23 日，习近平同志在甬温绍舟台党建工作座谈会上的讲话中指出，在城市社区，要适应社区工作的新情况新特点，在组织形式、领导方式、活动内容上进行积极探索和创新。① 2004 年 10 月，他从基层党建的角度进一步指出："要把基层的积极性保护好、引导好、发挥好。上面千条线，下面一根针。"② 党的十六届六中全会通过了《关于构建社会主义和谐社会若干重大问题的决定》，对构建社会主义和谐社会作出了重大决策和总体部署。联系到浙江省的实际，时任省委书记习近平同志强调加强基层基础工作，是构建社会主义和谐社会之基，并指出只有切实加强基层组织建设，既抓农村、抓社区，又抓企业、抓新经济组织和新社会组织，突出抓好以党组织为核心的基层组织建设，形成全方位覆盖基层的工作网络，才能切实把不稳定因素化解在基层。③

习近平同志到中央工作后，仍然关注城市社区党的建设。2009 年 4 月，时任中央政治局常委、国家副主席的习近平在江苏省南京市调研时指出，抓基层、打基础是党的建设的中心所在，也是党建工作的活力所在。④ 2009 年 10 月，他在部分省区市学习实践科学发展观活动座谈会上强调："街道、社区党组织要切实按照党的十七届四中全会要求，把服务群众、凝聚人心、优化管理、维护稳定贯穿学习实践活动始终，充分发挥党组织在建设文明和谐社区中的领导核心作用。"⑤ 党的十八大后，习近平同志进一步强调加强城市社区建设。2013 年 6 月，他在全国组织工作会议上指出："一些社会组织党建工作还比较薄弱，一些地方城乡接合部、流动人口聚集地党的工作还需要加

---

① 参见习近平《干在实处 走在前列——推进浙江新发展的思考与实践》，中共中央党校出版社，2006，第 429 页。

② 习近平：《干在实处 走在前列——推进浙江新发展的思考与实践》，中共中央党校出版社，2006，第 432 页。

③ 参见习近平《加强基层基础工作 夯实社会和谐之基》，《求是》2006 年 21 期。

④ 参见徐京跃、王骏勇《习近平在江苏调研时强调扎实抓党建，全力促"三保"》，《人民日报》2009 年 4 月 25 日。

⑤ 《习近平在部分省区市学习实践活动座谈会上强调，抓好街道社区学习实践活动全面加强城市基层党的建设》，《人民日报》2009 年 10 月 28 日。

强。"① 并强调"基础不牢，地动山摇。贯彻党要管党、从严治党方针，必须
扎实做好抓基层、打基础的工作，使每个基层党组织都成为坚强战斗堡垒。"②

四　强化党员队伍管理

在主政浙江期间，习近平同志高度重视党员发展和党员教育工作，
提出要大力推行推优制、公示制等办法，重点做好在工人、农民、知识
分子、军人和干部中发展党员的工作，注重在生产、工作第一线和高知
识群体、青年中发展党员，稳妥开展在新的社会阶层中发展党员工作，
不断增添党的生机和活力。要积极探索党员服务中心、党员家庭教育
点、党员干部远程教育、党员信息化管理等有效方法，切实加强党员教
育管理工作，使广大共产党员充分发挥带头致富、带领群众共同致富的
"双带"作用，做到平时工作看得出，关键时刻站得出，危急关头豁得
出，永葆党的先进性。③

切实加强党员管理，严肃处置不合格党员，是保持党员队伍先进性
和纯洁性的有力手段。他要求各级党组织一定要把对党员的教育管理监
督放在突出位置来抓，进一步改进教育管理的方法和手段，不断增强教
育管理的针对性和实效性。要切实健全思想教育、权力制约、监督管理、
法纪约束、测评预警、廉政激励等有机统一的教育管理监督机制。他还
十分注重对党员的关爱，专门强调：对企业破产、企业改制而造成党员
下岗影响生活等实际困难，多给予关心、多给予帮助。各地各部门要采
取有效措施，加大对困难党组织和困难党员的帮扶力度，把解决党员思
想问题与解决实际困难结合起来，通过解决困难、化解矛盾、理顺情绪，
推进党的先进性建设。

习近平同志主政浙江期间，积极指导开展保持共产党员先进性教育活

---

① 习近平：《在全国组织工作会议上的讲话》，《党建研究》2013 年第 8 期。
② 习近平：《在全国组织工作会议上的讲话》，《党建研究》2013 年第 8 期。
③ 参见习近平《干在实处　走在前列——推进浙江新发展的思考与实践》，中共中央党校出
　版社，2006，第 428 页。

动，全省每年有超过 15 万人次村干部接受教育培训，"党员人才工程"探索形成，发展党员"三推一定"制度全面推行，关爱困难党员工作不断加强。其中，浙江总结完善的增强党员原动力、群众向心力、事业创造力做法，建立健全围绕发展抓党建、抓好党建促发展的工作导向机制；总结完善的集中学与分散学、自学与帮学、导学与督学相结合做法，建立健全党员经常受教育的学习培训机制；总结完善的党员分类管理、目标管理和党性分析、民主评议做法，建立健全党员管理激励机制等，为全国提供了好的经验，得到中央充分肯定。

第二节　加强农村党建　夯实农村执政基础

对浙江省来说，农村党建工作始终是其基层党建工作的重要领域；加强农村基层党建，直接关乎党在农村地区执政基础的巩固。21 世纪以来，历届浙江省委高度重视农村党建工作，历任省委书记持续接力，先后联系帮扶淳安县枫树岭镇下姜村，就是对此的生动写照。①

一　选优配强农村党组织带头人

俗话说，"火车跑得快，全靠车头带"，农村党组织书记队伍建设，直接决定农村基层党组织的凝聚力和战斗力，并在很大程度上决定着农村地区的发展、农村社会的稳定和农民群众的福祉。

（一）从"双带"到"双强"：农村党组织书记队伍建设的目标设定

对广大农民群众来说，他们最盼望的是廉政上不出事、工作上有本事的党组织书记，这一目标诉求的最集中概括就是"双带"（带头致富和带领群众致富）能力强的党组织书记。

---

① 在历任省委书记的关心下，下姜村"围绕发展抓党建，抓好党建促发展"，从贫穷后进村跃升为先进村，2014 年，村集体收入 3569.24 万元，村人均收入从 2004 年的 2154 元增长至 12958 元。被授予全国创先争优先进基层党组织、全国生态家园建设先进村、省先进基层党组织。

从20世纪90年代开始，浙江广大农村地区便兴起了"先富能人"或经济能人担任农村党组织带头人的现象，到21世纪初，这一现象几乎成为全省各地农村普遍的现实。① 从笔者在浙江一些农村地区的调研情况来看，"先富能人"或经济能人担任村党组织书记的比例在80%以上。浙江的"先富能人"或经济能人担任村党组织书记曾引起媒体和专家的广泛关注，并对国内其他地区大力选拔和培养"双带"能力强的村干部产生了很大的示范和导向作用。毫无疑问，"双带"能力强的村党组织书记在发展农村集体经济、促进农村公益事业发展、实现群众共同富裕等方面具有比较显著的积极效应，这也是"双带"能力强的村党组织书记在各地党委政府的支持和农村干部群众的拥护下走上村庄政治舞台的根本原因。

浙江省杭州市早在2001年就提出了农村党组织书记"3个80%"的目标，即：年龄45周岁左右的占80%，高中以上文化的占80%，具有带头致富、带领致富能力的占80%。② 考虑到经济能人或"先富能人"与学历和年龄的高度正相关，这一目标事实上与培养"双带"能力强的村党组织书记的目标是互为因果关系。

近年来，随着基层服务型党组织建设的不断推进和农民群众的服务需求日趋丰富，浙江又提出了选拔和培养"服务能力强、带富能力强"的"双强"型带头人的目标。从"双带"到"双强"，后者可以看作前者的升级版，它们所共同表达的正是广大农民群众对当家人的最重要期待和浙江各级党组织对农村党组织领头人的主要选择标准。

（二）从多种农村先富能人中选拔带头人

在浙江，农村党组织带头人的"先富能人"，最初主要来自农村种养大户、办企业和经商的企业家。近些年来，随着农村专业合作组织的发展、外地浙商的回归和大学生村官的成长，浙江各级党组织进一步扩大视野，注重

---

① 参见胡序杭《"先富能人治村"：农村基层党组织建设面临的新问题及其对策》，《中共杭州市委党校学报》2005年第3期。

② 参见邵子江、徐国联《杭州实施农村"领头雁工程"致富有本领作风过得硬》，《浙江日报》2002年6月19日。

从农村致富能手、专业合作组织负责人、在外创业能人、民营企业管理人员、复转军人和大学生村官等各种农村先富能人群体中，选拔一批党组织满意、群众拥护的农村党组织带头人。据报道，在 2013 年浙江农村基层党组织换届选举中，1547 个试点村中新一届村党组织书记有创办企业经历的占38.1%，有外出务工经商经历的占 28.2%，是农业大户、专业户或专业合作社骨干的占 15.5%。①

（三）严把带头人入口关

浙江省始终坚持严格标准、严守程序，严把农村党组织带头人入口关。在严格标准上，从 2008 年换届开始，浙江省就明确提出"被判处刑罚或者刑满释放未满 5 年""被劳教或者解除劳教未满 3 年""违反计划生育未处理或受处理后未满 5 年""涉黑涉恶受处理未满 3 年等有严重违法违纪行为""丧失行为能力"五种情况人员，不能确定为村级组织成员的候选人。在换届中，浙江在坚持"五种情况人员"不能当选基础上，明确各地可根据实际研究提出不宜当选的条件，特别是要把"煽动群众闹事、扰乱公共秩序的，有严重违法用地、违章建房行为拒不整改的，长期外出不能正常履行职务的"等作为不宜当选的条件，对村党组织书记要求更严。在严守程序上，浙江配套建立了候选人资格条件审查制度，由乡镇进行初审，县级人大、纪检监察、公安、司法、计生等相关部门和单位进行联审，符合资格条件的候选人才能按规定程序提交选举。2008 年换届，全省共有 2471 人经劝说主动退出选举，1826 名不符合资格条件人员被取消候选人资格，225 名不符合资格条件人员选出后，被宣布当选无效，实现"五种情况人员"零当选；最近一次换届试点，1574 个试点村共有 175人被劝退，有 156 人经资格审查被取消候选人资格，有 16 人被宣布当选无效。②

---

① 参见《围绕"双强"目标 浙江选优配强村党组织带头人》，《中国组织人事报》2013 年12 月 20 日。
② 参见《围绕"双强"目标 浙江选优配强村党组织带头人》，《中国组织人事报》2013 年12 月 20 日。

（四）下派农村工作指导员

浙江省从 2004 年开始建立农村工作指导员制度，并连续实施至今，从未中断。根据 2004 年 3 月中共浙江省委办公厅、浙江省人民政府办公厅下发的《关于建立农村工作指导员制度的通知》的规定，农村工作指导员的主要任务是村情民意调研、政策法规宣传、富民强村服务、矛盾纠纷化解、民主制度规范和组织建设督导。截至 2014 年 12 月，浙江全省共选派各级农村工作指导员 27.7 万名，共帮助落实经济发展项目 20.19 万个，水、电、路等基础设施项目 20.86 万个，争取各类扶持资金 91.62 亿元，争取捐赠物资价值 10.99 亿元，调处各类矛盾纠纷 89.75 万起，劝阻集体上访和群体性事件 9.87 万起，有力推动了农村经济社会发展和美丽乡村建设各项任务的落实。

二 大力关爱农村基层党员干部

总体而言，农村党员干部长期肩负着繁重任务，承受了较大压力。基于对农村基层党员干部角色和工作重要性的深切体验和深刻认识，历届浙江省委及各级党组织都十分重视关爱农村党员干部工作。时任浙江省委书记习近平更是鲜明地提出了关爱传给基层的口号，并在全省广泛开展了以关爱基层、关爱党员、关爱群众为主要内容的"落实'三真'、关爱基层"活动。

（一）改善农村基层党组织办公条件

这主要解决的是农村党员干部工作有阵地的问题。由于历史欠账和经济欠发达，早些年，浙江一些贫穷农村地区和边远山区的农村集体办公条件很差，党组织活动场所缺乏，乃至出现了党员大会没地方开、村里公章干部随身带的窘境。有鉴于此，习近平同志提出要扎实抓好村级办公场所建设，努力把这件事办实、实事办好。从 2005 年到 2006 年，浙江省通过以财政安排为重点，采取省里补一点、市里拿一点、县里出一点、结对部门帮一点、乡里筹一点等"五个一点"的筹资办法，解决了全省 3599 个村的村级组织活动场所建设问题。①截至 2014 年，浙江先后投入 14.3 亿

---

① 参见鲍洪俊、江南《浙江建设村级组织活动场所 3599 个》，《人民日报》2006 年 4 月 4 日。

元，建设 8040 个村级组织活动场所，实现了全省所有 3 万多个行政村村级组织活动场所全覆盖。

（二）提高村干部报酬

这主要解决的是村干部生活有保障的问题。总的来说，由于村干部保障机制的建立，浙江各地对包括村书记、村主任在内的农村脱产干部的报酬是保障到位的，保障水平也是较高的。宁波市制订下发了《关于全面解决村党组织书记和村委会主任基本报酬的实施意见》，明确村党组织书记和村委会主任的基本报酬按不低于当地农村劳动力平均收入水平标准，由政府财政支付。[①] 杭州市制订出台了《杭州市扶持村级组织正常运转经费管理办法》，建立了专门用于村干部的误工报酬及保证村级组织正常运转的专项资金。针对欠发达地区集体经济薄弱村的村干部保障性收入，早在 2003 年，浙江省委组织部、省农办、省扶贫办、省财政厅和省农业厅等部门联合下发了《浙江省集体经济薄弱村村干部误工报酬补助资金管理办法》，明确建立省专项补助资金，重点用于欠发达地区和部分海岛、革命老区县中集体经济年收入 1 万元以下的经济薄弱村，用于集体经济薄弱村主要干部的误工报酬补助，并且该补助标准逐年增长。2014 年，省市县三级财政共投入资金 14.4 亿元用于补助村干部。

（三）加大从优秀村干部、大学生村官中考录公务员、招聘事业编制人员和选拔乡镇党政领导班子成员的力度

这主要解决的是村干部政治升迁有机会、事业发展有空间的问题。浙江早在 21 世记初就开始了这方面的探索，此后力度不断加大。2013 年，"全省公务员招考，按照乡镇机关招考计划 15% 的比例定额面向优秀村干部、大学生村官招考。近 3 年来，全省共从村党组织书记（或村主任）中定向选拔 120 人进入乡镇领导班子、考录 450 名乡镇公务员、招聘 126 名乡镇事业编制人员"[②]。

---

① 参见周益平《村干部报酬不低于当地平均收入水平》，《乡镇论坛》2010 年第 28 期。

② 《围绕"双强"目标 浙江选优配强村党组织带头人》，《中国组织人事报》2013 年 12 月 20 日。

三　加强农村党员教育管理

党员教育管理是基层党建工作的重要内容。为了在新的时代和新的社会环境下进一步做好对农村党员的教育管理工作，使党员队伍的整体素质不断提高、党组织的凝聚力和战斗力不断增强，浙江各地农村党组织进行了积极的探索。

（一）发展农村党员信息化教育

浙江各级党组织不仅重视依托党校和高校等传统方式和主流渠道对农村党员进行教育，将包括普通无职党员在内的广大农村党员纳入市、县（市、区）两级党校的培训对象范围，而且特别重视运用信息网络技术，广泛而高效地开展农村党员教育。

浙江省早在 2005 年就启动了大规模的农村党员干部现代远程教育工作，建立了覆盖全省各地农村的农村远程教育网络。由于效果显著，农村党员干部现代远程教育也被广大农村党员干部群众形象地称为"办到村里的党校，没有围墙的技校，发家致富的桥梁，提高素质的平台"①。特别是在杭州、宁波这些经济发达、信息网络健全、信息网络技术应用广泛的地区，党建网站、党建电视栏目、网上党课、网上论坛、党建 QQ 群、手机短信、官方微博、领导干部个人微博等新时代的教育手段越来越多地被应用于农村党员教育工作。例如，杭州市拱墅区依托支部网站、互动论坛、党支部 QQ 群和党建微博，成功打造出系列网上党员学习教育平台，提高基层党建科学化水平，得到了时任省委书记赵洪祝的肯定。

这些新时期的农村党员教育形式总体来说具有教育对象大扩展、教育成本大降低、教学资源大增加、学习自主性大增强、学习纪律性大改善的显著成效。

（二）实施农村党员先锋指数考评管理

浙江省从 2012 年起开始在全省实施农村党员先锋指数考评管理。根

---

① 《浙江省开放式远程教育改变农村党员干部生活》，浙江在线网，2007 年 4 月 24 日。

据浙江省委组织部制订的《关于全面实施农村党员先锋指数考评管理的指导意见》规定，党员先锋指数主要包括基本指数、正向加分指数和反向扣分指数。其中，基本指数主要包括学习提高、服务群众、创业致富、遵纪守法和弘扬正气等五个方面。党员先锋基本指数分值为80分。在此基础上，还设置了正向加分和反向扣分指数。正向加分指数主要包括：①积极向党组织提合理化建议，助推本村经济社会发展成效明显；②为保护国家、集体利益或者他人的人身、财产安全，奋不顾身、挺身而出；③在抗击自然灾害等突发性事件中冲锋在前、勇挑重担；④积极为社会公益事业出资出力，群众反响好；⑤其他情形。反向扣分指数主要包括：①不执行各级党委政府的决策部署和所在党组织布置的任务；②在党员中搞不团结活动；③参与越级上访或群体性事件；④在处理突发事件、抗灾抢险等关键时刻，袖手旁观、退缩不前；⑤无正当理由不参加组织生活、流动党员外出三个月以上不向党组织报告；⑥其他情形。党员先锋指数考评由党员所在支部负责组织实施，采取个人自评、党员互评、组织评定、亮分公示的方法进行，每季度评定一次，年末开展总体评价。根据党员先锋指数评选出优秀党员、先锋党员、合格党员、警示党员和不合格党员五个等次，进行星级管理。例如，对季度考评为先锋党员的，要结合党员"闪光言行之星"评选，作为优先推荐对象；对季度考评为警示党员的，所在党组织要开展谈话诫勉，教育引导他们端正态度、整改提高。对合格党员，所在党组织要开展谈心谈话给予鼓励引导，促使他们比学赶超、晋位升级。农村党员先锋指数考评管理是农村基层党组织加强对党员教育管理的有力武器，有助于改变农村党员教育管理抓不下去、严不起来的困境以及"徒有党员的牌子，没有党员的样子"的现状，将有效地促使广大农村党员积极作为、遵纪守法、服务群众，进而充分展示党员所应有的先进性。

（三）探索农村为民服务机制

全心全意为人民服务是党的根本宗旨。农村基层党组织同样肩负着为民服务的重任。特别是在废除农业税后，如何更好地为农民群众服务，更是农村基层党组织必须面对的重要课题。这些年来，浙江各地就如何更好地创新和健全为民服务机制进行了积极探索，并涌现了许多服务品牌和先进典型，例如：衢州市有"三民工程"（建立民情档案、深化民情沟通、实行为民办事全程服务"制度），台州市构建了以部门帮、村干部联户、一帮三年为主要内容的"强基惠民村村帮"机制，丽水市有"一创三联"（创新业、联增收、联项目、联群众）服务机制，杭州建德市建立了"驻乡进村访户"制度，杭州市淳安县推行了联片包村"三认"（认人、认情、认事）服务机制，宁波余姚市建立了农村基层党组织收集民意、反映民事、分析民情、回应民声的"四民"工作制度，台州市玉环县建立了全程办事代理制度，等等。

第三节　重视"两新"党建　扩展基层党建新领域

"两新"党建①，是新时期党建工作的新课题、新领域。历届浙江省委高度重视"两新"党建工作，并创造出了许多有特色有成效的制度和做法，谱写出了浙江新经济组织和新社会组织党建工作的精彩篇章。

一　扩大党在非公有制企业的组织覆盖和工作覆盖

与农村和城市社区等领域的基层党组织建设相比，非公有制企业领域的基层党建工作的难度要大得多。这主要因为：部分企业主的认识不到位，党员骨干的稀缺，部分企业员工和党员政治参与的冷漠，企业员工和企业党员的流动，企业本身的不稳定，等等。在党的十六大报告精神指导下，浙江各级党组织进一步解放思想，统一思想认识，大力推进全省的非公有制企业党建工作。2003年，浙江省委召开全省非公有制企业党建工作座谈会，提出"抓目标促提高，抓基础促覆盖，抓作用强功能，抓载体求

---

① "两新"党建，即指新经济组织和新社会组织党建，其中新经济组织党建基本相当于非公有制企业党建，可视为后者的另一种表述。

推动，抓示范带整体"的工作重点。会后，省委出台了《浙江省非公有制企业党组织工作暂行规定》。省内各地也相继制定有关政策文件，如杭州市出台《非公有制企业党组织活动保障制度》，温州市出台《关于以建设"活力和谐企业"为目标加强非公有制企业党的先进性建设的意见》，金华市出台《规模以上非公有制企业党组织组建工作十条意见》等。由于这些重要会议和政策文件的指导，浙江全省的非公有制企业党建"双覆盖"取得了显著进展，非公有制企业党组织工作的规范化制度化水平得到了显著提高。

（一）以规模以上企业为重点，创新组织设置方式

时任浙江省委书记的习近平同志指出："在非公有制企业，要进一步做好在符合条件的企业中建立党组织的工作，重点把那些企业规模较大、影响也较大的非公有制企业的党组织建立起来。"①根据这一思路，浙江各地始终突出规模以上企业这个重点，采取单独组建、联合组建（同一地域彼此相邻的几个企业建立联合党支部）、村企合建（在第二、三产业比较发达的农村，以互帮互助为宗旨，联合建立党组织）、行业联建（根据块状经济发展比较成熟的实际，依托商会、行业协会、产业链建立党组织）、编组共建（根据一个地区企业分布状况，以示范企业为中心划分党建网格，共同建立党组织）、建立区域性党组织（在非公有制企业集聚的工业园区、商贸区、商务楼宇统一建立区域性党组织）等多种方式，扩大党在非公有制企业的组织覆盖，努力做到每位企业党员都编入党组织、每位企业职工都能就近看到党组织。为加快推进组建工作，浙江各地还广泛开展"组织找党员、党员找组织、党员找党员"活动，鼓励企业招聘党员员工，积极向企业输送党员，加大流动党员组织关系接转力度，扎实开展"百日推进""百日攻坚"等活动，有力地推进了非公有制企业组建党组织工作。截至2007年12月，全省共建立25771个企业党组织，覆盖企业42858家，

---

① 习近平：《干在实处　走在前列——推进浙江新发展的思考与实践》，中共中央党校出版社，2006，第429页。

覆盖面占非公有制企业总数的 14.5% ，其中规模以上企业基本全部建立党组织。

（二）以党组织书记和经营管理骨干党员为重点，做好选拔培养工作

浙江各地通过内部推优、公开招聘、组织下派等方式，切实把那些党性观念强、懂经营会管理、善于做群众工作的党员，特别是管理层党员选拔到党组织书记岗位。其中，温州市先后三次由市委组织部牵头，面向全国公开招聘非公企业党组织书记，由于招聘人数多和职位待遇高，在全国范围内也产生了很好的示范效应。各县（市、区）委每年对非公有制企业党组织书记进行不少于一次的集中培训，有的地方组织企业党组织书记和党员企业主到党校和高校培训。杭州市委组织部从 2004 年开始牵头组织实施了杭州市企业经营管理人才培训"356 工程"，即用 3 年时间，培训全市 500 家重点骨干企业的 600 名主要经营管理者。经过 3 轮培训，9 年共培训市本级 2000 余家重点骨干企业主要经营管理人才 3200 余名，带动全市共培训企业经营管理人才 9 万余名。如今，"356 工程"已升级为常规化的杭商学堂，并以新生代企业家（俗称"创二代"）为重点培训对象。① 省里重点举办企业党组织书记和党员企业主的示范班。浙江省委规定，各级在推荐党代表、人大代表、劳动模范时，必须保证非公有制企业人员占一定比例；企业在解聘党组织负责人时，应事先征求上级党组织的意见并说明理由。有的地方还建立了党务工作者人才库，通过双向选择，向企业推荐输送优秀党务工作者。此外，浙江各地以生产经营骨干、技术骨干和一线优秀职工为重点，大力做好党员发展工作。

（三）以党建工作指导员为依托，做好非公企业党建的指导帮扶工作

鉴于多数非公有制企业在发展初期尚不具备建立党组织条件，或缺乏熟悉党建业务工作的企业党员骨干，或企业党建工作还不够规范，所以，浙江省在全省开展向非公有制企业派驻党建工作指导员或联络员工作。指导员一般从县乡机关、企事业单位的党员和复退军人以及退居二线的党员干部中挑

---

① 参见刘焜《杭州为何要请这些年轻老板重回象牙塔》，《钱江晚报》2014 年 7 月 23 日。

选，主要任务是指导和帮助企业做好发展党员、健全党的工作制度、开展党的活动等工作。

（四）以"五个好"为主要目标，推进非公企业规范化制度化

浙江省从 20 世纪末就高度重视非公有制企业党建工作示范点建设，充分发挥示范点的辐射带动作用，以点带面推动工作。2004 年浙江省又重新命名了 42 家省级"领导班子好、党员队伍好、工作机制好、发展业绩好、群众反映好"党建工作示范点，从而在全省形成了一批数量合理、类型多样、特点鲜明、作用突出的示范群。浙江省委组织部每年对每个省级示范点下拨 1 万元党费作为党组织的活动经费。此外，浙江省委制定出台《浙江省非公有制企业党组织工作暂行规定》，对党组织的基本任务、组织设置、活动方式、制度建设、保障措施等作出明确规定，不断规范党组织工作。

（五）以党建带工团建设，开展"三级联创"活动

非公企业年轻员工多，由此面临着工会和团组织建设的重要任务。时任浙江省委书记习近平同志也强调要把党建带工会、共青团建设作为加强非公有制企业党建工作的一个基础来抓。浙江省委为此先后下发了《关于加强非公有制企业工会建设的意见》和《关于加强非公有制企业团建工作的意见》，对加强非公有制企业群团建设提出了明确要求。浙江省党建对工团建的示范引领作用，主要体现在三个"带"上：一是思想上带。浙江省委明确规定，非公有制企业党组织在组织学习、开展活动时，一般都要吸收工会、共青团负责人和优秀工人、先进青年参加。同时，通过工会、共青团组织，大力宣传党的路线方针政策，及时向广大职工群众传递党和国家的声音。二是组织上带。各地把企业党组织建设与工会、共青团组织建设通盘考虑，班子实行交叉兼职，工会主席可由党支部书记兼任，符合条件的团组织书记可进入党组织领导班子。工会主席和团支部书记不是党员的，列为重点培养对象，具备条件的及时发展其入党。据统计，到 2007 年底，全省非公有制企业中已有 78.3% 的企业建立了工会组织、46.3% 的企业建立了团组织。三是工作上带。把工会、共青团推优情况作为党组织发展党

员的重要来源和参考；党组织制定目标、部署工作和检查考核时，同步考虑工会、共青团建设；企业党组织在开展相关工作时，积极吸收工会和共青团共同参与，充分发挥它们在维护职工权益、建设企业文化等方面的积极作用。

（六）杭州市萧山区非公党建的示范作用和创新经验

杭州市萧山区是浙江省非公有制企业党建工作的先行者和示范者。早在20世纪90年代非公有制经济迅速发展的同时，萧山区便着手将非公有制企业党建工作纳入党的建设工作全局，着力扩大党在非公有制经济组织中的组织覆盖和工作覆盖。在当时的萧山市委支持下，全国第一家民营企业党委于1998年9月在浙江传化集团成立。1999年8月28日，胡锦涛同志对浙江传化集团非公有制企业党建工作作出批示，提出"要注意总结此类经验，研究共性问题。这不仅对浙江有现实意义，对全国也有积极作用"。具体来说，萧山区非公有制企业党建工作的创新性经验主要有以下六个方面：一是实行党员民主听证制度，畅通党员参与企业决策渠道，实现党员主体地位与企业科学决策水平共同提升。二是建立职工民主评议制度，创设职工监督企业高管平台，实现职工民主权利保障和企业管理水平提高有机结合。三是建立党员示范岗制度，发挥党员先锋模范作用，实现增强党组织战斗力与促进企业生产经营有机贯通。四是完善思想政治工作制度，发挥党组织思想政治工作优势，实现党组织内部凝聚力和外部影响力共同增强。五是实行党组织班子成员与企业管理人员交叉任职制度，拓宽党组织作用的空间，实现扩大党组织影响力与促进企业生产经营并行兼顾。六是重视企业文化建设，丰富职工业余文化生活，实现党组织凝聚力与职工生活品质同步提升。①

二　实现非公有制企业党建强和发展强

在基本解决非公有制企业组织覆盖和工作覆盖两大难题的基础上，为了

---

① 参见肖剑忠、史及伟《非公有制企业党建工作创新性经验及发展对策——以杭州市萧山区为例》，《浙江学刊》2010年第4期。

有效应对和解决企业虽然有党组织、有活动，但影响力不大、凝聚力不强、对企业发展贡献度不高、与企业生产经营融合度不深等非公党建工作中更深层次的难题，浙江省于 2010 年开始以"党建强和发展强"（简称为"双强"和"双品牌"）为总目标和总抓手，深入推进非公有制企业党建工作，以进一步提升全省非公企业党建工作整体水平。2010 年 10 月，浙江省委组织部、浙江省委宣传部和浙江省委统战部等部门联合下发了《关于在全省非公有制企业中深入开展争当"发展强、党建强"先进企业活动的实施意见》。该意见提出了企业生产经营好、发展成效好、劳动关系好、文化建设好、履行社会责任好、党组织自身建设好这"六个好"的党建强和发展强先进企业标准，以及提出了大力推进企业转型升级、大力推进企业人才队伍建设、大力推进和谐劳动关系构建、大力推进企业文化建设、大力推进党务工作者和党员队伍建设、大力推进企业党建工作运行机制建设等七个方面的主要举措。

杭州作为浙江非公有制经济第一大市，在非公有制企业党建强和发展强"双品牌建设"中，更是一马当先，亮点迭出，成效显著。

（一）以个性化组建为特色，推进党的组织和工作"双覆盖"

一是推行园区市场区域化组建。在园区、商务圈、市场等企业集聚的地方，建立区域性党组织，通过推广党建工作联席会议制度、配备组织员、选派党建工作指导员等措施，将区域内的企业纳入党的工作范围。二是推行商务楼宇社区化组建。把社区党建的理念和经验引入商务楼宇，按照"楼宇社区建党委、楼宇企业建支部"的架构，建立楼宇社区党委。三是推行行业企业归口组建。依托个体私营企业协会、建筑行业协会、交通运输协会、机动车维修和配件协会、机动车驾培协会、劳动保障行业协会、建筑评估行业协会、律师协会、注册会计师协会、出租车协会 10 个行业党委，组建党组织。

（二）以书记队伍为重点，加强党务工作者队伍建设

一是多渠道选优配强党组织书记。通过组织下派、社会选聘、公开选拔等途径，从党政机关干部、国有企事业单位管理人员、复转军人和大学生村

官中选聘505人担任非公企业党组织书记。二是选派党建工作指导员。从机关在职干部、"退二线"党员干部中选派党务工作经验丰富的同志担任党建工作指导员（联络员），联系指导企业。三是推进党务工作者队伍建设。建立非公企业党务工作者人才库，试行资质认证、建立考核制度、加强综合保障，逐步形成党务工作者选拔、培育、管理和服务职业化运行机制。四是开展集中轮训。把非公企业党组织书记培训工作列入党员干部教育培训总体规划，采取分级分类、分期分批实施的办法，培训非公企业党组织书记。五是推行"双述双评"。全面推行非公企业党组织书记向上级党组织和本单位党员群众报告工作并接受评议的"双述双评"制度，并将评议结果作为认定党组织书记工作绩效的重要依据。六是加强待遇保障。积极推动企业健全完善党组织书记待遇保障制度，要求非公企业党组织负责人，一般应享受企业生产经营岗位中层以上干部待遇；非公企业解聘党组织负责人，要事先征求上级党组织的意见并说明理由；积极推荐优秀非公企业党组织书记作为市、县两级"两代表一委员"人选。

（三）以标准化建设为抓手，深化党建强、发展强"双品牌"示范点建设

一是开展党组织标准化建设。以党建强、发展强为目标，以"六个有"为标准，通过查阅台账、听取汇报、现场察看等方式对全市非公企业党组织进行评分定级。按照"做标准、创一流"的要求，指导非公企业党组织明确创建目标和整改方向，巩固优秀、提升达标、推动基本达标、帮扶未达标，努力争取升级晋位，打造"双强"品牌。二是打造非公企业党建"500强"。以工业企业百强、服务业企业百强、企业竞争力百强、商务楼宇税收百强和专业市场百强为重点，对大企业大集团集中培育。全市涌现出了传化集团、阿里巴巴集团、娃哈哈集团、祐康集团、万向集团、东部软件园等一大批"双品牌"示范企业。三是建立直接联系制度。选择部分规模和影响较大、党员人数较多的非公企业党组织，改变隶属关系，由各区、县（市）"两新"工委直接联系管理，实行重点指导、重点培育，树立一批类型多样、特点鲜明的"双品牌"示范点。四是完善双重管理制度。确定了一批规模和影响较大、党建工作基础较好的非公企业作为市级双重管理企业，由市委"两

新"工委与属地党委一起抓好这些企业的党建工作,加强动态管理。

（四）以企业家协会为平台,探索党组织发挥实质作用的有效途径

一是加强企业家协会党建工作。以企业家协会为平台,找准党建工作与企业发展的结合点,进一步明确职能定位、扩大会员规模、完善活动机制。通过开展教育培训、交流研讨、学习考察等活动,听取企业家对党建工作的意见建议,促使他们真正重视和支持企业党建工作。二是构建双向互动机制。建立企业党组织和企业管理层共同学习、沟通协商、民主恳谈、相互列席重要会议等制度,把党组织活动同企业生产经营管理结合起来,实现目标同向、互促共进。三是构建党建促和谐机制。总结传化集团构建和谐劳动关系的做法,推行"党员民主听证""党员思想政治工作责任区""四必访、五必谈"等制度。四是开展开放式党组织活动。以园区、楼宇、商务圈、市场、乡镇（街道）等为单位,组织区域内的企业党组织轮流承办党内活动,采取讲座、竞赛、案例讨论、参观学习、结对帮扶、志愿服务等形式,充分实现组织共建、设施共享、党员共管、活动共推。

（五）以网络党建为突破,推进非公企业党建信息化建设

一是开展党建信息库建设。按照以用促建、建管同步、上下联动、资源共享的原则,市、县（区、市）、乡镇（街道）三级逐步健全"两新"组织党建工作台账,建立"两新"组织党建信息库。二是建立网络 E 支部。充分利用高新企业的技术优势,在文创园、高新产业园等园区建立网络 E 支部,引导企业建立党员信息管理平台,党员通过账号登录,可以浏览党建信息,接收活动提醒,参加网上组织生活,积极开展丰富多彩的开放式党建活动。三是开通党建微博群。开通企业党建微博,并鼓励非公企业党务工作者和党员开设个人微博,做好网络舆论的引导工作,营造良好的非公企业党建工作氛围。

三 新社会组织建起来和转起来

新社会组织是指相对于政党、政府等传统组织形态之外的各类民间性的社会组织,主要包括社会团体、基金会、民办非企业单位、部分中介组织以及社区活动团队。早在 2004 年，时任省委书记习近平多次强调要进一步加强新社团组织党建工作的探索力度，扩大党组织的覆盖面。2009 年 7 月 24 日，时任省委书记赵洪祝在杭州专题调研城市社区和新社会组织党建工作；2009 年 11 月，浙江省新社会组织党建工作现场推进会在浙江金华市召开。特别是 2010 年以后，各地各级党委纷纷成立"两新"工作委员会、在组织部内设"两新"处或"两新"科以及出台本地加强新社会组织党建工作的意见，更是表明浙江全省各地已经实实在在地将新社会组织党建纳入基层党建工作布局之中。对此，浙江省内的杭州和义乌等地开展了积极的探索和有效的创新。

（一）理顺工作机制，探索多种方式，努力把党组织建起来

新社会组织党建在许多方面借鉴了新经济组织的成功经验和好做法，在建立党组织、扩大组织覆盖方面尤其如此。例如，作为新社会组织党建工作的先行者和示范者的义乌市，按照"先易后难、分类指导、有序推进、全面覆盖"原则，推进新社会组织党组织组建工作。当地不仅建立了组织部门、登记管理部门和业务主管部门"三位一体、共同负责、通力合作、齐抓共管"的工作机制，及时指导新社会组织按要求组建党组织。在组织设置方面，他们根据正式党员人数、新社会组织性质等实际情况，分别采取单独组建、联合组建、挂靠组建等方式。对于有正式党员 3 名以上、党员人数较为稳定、有合适支部书记人选的新社会组织，单独建立党支部。对于党员人数较少的新社会组织，按照"行业相近、地域相邻、工作方便"的原则，由各社会组织共同联合建立党支部。对于不具备单独建立支部条件的新社会组织，挂靠社区或主管部门，成立党员小组。对于暂不具备组建条件但又有工作要求的新社会组织，从业务主管单位党组织或所在地党组织中选派熟悉业务和党务工作的党员，担任党建工作指导员，为以后组建工作创造条件。①

（二）加强培育"孵化"，积极发挥作用，务必使党组织转起来

对于新社会组织来说，党员人数少、书记能力弱、活动场地缺、经费投

入不足等问题具有相当的普遍性，而这些问题的存在势必导致一些新社会组织党组织出现组织生活不正常、党员作用不明显、党建工作边缘化等问题。如何应对和解决新社会组织党组织虽已组建但运转不起来的问题，浙江杭州的成功探索包括：①建立新社会组织孵化器。即按照政府推动、民间运作、公众参与、社会监督的运作模式，由政府和社区免费提供场地，吸引社会组织入驻，并为它们提供机构孵化、能力培训、社区落地等一系列综合性服务，同时建立党的组织，充分发挥党建引领下双孵化、双管理、双服务、双促进功能。例如，位于杭州市江干区凯旋街道的"凯益荟"是杭州市首家社会组织服务中心，入驻专业服务机构 9 家，备案登记社区社会组织 210家，下设支部 35 个，在职在册党员达 529 人。为了充分发挥新社会组织的"孵化器"功能，"凯益荟"做到"三个同步"，即：社会组织与党组织入驻同步、孵化服务与党建指导扶持同步、社会组织与党组织成熟同步。① 据统计，截至 2013 年底，杭州全市 33 家新社会组织"孵化器"共引进孵化新社会组织 202 家，其中独立建立党支部的有 35 家，建立联合党支部的有87 家。为促其党组织发展壮大，"孵化器"配备了专职党员社工负责开展党建工作，将党组织培育纳入社会组织培育体系，并建立"组织双孵化、党员双管理、人才双培养和工作双促进"的机制，推动党组织尽快"转起来"。② ②丰富活动载体。有了丰富的活动，才能增强新社会组织及其党组织的凝聚力；依靠丰富的活动，才能更好地服务群众，扩大新社会组织及其党组织的影响力。像江干区凯旋街道"凯益荟"成立一年多来，各行业总支积极搭建平台，组织下属党支部先后共组织开展文体活动 203 场，举行各类志愿服务 182 次，为街道 1065 位 70 周岁以上老人提供代购、医疗等服务8.3 万余人次，送餐服务达 9.5 万余人次，调解民事纠纷 173 起、调解成功率达 100%。③健全考核机制。新社会组织党组织的持续健康发展，有赖于

---

① 参见孙钥、施海燕、黄海君《江干区凯旋街道凯益荟"一领四双"模式推动新社会组织发展》，《杭州日报》2013 年 6 月 25 日。

② 赵兵：《浙江杭州市着力破解新社会组织党组织"空转"问题》，《人民日报》2014 年 5 月13 日。

建立一套科学的考核机制。为此，杭州市于 2013 年制订出台《新社会组织党建工作考核办法》。该考核办法规定，新社会组织被划分为律师事务所、民营个体协会、民办学校等 9 类评估指标，实行百分制考核。在考核的结果运用方面，该办法规定：评定为优秀的，重点培育，打造成新社会组织党建工作示范点；不达标的，则由上级党委予以指导整改，对领导班子谈话诫勉。与此同时，党建星级评定还纳入社会组织信用评估体系，与政府购买服务项目挂钩，激发出新社会组织提高党建水平的内生动力。①

第四节　深化社区党建　巩固城市执政根基

城市社区党建是城市社区建设的主要内容和基本保障。浙江的杭州市不仅是新中国第一个居委会诞生地②，而且是 20 世纪 90 年代以来兴起于全国的社区建设的重要发源地和重要引领者。浙江省内的杭州、宁波等城市和国内的上海、北京等大城市一样，在推进城市社区建设之初，便将社区党建作为其中主要任务来谋划和部署。

一　打基础利长远：浙江社区党建的发展概况

党的十六大以来，浙江省委在制订《关于加强城市社区党建工作的意见》、建立社区党建工作领导体制、健全社区组织体系等原社区党建工作的基础上，加快实现传统单位党建到社区党建的转型。在这期间，浙江省委、省政府及有关部门先后召开了全省城市社区工作会议等重要会议，制定颁发了《浙江省城市社区建设指导纲要（2003～2010 年）（试行）》《关于开展创建城市社区党建工作示范社区活动的通知》等重要政策文件。时任浙江省委书记习近平同志多次讲话强调要加强对城市社区党建工作的探索力度，

---

① 参见赵兵《浙江杭州市着力破解新社会组织党组织"空转"问题》，《人民日报》2014 年 5 月 13 日。

② 2007 年，民政部正式确认杭州市上城区柳翠井巷居委会是新中国成立后全国最早的居委会。如今该地建有中国社区建设展示中心。

并先后到杭州市西湖区翠苑一区、杭州市上城区小营巷社区等地考察、调研和指导社区党建工作。在浙江省委、省政府及有关部门的推动下，全省各地高度重视，持续不懈地推进城市社区党建工作。

（一）建立楼道党支部，优化社区基层党组织设置

建立楼道党支部的探索始于杭州市下城区。其基本做法是按照地域相邻的原则，以一个楼道、一幢楼房或几个相邻的楼房为主，以20名左右的党员为宜，组建一个楼道党支部。同时选好书记、配好班子，健全制度、加强规范，明确职责、保证经费，突出特色、丰富内涵。由于楼道党支部的规模较小、党员人数不多且彼此相邻、互相熟悉，同时，党员群体面临的问题和交流的话题相同或相似，从而使党组织的有关党员教育活动和为民服务活动更容易开展，使党员的荣誉感和责任感显著增强，使党员可以受到党组织和其他党员及周边群众更加有效的监督。新华社记者对楼道建党支部的效果概括为"社区党组织的战斗堡垒作用体现明显""对社区党员的教育管理有效到位""党群关系进一步密切"等三个方面。由于城市社区建立楼道党支部显著成效，得到中央和时任省委书记习近平等浙江省委领导的肯定，这一做法此后在杭州全市和浙江全省得到推广。以杭州为例，截至2014年3月，全市建立了2713个楼道党支部。

（二）选优配强，加强社区领导班子和社区工作者队伍建设

浙江各级党委历来高度重视城市社区基层党员干部队伍建设，选优配强社区领导班子和社区工作者队伍。主要做法有：①党内选优。即指在每三年一次的社区党组织换届选举中，在设定较高的年龄结构和学历结构等目标的前提下，鼓励优秀党员参加社区党组织选举，选拔文化水平高、工作作风好、业务能力强、群众口碑好的优秀党员担任社区党组织书记。②社会上招优。在设置一定的年龄和学历的条件下，经过笔试和面试等程序，从社会广泛招聘社区工作者。③大学生中聘优。浙江从2006年统一开展从高校毕业生中选聘大学生到村（社区）担任书记（主任）助理的工作。随着一批批学历较高、思维较活跃的大学生汇入社区干部队伍，全省社区干部队伍的整体素质明显得到提升。④培训育优。从全省兴起社区建设高潮开始，浙江就

注重通过依托各级党校和浙江大学等省内高校，为广大社区干部提供各类政治和业务的在职培训，基本做到新任社区书记和主任必培训、社区干部每年有培训。⑤实践锻炼促强。浙江省各地还普遍开展了社区之间交流锻炼、重大工程挂职锻炼、上级机关挂职锻炼，使年轻的社区党员干部在实践锻炼中得到更快的成长。

（三）建设社区服务中心，加强社区基础设施建设

社区办公用房和社区服务中心、社区党员服务中心等基础设施，是社区党建工作的基本前提和重要保障。浙江省委历来高度重视解决社区建设和社区党建工作中有房办事、有地方服务的问题。早在 2001 年，中共浙江省委办公厅、浙江省人民政府办公厅印发的《关于进一步加强城市社区建设的意见》，就明确要求城建部门负责落实在新建小区中配置社区居委会的办公用房。由于社区建设承载的功能日益增加及各级领导对社区基础设施建设的进一步重视，社区办公、服务等配套用房的面积也不断增加。例如，杭州市在 21 世纪初要求社区办公用房面积不少于 300 平方米，2008 年杭州市人民政府办公厅印发的《杭州市社区配套用房使用管理暂行办法》则提出社区配套用房按照建筑面积不低于每百户 30 平方米的标准配备，每个社区不得低于 350 平方米。尤其值得指出的是，为了更好地做好社区服务群众的工作，浙江各地普遍按照功能集合、"一站式"服务的要求，建立了具有党员活动、便民服务和文化宣传等多种功能的社区服务中心或社区党员服务中心。仅 2004 年，浙江全省就已建立各类社区服务中心 1339 个，面积达 25 万平方米，开办社区服务网点 10 万多个。① 2007 年 5 月，浙江省人民政府制订了《关于进一步加强社区服务工作的实施意见》，对全省各地的社区服务提出了统一的、更高和更明确的要求。此后，浙江全省的社区服务中心和党员服务中心建设得到进一步加强。以杭州市为例，截至 2013 年底，全市建成集党员活动、便民服务、文化宣传、信息传播等多功能于一体的党员活动中心 3175 个。

---

① 参见厉佛灯《不忘总书记的重托——浙江社区建设和社区党建工作纪实》，《今日浙江》2004 年第 22 期。

（四）创新服务机制，做好服务社区群众工作

胡锦涛同志2001年5月在浙江杭州考察社区建设时强调：我们在社区的各项工作中，都必须明确为民服务的思想，把为民服务作为社区一切工作的出发点和落脚点。时任浙江省委书记的习近平同志更是提出了颇具指导性和操作性的"三个转变"的社区服务思路，即：在服务对象上，从传统的民政对象拓宽到全体居民；在服务内容上，从单项服务逐步发展到满足居民各种需求的系列化服务；在服务方式上，坚持有偿服务与无偿服务相结合。2007年5月浙江省人民政府制订的《关于进一步加强社区服务工作的实施意见》就是对胡锦涛同志指示精神的贯彻，是对习近平同志"三个转变"社区服务思路的具体化，有力地促进了全省各地社区服务工作的深入开展和服务社区群众机制的创新。在实践中，浙江涌现出以杭州市下城区"66810"和宁波市海曙区"81890"为代表的服务社区群众新机制。"66810"服务机制，是在社区党委领导下、社区居委会牵头协调、社区居民和辖区单位共同参与，为满足社区成员多层次需要，依托街道和社区居民委员会开展的社会化服务。它具体包括"六必到""六必访""八必报""十条为民服务线"。① "81890"是指宁波市海曙区人民政府通过开设一条"81890"求助热线、一个"81890"求助服务网站（http://www.81890.gov.cn）、一个"81890"失物招领中心、一个"81890"企业服务平台、一个"81890"党员咨询服务中心、一个"81890"爱心超市，以570多家各类服务单位及1000多名"81890"红帽子志愿者队伍为依托，实现政府和社会服务资源的整合，进而全面提升服务能力，最大限度地满足市民的需求。这些服务群众机制的创新，显著提高

---

① "六必到"是指楼道党支部党员思想波动必到、党员志愿服务必到、党员困难病重必到、社区突发事件必到、邻里矛盾纠纷必到、邻里守望互助必到；"六必访"是指社区党委困难群众每月必访、独居老人每月必访、残疾家庭每月必访、流动党员每月必访、失业人员每月必访、其他重点帮扶人员每月必访；"八必报"是指党员协助社区做到公共设施损坏必报、背街小巷不洁必报、发现新增孕妇必报、外来人员流入必报、居民病重住院必报、居民房屋出租必报、有安全隐患必报、有不稳定因素必报；"十条为民服务线"是指社区推出的党员先锋服务线、环境美化服务线、平安秩序服务线、医疗计生服务线、文体教育服务线、帮扶救助服务线、居家养老服务线、助残扶残服务线、就业指导服务线、公共危机服务线。

了社区服务群众的能力、效率和质量，得到了当地居民群众和前来考察的中央领导及新闻媒体的称赞、肯定和好评。

二　区域化党建：浙江社区党建近年重要发展动向

所谓区域化党建，是浙江省委组织部在 2012 年出台的《关于进一步推进区域化党建工作的意见》中明确的："以一定的区域为党建工作单元，按照区域统筹的理念，综合运用现代管理科学和信息科技手段，科学设置党的基层组织，统一管理党员干部队伍，整合使用党建资源阵地，统筹开展党的活动，实现资源配置最优化、组织效能发挥最大化、教育管理效果最佳化、组织工作成本最低化和工作力量配备最强化的党建工作模式，具有地域性、整体性、开放性、系统性、整合性等特点。"

区域化党建是近年来浙江等经济发达地区城市社区党建的重要发展动向。这主要是由于区域化党建具有两方面的突出优势：一是区域化党建有利于更好地整合社区党建资源，从而更好地开展党建工作，服务社区群众。二是区域化党建有利于更好地扩大社区党组织对辖区内"两新组织"和流动党员的组织覆盖和工作覆盖，从而增强社区党建工作的辐射力和渗透力，巩固党在城市的执政根基。

在浙江，区域化党建起步早的地方同样主要是宁波和杭州这些辖区机关事业单位和"两新组织"较多、外来务工创业人员和流动党员聚集的城市。宁波市的区域化党建模式，以北仑区"三位一体"模式最为典型。其核心内容为：以一个有内在关联性、管理幅度适中的区域为单位，采取"1 + N"的模式设立区域性党组织（即在"N"个单建的党组织的基础上，专设"1"个功能性党组织，发挥对零散、流动党员管理的"蓄水池"作用以及党建空白点的"孵化器"作用），并将区域性党组织作为区域党建工作责任主体，实行党员全接纳制度，实现区域党建工作全覆盖。为进一步确立区域性党组织在区域各项工作中的核心地位，发挥引领作用，北仑以区域性党组织为核心，推动区域党建工作体系、区域公共服务体系和区域协商议事体系建设。宁波市北仑区的区域化党建探索取得显著成效，概括地说，就是：基层党建网络进一步健全；基层党组织活力进一步提升；基层党组织服务能力进一步增强；基层党组织核心地位进一步巩固。2011 年 7 月，全国党建研究会和宁波市委在北仑区共同举办"区域化党建与基层社会管理创新"研讨会，这充分表明宁波市北仑区的区域化党建探索得到了专家的高度肯定，走在了全国前列。

杭州区域化党建探索的先进典型和方法主要有上城区清波街道的吴山商圈党委和江干区采荷街道的党建共建工作代表会议制度。前者的主要内容是实施"组织联建、党员共管、设施共享、活动共推"，实现"社街校企"一体发展。后者的主要做法包括：在街道党工委领导下，建立党建共建代表会议机制，成立社会工作党委及区域党建、经济、环境、民生、社会管理等五个"协调小组"，通过"一会一委五小组"的组织体系有效整合区域内组织、人才、信息、资金、环境等各种党建资源；社会工作党委委员、专项小组成员按照"定期、定点、定线"的要求，有针对性地对各成员单位党建共建工作开展对口专题指导；充分发挥社区党委"兼职委员"桥梁纽带作用，深入开展企业与社区、社区与两新组织之间的结对互助活动，帮助解决实际问题；在街道"阳光家园"3 楼开辟 25 平方米会议场地，建立党建共建"议事厅"；加大党建共建资金保障力度，将日常工作经费纳入街道、社区年度财政预算。① 特别是采荷街道的党建共建工作代表会议制度每年都会落实到该年度的共建项目，使其在整合社区党建资源、形成社区党建合力方面效果显著。

基于宁波市和杭州市等地区域化党建工作的探索创新和经验总结，浙江省委组织部于 2012 年专门制定出台了《关于进一步推进区域化党建工作的意见》。在这一文件的指导和推动下，全省各地的党建资源得到了更好的整合，城市社区党建工作取得了更大的成绩。

---

① 参见《采荷街道积极实施党建共建"同心圆"项目，统筹街域资源打造区域发展共同体》，《情况专报》2013 年 6 月 13 日。

三　基层服务型党组织建设：社区党建当前主要着力点

基层服务型党组织是指以服务群众为价值导向和功能定位的基层党组织。党的十八大作出创新基层党建工作、加强基层服务型党组织建设的重大部署，浙江全省各地普遍加大了相关工作力度和创新探索，使服务群众成为基层党建工作的主要着力点和鲜明主题。尤其值得指出的是，浙江的部分城区和街道党委政府适应信息网络时代的需要，坚持技术创新与制度创新并重，为基层服务型党组织建设插上了技术的翅膀，使基层社区党员干部了解民众需求、回应民众关切、解决民众难题的工作效率大大提高，使广大基层民众对社区党组织的满意度大大提高。

（一）党员工作室和党代表工作室

为了进一步发挥党代表在闭会期间的作用，更好地保障党代表的知情权、参与权和监督权，使党代表群体更便捷地服务群众，浙江各地近年来普遍开展党代表工作室建设，搭建党代表履职和服务群众的平台。据媒体报道，早在 2012 年上半年，浙江全省 11 个市、90 个县（市、区）就已建立党代表工作室 4000 多个，市、县、乡三级 2.2 万多名党代表进驻工作室。[①]除了建立党代表工作室之外，各地基层党组织还为那些热心服务居民的普通党员专辟场地，建立党员工作室。杭州市拱墅区还建立了党代表网上工作室，实现了党代表工作室线上线下的覆盖。

（二）片组户民情联系制度

片组户民情联系制度是杭州基层服务型党组织建设中的重要服务机制创新。其具体做法是：城市社区以小区、楼幢、巷弄为单位，农村以自然村或相对集中居住区域为单位，划分区域为管理"片"，以一定数量家庭户数为"组"，由街道（乡镇）领导班子成员、机关干部、社区（村）干部及党员骨干具体联系入"户"，通过下发民情联系卡、建立走访档案、编印民情小报、开通民情服务热线等形式，做到联系片区家庭成员思想动态、就业状

---

① 参见袁艳《我省建四千党代表工作室》，《浙江日报》2012 年 6 月 30 日。

况、劳动技能、收入支出、迫切需求"五清楚",最终实现"联系无遗漏、管理无盲点、服务无缝隙"的目标。借助多样化的联系渠道,依靠机关和社区党员干部组成的服务团队,使居民群众的诸多民生问题得到解决,服务需求得到满足。据统计,截至 2014 年 3 月,杭州"全市共划分 15007 个片、59540 个组,组建服务团队 22326 个,参加党员干部 23.8 万人次,联系走访群众 182.98 万户次"。

(三)"365"智能协作平台

"365"智能协作平台是杭州市上城区打造的集合多方力量、满足群众多方面需求的便捷高效的公共服务平台。其中的"3"指区、街道和社区(基础网格)组成的"3"级管理服务网络联动;"6"是指辖区党代表、人大代表、政协委员、在职党员干部、辖区共建单位和志愿者"6"种服务主体力量;"5"是指全区党建网、综治网、效能网、服务网和民情网"5"网合一。这一平台的主要功能和优势在于了解群众有哪些需求,并快速便捷解决群众反映的各类问题,为群众提供高效满意的服务。当来自基层社区的信息被全天候、无遗漏地收集后,平台工作人员会进行研判;街道层面不能解决的问题,则交付 60 个职能部门处置或八大平台联动处置;职能部门或八大平台也无法处理的,则提请九大联席会议工作组统筹协调;碰到特别复杂、困难,以至联席会议工作组也无法解决的问题,则由区分管领导牵头,区信访办公室最终解决,并由"两代表一委员"以提案、议案、建议形式领衔破难。概括地说,"365"智能协作平台是一个从信息录入、事件交办、答复反馈到群众评价全过程的闭合体系平台,具有全程跟踪记录、事过留痕、事后评价的功能,其特色和优势主要体现在覆盖广泛和深入基层的群众诉求和民情信息收集获取渠道、多层级政府多部门参与解决的服务主体、高效且透明的处置机制、多种指标组合而成的科学绩效评估机制(包括逐日或定期公布的网格信息上报率、事件回放率以及承办单位的及时办结率、群众满意率等)。一位社区党组织负责人对该平台的反映是:"这是区里了解基层最好的手段","最重要的是,互相推诿、踢皮球的现象没有了,而且居民反映的事情都能够及时地得到解决。而打分的形式，让社区也有了话语权。"①"365"智能协作平台的效力由此可见一斑。

（四）民情"E点通"

民情"E点通"是上城区望江街道为更好地服务居民群众推出的服务平台，集技术创新和制度创新于一体。民情"E点通"由手机APP、电脑终端和网上指挥中心组成，通过在党员干部、社工和居民群众手机中安装APP，街道各科室、社区安装电脑终端，由网上指挥中心网络互联，建设"民情表达、民情反映、民情处置、民情管控"四大体系，从而使需求与服务有效对接，确保做到辖区群众随时表达诉求、社会各方精准提供服务。其中，民情"E点通"APP内的"我来爆料"板块，可以让居民能够自主、实时地表达各种利益诉求，居民群众可以随时随地通过手机将民情民意和问题诉求通过民情"E点通"APP上传至运行管理平台，管理员将及时对各类诉求进行智能化流转处理，根据诉求内容的不同来选择由社区、街道科室或联动"平安365"进行解决，从而构建起居民与政府网上实时互动的绿色通道。"爱心接力"功能板块，可以使得居民的读报陪聊、家政服务、医疗保健、纠纷调解、心理疏导等各类诉求被编辑成爱心任务和微心愿，面向辖区党员、党组织发布并供其认领。"爱心接力"整合了街道辖区所有党组织、党员（包括在职党员）的力量，并做到APP实名注册。在"爱心接力"中还全面公布了党员特长、服务时间、服务内容，从而便于党员信息和居民服务需求有效对接，为党员、党组织直接联系群众、服务群众牵线搭桥。"圈子"板块包括政府主导和居民自主两种不同的开设方式。政府主导建立的党建圈、商务圈、服务圈、社会组织圈等，可以为党员群众提供各种需要的服务信息。此外，居民也可以根据需求自主建立代购、拼服务、家装、化妆、摄影、培训等不同类别的圈子，吸引不同特长、不同兴趣的党员和居民组成"趣缘团体"，在增进交流的同时，还能引导党员群众

---

① 丛杨：《上城区365智能平台为老百姓解决实际需求》，《青年时报》2013年6月25日。

发挥自身特长服务邻里，较好地实现了以群众力量解决群众问题的目标。

第五节　加强党员队伍建设　增强党的肌体活力

党员是党的肌体的细胞。党员队伍建设状况，直接影响党的整个肌体。21世纪以来，由于历届浙江省委始终重视和采取多种措施加强党员队伍建设，浙江全省的党员队伍结构持续优化，队伍活力和战斗力不断增强，优秀党员大量涌现。

一　确保党员发展质量

21世纪以来，浙江省不仅与国内其他地区一样，始终重视从工人、农民、知识分子和军人等社会阶层中吸收其先进分子入党，而且特别重视做好民营企业家这一特殊群体的党员发展工作。在浙江，一方面，非公有制经济发达，非公有制企业众多，相应地，民营企业家数量庞大，是群众中的重要组成部分；另一方面，这些非公有制企业提供了大量的就业机会，创造了大量的社会财富，缴纳了大量的国家税收，开发了大量的技术成果，它们为社会生产力的发展、先进文化的发展和人民群众利益的普遍增进作出了重大贡献，是名副其实的中国特色社会主义事业建设者。敢不敢、重视不重视、能不能做好这一新的社会基层的党员发展工作，成为浙江各级党组织加强党员队伍建设必须面对和探索的课题，考验着浙江各级党委的勇气和智慧。

浙江民营企业家入党的破题首先离不开党中央政策的调整和外部环境的改善。如果说，在党的十六大之前，浙江的民营企业家入党不仅是凤毛麟角，而且是低调谨慎，并要经历九曲回环的考察；那么，在党的十六大之后，浙江的民营企业家入党则形成一波高潮。浙江著名的企业家邱继宝和徐传化等都是在党的十六大召开后不久的2003年入党的。数据显示，自党的十六大以来，截至2007年5月底，浙江全省个私（民营）企业协会共建立党组织109个，党员890人；基层个私协分会建立党组织323个，党员6990

人（其中个体工商户党员 3903 人）。① 与之形成鲜明对比的是，从 1978 年
到 1985 年，浙江全省仅有 132 名有私营企业背景的党员；直到 1989 年，还
明确规定私营企业主不能入党。② 数据变化的背后，反映的正是国家政治风
向标的改变，表明的正是浙江各级党委实事求是、解放思想、与时俱进、改
革创新、积极为党输入新鲜血液的科学态度、无畏勇气和责任担当。

发展党员，确保党的事业后继有人，既有数量的问题，也有质量的问题。
为此，浙江省委组织部早在 2002 年 8 月就制订了《浙江省发展党员公示制试
行办法》，对发展党员在对象、内容、时间、形式、范围等方面作出了明确规
定，要求必须公示发展对象的姓名、性别、出生年月、民族、文化程度、政
治面貌、工作单位、现任职务、职称等情况，以及申请入党时间、被列为入
党积极分子时间等，从而为全省各地基层党组织严格入党程序、严把入党关
口提供了重要制度保障。此外，各地基层党组织也以高度的政治责任感，在
严格党员发展程序方面进行了探索，并取得较好的效果。例如，浙江省衢州
市衢江区通过"回避＋干预＋公示"方式，确保农村党员发展质量。③ 又如，
浙江省绍兴市新昌县推行发展党员全程票决制，要求确定入党积极分子、接
收预备党员和预备党员转正等各环节都要实行多数通过的票决制。④

2013 年 9 月中央组织部召开全国党员发展和党员管理工作座谈会和
2014 年 6 月《中国共产党发展党员工作细则》发布后，浙江各级党组织认
真贯彻中央会议和中央文件精神，根据"控制总量、优化结构、提高质量、
发挥作用"的新十六字方针，进一步细化和严格党员发展程序。例如，浙
江省嘉兴平湖市探索党员"修积学分"制，对入党积极分子进行量化考核，
把好发展党员"入口关"。"修积学分"制规定，学分有必修和选修两大类，
由"学习""服务"和"工作"三部分组成，从入党申请到成为入党积极

---

① 参见吕律《浙江非公企业党组织建设助推民营经济》，浙商网，2007 年 6 月 29 日。
② 参见王孔瑞《浙江民企老板入党潮：当"资本家"遇到党支部》，《瞭望东方周刊》2006
　年 9 月 5 日。
③ 参见严慧燕《浙江衢江："回避＋干预＋公示"方式民主发展农村党员》，中国共产党新闻
　网，2009 年 8 月 14 日。
④ 参见《新昌县发展党员全程票决制实施办法（试行）》，新昌机关党建网，2011 年 2 月 22 日。

分子需要修满 30 个学分，从积极分子到预备党员，需要修满 40 个学分，预备党员转正需要修满 50 个学分。①《中国共产党发展党员工作细则》的实施和浙江各级党组织对党员发展的进一步严格把关，将使浙江党员队伍的质量得到持续提高。

二 激励党员争优，清除不合格党员

如何激励广大党员争当优秀共产党员，以及展示共产党员的先进性，浙江省既有加强党员教育、表彰优秀共产党员、设立无职党员奉献岗、设立窗口单位共产党员先锋岗等普遍做法，又有自己的探索和成功经验，这些成功的探索和经验都有闪光言行考评。闪光言行考评最初源于 2007 年浙江省湖州市长兴县的探索和实践，后来又在全省各地推广。其主要做法一是坚持正面激励，明确闪光言行内容，推行党员设岗定责。二是坚持自我激励，互相交流闪光言行，展示党员先进风采。三是坚持组织激励，现场公开分析点评，确认党员的闪光言行。四是坚持动态激励，开展星级考评推优，表彰季度先进党员。五是坚持长效激励，登记宣传闪光言行，树立创先争优表率。长兴县的闪光言行考评不仅受到党员和群众的欢迎，也得到了时任中央政治局委员、中央组织部部长李源潮同志的批示肯定。②

在上述多方面制度和举措的激励和引导下，浙江各级党组织广大党员立足岗位、尽心工作、争当先进、服务社会、奉献他人、为党争光，先后涌现了为民好书记郑九万、抗洪英雄好乡长陈柱平和钟伟良、最美妈妈吴菊萍、最美爸爸黄小荣、企业常青树鲁冠球等一大批优秀共产党员。

而对于蜕化变质的党员采取宽容放纵、不敢亮剑、睁一眼闭一眼的态度，事实上在一定时期是较为普遍地存在着。所以如此，主要一是怕得罪人；二是怕连累党组织；三是自身有问题，所以怕连累自己。有鉴于党员管

---

① 参见阮蓓茜《平湖把好发展党员"入口关"——入党，你准备好了吗》，《浙江日报》2013年 7 月 18 日。

② 参见《浙江省长兴县开展"党员闪光言行考评"活动激励农村党员经常性创先争优》，中国共产党新闻网，2010 年 7 月 28 日。

理失之于软，失之于宽的现状，习近平总书记多次强调要严格把关，提高党员发展质量，要疏通党员队伍出口，对那些丧失党员条件的要及时进行组织处置，对那些道德败坏、蜕化变质的要坚决清除出党。

近年来，在习近平总书记系列重要讲话精神的指导下，在已有的党员先锋指数测评制度的支撑下，浙江各级党组织勇于探索，不断加大对不合格党员的处理力度，以保持和维护党的先进性和纯洁性，并取得了明显成效。

第六章
改进党的作风 密切联系群众

党的作风关系党的形象，关系人心向背，关系党的生死存亡。中国共产党历来高度重视作风建设，始终把优良作风视为党的生命线。重视加强和改进作风建设是中国共产党的一个鲜明特色，也是区别于其他政党的显著标志。习近平同志主政浙江期间，突出强调了加强党的作风建设，对新形势下全省各级党组织加强党的作风建设作出了许多重要论述，有力指导了浙江党的作风建设的推进。党的十六大以来，历届浙江省委始终高度重视党的作风建设，并以作风建设年为抓手，不断改进党的总体作风、思想作风、领导作风、工作作风、干部生活作风、学风、文风等，取得明显成效。

第一节 "密切党同人民群众的血肉联系"
——习近平同志关于加强作风建设的论述

习近平同志主政浙江期间，在承继我们党在革命、建设、改革各个阶段关于党的作风建设的思想积累的基础上，结合浙江改革开放和现代化建设新的实践，探索新时期新形势新任务背景下党的作风建设思想的新思路、新方法、新观点，重新界定了党的作风的内涵，细化并丰富了党的作风建设各个层面的内容，并详尽阐释了作风建设的宗旨。

一 党的作风建设思想的内涵及主要观点

习近平同志主政浙江期间，积极探索党的作风建设的内涵与具体内容，取得了不少理论创新成果。正是在主政浙江期间，习近平同志关于党的作风建设思想，在历史继承、实践探索和理论升华的基础上，不断获得丰富、充实，不断走向成熟和系统化。

2007 年 3 月，习近平同志接受新华网专访，对于党的作风的内涵给予了明晰的界定。在他看来，党的作风是通过党的组织和党员的工作、学习和生活实践表现出来的相对稳定的思想方法、行为风格、道德状况和精神状态。① 对于党的作风的清晰界定，表明习近平同志在浙江工作期间对于党的作风建设探索的深入与系统化。

（一）党的总体作风方面：强调解决作风问题是一项经常性工作，必须坚持马克思主义群众观点、贯彻党的群众路线，把出发点和落脚点归结到实现好、维护好、发展好最广大人民的根本利益上来

习近平同志主政浙江时期，高度重视党的作风建设，多次强调这一问题，有力地推动了浙江加强党的作风建设各方面的工作，进一步密切了党群干群关系。

2003 年 2 月，习近平同志在浙江省纪委二次全会上指出：要经常扪心自问：手中的权力是从哪里来的？是用来干什么的？要经常警诫自己，权力只能用来为民谋利，而不能成为谋取私利的手段。② 2004 年初，习近平同志谈及："今年是浙江人民的不平凡的一年。面对资源要素的严重制约和罕见的自然灾害等困难，浙江牢固树立和认真落实科学发展观……探索建立为民办实事的长效机制。"③ 2005 年 5 月，习近平同志在省委专题学习会上指出：要群众信任，决不仅仅靠权力，更主要的是靠你的人格魅力和工作能力，靠你做群众工作的方法和本领。④ 干部和群众在某种意义上是一对矛盾统一体。特别是解决当前社会存在的一些矛盾和冲突，往往都会涉及干部与群众的关系。我们常讲，群众在我们心里的分量有多重，我们

① 参见习近平《干部作风建设要加强领导、教育、监督》，新华网，2007 年 3 月 5 日。

② 参见《浙江省委记记习近平：廉洁自律从我做起》，中国广播网，2003 年 2 月 24 日。

③ 顾春：《发展上台阶，思考进一层——访浙江省委书记习近平代表》，《人民日报·华东新闻》2005 年 3 月 8 日。

④ 参见习近平《要群众信任，决不仅仅靠权力》，《人民日报》2005 年 5 月 30 日。

在群众心里的分量就有多重。这话从工作方法上讲，就是要求我们同群众打成一片，努力提高群众对领导干部的信任度。① 2006 年 10 月 25 日，时任省委书记的习近平同志在杭州市检查党风廉政建设责任制落实情况时强调："各级领导干部要始终保持谦虚谨慎、不骄不躁的优良作风，保持奋发有为的精神状态，保持清正廉洁的良好形象，时刻注意自重、自省、自警、自励，严格自律，率先垂范，真正做到为民、务实、清廉，保证把人民赋予的权力用来为人民谋利益。"② 2007 年 1 月 29 日，习近平同志参加浙江省十届人大五次会议杭州代表团分组讨论时指出："这个分数应该由老百姓来打。对一个领导干部来说，关键是为民做事。至于评价，百姓心中自有一杆秤。"③ 2007 年 3 月，习近平同志接受新华网专访时指出："加强领导干部作风建设既是一项长期而艰苦的任务，又是一项现实而紧迫的工作。当前，推进领导干部作风建设，最关键的是要落实胡锦涛总书记的重要讲话精神，在实践中巩固和发展保持共产党员先进性教育活动的成果，切实把继承我们党的优良传统和与时俱进地培育新的作风紧密结合起来……党风正则干群和，干群和则社会稳。可以说，社会和谐的程度在很大意义上也取决于作风状况的好坏……始终保持党同人民群众的鱼水深情、血肉联系。领导干部的良好作风本身就是凝聚人心、强基固本、促进和谐的巨大力量和重要因素。"④

党的十八大以来，习近平总书记更是高度重视党的作风建设，多次从战略高度突出强调这个问题。2012 年 11 月，习近平总书记在十八届中共中央政治局第一次集体学习时的讲话指出，党坚强有力，"党同人民保持血肉联系，国家就繁荣稳定，人民就幸福安康"⑤。2012 年 12 月，习近平总书记到

---

① 参见习近平《干在实处 走在前列——推进浙江新发展的思考与实践》，中共中央党校出版社，2006，第 526 页。

② 《落实党风廉政责任制，以党内和谐促进社会和谐》，《浙江日报》2006 年 10 月 26 日。

③ 《浙江省委书记习近平称为官分数应由百姓打》，新浪网，2007 年 1 月 30 日。

④ 习近平：《干部作风建设要加强领导、教育、监督》，新华网，2007 年 3 月 5 日。

⑤ 习近平：《紧紧围绕坚持和发展中国特色社会主义，学习贯彻党的十八大精神——在十八届中共中央政治局第一次集体学习时的讲话》，人民出版社，2012，第 10 页。

广东调研期间认真落实《关于改进工作作风、密切联系群众的八项规定》，率先垂范，身体力行，为端正党风作出榜样。2013 年 7 月 11 日，习近平总书记伫立中国共产党人"进京赶考"前定下的规矩①展板前，一一对照着说："不做寿，这条做到了；不送礼，这个还有问题，所以反'四风'要解决这个问题；少敬酒，现在公款吃喝得到遏制，关键是要坚持下去；少拍掌，我们也提倡；不以人名命名地名，这一条坚持下来了；第六条，我们党对此有清醒的认识……"② 2014 年 6 月 30 日，中央政治局就加强改进作风制度建设进行第十六次集体学习。习近平总书记在主持学习时强调："抓作风是推进党的建设新的伟大工程的重要切入点和着力点，必须坚持从严治党，落实管党治党责任，把作风建设要求融入党的思想建设、组织建设、反腐倡廉建设、制度建设之中，全面提高党的建设工作水平。抓作风既要着力解决当前突出问题，又要注重建立长效机制，下功夫、用狠劲，持续努力、久久为功。"③

（二）思想作风方面：倡导领导干部运用批评与自我批评的思想武器，始终保持昂扬向上、奋发有为的精神状态

习近平同志看重领导干部的精神状态，将之摆在非常重要的位置予以考量。其一，"良好的精神状态，是做好一切工作的重要前提"。在习近平同志看来，"领导干部在工作顺利的时候，保持良好的精神状态并不难，难的是在面对众多矛盾和问题时、遇到困难和挫折时，能够始终保持昂扬向上、奋发有为的精神状态。"④ 其二，对领导干部自我批评提出"四自"要求。如何才能始终保持昂扬向上、奋发有为的精神状态？习近平同志认为"批评与自我批评是党内思想斗争的锐利武器"，倡导通过批评与自我批评不断实现思想上的净化与提升。2005 年 2 月，习近平同志撰文倡导领导干部用

---

① 六条规定：一、不做寿；二、不送礼；三、少敬酒；四、少拍掌；五、不以人名作地名；六、不要把中国同志同马恩列斯平列。

② 参见孙晓波《习近平为何在毛泽东的六条规矩前久久驻足？》，人民网，2013 年 7 月 15 日。

③ 习近平：《抓作风是推进党建的重要切入点和着力点》，《民心》2014 年第 7 期。

④ 习近平：《之江新语》，浙江人民出版社，2007，第 60 页。

思想武器管好自己。他说："党内批评总是要在一定的场合内进行，而'吾日三省吾身'，自我批评则与我们个人如影随形，是最及时、最管用的思想武器。"① 领导干部要自重、自省、自警、自励的"四自"要求就是对自我批评的要求。其三，对党员、领导干部开展批评提出动真格的要求。2005年4月，在党的先进性教育活动进入分析评议阶段之际，习近平同志专文倡导批评与自我批评要动真格。作为共产党员，"就应该相互坦诚地直言其过，就应该有闻过则喜的胸怀和气量"，党员领导干部"在开展批评与自我批评时，要做好表率，起到示范带头作用"②。

到中央工作后，习近平同志对于开展批评与自我批评的重要性、紧迫性、具体要求进行了详细论述。2010年9月1日，习近平同志在中央党校2010年秋季学期开学典礼上发表讲话要求领导干部"勇于坚持原则，严肃地而不是敷衍地进行批评和自我批评，勇于坚持真理、修正错误，推动党内生活真正形成和保持是非功过分明和团结向上的风气"③。2011年6月16日，习近平同志在建党以来重要文献选编出版座谈会上指出，"批评与自我批评等优良作风是几代中国共产党人流血牺牲凝聚而成的宝贵精神财富"④。党的十八大以来，习近平总书记更是再三强调发扬批评与自我批评这一党的优良传统作风的重要价值。党的群众路线教育实践活动的开展就是最好的例证。"照镜子、正衣冠、洗洗澡、治治病"正是对党员及干部队伍加强思想改造、开展批评与自我批评要求的形象提法。

（三）领导作风方面：要求做到"四个结合"、抓好"三个环节"

习近平同志承继了我党历史上关于领导干部作风建设的思想资源，主政浙江时期对于领导干部作风建设予以了科学定位，对领导干部作风建设提出了明确要求，并创设了领导干部下访制度。

---

① 习近平：《之江新语》，浙江人民出版社，2007，第113页。
② 习近平：《之江新语》，浙江人民出版社，2007，第134~135页。
③ 习近平：《领导干部要树立正确的世界观权力观事业观》，《中国党政干部论坛》2010年第9期。
④ 《认真学习党的重要文献，充分发挥资政育人作用》，《人民日报》2011年6月17日，第3版。

第一，领导干部是作风建设的主体。习近平同志认为："领导干部是作风建设的主体，领导干部既要严格要求自己，也要严格要求他人，要求别人做到的自己首先要做到；禁止别人做的自己坚决不能做。要带头把自己摆进去，既抓好本级，又带好下级，一级带着一级干，一级做给一级看，真正做到以身作则、率先垂范，切实发挥领导班子和领导干部在作风建设中的引领和主体作用。"① 2007 年 3 月，时任浙江省委书记的习近平同志接受新华网专访时强调党的作风尤其是领导干部作风的重要性。领导干部的良好作风本身就是凝聚人心、强基固本、促进和谐的巨大力量和重要因素，是推动科学发展、促进社会和谐的重要保证。

第二，加强领导干部作风建设要做到"四个结合"、抓好"三个环节"。2007 年 3 月 5 日，时任浙江省委书记的习近平同志在接受新华网记者专访时从思想作风、学风、工作作风、领导作风、生活作风五个方面列举了一些领导干部身上存在的突出的作风问题，在此基础上对于加强领导干部作风建设提出了做到"四个结合"、抓好"三个环节"的新要求。"四个结合"指的是把继承我们党的优良传统和与时俱进地培育新的作风紧密结合起来，把加强党的思想、组织、制度建设和加强党的作风建设紧密结合起来，把对领导干部的思想教育和健全教育、制度、监督的各项制度紧密结合起来，最终是要把加强作风建设与推动科学发展、和谐发展结合起来。抓好"三个环节"是指加强领导、加强教育、加强监督。②

第三，"领导干部下访是一举多得的有益创举"。在福建宁德任地委书记时，习近平同志延续了在河北正定期间养成的跑基层的习惯，提出了信访接待下基层、现场办公下基层、调查研究下基层、政策宣传下基层的"四下基层"要求，首创官员下访制度。在习近平同志看来，信访下基层是改善党的领导作风的一种形式，而不只是为了解决民间矛盾。他多次强调，干部要多深入基层，搞好调查研究；少开会开短会，将主要精力从会议中转移

---

① 习近平：《之江新语》，浙江人民出版社，2007，第 264 页。
② 参见习近平《干部作风建设要加强领导、教育和监督》，新华网，2007 年 3 月 5 日。

到抓落实上。在主政浙江期间，习近平同志对于领导干部下访有了更全面深刻的认识。2003年，习近平同志推动浙江实行领导干部下访制度。在制度实施一年后，习近平同志撰写系列文章阐释领导下访的重要意义。2004年4月11日，习近平同志撰文指出："领导干部下访不仅有利于检查指导基层工作，还有利于促进基层工作的开展与落实；不仅有利于为群众解决实际问题，还有利于培养干部执政为民的思想作风；不仅有利于及时处理群众反映的突出问题，还有利于密切党群干群关系；不仅有利于向群众宣传党的路线方针政策，还有利于培养干部把握全局、推进改革发展的能力。"①

习近平同志赴任上海以及到中央工作后，依然高度重视领导作风建设，将他在主政浙江期间上述思想进一步细化，对于如何加强领导作风建设有了新的思考，形成了新的思想观点。在上海工作期间，习近平同志进一步明晰了教育、制度、监督三者在加强领导干部作风建设上的关系，指出教育是基础，制度是保证，监督是关键；对领导干部自身修养提出"六个始终不能忘记"的要求：一是始终不能忘记党的解放思想、实事求是、与时俱进的思想路线，二是始终不能忘记全心全意为人民服务宗旨，三是始终不能忘记"两个务必"的要求，四是始终不能忘记全国一盘棋的思想，五是始终不能忘记民主集中制的原则，六是始终不能忘记共产党员应该具备的品行和操守。②

（四）工作作风方面：倡导艰苦奋斗、求真务实

工作作风是习近平同志关于党的作风建设思想的核心内容，在这方面，他倡导广大党员干部艰苦奋斗、求真务实。

首先，习近平同志大力提倡弘扬艰苦奋斗精神。习近平同志对于艰苦奋斗这一我党的优良传统作风非常重视，多次撰文或发言阐释、倡导和弘扬艰苦奋斗精神，有不少精彩论述。

一是越是改革开放和发展社会主义市场经济，越要弘扬艰苦奋斗精神，重申艰苦奋斗的重要性。2002年12月，时任浙江省委副书记、代省长的习

---

① 习近平：《之江新语》，浙江人民出版社，2007，第77页。
② 参见《习近平同志谈官员作风建设，要求做到六个"始终不忘"》，《解放日报》2007年4月14日。

近平同志到杭州市萧山区考察调研时指出，艰苦奋斗是创业之基，也是兴业之本。越是改革开放和发展社会主义市场经济，越要弘扬艰苦奋斗精神。浙江省过去的发展靠苦干实干、艰苦奋斗，今后的发展仍要靠这么一股劲、这样一种精神。习近平同志要求各级领导干部认真学习、深入领会胡锦涛同志在西柏坡学习考察时的重要讲话和最近中央政治局常务委员会会议精神，重温毛泽东同志在党的七届二中全会上的重要讲话，重学邓小平、江泽民同志关于艰苦奋斗的重要论述，重申毛泽东同志当年倡导的"两个务必"的谆谆教导，谦虚谨慎，不骄不躁，坚持宗旨，以民为本，牢固树立艰苦奋斗的思想，刻苦磨练艰苦奋斗的意志，始终保持艰苦奋斗的作风，努力在带领广大干部群众推进浙江省全面建设小康社会、提前基本实现现代化的新征途中，经受新的考验，交出合格的答卷。①

　　二是越是艰苦环境，越能磨炼干部的品质，号召干部向焦裕禄学习。在习近平同志看来，是否能艰苦奋斗是培养与检验干部的重要条件。2006 年 9 月 13 日，习近平同志撰文论述艰苦奋斗对于领导干部的重要性，"越是艰苦的环境，越能磨炼干部的品质，考验干部的毅力……哪一个干部能在这些地方和广大干部群众同甘共苦，团结奋斗，做出成绩，不辜负组织的重托，就应该受到称赞，他的思想政治素质和业务素质也会不断地得到提高。"相反，"贪图安逸、不愿意到这些地方工作的干部，或者即使去了也讲价钱、闹情绪、不安心工作的干部，不是党和人民所需要的干部。"② 习近平同志以焦裕禄为艰苦奋斗、为民造福的楷模，从中学时期被焦裕禄的事迹深深震撼，到后来无论是上山下乡、上大学和参军入伍，特别是后来当县委书记、市委书记，一直有焦裕禄的影子伴随，到浙江工作后，习近平同志对于焦裕禄精神的理解更加深刻。2003 年 6 月 18 日，习近平同志在《不求"官"有多大　但求无愧于民》一文中提到焦裕禄："县委书记的榜样焦裕禄，'官'

---

① 参见俞文明《习近平同志在萧山考察调研：艰苦奋斗加快发展努力率先基本实现现代化》，《浙江日报》2002 年 12 月 16 日，第 1 版。

② 习近平：《之江新语》，浙江人民出版社，2007，第 222 页。

有多大？但他的形象是十分高大的。"① 在另一篇文章中，习近平同志将焦裕禄精神概括为勤政为民、艰苦奋斗的创业精神。②

到中央工作后，习近平同志依然以焦裕禄为艰苦奋斗的楷模，多次重申艰苦奋斗精神。2009 年，时任中共中央政治局委员、国家副主席的习近平同志专程赴兰考考察，在与当地干部群众座谈时，将焦裕禄精神概括为"亲民爱民、艰苦奋斗、科学求实、迎难而上、无私奉献"③。党的十八大以来，习近平总书记重申必须发扬艰苦奋斗的作风，并将艰苦奋斗摆在更加重要的位置予以考虑。2013 年 1 月 22 日，习近平总书记在十八届中央纪委二次全会上结合形势分析和部署反腐工作发表重要讲话时指出，"抓改进工作作风，各项工作都很重要，但最根本的是要坚持和发扬艰苦奋斗精神"④。他还从更高的层面提醒全党同志："能不能坚守艰苦奋斗精神，是关系党和人民群众事业兴衰成败的大事。"⑤

其次，习近平同志主政浙江期间反复倡导并努力践行求真务实的工作作风。

一是求真，倡导深入调查研究。调查研究是一门致力于求真的学问，习近平同志高度重视调查研究，倡导领导干部深入基层、深入群众，开展调查研究，获取第一手资料。第一，调查研究的过程就是科学决策的过程。习近平同志用了一个生动的比喻形容调查研究与决策的关系：调查研究就像"十月怀胎"，决策就像"一朝分娩"，正确的决策要建立在调查研究的基础上，调查研究的过程就是科学决策的过程，不容省略或马虎。⑥ 第二，对领导干部开展基层调研提出了三个"一定要跑遍"的要求。在主政浙江期间，

---

① 习近平：《之江新语》，浙江人民出版社，2007，第 3 页。
② 参见习近平《之江新语》，浙江人民出版社，2007，第 218 页。
③ 转引自《习近平在河南兰考调研指导党的群众路线教育实践活动纪实》，《人民日报》2014 年 3 月 19 日。
④ 《习近平谈治国理政》，外文出版社，2014，第 386 页。
⑤ 习近平：《更加科学有效地防治腐败，坚定不移把反腐倡廉建设引向深入》，《人民日报》2013 年 1 月 23 日。
⑥ 参见习近平《之江新语》，浙江人民出版社，2007，第 154 页。

习近平同志进一步提升并概括了如下这句流传至今的名言，表示他对领导干部深入调查研究的重视与严格要求：当县委书记一定要跑遍所有的村，当地（市）委书记一定要跑遍所有的乡镇，当省委书记一定要跑遍所有的县市区。在浙江，习近平同志用一年多时间跑遍了全省90个县（市、区）；在上海，他任职7个月就跑遍了全市19个区、县；到中央工作后，他的足迹已经遍及31个省（区、市）。第三，调研工作务求"深、实、细、准、效"。2003年，习近平同志在《浙江日报》"之江新语"专栏发文对各级领导干部调研工作提出了求深、求实、求细、求准、求效的五方面要求。

到中央工作后，习近平同志一如既往地重视考察、调研工作，加深了此前对调查研究重要性的认识。2011年11月21日，时任中共中央政治局常委、中央党校校长的习近平同志专门著文《谈谈调查研究》，文中指出："调查研究不仅仅是一种工作方法，而且是关系党和人民事业得失成败的大问题；调查研究的过程，是领导干部提高认识能力、判断能力和工作能力的过程。"[1] 2013年7月23日，在湖北武汉，习近平总书记面对部分省市负责人，再次强调调查研究的重要性："调查研究是谋事之基、成事之道。没有调查，就没有发言权，更没有决策权。"[2]

二是务实，倡导"说实话、办实事、想实招、求实效"。务实是习近平同志为人处事的一贯风格，也是他一直以来尤为重视并身体力行的工作作风。在主政浙江期间，习近平同志对于"务实"的工作作风有了更深刻的理解、更清晰的定义。第一，说实话、办实事、想实招、求实效。务实是指从事某项工作时，能够注重一切从实际出发，说实话、办实事、想实招、求实效。[3] 习近平同志引用古语"不受虚言，不听浮术，不采华名，不兴伪事"阐析求真务实的基本要求。在习近平同志看来，务实作为工作作风，关键在于抓好各项任务的落实。第二，抓工作落实"深、新、韧、

---

① 习近平：《谈谈调查研究》，《学习时报》，2011年11月22日。
② 《加强对改革重大问题调查研究提高全面深化改革决策科学性》，《新华每日电讯》2013年7月25日，第1版。
③ 参见习近平《之江新语》，浙江人民出版社，2007，第269页。

实"。习近平同志就抓工作落实的认识、要求、步骤、举措分别提出"深、新、韧、实"的要求。第三，以机关效能建设为抓手转变机关作风。2004年2月2日，习近平同志在浙江全省加强机关效能建设大会上的讲话中将机关效能建设摆在非常重要的位置上加以考虑，认为"狠抓各项工作，很重要的一条就是切实加强机关效能建设"。"具体到浙江，加强机关效能建设是提高党的领导水平和执政水平的必然要求，是加快推进政府职能转变的重大举措，是转变机关作风，落实'八个优势、八项举措'战略决策的有效保证。"①

习近平同志到中央工作后，进一步发扬光大了求真务实的传统作风，在新的历史时期继续强调求真务实的重要性，不厌其烦地教育党员、干部求真务实、真抓实干。2012年5月16日，时任中共中央政治局常委、中央书记处书记、中央党校校长的习近平同志在中央党校春季学期第二批入学学员开学典礼上发表讲话中，要求领导干部一定要求真务实，讲老实话、办老实事、做老实人，并对"务实"再次提出了"讲实情、出实招、办实事、求实效"的"四实"要求。② 2013年2月28日，习近平总书记在党的十八届二中全会第二次全体会议上，用"钉钉子"的比喻强调"空谈误国，实干兴邦"，强调保持工作的稳定性和连续性。③ 同年4月28日，习近平总书记在同全国劳模代表座谈时指出，"真抓才能攻坚克难，实干才能梦想成真"；他强调，"要在全社会大力弘扬真抓实干、埋头苦干的良好风尚"④。

（五）学风方面：提出理论学习的三重境界和理论联系实际的思想观点

习近平同志主政浙江期间非常重视学风，提出了理论学习三重境界的观点，并倡导理论联系实际。2003年7月13日，习近平同志撰文倡导领导干部学习理论也要有著名学者王国维论述治学的三种境界。同时，习近平同志

---

① 周咏南：《大力推进机关效能建设，确保完成"狠抓落实年"各项目标任务》，《浙江日报》2004年2月2日。

② 参见习近平《坚持实事求是的思想路线》，《学习时报》2012年5月28日。

③ 参见《习近平谈治国理政》，外文出版社，2014，第399～400页。

④ 习近平：《在同全国劳动模范代表座谈时的讲话》，《光明日报》2013年4月28日。

针对现实生活中一些党员存在奉行本本和教条的"书呆子"现象，指出"这反映出来的是学风上的问题，也就是理论与实际严重脱离"，"要充分考虑生动的实际生活和现实的确切真实，注重研究新情况，认真分析新问题，积极寻求新对策，努力做到知行合一，理论联系实际。"①

习近平同志到中央工作后依旧重视党的学风建设。2009 年专文论述领导干部学习修养，对领导干部提出了"求知善读、融会贯通、学以致用"三方面的要求。一要求知善读，靠学习丰厚底蕴。在知识爆炸的时代，读书特别是读好书并不是一件很容易的事情，既要有强烈的求知欲望，也要有善于学习的本领，切实把"苦读"和"善读"有机结合起来。一方面，读书要用巧力，读得巧，读得实，读得深，懂得取舍，有的放矢；另一方面，读书要重钻研，防止不求甚解、囫囵吞枣，避免死读书、读死书的"书呆子"现象。二要融会贯通，以学风促党风。学风建设在党风建设中起着基础性的作用。形成良好的学风，是解决思想作风、工作作风、领导作风和生活作风等方面问题的一把金钥匙。在学风建设上，既要反对本本主义和教条主义，也要反对实用主义和经验主义。三要学以致用，重理论联系实际。学习的目的在于指导实践、推动工作。学之思之、闻之见之，领导干部对一方情况才有发言权。领导干部要向实践求知，善读社会这部书，进一步加强调查研究，问计于基层，问计于群众，在耳闻、目睹、足践中见微知著、管窥全豹，获得真知灼见，形成正确思路，做出科学判断。② 党的十八大以后，习近平总书记更加重视党的学风问题，作出了一系列重要论述。

（六）文风方面：求短、求实、求新

在主政浙江期间，习近平同志更加关注文风问题，并率先垂范篇幅短小、内容平实、观点新颖的文风。2004 年 12 月 9 日，习近平同志在省委办公厅综合一处党支部组织生活会上发表的谈话，提出了他对于改进文风的三点要求：求短、求实、求新。求短，就是要用尽可能短的篇幅把问题说清、

① 习近平：《之江新语》，浙江人民出版社，2007，第 271 页。
② 参见习近平《善学善思 善作善成》，《求是》2007 年第 9 期。

说深、说透；求实，就是要追求朴实的文风，所用的语言不一定华丽但要准确，要实实在在，直奔主题，言简意赅，实话实说；求新，就是要根据特定的讲话场合写出有特色、有新意的文稿，求新既可以体现在谋篇布局上，也可以体现在遣词造句上。① 2005 年 8 月 19 日习近平同志专文论述文风，认为在一定意义上文风也体现作风，改进作风必须改进文风。针对喜欢写长文章、讲长话、思想内涵却相当匮乏的文风，习近平同志的对策是：要开门见山、直截了当、讲完即止，用尽可能少的篇幅，把问题说清、说深、说透，表达出丰富而深刻的思想内容，防止和克服空话连篇、言之无物的八股文，抵制空话连篇、套话成串、"大而全""小而全"等弊病。总的原则是当长则长，当短则短，倡导短风，狠刹长风。②

习近平同志不仅重视文风、着力解决当前文风中存在的各类问题，而且率先垂范短小、平实、新颖的文风。《之江新语》一书辑录的习近平同志在任浙江省委书记期间在《浙江日报》"之江新语"专栏发表的 232 篇短论，便是这种文风的典型表现。这些短论每篇不过几百字，但每一篇都有一个鲜明的主题，有作者自己对问题的思考，提出了推进浙江经济社会科学发展的一系列正确主张，及时回答了民众在现实生活中关注的热点问题，是运用马克思主义立场、观点、方法来观察、思考、分析、解决问题的杰出典范。

习近平同志到中央工作后继续关注文风问题，重申改进文风方面的短、实、新的三层面要求，对改进文风的主体——广大领导干部提出了特殊要求。习近平同志在 2010 年春季学期第二批入学学员开学典礼上的讲话中指出，改进文风是新形势下加强和改进党的作风建设的一项重要任务，但一些党政机关文件、一些领导干部讲话、一些理论文章的文风问题仍然突出，主要表现为长、空、假。文风不正严重影响真抓实干、影响工作成效、损害党的威信，影响党的理论和路线方针政策的领会与实施。对于改进文风，习近

---

① 参见习近平《干在实处　走在前列——推进浙江新发展的思考与实践》，中共中央党校出版社，2006，第 442～443 页。

② 参见习近平《之江新语》，浙江人民出版社，2007，第 151 页。

平同志再次强调在主政浙江期间形成的关于文风"求短、求实、求新"的思想，要求在这三方面下功夫。改进文风的主体是广大领导干部，习近平同志对于领导干部改进文风提出在两个方面努力的要求，一是勤于学习，拓宽视野，增长学识，才能言之有物、深入浅出。二是增强党性修养，做到言行一致，表里如一，讲话行文才有感染力。

（七）干部生活作风方面：号召领导干部"小事当慎、小节当拘"

习近平同志非常重视作风问题，他用"奢靡之始，危亡之渐""堤溃蚁穴，气泄针芒"等谚语警醒官员防微杜渐、量变质变的深刻哲理，用"侈则肆，肆则百恶俱纵""巴豆虽小坏肠胃，酒杯不深淹死人"等古语谈个人情趣无小事，小事小节是一面反映作风和人品之镜的道理。2004 年 3 月 20 日，习近平同志在《浙江日报》"之江新语"专栏撰文警示领导干部小事当慎，小节当拘，要求他们慎独慎微，从小事小节上加强自身修养，从一点一滴中自觉完善自己，懂得是非明于学习、境界升于自省、名节源于修养、腐败止于正气的道理，始终保持共产党员的本色。[①] 2007 年 2 月 12 日，习近平同志再次在《浙江日报》"之江新语"专栏撰文强调领导干部生活作风和生活情趣的重要性，指出这不仅关系着领导干部本人的品行和形象，更关系党在群众中的威信和形象，对于社会风气的形成、对大众生活情趣的培养也具有示范功能。[②]

习近平同志不仅在干部生活作风方面有诸多论述，而且带头厉行廉洁自律、朴实无华、亲民爱民的生活作风。虽然出身高级干部家庭，但习近平同志并没有因为家庭出身搞特殊化，要求工作生活上的照顾。相反，从陕西到北京，从河北到福建，从浙江到上海，从西部贫困地区到国家政治文化中心，从东部欠发达地区到沿海发达地区，习近平同志从基层做起，直到成为中共中央总书记、国家最高领导人，数十年如一日践行着常怀忧患之思，常念人民之托的格言，坚守着勤俭节约、艰苦创业、亲民爱民的生活作风。多

---

① 参见习近平《之江新语》，浙江人民出版社，2007，第 38 页。

② 参见习近平《之江新语》，浙江人民出版社，2007，第 261 页。

年不变的深耕基层、勤俭节约、亲民爱民的作风，让习近平同志在百姓中赢得了"平民书记"的美誉。

二 习近平同志强调作风建设的宗旨是密切党同人民群众的血肉联系

习近平同志的群众观点和爱民情怀正是在浙江这块热土上孕育成形并不断充实完善的。在主政浙江期间，习近平同志关于密切党同人民群众的血肉联系是作风建设的宗旨与目标的思想日渐明晰。2004年9月，党的十六届四中全会通过了《中共中央关于加强党的执政能力建设的决定》。同年10月浙江省委召开十一届七次全会，作出《中共浙江省委关于认真贯彻党的十六届四中全会精神，切实加强党的执政能力建设的意见》，会上习近平同志代表省委提出了"巩固八个方面的基础，增强八个方面的本领"的具体要求，其中之一就是巩固党执政的群众基础，密切党同人民群众的血肉联系，不断增强拒腐防变和抵御风险的本领。2005年4月29日，在省委学习贯彻胡锦涛总书记重要讲话精神专题学习会上，习近平同志表述了他的群众观，认为人民群众是共产党存在和发展的基础、力量和智慧的源泉，共产党最基本的一条是一刻也不能脱离人民群众。这就要求我们既要深入群众、服务群众，又要宣传群众、服务群众。①

如何坚持走群众路线，密切党与群众的关系？习近平同志主政浙江时期有如下四个方面的思想。

一是群众利益无小事，树立宗旨意识。2006年1月13日，在省纪委第九次全会上，习近平同志分析了新形势下一些党员干部作风方面存在的问题，对各级领导干部提出了坚持走群众路线、增强宗旨意识的要求。习近平同志反复强调，群众利益无小事，群众的一桩桩"小事"是构成国家、集体"大事"的"细胞"，小的"细胞"健康，大的"肌体"才会充满生机

---

① 参见习近平《之江新语》，浙江人民出版社，2007，第146页。

与活力。① 在此基础上，习近平同志对领导干部提出了一个宗旨、两个凡是、三个落实的要求："各级领导干部要增强宗旨意识，在任何时候任何情况下，都要坚持把最广大人民的根本利益放在首位，时刻把人民群众的安危冷暖挂在心上，多为群众办实事、办好事，凡是为民造福的事情就一定要办好，凡是损害群众利益的事情就坚决不能办，把党的宗旨切实落实到各项工作中，落实到基层建设中，落实到广大群众身上，真正把人民群众的利益维护好、实现好、发展好。"②

二是群众中蕴藏着巨大的智慧和能量，拜群众为师。马克思主义群众观认为，人民群众是历史的创造者，不仅是物质财富和精神财富的创造者，而且是社会变革的决定性力量。我们党将马克思主义群众观系统运用在党的全部活动中，形成了党的群众路线，群众路线是我党的根本领导作风和工作方法，是党的群众观点的具体化。习近平同志坚持贯彻并深化了党的群众观点，认为"群众实践是最丰富生动的实践，群众中蕴藏着巨大的智慧和力量。要解决矛盾和问题，就要深入基层，深入群众，拜群众为师，深入调查研究。"③ 领导干部面对困难应克难攻坚，千方百计采取切实可行的好措施、好办法，好措施好办法并不来自别处，正是从群众中来。"调查研究多了，情况了然于胸，才能够找出解决问题、克服困难的办法，作出正确决策，推进工作落实，增进与群众的感情。"④

三是为民办实事，让作风建设的成果惠及民众。习近平同志主政浙江时期，提议并制定了省委、省政府为民办实事长效机制的政策文件。他强调："党员、干部要自觉地把党的群众工作体现在为群众多办事、办好事、办实

---

① 参见习近平《干在实处　走在前列——推进浙江新发展的思考与实践》，中共中央党校出版社，2006，第527页。

② 习近平：《干在实处　走在前列——推进浙江新发展的思考与实践》，中共中央党校出版社，2006，第526页。

③ 习近平：《干在实处　走在前列——推进浙江新发展的思考与实践》，中共中央党校出版社，2006，第530页。

④ 习近平：《干在实处　走在前列——推进浙江新发展的思考与实践》，中共中央党校出版社，2006，第530页。

事的具体行动中……让群众感受到实实在在、看得见的利益……要坚持从具体事情抓起，每年办几件作用大、影响大、群众欢迎的实事。"① 他强调，"为民办实事旨在为民、重在办事、成于务实。"②

四是跟着群众跳火坑。习近平同志指出："基层干部在群众心目中有重要分量，基层干部队伍建设在党的建设中有重要分量。党的正确的方针政策只有被群众理解、为群众接受，才能变成改造客观世界的物质力量。我们的方针再正确，如果不被群众理解，也难以贯彻施行。如果群众不听，你就先跟着群众跳火坑，群众跳火坑，你也跟着跳下去。群众觉悟了，从火坑里爬出来，最终还是要跟你走。群众跳，你不跳，干群关系就疏远了。你一起跳，感情上拉近了，工作就好做了。"③ 干部要相信和依靠群众，同时要教育和引导群众。

第二节　弘扬求真务实的工作作风
深入城乡基层调查研究

党的十六大以来，以省委书记习近平同志为班长的浙江省委领导班子，在新的实践中坚持和发扬党的优良传统，大兴调查研究之风，大力弘扬求真务实的工作作风，创新了领导干部下访制度，为新时期加强党的作风建设、密切党群干群关系作出了有益探索。

一　深入调查研究，推进科学决策

调查研究是我党的优良传统与作风，重视调查研究是我党开展工作的基本经验。党的十六大以来，浙江大兴调查研究之风、倡导求真务实之风，工作作风得到切实转变，进一步密切了党群干群关系，增强了党的凝聚力与战斗力。

---

① 习近平：《干在实处　走在前列——推进浙江新发展的思考与实践》，中共中央党校出版社，2006，第530~531页。

② 习近平：《之江新语》，浙江人民出版社，2007，第215~217页。

③ 习近平：《干在实处　走在前列——推进浙江新发展的思考与实践》，中共中央党校出版社，2006，第531~532页。

（一）省委、省政府领导班子成员带头调研

习近平同志一贯高度重视调查研究，在河北正定任职期间就养成了率先示范深入基层、深入群众，开展调查研究，获取第一手资料的习惯。2002年，习近平同志到浙江工作后，坚持以调查研究开局，提议建立省领导年度重点调研课题制度，把开展课题研究与推进重点工作有机结合起来。2002年以来，省委、省政府每年都坚持以调查研究开局，围绕省委、省政府的重大决策部署，省委常委、副省长根据工作分工选择重点调研项目，经省委常委会讨论，明确课题承担单位、各自责任和调研安排。历年坚持不懈的调查研究有力地促进了省委、省政府决策的科学化、民主化，确保了一系列事关经济社会发展的重大战略决策的出台。

"八八战略"的提出便是深入开展调查研究、悉心听取各方面意见建议开展科学决策的典型案例。2002年11月召开的党的十六大明确指出，发展要有新思路，改革要有新突破，开放要有新局面，各项工作要有新举措。有条件的地方可以发展得更快一些，在全面建设小康社会的基础上，率先基本实现现代化。浙江省"八八战略"的提出正是基于这样的时代背景，深入开展调查研究的结果。2002年，习近平同志到浙江工作伊始，便用大量时间深入市县和省直部门调查研究。2003年1月，时任省委书记、代省长的习近平同志在省十届人大一次会议上作《政府工作报告》时，对培育浙江发展新优势作了阐述。2003年2月，习近平同志在主持省委理论学习中心组专题学习时，从七个方面具体论述了深化浙江经济社会发展战略的认识，"八八战略"初见端倪。2003年6月，习近平同志在全省深化党的十六大精神主题教育、兴起学习贯彻"三个代表"重要思想新高潮电视电话会议上，首次较系统地阐述了进一步发挥"八个方面优势"、推进"八个方面举措"的"八八战略"，得到了全省上下一致认同。2003年7月，习近平同志在省委十一届四次全会上代表省委完整系统地提出了"八八战略"。[1] 而如果没

----

① 参见中共浙江省委理论学习中心组《中国特色社会主义在浙江实践的重大理论成果——学习〈干在实处 走在前列〉和〈之江新语〉两部专著的认识和体会》，《浙江日报》2014年4月4日。

有对浙江省情的全面、深入、细致的调查研究，便不会有全面把握浙江省情的"八八战略"的诞生。

从"八八战略"到"法治浙江""平安浙江"，再到"两创""两富""两美"战略，可以说，历届浙江省委作出重大战略决策的过程，都是在深入调查研究的过程中逐步理清思路、找到对策与方法的过程。

（二）完善调查研究制度

为推进调查研究的长期持续开展，省委对全省各级领导机关、领导干部提出了完善调查研究制度的要求。2003 年 2 月，省委、省政府制定下发《关于推进调查研究工作规范化制度化的意见》，指导全省的调查研究工作。该意见要求广大党员干部从提高党的领导水平和执政水平的高度，把调查研究作为决策的必要程序，规定县以上党委、政府的重大决策必须事先充分开展调查研究。强调领导干部要带头开展调查研究，规定省级和市县领导班子成员每年分别要有 2 个月和 3 个月时间下基层调研。特别强调各级领导干部下基层调研必须轻车简从，深入群众，注重实效，多到困难多、矛盾多、问题多的地方去，做到听实话、摸实情、办实事、求实效。该意见还要求，在运用座谈会、个别访谈、实地调查和蹲点调查等调研方法的基础上，注重利用现代信息技术，采用定性和定量相结合、宏观和微观相结合、静态和动态相结合等方法进行综合分析研究，进一步改进调查研究的工作方法，提高调查研究的效率和水平。

二 领导下访接访，为民排忧解难

信访直接反映群众的困难与呼声，信访问题都是事关群众切身利益的重要问题。重视信访工作是我党的光荣传统，做好信访工作是坚持立党为公、执政为民的具体体现。浙江省委在学习领会党的十六大精神以及胡锦涛总书记讲话精神的基础上，着眼切实解决事关群众切身利益的重点难点问题，积极探索信访工作新路，转变群众上访为领导干部下访，创新了群众工作制度，改进了领导干部工作作风。

（一）领导干部下访接待群众制度的诞生

浙江省领导干部下访活动，是 2003 年时任浙江省委书记的习近平同志亲自倡导并推动开展起来的。

2003 年 6 月，领导干部下访试点工作在衢州市和浦江县、诸暨市相继展开。在试点的基础上，省委常委会专题听取信访工作汇报并做了研究部署，决定在完善领导批阅来信约访以及每月领导信访接待日制度的基础上，层层建立领导干部下访接待群众制度，要求全省各级党政"一把手"亲自抓信访，带头搞下访，主动化解矛盾，为群众排忧解难。

9 月 17 日至 19 日，习近平同志在省人大常委会、省政协领导的陪同下先后到金华市浦江县和兰溪市专题调研信访工作。调研中，习近平同志指出，在新的历史时期，一定要正确认识信访问题大都与群众切身利益休戚相关，相当一部分涉及群众最现实、最关心、最直接的利益；一定要充分认识群众来信来访中的诉求，绝大多数反映的是前进中的问题、发展中的问题。必须健全制度，把建立完善领导下访制度与规范和落实信访工作责任制有机结合起来，推动党政"一把手"亲自抓信访、带头搞下访；必须注重实效，积极疏导，主动工作，明确责任，加强督察，确保信访问题件件有回音，事事有结果。9 月 18 日，在浦江县，习近平同志和省人大常委会、省政协领导一起，率省直 15 个部门负责人和金华市、浦江县党政领导共同接待了 436 批来访群众，当场拍板解决问题 91 件，开了全国省级领导干部下访的先河。此后连续三年，习近平同志先后到临安市、德清县、衢江区进行下访，实实在在为基层群众解决难题、化解矛盾。正是在习近平同志的亲自带动下，浙江省各级领导干部下访接待群众活动在全省全面推开。在省委领导的率先垂范与积极带动下，市、县两级领导干部下访活动普遍开展起来，形成了全省各级领导干部争相下访接待群众的大好局面，收到了良好成效。在领导下访接待群众活动实施的第一年，全省领导干部下访达 2 万余人次，接待来访群众 7.84 万余人次，解决群众实际问题 2.34 万个，省级领导下访接待的上访件报结率达 99% 以上。①

领导干部下访制度是浙江在全国率先建立的旨在在新时期改进工作作

---

① 参见庄跃成《党建创新看浙江》，浙江人民出版社，2008，第 175～176 页。

风，密切联系群众，密切党群干群关系的重要制度创新，是推进党的作风建设的有益探索。这一制度创新获得国家有关方面的充分肯定。2004 年 7 月，国家信访局负责同志专程到浙江调研，建议在全国推广这一做法。

（二）领导干部下访制度的健全与完善

领导下访制度诞生后，随着浙江经济结构加速调整、社会结构加快转型、利益格局加剧变动，一些深层次问题不断涌现，浙江各级党委继续在实践中不断探索健全和完善领导干部下访制度。

第一，形成严密的信访工作领导责任体系，严格责任追究制度。

2003 年底，省委书记习近平、省长吕祖善分别与全省 11 个市的市委书记、市长签订了《信访工作目标管理责任书》，明确规定各市党政主要领导抓信访工作的目标、任务、职责。各市也参照省里的做法，与县、区主要领导层层签订信访工作责任书。通过层层落实信访工作目标管理责任，形成了党政主要领导负总责、一级抓一级、一级对一级负责的领导责任制。

2003 年以后的每年年初，历届省委书记、省长与各市市委书记、市长签订《信访工作目标管理年度责任书》，并结合年终"平安浙江"综合考核检查责任书落实情况，将领导干部下访接访作为一项重要内容落实到党政主要领导干部身上。通过落实各级责任，形成了以省领导下访为推动、以市为团队、以县为主体、以乡镇为基础、以部门为连带，上下联动、条块结合的领导干部下访接访工作责任体系，使每位领导干部身上都有下访接待群众的任务要求。

同时，在此期间，浙江省先后下发了《关于加强信访工作基层基础建设的若干意见》《关于加强和改进省直机关信访工作的意见》等若干个文件，全面强化对信访工作的领导。出台《浙江省平安市、县（市、区）考核办法》，将信访工作作为重点考核内容，实行信访工作不合格一票否决制。严格责任追究制度，据不完全统计，2004 年、2005 年两年间有 23 名干部因工作失职引发信访问题受到党纪、政纪处分。

第二，抓好信访基层工作，提高基层干部发现问题、解决问题的能力。

2007 年以来，省委、省政府把目光和精力投向基层，先后部署开展

"万名干部下基层转作风办实事""百名书记下基层蹲点调研""服务企业、服务基层"专项行动等活动，相继开展了基层信访建设年、基层信访提高年和基层信访巩固年活动，不断加强和创新社会管理基层基础工作，尤其注重从源头上解决信访问题，在全省3万多个村普遍建立了村务监督委员会、村级便民服务中心，进一步推进用群众工作统揽信访工作的探索实践，努力促使矛盾和问题解决在基层、解决在内部、解决在萌芽状态。

在基层信访实践中，各地积极探索新的工作机制与方法，在领导干部下访接访方面创造出不少新鲜经验。如，温州市洞头县针对群众信访热点难点问题，区分轻重缓急，在实践中探索了主要领导点题接访、分管领导预约接访、乡镇部门领导上门接访的"三层接访法"。东阳市全面推广歌山镇尚侃村以"干部问事、群众说事、集中议事、及时办事、定期评事"为主要内容的"五事"制度，随时接待群众来访。金华永康市在化解信访积案中，探索建立了党政主要领导坐堂主审、政府职能部门参与会审、司法部门专家陪审的"三堂会审"制度，原原本本看信访材料，原汁原味听信访人诉求，实事求是化解信访事项，有效调和利益矛盾，取得了积极成效。此外，还有嘉兴平湖市的群众信访代理制度、台州路桥区的义务信访协理员制度、温州乐清市的信访听证会制度、衢州常山县的民情沟通日制度等，这些基层信访工作机制的创新和运用，不仅丰富了下访接访的方式方法，也有效促进了领导干部下访接访活动的深入开展，大大降低了全省的信访量，融洽了党群干群关系。

第三，健全和完善领导干部下访的长效机制。

2003年以来，为进一步转变干部作风，推动领导干部下访接访活动常态化、制度化，省委先后下发《关于省委常委进一步转变工作作风的若干规定》《关于进一步加强自身作风建设的决定》《关于进一步加强新时期信访工作的实施意见》等文件，以制度形式规定了领导干部下乡调查研究、下访约访的工作要求，明确省委常委每年必须到基层下访或约访。省委办公厅、省政府办公厅联合下发了《关于加强领导干部定期接待群众来访和定期组织各级机关干部下访工作的实施意见》《关于进一步深化领导干部定期接待群众来访工作的意见》等文件，对领导干部下访接访作出具体规定。各地各部门也就此出台相应制度，从而形成了省级领导坚持带头接访、市级领导坚持定期接访、县级领导坚持开门接访、乡镇领导坚持随时接访、村居干部坚持上门走访的五级大接访机制，使这项工作成为各级领导干部的"必修课"和"家常便饭"，推动领导干部下访接访活动深入持久开展下去。①

信访工作没有终点。党的十八大以来，党中央对做好群众工作包括信访工作提出了新的更高的要求。党的十八大报告指出，要提高做好新形势下群众工作的能力，完善党员干部直接联系群众制度。《中国共产党章程》和《十八届中央政治局关于改进工作作风、密切联系群众的八项规定》中对党员干部直接联系群众都提出了明确要求。2012年，浙江省根据中央关于建立干部直接联系群众制度的要求，以"进村入企、助推发展、强化服务"为主要内容，开展省、市、县、乡四级联动大走访活动。在"服务企业、服务基层"专项活动期间，共有58.2万名党员干部深入一线，帮助解决实际问题39.1万个，为基层和群众办实事好事71.9万件，化解基层矛盾7.6万个。② 继续推动领导干部下访工作取得新成效，一要认真贯彻省委关于深入推进领导干部大接访活动的重要部署，紧紧围绕"抓大事、破难题、察民情、重疏导"，继续认真组织实施领导干部大接访活动，推动形成省、市、县、乡、村五级大接访长效机制。二要坚持领导干部带案下访制度，把领导干部接访的重点放在长期积累、久拖不决的信访积案，"三跨三分离"（跨地区、跨部门、跨行业以及人事分离、人户分离、人事户分离）信访问题，影响本地和谐稳定的热点难点问题上，推动大量的矛盾纠纷在基层得到化解。三要深化"信访积案化解年"活动，加大重信重访清理整治力度，有效减少信访存量。③

---

① 参见赵洪祝《坚持把群众路线贯穿信访工作全过程——关于开展领导干部下访接待活动的调查与思考》，《光明日报》2011年11月22日。
② 参见邢恒超《新时期党的群众路线的浙江实践》，《观察与思考》2013年第8期。
③ 参见《浙江省信访工作情况新闻发布会》，浙江省人民政府网，2012年4月17日。

第三节　推进机关效能建设
　　　　提高机关服务质量

习近平同志主政浙江期间，高度重视机关效能建设，提出了"机关效能关系到党和政府的形象""提高效率是加强效能建设的目的所在""制度是效能建设的根本"等一系列重要论断，作出了一系列重大探索创新，为历届浙江省委不断深化机关效能建设、转变机关作风、提高机关服务质量、提升机关效率奠定了坚实的基础。

一　从"转变作风年"启动到机关效能建设

2001 年 9 月 26 日，党的十五届六中全会上通过了《中共中央关于加强和改进党的作风建设的决定》，成为中国共产党历史上第一份专门针对作风建设制定的指导性文件。进入 2002 年，中共中央明确提出将这一年作为转变作风年、调查研究年。2002 年 3 月，浙江在全省各级领导机关中开展"调查研究年"和"转变作风年"（简称"两个年"）活动。据统计，当年全省 11 个市的 180 名市级党政领导班子成员共确定 208 项调研课题，不少调研成果转化为具体对策或政策。①"两个年"活动的开展在一段时间里增强了党政机关工作人员的宗旨意识和服务意识，一定程度上改进了工作作风，提高了工作效能。

2004 年 1 月，胡锦涛同志强调要在全党大力弘扬求真务实精神、大兴求真务实之风。浙江省委立即作出反应，按照中央的部署，结合自身实际，在省委十一届五次全会上确定将 2004 年作为充分发挥"八个优势"、深入实施"八项举措"，扎实推进浙江全面、协调、可持续发展的狠抓落实年，并作了总体部署。"狠抓落实年"的一项重要内容就是机关效能建设活动。机关效能建设活动以突出思想教育、加强建章立制、严格考核奖惩为抓手，

---

① 参见王骏、厉佛灯等编著《执政之魂——浙江党建新探索》，浙江人民出版社，2006，第 237 页。

整合机关管理资源，优化机关管理要素，规范机关管理行为，改善机关运作方式，旨在切实解决机关效能中存在的突出问题，使各级机关和广大机关干部在履行职责和改革创新上有新的突破，在服务质量和办事效率上有新的改进，在人民群众对机关工作的满意度上有新的提高，努力形成行为规范、运转协调、公正透明、廉洁高效的管理体制和运行机制。为落实机关效能建设活动，省里专门成立机关效能建设领导小组和办公室，负责对全省机关效能建设的组织、协调和指导，并设立机关效能监督投诉中心，负责受理群众投诉和案件处理。各地各部门设立相应机构负责机关效能建设，形成了"党委统一领导，党政一把手负总责，领导小组指导协调，成员单位各司其职，单位和群众广泛参与"的工作机制。

机关效能建设取得了预期的成效。2004 年下半年对全省 1.78 万人的问卷调查显示，认为 2004 年集中开展的机关效能建设在解决事难办问题上取得阶段性成效的占 88%，其中认为成效比较显著的占 42%；认为在解决群众关心的急事、难事上取得阶段性成效的占 86%，其中认为成效比较显著的占 45%。各级机关通过广泛征求意见，查找问题 6.1 万余个，已解决 5.7 万余个。[①]

二 从颁布"四条禁令"到制定机关效能责任追究办法

为推进机关效能建设，促进机关作风转变，针对一些党政机关及其工作人员中存在的违反工作纪律、办事拖拉、推诿扯皮、效率不高等突出问题，2004 年 8 月，省纪委、省监察厅制定颁布了机关效能建设"四条禁令"，即"严禁擅离岗位、擅离职守；严禁网上聊天、炒股，玩电脑游戏；严禁中餐饮酒（接待省外客人不在此列）；严禁在办事、办证中接受当事人宴请和礼品、礼金"。研究制定这"四条禁令"基于四点考虑：一是"四条禁令"的内容和要求属于机关效能建设的范畴；二是禁令针对的是当前机关中普遍存在的一些突出问题；三是禁令的内容是对机关干部起码的要求；四是便于监

---

① 参见王骏、厉佛灯等编著《执政之魂——浙江党建新探索》，浙江人民出版社，2006，第237页。

督检查，操作性强。"四条禁令"颁布后得到了广大机关干部的积极响应和全省人民的高度认可，机关形象明显好转。2005 年 1～11 月，全省共受理投诉 25806 件，查办效能投诉 11741 件，1042 人次因违反"四条禁令"被追究，1981 名干部因参与赌博被问责，其中 59 人引咎辞职、被降职或辞退。① 2004 年下半年对全省 1.78 万人开展的问卷调查结果显示，94% 的被调查者认为"四条禁令"执行情况较好。②

为加强对全省机关效能建设工作的监督检查，受理干部群众对机关效能建设方面存在问题的投诉，查纠机关效能建设中存在的问题，推动机关效能建设工作的深入，仅 2004 年一年浙江就从各级人大代表、政协委员、民主党派、无党派人士和企业、群众代表中聘请 26251 名机关效能建设监督员，对重点岗位和重点行业 5.3 万个单位进行了明察暗访，对发现的问题，通过下发督察通报、整改通知书等形式督促整改，并通过新闻媒体曝光，许多单位积极利用这一契机狠抓机关作风建设。2004 年 2 月，省机关效能监察投诉中心成立。省机关效能监察投诉中心是负责对机关效能建设实施监察和受理机关效能问题投诉的专门工作机构，由省机关效能建设领导小组和省纪委、省监察厅领导，通过受理投诉，查处和纠正一些机关和工作人员的行政不作为、乱作为行为，解决机关中存在的官僚主义、失职渎职问题。省机关效能监察投诉中心成立后，全省 11 个市和所有县（市、区）快速反应，相继设立了投诉中心，开通了"96178"投诉电话和"96178"电子信箱，并通过新闻媒体向社会公布，形成了"上下贯通、左右连接、统一有序"的投诉网络体系，做到信息通畅、查处及时。截至 2004 年 11 月 30 日，共受理投诉约 2.91 万件，包括人员上访、电话、网络和信件受理，其中属于机关效能投诉的约 1.58 万件。③

为推进机关效能建设，加强并规范机关效能责任追究工作，2004 年 8

---

① 参见庄跃成《党建创新看浙江》，浙江人民出版社，2008，第 186 页。
② 参见王骏、厉佛灯等编著《执政之魂——浙江党建新探索》，浙江人民出版社，2006，第 240 页。
③ 参见王骏、厉佛灯等编著《执政之魂——浙江党建新探索》，浙江人民出版社，2006，第 240 页。

月省委办公厅、省政府办公厅印发《浙江省影响机关工作效能行为责任追究办法（试行）》，在全国率先制定机关效能责任追究办法。该办法规定了责任追究的范围和内容、责任追究的形式以及责任确定、责任追究的程序。其中第二章第五条至第九条"责任追究范围和内容"规定了影响机关工作效能的五个方面（日常工作、制度建设与内部管理、行政许可、行政征收、行政执法）三十种行为，基本涵盖机关效能的各个方面。第十一条规定了批评教育、口头效能告诫、通报批评、书面效能告诫等四种效能责任追究形式，按照影响机关工作效能行为的性质和情节轻重分别作出处理。为确保重大决策的顺利实施，2004 年 12 月省委还出台《关于实行贯彻落实重大决策责任制的规定》，明确各级党组织是贯彻落实重大决策的责任主体，主要领导为第一负责人，领导班子成员为责任人。各级党组织作为重大决策落实情况的督察主体，研究确定重大督察事项，听取决策落实与督察情况汇报。各级领导干部亲自抓督察。各级领导班子和领导干部执行贯彻落实重大决策责任制的情况，纳入年度、届中、任期考核范围，作为政绩评价的重要内容。对贯彻落实重大决策责任制不力的领导班子和领导干部，予以通报批评、责令整改，对违反政治纪律、组织人事纪律和失职渎职的行为，给予党纪、政纪处分。

三 机关效能建设长效机制的健全与完善

机关效能建设是一项需要长期坚持并不断完善的工作。2004 年 2 月 2 日，习近平同志在全省加强机关效能建设大会上指出，机关效能建设是一项全新的工作，需要不断探索、尝试和创新，各级、各部门必须充分认识到这项工作的长期性和艰巨性，牢固树立打持久战的思想。习近平同志强调在效能建设中制度是根本，必须把制度建设贯穿于机关效能建设的各个方面和各个环节。2005 年，省委、省政府推动机关效能建设从集中开展转向经常化与制度化。浙江各地、各部门认真总结好的做法和成功经验，推广先进典型，探索内在规律，探索长效机制。2006 年全省开展了"提高工作效率，提高服务质量，降低行政成本"（简称"两提高一降低"）

机关效能建设主题活动，完善机关效能建设的各项制度，建立健全长效机制。

第一，全力打造"行政服务中心"，为民办事提速增效。为努力构建机关效能建设的体制保障，在解决好一些机关"门难进，脸难看，事难办"问题的同时，全力打造"行政服务中心"，实行"一个窗口受理、一次性告知、一站式办理、一条龙服务"，推行并联办理，推广全程代理，机关效能得到显著提高。通过设立行政服务中心，全省60%的承诺办理项目提前办结，联办项目时间比之前缩短近1/3。

第二，规范行政许可事项，明细权责，提高效率。按照国务院和省政府对政府机关廉政工作的部署，深入开展了专项治理，清理政策、法规、规章和规范性文件。按照权责一致、减少交叉、一家管理为主的原则，削减审批事项，减少审批环节，下放审批权限。2004～2006年底，全省依法取消行政许可事项8000余件，清理规范性文件3.5万余个；取消不合理行政事业型收费项目75个，累计减少收费100亿元；排查1083件职能交叉事项，并建立联办制度。① 制定下发《浙江省政务公开办法》，建立政务通报、政务听证会和新闻发言人等制度，并合理划分事权、强化部门间协同配合，推诿扯皮现象明显减少，办事效率显著提高。

第三，在改进会风文风上有新突破。在加强会议管理方面，制定下发了《关于改进会议管理提高会议效率的意见》。该意见要求，凡需传达和部署到基层的工作，一般采用电视电话会议的形式，避免层层开会，提倡开短会、讲短话。坚决执行会议审批制度，实行会议经费预算制，从严控制会议规格，减少领导"陪会"，严格控制领导干部参加各类开业、剪彩、奠基、挂牌等仪式。省直部门和单位召开的全省性会议，每年只安排一次，发言时间一般控制在10分钟，电视电话会议时间不超过2小时等。在加强文件管理方面，制定下发了《关于大力精简文件切实提高公文处理质量和效率的意见》，严格控制文件数量和篇幅。

---

① 参见庄跃成《党建创新看浙江》，浙江人民出版社，2008，第185页。

第四节　依托"作风建设年"　持之以恒抓作风建设

党的十六大以来，浙江省委、省政府始终紧跟中央部署，落实中央精神，在作风建设方面走在全国前列。2007 年以来，浙江省在全国各省份中率先响应中央号召，开展"作风建设年"活动，并已连续 8 年将作风建设作为新春开年的首要工作狠抓落实，作风建设在各个内容层面系统、全面地推开，取得了显著成效。

一　高度重视作风建设，率先启动"作风建设年"

党中央始终高度重视作风建设，2007 年 2 月 25 日，浙江在全国各省份中率先提出开展"作风建设年"活动。

（一）贯彻中央精神，活动率先启动

2007 年 2 月 25 日是春节节后上班的第一天，正是在这一天，浙江省召开省、市、县三级联动的电视电话会议，部署开展全省"作风建设年"活动。会议提出：第一，阶段任务。根据省委部署，"作风建设年"分为三个阶段，按部就班予以推进：第一阶段是从 2 月到 4 月，主要是宣传发动、提高认识。第二阶段是从 5 月到 8 月，主要是查找问题、边整边改。第三阶段是从 9 月到 12 月，主要是建章立制、总结提高。① 第二，工作措施。"作风建设年"推出六大工作措施：着力抓好六个方面的工作：一是大兴学习之风，完善各级的学习制度，大力弘扬理论联系实际的学风。二是深化机关效能建设，进一步完善行政审批方式，深化政务公开制度。三是改进工作作风，严格控制各种名目的节庆活动，认真执行检查评比达标活动许可证制度，进一步改进会风和文风，坚持和深化领导干部下访、约访等制度。四是改进和规范公务接待，不得搞层层陪同，推行自助餐或者便餐、快餐。五是坚决刹住违规建设楼堂馆所的不良风气，全面

---

① 参见本刊观察员《浙江"作风建设年"：百名书记下乡蹲点》，《领导决策信息》2007 年第 12 期。

清理、严格控制党政机关修建楼堂馆所，坚决停建和缓建违反规定拟建和在建的楼堂馆所。六是采取有力措施，厉行节约、反对铺张浪费，特别要重视解决好公款吃喝、公款旅游等问题，努力建设节约型机关。① 第三，领导带头。会议部署，在开展"作风建设年"活动中，为体现领导带头、率先垂范的要求，2007 年在市县（市区）领导班子中开展以"团结和谐干在实处、科学发展走在前列"为主要内容的"树新形象、创新业绩"的主题实践活动。

（二）各级各部门"作风建设年"活动全面推开

在省委开展"作风建设年"活动动员会议结束后，各级各部门立即行动，"作风建设年"活动在各地迅速全面推开。杭州市立即召开电视电话会议，进一步部署开展"作风建设年"活动，特别强调要围绕提高人民群众生活品质，突出"为民""办事""务实"，建立健全为民办实事长效机制。温州市纪委、市监察局发出《关于切实加强 2007 年元旦春节期间党风廉政建设的通知》，要求各地各部门利用元旦、春节的有利时机加强对党员干部特别是领导干部的反腐倡廉教育，利用假期认真察民情、听民意、帮民富、保民安。台州市委市政府要求结合"工业服务年"和"项目推进年"的"两年"活动，进一步改变作风，狠抓落实。宁波市委在全省动员会结束后，专门开会落实会议精神，市领导带头深入基层开展联镇带村调研慰问活动。嘉兴市提出要健全领导干部联系群众制度，了解群众意愿，集中群众智慧，认真解决群众的现实利益问题。湖州市委指出尤其要将领导干部作风建设作为整个作风建设的重点来抓，要求全市各级领导干部加强调查研究，深入基层，倾听民声，着力解决改革发展稳定中的重大问题、群众生产生活中的现实问题。金华市委将"作风建设年"活动与深化机关效能建设、优化经济发展环境结合起来，提高"作风建设年"的针对性和实效性；继续开展市机关部门涉及科级岗位群众评议和市机关效能建设"百企万人评机关"活动。②

---

① 参见周咏南《深入开展"作风建设年"活动 倡导和形成八个方面良好风气》，《浙江日报》2007 年 2 月 26 日，第 1 版。
② 参见宗和《努力取得抓党风促政风带民风新成效——浙江省各地积极开展"作风建设年"活动》，《今日浙江》2007 年第 5 期。

（三）2007"作风建设年"取得明显成效

在 2007 年的"作风建设年"活动中，全省各地各部门思想高度重视，领导率先垂范，加强检查指导，把握关键环节，突出工作重点，注重宣传推动，坚持边整边改，取得了明显成效。良好学习风气形成，效能建设得到深化，工作作风有明显转变，公务接待进一步规范，专项清理工作基本完成，广大干部的节俭意识进一步形成，一些群众反映强烈的突出问题得到了整改和纠正，促进了社会和谐稳定，推进了经济又好又快发展，加强了基层党组织建设。据统计，在活动中全省各地各单位共征求意见 35.9 万条，查找出问题 15.4 万个，经整改已解决问题 10.9 万个，出台制度规定 5.2 万个。仅破解难题专项行动中，征求到的 1.5 万个问题，就解决了 1.4 万个；19 万余人次领导干部深入基层调研，帮助解决 20.3 万个实际问题；对 51 个省级部门的 761 项非行政许可事项进行了清理，削减了 497 项；在清理评比、达标方面，对全省行政机关 4796 个表彰项目进行了清理，撤销 4723 项，撤销项目可节约经费约 5.4 亿元。①

二 作风建设常抓不懈，取得显著成效

八年来，浙江将作风建设摆在突出重要的位置来抓，以年年具有新主题的"作风建设年"活动为抓手，不断探索作风建设新内容、新方法、新举措，在为基层民众解决实际问题、治理不正之风、提升行政效能方面取得了显著成效。

（一）每年突出一个主题，"作风建设年"年年开展

八年来，浙江省作风建设年活动根据形势变化、工作要求年年推陈出新，先后开展了"作风建设年""深化作风建设年""深化作风建设、促进创业创新、服务保稳促调、推动科学发展"等主题活动，干部作风明显好转，党群干群关系和谐融洽。

---

① 参见何国权、舟来《以优良的党风促政风带民风——浙江"作风建设年"综述》，《今日浙江》2008 年第 1 期。

2007 年是"作风建设年"的启动之年，省委十二届一次全会专门作出加强作风建设的决定，并在市县领导干部班子中开展"树新形象、创新业绩"主题实践活动。"百名书记下基层蹲点调研"活动是该年作风建设年活动的亮点。2007 年 3 月中旬到 5 月中旬，全省 11 位市委书记、89 位县（市、区）委书记相继到基层进行了为期一周左右的蹲点调研。一级做给一级看，一级带着一级干。从 2007 年 4 月中下旬开始，全省上下再次掀起"万名干部下基层转作风办实事"活动，上自省委书记下至乡镇干部深入基层开展蹲点调研。

2008 年，浙江省中小企业面临转型升级的困难和挑战。面对新形势，省委提出以巩固和扩大"作风建设年"活动成果为目标，建立健全作风建设长效机制，扎实开展"我为创业创新作贡献"作风建设大讨论等"九个一"系列活动。

2009 年，国际金融危机袭来，对外向度高的浙江经济造成严重影响。省委、省政府积极应对，果断决策，适时提出"深化作风建设、促进创业创新、服务保稳促调、推动科学发展"的要求，突出服务这个主题，部署开展了服务发展、服务民生、服务基层，让人民满意的"三服务一满意"活动。各地各单位出台了帮扶企业发展的一系列政策措施，开展了"服务企业年"活动。

2010 年，以"治庸治懒、提能增效、狠抓落实"为主题，围绕六项主要工作任务，加大"四条禁令"执行力度，开展"五查五看"活动，着力解决党员干部工作不实、干劲不足、执行不力、管理不严、效率不高等突出问题。各地各单位紧紧围绕推进省委、省政府年度重点工作任务的落实，扎实开展"千局万站优化发展环境"主题活动，深入基层一线为群众办实事、解难题。

2011 年，为认真贯彻落实胡锦涛总书记在十七届中央纪委六次全会上的重要讲话精神，确定以"提升执行力、增强群众观、为民办实事、服务'十二五'"为主题，治庸提能力，治懒增效率，治散正风气。省委常委会讨论通过了《2011 年全省作风建设工作要点》，明确 2011 年的作风建设重点开展五方面工作：以自觉践行"以人为本、执政为民"理念为目标，大力开展作风建设主题教育活动；以治理庸、懒、散问题为突破口，进一步提能力、增效率、正风气；以基层站所优环境促发展为载体，进一步改进服务、保障民生；以解决损害群众利益的突出问题为重点，进一步破解难题、维护民利；以专项治理、加强管理为抓手，不断巩固厉行节约制止奢侈浪费工作成果。①

（二）"作风建设年"活动取得显著成效

第一，为基层群众解决了大量实际困难。在 8 年来的作风建设中，浙江广大党员干部，尤其是领导干部通过蹲点调研、下访约访、结对帮扶、上门服务等方式，深入基层、深入群众，真心实意地倾听群众呼声，实实在在地帮助基层破解了一批难点热点问题。据统计，在 2007 年整个蹲点调研活动中共有 2458 名市、县（市、区）领导班子成员，2.5 万多名机关干部，2 万多名乡镇干部参加。共走访村（社区）80959 个（次）、企业 102147 个，农户（居民）473689 户。共征求意见 35.9 万余条，查找问题 15.4 万余个，经整改解决问题 10.9 万个。② 据不完全统计，2009 年，全省各级领导干部参与蹲点调研达到 178609 人次，帮助群众解决实际问题 104119 个；通过深化"低收入农户奔小康工程"，帮扶低收入农户 816843 户，其中结对帮扶 369815 户，已落实帮扶措施的 710834 户。③ 2010 年，全省各级机关党员干部共有 22 万余人次深入基层调研，为群众和企业破解了热点难点问题 3.99 万个，帮助解决实际问题 27 万余个，制订帮扶措施 2.8 万项。衢州市全面推行的以"建立民情档案、定期沟通民情、为民办事全程服务"为主要内容的"三民工程"，还得到中央领导同志的批示肯定。④

---

① 参见胡海良、施扬、方向《浙江省连续 5 年开展作风建设年活动综述》，中国共产党新闻网，2011 年 5 月 16 日。
② 参见颜新文《浙江坚持不懈抓好干部作风建设》，《今日浙江》2009 年第 2 期。
③ 参见颜新文《以优良作风推动科学发展》，《今日浙江》2010 年第 6 期。
④ 参见胡海良、施扬、方向《浙江省连续 5 年开展作风建设年活动综述》，中国共产党新闻网，2011 年 5 月 16 日。

第二，服务经济社会发展的能力得到提升。2008 年，各级政府安排各类财政扶持企业资金 23.5 亿元，帮助企业融资 314.87 亿元，省本级取消行政事业性收费等 25 项，为企业减负 12 亿元，帮助企业解决实际问题 14581个。据不完全统计，2009 年全省各级机关共帮助企业解决实际问题 123501个，为企业提供财政扶持专项资金 3801381 万元，简化企业办事措施 16780条，建立完善服务企业长效机制 9262 项，取消、暂停或降低各类收费项目30439 项，通过出口退税、增值税转型、行政事业收费和经营服务性收费减免等减轻企业负担 1708 亿元。①

第三，作风方面的突出问题进一步得到治理。针对一些党员干部中存在的工作不实、干劲不足、执行不力、管理不严、"吃拿卡要"等作风方面群众反映强烈的突出问题，深入开展集中治理。据统计，2010 年，全省各级共开展明察暗访 14066 次，受理效能投诉 18701 件，有 4131 人次受到责任追究。通过集中治理，一些党员干部中存在的"庸、懒、散、乱"等现象得到有效遏制，取得较为明显的效果。②

第四，行政审批、行政服务的效能进一步得到提升。通过加强作风建设，行政许可职能归并改革得到进一步推进，"省级示范行政服务中心"创建活动深入开展，电子监察系统建设全面深化。截至 2011 年初，全省 70% 的市级和 93% 的县（市、区）级部门已完成改革任务，全省85% 的行政审批项目进驻行政服务中心，所有市、县（市、区）和 47个省直部门的行政审批项目（占全省行政审批项目的 92%）纳入电子监察系统进行实时监察。通过这一系列改革，有力促进行政审批、行政服务提能增效。据统计，2010 年省直各部门主要行政审批事项办理时限压缩 50% 以上的有 118 项，压缩 30% 以上的有 15 项。全省市、县两级行政审批事项办结率达 96%，提前办结率达 95%；47 个省直部门行政审

<hr>

① 参见胡海良、施扬、方向《浙江省连续 5 年开展作风建设年活动综述》，中国共产党新闻网，2011 年 5 月 16 日。

② 参见胡海良、施扬、方向《浙江省连续 5 年开展作风建设年活动综述》，中国共产党新闻网，2011 年 5 月 16 日。

批事项办结率达 99.9%，提前办结率达 87.5%。狠抓行政服务中心网络向基层的延伸，全省 2/3 的村级组织建立便民服务中心，直接惠及基层群众 1600 多万人。[1]

三　作风建设长效机制初步形成

经过八年的实践探索，浙江注重坚持发扬这些年来作风建设行之有效的做法，及时总结提炼作风建设活动中创造的新鲜经验，出台了《中共浙江省委关于建立健全作风建设长效机制的意见》《浙江省行政审批服务管理办法》等一批规章制度，扩大了活动成果，完善了作风建设的长效机制。其一，建立健全了学习教育制度。作风建设被纳入教学计划和教学内容，党员干部学习和教育进一步深化。其二，健全了为民办实事机制。领导干部蹲点调研、民情沟通、结对帮扶、破解难题等制度进一步完善，帮助群众解决实际问题的能力有所提升。其三，健全了效能提升机制。机关效能建设进一步深化，勤俭办事的风气形成，政务公开进一步深化。其四，建立健全了作风建设监督评议机制。开门搞作风评议的做法得到坚持，监督渠道进一步拓宽，基层和群众的满意度有所提高。其五，建立健全了作风建设预警机制。廉情指数、效能指数、网络舆情监测等在作风建设中的分析评价作用得到进一步发挥，初步建立了作风评价体系。其六，建立健全了作风建设奖惩激励机制。各地各单位把作风建设作为党风廉政建设责任制的重要考核内容，将考核结果作为目标责任制考核和领导干部政绩考核的重要内容，形成了抓作风建设的常态化机制。

第五节　反对"四风"取得新成效
作风建设开启新篇章

党的十八大以来，浙江认真学习中央"八项规定"，制定"六个严禁"

---

[1] 参见胡海良、施扬、方向《浙江省连续 5 年开展作风建设年活动综述》，中国共产党新闻网，2011 年 5 月 16 日。

"28 条办法"，坚决反对"四风"，作风建设取得新的成效、开启了新的篇章。

一 学习落实"八项规定"，坚决反对"四风"

历届浙江省委高度重视作风建设，2007 年以来历年开展的"作风建设年"活动，在杜绝形式主义、精简会议、改进会风等方面多次提出规范和要求。

（一）认真学习"八项规定"，落实"六个严禁""28 条办法"

2012 年 12 月 4 日，中共中央政治局审议通过《中央政治局关于改进工作作风、密切联系群众的八项规定》，简称"八项规定"，对中央政治局全体同志提出了改进调查研究、精简会议活动、精简文件简报、规范出访活动、改进警卫工作、改进新闻报道、严格文稿发表、厉行勤俭节约八个方面的要求。

2012 年 12 月 26 日，浙江省委召开全省改进工作作风加强党风廉政建设电视电话会议。省委常委、省纪委书记任泽民重申了省委有关纪律规定，就过好元旦春节提出了"六个严禁"：严禁用公款搞相互走访、送礼、宴请等拜年活动；严禁向上级部门赠送土特产；严禁违反规定收受礼品、礼金、有价证券、支付凭证和商业预付卡；严禁滥发钱物，讲排场、比阔气，搞铺张浪费；严禁超标准接待；严禁组织和参与赌博活动。

2012 年 12 月 28 日，浙江省委出台下发 8 个方面 28 条《落实中央八项规定及实施细则的办法》，简称"28 条办法"。办法要求：一要改进调查研究，健全调查研究常态化机制，多与基层干部群众接触交流，帮助解决实际问题。省领导到基层调研要轻车简从，不搞层层多人陪同。二要精简会议活动，严格会议审批程序，控制各类会议活动规模和时间，开短会、讲短话，切实改进会风，提高会议效率。三要精简文件简报，切实改进文风，实行发文立项审批制度。四要规范出访活动，严禁无明确公务、一般性考察和重复考察的团组，不得把出访作为一种待遇。五要改进接待和警卫工作，减少交通管制，不得封山、封园、封路，不清场闭馆，不得停止、限制正常的生产经营活动。六要改进新闻报道，遵循新闻传播规律，根据工作需要、新闻价值、社会效果决定是否报道。七要厉行勤俭节约，严禁铺张浪费，强化预算管理。在会议举办地有住房的与会人员不安排住宿，省领导下基层考察调研期间，不安排宴请，一般到机关食堂、农家乐就餐，有条件的地方可安排自助餐。八要加强督促检查，确保抓出成效。省委书记夏宝龙要求各级领导干部对照该办法，查找本地区本部门和自身在作风建设方面的不足和差距，从严从紧研究提出改进的措施和办法，以转变作风的实际成效真正赢得群众的信任和拥护。

各地各部门积极行动，着手落实中央和省委的各项规定。杭州、绍兴、衢州、台州、嘉兴市要求各级党政机关和领导干部将心思用在谋发展、惠民生上，真心真意解决好群众关心的实际问题。将原来与上级联络感情、迎来送往的时间和精力用在总结当年工作、谋划来年思路上来，用在创新工作举措、推进工作落实上来，用在拉近与群众的距离、加深对群众的感情上来，特别是帮助困难企业、下岗职工、农民工、农村贫困家庭等最需要关心和温暖的群众解决实际困难。宁波、温州、湖州、金华、丽水、舟山市相继出台贯彻意见，加强对党员干部执行廉政纪律情况的监督检查，要求各级党组织抓好管辖范围内改进作风工作，落实党风廉政建设的各项任务；各级领导干部特别是主要领导干部严格自律，以身作则，加强对亲属和身边工作人员的教育和约束；各级纪检监察机关和纪检监察干部带头执行"八项规定"和"六个严禁"要求，以良好的作风抓好工作落实，以实际行动赢得群众信赖。

（二）坚决反对"四风"，启动"六项行动"

2013年4月19日，中共中央政治局召开会议，决定从2013年下半年开始，用一年左右时间，在全党自上而下分批开展党的群众路线教育实践活动。会议指出，有的领导机关、领导班子和一些领导干部形式主义、官僚主义、享乐主义突出，奢靡之风严重。

2013年6月18日，中共中央政治局召开专门会议，对照检查中央"八项规定"落实情况，讨论研究深化改进作风举措。习近平总书记在会上强调，改进工作作风、推进党内相关制度改革是全面深化改革的重要内容。

2013 年 6 月 22~25 日，中共中央政治局召开专门会议，对照检查中央"八项规定"落实情况，讨论研究深化改进作风举措。习近平总书记主持会议并发表重要讲话。他强调，改进工作作风、推进党内相关制度改革是全面深化改革的重要内容。

2013 年 6 月 18 日，习近平总书记在党的群众路线教育实践活动工作会议上对全党开展教育实践活动进行了部署。他强调，这次教育实践活动的主要任务聚焦到作风建设上，集中解决形式主义、官僚主义、享乐主义和奢靡之风这"四风"问题。这"四风"是违背我们党的性质和宗旨的，是当前群众深恶痛绝、反映最强烈的问题，也是损害党群干群关系的重要根源。

为深入开展党的群众路线教育实践活动，落实中央反对"四风"要求，扫除作风之弊、行为之垢，2013 年 7 月 25 日，浙江教育实践活动启动"六项行动"，对群众普遍关心、反映突出的"三公"经费、领导待遇、办事效率等方面的问题进行集中整改落实。"六项行动"是指文风会风治理、"严纪律、正作风、作表率"、提能增效、规范领导干部工作落实和生活待遇规定专项检查、"三公"经费使用检查、提振党员干部精气神等。其中，在整治文山会海方面，做到内容重复的会议一律不开，没有实质性内容的会议和可开可不开的会议坚决不开；从严控制各类会议活动规格、规模和时间，从严控制各类纪念会、研讨会、联谊会、表彰会；改革会议形式，尽量采用视频会议。在提能增效方面，着重整治门难进、脸难看、事难办以及消极应对、不作为、乱作为等现象；深化行政审批制度改革，建立健全代办领办制度，减少审批环节，简化审批手续，缩短审批时限。在严格"三公"管理方面，规定因公出国，没有实质性内容的出访活动一律不安排；公务用车不得随意报废和更新，确需更新的，鼓励使用国产自主品牌甚至省产车；公务接待上，工作用餐一律不饮酒，同城调研一律不安排公务用餐，下基层调研一律不接受宴请。对领导干部违规配备秘书和司机进行集中清理和检查，严肃查处超编制、超标准配备公务车行为；杜绝高消费活动，不进高级健身娱乐场所，不进高档会所，不接受各种会员卡。

二 省委领导率先垂范，机关作风明显改进

省委书记夏宝龙在 2013 年春节后的第一个工作日便深入基层开展调研活动。此次调研轻车简从，不事先通知，不预设路线，没有警车带路，没有层层陪同，他经过 3 个多小时的山路颠簸，直接来到淳安县枫树岭镇下姜村调研，到田间地头找群众聊家常、听民声、摸实情。午餐是在乡镇食堂吃的工作餐，半小时的时间吃好午餐后又立即投入工作。省委副书记、省长李强以及其他省委常委也都是轻车简从，深入基层调研。

为了更好地贯彻中央"八项规定"和省委"28 条办法""六项禁令"等一系列作风建设的制度和规定，2013 年 5 月省直机关开展了"严纪律、正作风、做表率"专项行动，在组织动员、推进实施、建章立制等方面着力，机关风气风貌得到明显改观。在组织动员方面，工委成立了由工委书记任组长、工委副书记任副组长的领导小组和相关人员组成的工作机构，负责整个专项行动的筹划和组织实施，并会同省纪委、省委组织部，成立了以工委抽调人员为主的正风肃纪工作小组，在省委教育实践活动办公室领导下开展工作；各单位也普遍成立了由主要领导挂帅、有关部门负责同志参加的领导机构，省委政法委、省委教育工委和省国资委还先后成立本系统正风肃纪工作机构，机关上下形成了党组（党委）负总责、班子成员分工抓，横向到边、纵向到底、齐抓共管行动格局。在推进实施方面，坚持原则督察执行纪律，省正风肃纪工作小组突出节假日等敏感时段、酒店会所等重要部位和"酒局""牌局"等热点问题，会同"两代表一委员"和特邀监察员、行风监督员、媒体记者，加强对省直机关经常性督察。截至 2013 年 11 月 30 日，共组织明察暗访行动 59 次，出动 410 人次，检查单位 248 家，下发通报 8 期，发现问题 81 起，处理违规违纪人员 19 人。在建章立制方面，省委办公厅、省人大常委会办公厅、省政府办公厅、省政协办公厅、省总工会等单位修订完善了办文办会、出勤纪律、会议秩序、岗位职责、举止礼仪等方面的制度规范；省外办围绕整治"酒局""牌局"，研究出台了具体规定；省新闻出版局出台了"正风肃纪十不准"等规定；省台办完善了工作纪律、请

销假、公务接待、物品采购使用、差旅费开支等多项规章制度。

省直机关专项行动的开展有力地推进了机关作风整治，得到了社会各界的拥护与好评。万人调查数据显示，省直机关干部、市（县）直机关干部、服务对象和社会公众对实施专项行动的满意率分别为 97.98%、93.23%、97.07% 和 96.08%。专项行动开展后，党员干部作风明显改进。据统计，截至 2013 年底，97.98% 和 91.86% 的省直机关干部认为"酒局""牌局"情况比过去好，一些单位和党员干部中存在的行为不规范、作风不严谨、精力不集中、工作不尽责等问题明显改观。96.79% 的省直机关干部、87.17% 的市（县）直机关干部、78.63% 的服务对象和 73.47% 的社会公众认为，省直机关干部作风有了不同程度改进。98.35% 的省直机关干部、89.11% 的市（县）直机关干部和 77.67% 的社会公众认为，机关"四风"问题有了不同程度的改善。①

三 集中治理会风文风，精简会议文件

中共中央政治局于 2012 年 12 月审议通过的"八项规定"中明确提出切实改进文风、会风的要求，"精简文件简报，切实改进文风，没有实质内容、可发可不发的文件、简报一律不发""精简会议活动，切实改进会风；提高会议实效，开短会、讲短话，力戒空话、套话"。同月，中宣部发出《关于贯彻党的十八大精神切实改进文风的意见》，要求宣传思想文化战线把改进文风作为宣传贯彻党的十八大精神、落实中央政治局的"八项规定"和改进工作作风的重要任务来抓。

浙江立即着手实施文风会风治理专项行动。省委办公厅、省政府办公厅牵头，针对"文件多、会议多、检查多、评比多"等顽疾，将行动分解为清理和规范各类会议、清理和规范文件简报、清理和规范评比达标表彰活动等三大项，明确有关单位负责人为责任人，落实具体承办机构，整治文山会

---

① 参见《省直机关"严纪律、正作风、作表率"专项行动情况汇报》，浙江在线新闻网，2013 年 12 月 23 日。

海。省委、省政府带头加强对会议的审批管理，能不开的会坚决不开，能现场协调部署工作的不集中开会，开管用、高效的会，并尽量采用视频会议方式。截至2013年11月中旬，以省委、省政府名义召开的视频会议53个，约占会议总数的39%。减少各类纪念、研讨、慰问、表彰会6个，并取消了惯例性的中秋国庆茶话会。对召开的会议，严格控制规格和规模，一律不组织无关的考察、集会活动，不发纪念品、礼品，做到议程紧凑、形式简朴、费用节约。2014年，以省委、省政府及其办公厅名义召开的全省性会议比上年减少35.6%。

为改进文风，省委办公厅、省政府办公厅出台《关于进一步精简和规范文件简报的若干意见》，为文件简报的刊发定下明确标准。同时，建立发文立项审批制度和前置审核制度，清理规范各类简报资料，原则上"一个部门只保留一种简报"。治理行动开展以来，以省委、省政府或省委办公厅、省政府办公厅名义制发文件减少232份。2014年，以省委、省政府及其办公厅名义制发的文件比上年减少19.1%。

评比达标表彰活动的审核更加严格。浙江下发了《关于进一步加强评比达标表彰活动管理的通知》，明确规定，常设性项目严格按照中央批准的开展，一律不新增；对省直部门提出新开展的32个临时性项目进行严格审核，核减了13个。[1]

四　严控"三公"经费，禁止铺张浪费

"三公"经费支出一直是社会各界关注的焦点，也是广大人民群众洞悉党风政风的窗口。2013年下半年以来，浙江全省根据省委开展"六项行动"的部署和要求，严控"三公"经费支出，坚决制止铺张浪费，成效显著。

浙江各地各部门紧密结合党的群众路线教育实践活动反对"四风"，不断完善"三公"经费管理的支出标准体系和支出管理规范，明确开支标准，

---

[1] 参见《省直机关"严纪律、正作风、作表率"专项行动情况汇报》，浙江在线新闻网站，2013年12月23日。

全面约束"三公"经费支出行为。根据省委开展"六项行动"的部署和要求，全省开展了"三公"经费使用情况集中检查，从检查情况看，各地各部门都能够较好地贯彻落实中央和省委、省政府关于厉行节约、反对浪费的各项政策规定，并结合实际制定了贯彻实施意见和细化措施。2013年，全省公共财政预算拨款"三公"经费支出66.03亿元，减少11.42亿元；同比下降17.3%。2014年全省"三公"经费下降34.4%。①

目前，浙江正大力推进"三公"经费管理长效机制建设，要求除中央和省委、省政府确定的增支项目外，一律不得有新开支，切实减少"三公"经费和会议费支出。坚持必须先有预算后有支出，未列入预算的经费一律不得支出；不符合财政财务制度规定的支出，一律不予以报销。因公出国、公务接待、公务用车等方面的规章制度正在加快完善之中。此后，浙江还将积极推动市县"三公"经费公开进程，并明确要求2014年内20%的市县公开"三公"经费预算，2015年全省所有市县都将公开"三公"经费情况。

加强党的作风建设是党的建设新的伟大工程的重要内容，是全党在新的历史时期面临的一项全局性战略任务，既具有长期艰巨性，又具有现实紧迫性。党的十六大以来，浙江历届省委、省政府在积极推动经济社会发展的同时，始终将党的作风建设作为首要工作狠抓落实，通过一系列规定、措施、举措，倡导艰苦奋斗、求真务实，倡导以人为本、为民办实事，倡导廉洁奉公、勤俭自律。通过一系列实践探索，不断创新载体，不断健全机制，不断改进全省党员尤其是党员领导干部的思想作风、工作作风、领导作风、生活作风，作风建设不断取得阶段性显著成效，有效改进了党的作风，密切了党群干群关系，维护了党在人民群众中的良好形象。

---

① 参见《2014年浙江"三公"经费支出下降34.4%》，中国新闻网，2015年1月21日。

第七章
尊重党员主体地位　积极发展党内民主

党的十六大以来，党中央高度重视党内民主建设，提出党内民主是党的生命，对人民民主具有重要的示范和带动作用。要求以保障党员民主权利为基础，以完善党的代表大会制度和党的委员会制度为重点，从改革体制机制入手，建立健全充分反映党员和党组织意愿的党内民主制度。

按照党中央的部署，习近平同志主政浙江期间，始终高度重视党内民主建设，提出了一系列发展党内民主、健全党内制度的重要思想和举措。如保障党员权利，做好党务公开，探索完善党代会常任制。发挥党员主体作用，积极发展党内协商民主，探索扩大参与式民主，坚持民主集中制，处理好民主与集中的辩证关系，增强党内团结。加强制度保障，探索推进任期制、常任制、票决制、提案制、监督制等，完善党委议事和决策机制。坚决维护中央权威，保证中央的政令畅通，等等。这些重要思想和举措，有力推进了浙江和地方党委完善党内民主的工作。

在党中央的坚强领导下，历届浙江省委领导班子，坚决贯彻党中央的重要思想和相关部署，积极推进党内民主建设，不断完善党内民主机制，有力促进了浙江党组织的民主建设。

第一节　"党内民主是党的生命"
——习近平同志关于加强党内民主建设的论述

习近平同志主政浙江期间和成为党和国家领导人后，始终高度重视党内民主建设。他善于把马克思主义的基本原理转化为指导具体实践的思想方法和工作方法，在发展党内民主方面作出许多精辟论述。从"坚持和完善民主集中制""保障党员主体地位和民主权利""完善党代表大会制度和党内选举制度""完善党内民主决策机制""维护党的集中统一"等方面，阐述和贯彻了党中央在新形势下"坚持和健全民主集中制，积极发展党内民主"的指导方针和工作部署。

一　莫把民主集中制当"稻草人"摆设

自党的十六大报告提出"党内民主是党的生命，对人民民主具有重要的示范和带动作用"① 以来，发展党内民主，就成为新的历史条件下保持党的先进性和执政地位的迫切需要，是政治体制改革和政治文明建设的重要内容。

科学的领导制度是党有效治国理政的根本保证。党的十六大提出，要在坚持和健全民主集中制基础上，发展党内民主，以增强党的活力和团结统一。要以保障党员民主权利为基础，以完善党的代表大会制度和党的委员会制度为重点，从改革体制机制入手，建立健全充分反映党员和党组织意愿的党内民主制度。

习近平同志主政浙江期间，就高度重视发展党内民主，坚持和完善民主集中制。2003 年 12 月 17 日，他在省委十一届五次全会上即指出："民主集中制是我们党和国家的根本组织制度和领导制度，也是最重要的组织纪律和政治纪律。"② 他强调，坚持党的民主集中制，就必须坚决维护党和国家的统一，维护中央权威；必须切实加强民主集中制教育，增强党员干部特别是党员领导干部的民主集中制意识，养成在党的生活中自觉坚持民主集中制的良好作风；必须突出抓好领导班子的民主集中制建设，贯彻落实省委举办的新任市县党政"一把手"民主集中制专题研讨班的精神，夯实维护领导班

---

① 江泽民：《全面建设小康社会，开创中国特色社会主义事业新局面》，《人民日报》2002 年 11 月 18 日。

② 习近平：《干在实处　走在前列——推进浙江新发展的思考与实践》，中共中央党校出版社，2006，第 369 页。

子团结统一的思想基础、政治基础、组织基础和制度基础。

好的想法要靠好的制度来保障。为发展党内民主，健全民主集中制，习近平同志从制度建设层面提出：要"进一步发挥党的各级委员会全体会议的作用，按照'集体领导、民主集中、个别酝酿、会议决定'的原则，完善党委内部的议事和决策机制，完善常委会向全委会报告工作制度，完善全委会讨论决定全局性、战略性重大问题制度，完善市、县党委、政府正职拟任人选和推荐人选全委会投票表决和征求意见制度；进一步健全党代表大会制度，在总结经验的基础上，逐步扩大党代表大会常任制试点工作，积极探索党的代表大会闭会期间发挥代表作用的途径和形式；进一步健全党员民主权利的保障机制，拓宽党内民主渠道，开辟党内民主新途径，完善党内情况通报制度、情况反映制度、重大决策征求意见制度，实现党员对党内事务的充分了解、广泛参与和有效监督"①。同时，要进一步完善党内民主生活制度，正确开展批评与自我批评，努力营造民主、和谐、团结的良好氛围。这和党的十六大提出的，要以保障党员民主权利为基础，以完善党的代表大会制度和党的委员会制度为重点，从改革体制机制入手，建立健全充分反映党员和党组织意愿的党内民主制度的要求是一致的。

2004年4月22日，习近平同志在浙江省委党建工作专题座谈会上，又从五个方面提出了发展和扩大党内民主的制度构想。"一要健全和完善党代表大会制度，维护和发挥代表大会在党内的应有地位和作用"。这要求，继续探索完善党代表大会常任制等机制。"二要健全完善集体领导制度，维护和发挥党委会在党内应有的地位和作用"。这要求，凡属方针政策性的大事，凡属全局性的问题，凡属重要干部的推荐、任免和奖惩，都要按照集体领导、民主集中、个别酝酿、会议决定的原则，由党的委员会集体讨论作出决定。"三要建立健全党内监督制度"。这要求，认真贯彻党内监督条例和纪律处分条例，加强对领导干部特别是各级领导班子主要负责人的监督，建

---

① 习近平：《干在实处　走在前列——推进浙江新发展的思考与实践》，中共中央党校出版社，2006，第370页。

立健全与社会主义市场经济体制相适应的教育、制度、监督并重的惩治和预防腐败体系，保证把人民赋予的权力，真正用来为人民谋利益。"四要维护和发挥党员在党内的主体地位和作用"。这要求，各级党委或领导机关的决策，要广泛地听取党员的意见和要求，真正落实党员的民主权利。"五要继续探索以票决为主的表决制度"，等等。① 这就从常任制、集体领导制、监督制、决策制、票决制等方面对发展和扩大党内民主提出了明确要求。

2004 年 9 月，党的十六届四中全会通过《中共中央关于加强党的执政能力建设的决定》，对建立健全充分反映党员和党组织意愿的党内民主制度提出了明确要求，建立和完善党内情况通报制度、情况反映制度、重大决策征求意见制度，建立健全常委会向全委会负责、报告工作和接受监督的制度。建立党的代表大会代表提案制度，扩大在市、县实行党代会常任制的试点等制度机制——提出。② 11 月，中国共产党浙江省第十一届委员会第七次全体会议，就按照《中共中央关于加强党的执政能力建设的决定》的总体部署，提出了《中共浙江省委关于认真贯彻党的十六届四中全会精神，切实加强党的执政能力建设的意见》，除了要求按照中央要求建立完善相关制度外，还紧密结合浙江实际，提出了"建立党的代表大会代表提案制度，探索党的代表大会闭会期间发挥代表作用的途径和形式，建立代表提议的处理和回复机制。健全地方党委的领导制度和工作规则，认真执行党委议事规则，健全常委会向全委会负责、报告工作和接受监督的制度，完善由全委会投票表决作出重大决定的制度，实行全委会任免重要干部票决制"等制度设计。③ 并通过制定《中共浙江省委议事规则》等规定，将相关制度进一步细化。

好的制度要靠好的执行来落实。习近平同志十分关心和高度重视党的领导和制度建设"抓落实""狠抓落实"问题。"反对空谈、强调实干、注重

① 习近平：《干在实处 走在前列——推进浙江新发展的思考与实践》，中共中央党校出版社，2006，第 371 页。
② 参见《中共中央关于加强党的执政能力建设的决定》，《人民日报》2004 年 9 月 27 日。
③ 《中共浙江省委关于认真贯彻党的十六届四中全会精神，切实加强党的执政能力建设的意见》，《浙江日报》2004 年 11 月 5 日。

落实，是我们党一个优良传统。"近年来，"中央和地方相继出台一系列推进改革发展的好思路、好政策、好措施，现在的关键就在于落实。"[①] 推进党内民主的制度建设关键也在于将好的制度设计落在实处。然而，在现实生活中，尽管民主集中制等各项制度制定了，但有时并不能立说立行、严格执行，成了"说在嘴上，挂在墙上，写在纸上"的"稻草人"摆设。探究"制度执行难"的原因，习近平同志指出："主要原因是一些干部当'老好人'，不愿得罪人，你好我好大家好，不讲原则讲人情，不讲党性讲关系，甚至批评也变成了变相的表扬。开展积极的批评与自我批评是事业的需要，是对干部的爱护，是党内政治生活的一种方式。批评的目的是促使当事人改正缺点和错误，其他同志引以为戒。如果批评不得，听不进不同意见，我们的事业还怎么进行？"[②] 因此，应当在狠抓制度的贯彻落实上下功夫，积极开展批评和自我批评，开展经常性的监督检查，严肃查处违反制度的人和事。并充分发挥新闻媒体的监督作用，该曝光的要曝光，该通报的要通报，该惩处的要惩处，做到令行禁止、违者必究。这样，才能使制度成为党员干部自觉遵守的行为准则，使党中央制定的领导制度和民主制度得到贯彻执行。

二 营造党内民主讨论的环境和健康宽松的氛围

习近平同志强调："发展党内民主要以实现党的纲领为目的，以引导、保护、发挥各级党组织和党员积极性为出发点，紧密结合党组织的职能和党员的权利、义务来展开。"[③] 这就要求切实尊重党员的主体地位、保障党员的民主权利。

保障党员主体地位和民主权利，应当以落实党员知情权、参与权、选举权、监督权为重点，进一步提高党员对党内事务的参与度，充分发挥党员在

---

① 《习近平在中央党校春季学期开学典礼上强调：领导干部要狠抓落实善抓落实》，《人民日报》2011年3月2日。

② 习近平：《之江新语》，浙江人民出版社，2007，第71页。

③ 习近平：《干在实处 走在前列——推进浙江新发展的思考与实践》，中共中央党校出版社，2006，第370页。

党内生活中的主体作用。发展党内民主的实质是按照党章的规定在党内生活中实现党员人人平等，并且共同参与讨论、决定和管理党内事务。为此，习近平同志强调："各级党组织要认真落实党章和党内规章赋予党员的知情权、参与权、选举权和监督权等各项民主权利，使广大党员在党内生活中真正发挥主体作用。要积极营造党内民主讨论的环境和健康宽松的氛围，倡导党员讲真话、反映真实情况，要求领导干部倾听真话、了解真实情况，在广开言路中集中智慧，在民主讨论中形成共识。"① 习近平同志主政浙江期间带领省委就不断扩大党内参与式民主途径，完善民主恳谈会，积极发展党内协商民主等方面进行了探索。

为畅通党内信息上下互通渠道，为党员知情和参与党内事务，就要进一步推进党务公开。党务公开是政治文明建设的重要内容，对此，习近平同志强调，要"认真执行民主集中制，健全施政行为公开制度，保证领导干部做到位高不擅权、权重不谋私"，如此才能"加强对权力运行的制约和监督，把权力关进制度的笼子里"②。为此，他提出应当建立进一步推进党务公开的新要求新举措，如"建立党委新闻发言人制度，办好党报党刊和党建网站，建立健全党内事务听证咨询、党员定期评议基层党组织领导班子成员"等制度，③ 鼓励和保护党员讲真话、讲心里话，营造党内民主讨论、民主监督环境。同时，要以党务公开引领政务、财务公开，将党务公开与政务、财务公开有机结合起来，以政务、财务公开拓展党务公开，形成三者互相促进、协调运转的工作格局。此外，鉴于网络直播在互联网逐步取代纸媒时代的意义已经超出了新闻范畴，习近平同志也十分重视网络公开和舆论监督的作用，他将直播党代会看作是党务公开的重要表现。早在习近平同志主政浙江期间，"浙江在线"等就全程直播了浙江党代会和浙江"两会"的情况，"浙江在线"还派出记者前往北京较早直播了全国"两会"，使党务公开成为推进民主政治的重要进程。

---

① 习近平：《始终坚持和充分发挥党的独特优势》，《求是》2012 年第 15 期。
② 《习近平在十八届中央纪委二次全会上发表重要讲话》，《人民日报》2013 年 1 月 23 日。
③ 参见习近平《加强和改进新形势下党的建设的纲领性文献》，《人民日报》2009 年 10 月 9 日。

三 权力是个神圣的东西

中国古代有一种哲理：国家之权乃是"神器"，是个神圣的东西，非"凡夫俗子"所能用。而有些党员领导干部却以为有了权就好办事，有了权就可以为所欲为，那样就非弄坏事情不可。对此，要使各级党员领导干部树立权力就是服务的意识、牢记权力就是责任的理念、遵守权力使用的纪律规定，"严格执行民主集中制，讨论问题讲民主，进行决策讲程序，执行决议讲纪律"①。同时，要通过相应的制度安排来保证党员领导干部珍惜权力、管好权力、慎用权力。

党的十六大报告提出："要以保障党员民主权利为基础，以完善党的代表大会制度和党的委员会制度为重点，从改革体制机制入手，建立健全充分反映党员和党组织意愿的党内民主制度。"② 对此，习近平同志强调"要健全和完善党代表大会制度，维护和发挥代表大会在党内的应有地位和作用"③，继续探索完善党代表大会常任制等机制。

在浙江，党代表大会常任制从 1988 年就开始试点，经过 20 多年的不懈探索，试点工作取得了显著成效，积累了宝贵经验。党的十六大以来的新时期，按照党中央的指示和习近平同志的要求，应当继续扩大在市、县进行党代会常任制试点，进一步研究解决在试点中遇到的新问题。党的十七届四中全会已经提出了完善党代表大会制度的新要求新举措。如强调改善党代表大会代表结构，提高基层一线代表比例，增强代表广泛性；扩大党代表大会代表对提名推荐候选人的参与，改进候选人提名方式；建立各级党代表大会代表提案制度；落实和完善党代表大会代表任期制；等等。

党内选举制度，经过改革开放 30 多年的实践，已经逐步从废除领导职

---

① 习近平：《之江新语》，浙江人民出版社，2007，第 260 页。
② 江泽民：《全面建设小康社会，开创中国特色社会主义事业新局面》，《人民日报》2002 年 11 月 18 日。
③ 习近平：《干在实处　走在前列——推进浙江新发展的思考与实践》，中共中央党校出版社，2006，第 370 页。

务终身制往实行公开选拔、竞争上岗、民主推荐和民主评议干部等干部人事制度改革方向前进。习近平同志总结了近年来党内完善选举办法的一些新要求新举措。如强调改进和规范选举程序和投票方式，改进候选人介绍办法。推广基层党组织领导班子成员由党员和群众公开推荐与上级党组织推荐相结合的办法，逐步扩大基层党组织领导班子直接选举范围；党的任何组织和个人不得以任何方式妨碍选举人依照规定自主行使选举权；严格控制选任制领导干部任期内职务变动；等等。在浙江，省委也采取了很多创新性的方法来深入发展党内选举民主制度，比如"两推一选""公推直选"等制度。"两推一选"即指的是"公推直选"基层党支部书记的试点。在选举时，先由党内推荐，然后又由村民推荐。两方来推荐支部书记候选人。然后再由所有的党员来直接选举。通过这种选举形式，有效促进了基层民主和党内民主的发展。

政治路线确定以后，干部就是决定因素。干部选拔任用问题，历来是社会的焦点，关系民心向背和党的事业兴衰成败。党和国家历来重视包括年轻干部在内的选拔和任用，将"德才兼备""五湖四海"作为干部选用的重要原则。为此，习近平同志提出，选拔任用干部要坚持德才兼备，把德放在首要位置，[①] 要"从政治品质和道德品行等方面完善干部的德的评价标准，注重从履行岗位职责、完成急难险重任务、关键时刻表现、对待个人名利等方面考察干部的德，使选拔出来的干部组织放心、群众满意，不让老实人吃亏，不让投机钻营者得利"[②]。为扩大选人用人民主，党的十七届四中全会也提出了建立健全干部选拔任用提名制度的一些新要求新举措。如强调正确分析和运用民主推荐、民主测评结果，增强科学性和真实性；鼓励多渠道推荐干部，广开举贤荐能之路，拓宽党政干部选拔来源；健全干部考察制度，完善考察标准，落实领导干部任用延伸考察办法，增强考察准确性；完善差额选拔干部办法，推行差额推荐、考察、酝酿；等等。

大力培养选拔年轻干部事关党和国家长治久安。习近平同志始终高度重

---

① 参见习近平《干在实处　走在前列——推进浙江新发展的思考与实践》，中共中央党校出版社，2006，第423页。

② 习近平：《加强和改进新形势下党的建设的纲领性文献》，《人民日报》2009年10月9日。

视干部队伍的新老交替与合作，指出培养选拔年轻干部工作必须常抓不懈。他强调："在实践中锻炼、考验和提高干部，始终是培养年轻干部的一个基本途径。越是有培养前途的年轻干部，越要放到艰苦环境中去，越要派到改革和发展的第一线去，让他们在实践锻炼中增强党性、改进作风、磨练意志、陶冶情操、提升境界、增长才干。要坚持多岗位培养锻炼年轻干部，尤其要注重在基层一线的实践中培养锻炼年轻干部。"① 党的十七届四中全会也要求建立来自基层一线党政领导干部培养选拔链，大力选拔经过艰苦复杂环境磨炼、重大斗争考验、实践证明优秀、有培养前途的年轻干部。合理使用各年龄段干部，切实解决领导干部任职年龄层层递减问题。

浙江多年来，一直坚持重基层、重实绩、重公认的用人导向，严格执行《党政领导干部选拔任用工作条例》，坚持和完善民主测评、民主推荐、民主监督等制度，注重选拔坚定贯彻科学发展观，德才兼备、政绩突出、群众拥护的优秀干部。真正做到以好的作风选人、选作风好的人，坚决抵制跑官要官，切实防止干部"带病提拔""带病上岗"。② 在历届浙江省委正确领导下，浙江积极探索差额选任、公开选拔、竞争上岗等方法，通过"两推一选""公推直选"等制度，大力培养选拔基层干部，使一批政治素质高、工作能力强的优秀年轻干部走上了基层领导岗位。

四 把"多种声音"协调为"一首乐曲"

发展党内民主，需要坚持集体领导原则和科学、民主的决策机制，这是民主集中制在党的领导制度上的具体体现，是贯彻民主集中制的关键环节。

坚持集体领导、形成科学决策的基础是允许有"多种声音"。由于人们观察问题的视角不同，个人阅历和知识结构不一，认识事物的能力和水平不尽相同，在讨论问题、作出决策时自然会见仁见智，发出"多种声音"。如果只有"一种声音"，甚至于"悄然无声"，看起来是高度集中、至高威信，

---

① 《习近平在全国培养选拔年轻干部工作座谈会上强调：以改革创新精神做好培养选拔年轻干部工作》，新华网，2009 年 3 月 30 日。
② 《中共浙江省委关于进一步加强自身作风建设的决定》，《今日浙江》2007 年第 12 期。

实非好事。领导干部要发扬党内民主，确保决策的民主化和科学化，确保党委班子认识上的统一和行动上的一致，就要有容人之气度、纳谏之雅量。同时，集体领导也不能只有"多种声音"，却"议而不决"。这就像一支乐队，只能有一个指挥。离开了指挥，乐队的演奏不协调，大家各自的声音汇集在一起就变成了"杂音"。对此，习近平同志强调："领导班子的'一把手'，就应该成为这样的指挥，善于把'多种声音'协调为'一首乐曲'，从而使领导集体的决策尽可能反映客观实际，符合人民利益。"[1]

科学、民主的决策需要以科学、民主的调研机制为前提。古人也常讲"纸上得来终觉浅，绝知此事要躬行""耳闻之不如目见之，目见之不如足践之"等。因此，习近平同志强调："领导干部作决策、下指示，往往需要大量客观、真实、有效的信息。这就更需要向实践求知，善读社会这部书，进一步加强调查研究，问计于基层，问计于群众，在耳闻、目见、足践之中见微知著、管窥全豹，获得真知灼见，形成正确思路，作出科学判断。"[2]只有学之思之、闻之见之，领导干部对一方的情况才能有话语权。他要求，要大兴调查研究之风，各级领导干部在调研工作中，一定要保持求真务实的作风，努力在求深、求实、求细、求准、求效上下功夫。

科学、民主的决策需要遵循科学、民主的议事规则。习近平同志十分强调集体决策和票决制等科学、民主的议事规则的重要性。他强调，要按照"集体领导、民主集中、个别酝酿、会议决定"的要求，完善党委议事规则，重大问题要提交常委会集体讨论，涉及全局和长远的问题要提交全委会讨论决定。党的十七届四中全会也提出了完善党内民主决策机制的一些新要求新举措。如强调发挥全委会对重大问题的决策作用，推行和完善地方党委讨论决定重大问题和任用重要干部票决制。加强党委决策咨询工作，发挥咨询研究机构、专家学者、社会听证在决策过程中的作用。落实重大决策报告制度，健全决策失误纠错改正机制和责任追究制度。健全对中央重大决策部

---

①　习近平：《之江新语》，浙江人民出版社，2007，第 22 页。

②　习近平：《之江新语》，浙江人民出版社，2007，第 180 页。

署执行情况定期检查和专项督察制度、纪律保障机制等等。

各级党委越来越重视集体决策和重大问题的"票决制",这是完善党内民主决策机制的重要途径。但是,实行"票决制"推进民主决策时也存在值得注意的一种倾向。随着干部选拔任用的公开化、制度化,采用投票方式进行民主测评,已成为干部考察中的一种重要手段。而党委在决定干部选拔任用上越来越重视"群众投票",时下一些领导干部发现群众投票的重要性后,就一门心思在如何"赢票"上做文章。于是一些干部大搞"微笑外交",左右逢源,吃吃喝喝,到处讨好人。而在坚持真理、主持公道的大是大非面前,却不敢旗帜鲜明地表明态度,唯恐得罪了人,丢了票。对此,习近平同志指出,在推行票决制的过程中,应当始终清醒地认识到:"票决制仅仅是整个决策过程中的一个重要环节,绝不能简单地以投票表决替代决策的整个过程。票决前后,还应有相应的工作内容、程序和制度与之配套,使之规范化、具体化、程序化。"① 他强调:"要把加强党的领导和充分发扬民主结合起来,发挥党组织在干部选拔任用工作中的领导和把关作用。要完善工作机制,推进干部工作公开,坚决制止简单以票取人的做法,确保民主推荐、民主测评风清气正。"②

多年来,历届浙江省委领导班子按照党中央的要求,始终坚持民主集中制原则。坚持总揽全局、协调各方,充分发挥省委领导核心作用,凝聚各方面的智慧和力量。按照"集体领导、民主集中、个别酝酿、会议决定"的要求,完善省委议事规则,重大问题提交省委常委会集体讨论,涉及全局和长远的问题提交省委全委会讨论决定。省委常委会要定期向全委会报告工作,省委成员要按规定进行述职述廉。落实集体领导下的个人分工负责制。适应新形势新任务的要求,积极改进省委工作运行机制。进一步完善领导、

---

① 习近平:《干在实处　走在前列——推进浙江新发展的思考与实践》,中共中央党校出版社,2006,第371页。
② 《习近平在全国组织工作会议上强调:建议一支宏大高素质干部队伍,确保党始终成为领导核心》,《人民日报》2013年6月30日。

群众和专家相结合的决策机制，规范决策程序，等等，① 从而不断推进决策的科学化、民主化。

五　要"民主"，还要"集中"

在发展党内民主和党员权利意识日益提高的情况下坚持民主集中制，关键是处理好"民主"与"集中"的关系，在发展党内民主的同时，维护党的集中统一。民主集中制是党和国家的根本组织制度和领导制度，也是最重要的组织纪律和政治纪律。它正确规范了党内政治生活、处理党内关系的基本准则，是反映、体现全党同志和全国人民的利益与愿望，保证党的路线方针政策正确制定和执行的科学的合理的有效率的制度。因此，这是中国共产党最大的制度优势。

习近平同志强调，要充分发挥党的制度优势，最重要的就是必须坚持民主基础上的集中和集中指导下的民主相结合。他指出："首先要讲民主，切实保障党员的民主权利，加强党内民主建设，实行有效的民主监督。在民主的基础上要讲集中，坚持党总揽全局、协调各方的原则，进一步完善党的领导制度和工作制度，严格党内生活，严肃党的纪律，既保证领导班子高效运转，又保证实行有效的监督，使领导班子保持和维护团结一心干事业、齐心协力谋发展、群策群力促和谐的良好局面，使领导班子能够真正发挥好领导核心的作用。"② 如此，才能不断巩固党的团结统一和增强党的创造活力，从制度上保持党的先进性和纯洁性。因此，党的十七届四中全会通过的《中共中央关于加强和改进新形势下党的建设若干重大问题的决定》才在"党内民主是党的生命"的表述的基础上，同时强调"集中统一是党的力量保证"③。要求必须坚持民主基础上的集中和集中指导下的民主相结合，以保障党员民主权利为根本，以加强党内基层民主建设为基础，推进党内民主

---

① 参见《中共浙江省委关于进一步加强自身作风建设的决定》，《今日浙江》2007 年第 12 期。

② 习近平：《之江新语》，浙江人民出版社，2007，第 255 页。

③ 《中共中央关于加强和改进新形势下党的建设若干重大问题的决定》，《人民日报》2009 年 9 月 28 日。

的发展。

维护党的集中统一，要求严明组织纪律，始终同党中央在思想上政治上行动上保持高度一致。这对于新形势下更好坚持民主集中制这一根本组织制度和领导制度，加强和改善党的领导，具有十分重大的意义。为此，习近平同志指出：要严明党的组织纪律和政治纪律，教育引导党员、干部自觉维护中央权威，始终在思想上政治上行动上同党中央保持高度一致，维护党的团结统一。其中最重要的，是必须坚决维护中央权威，切实保证中央政令畅通。为此，需要健全对中央重大决策部署执行情况定期检查和专项督察制度、纪律保障机制，着力提高领导班子和领导干部的执行力和落实力，以切实保证中央的路线方针政策得到不折不扣的贯彻落实。

总之，在发展党内民主的同时，维护党的集中统一，目的在于增强党内团结。团结出凝聚力，出战斗力，出新的生产力，也出干部。在团结问题上，"一把手"更应带好头，起好表率作用。对此，习近平同志强调，一个好的领导班子，要善于团结协作。大事讲原则，小事讲风格，遇事多通气，多交心，多谅解，真正做到讲团结、会团结。他指出："在一个班子里就像是在同一条船上，开展工作就好比划船。大家同舟共济，目标一致，心往一处想，力往一处使，形成了合力，这船就能往预定的目标快速前进。如果各有各的主张，各往各的方向划船，这船只能在原地打转，不能前进半步。更有甚者，如果互相拆台，还会有翻船的危险。"[①] 应当明确，班子的主要负责同志，是一"船"之长，要起好把舵抓总的作用，凝聚全"船"之力，使"船"沿着正确的航道前进。班子里的其他成员各司其职，相互配合，这样"和"然后"合"，大家团结和谐，就能形成合力。

第二节　坚持民主集中制　完善科学民主决策制度

科学、民主的决策是坚持和完善民主集中制、推进党内民主的重要体

---

① 习近平：《之江新语》，浙江人民出版社，2007，第254页。

现。为进一步推进党内科学、民主的决策，首先，应当明确，科学、民主的决策要求领导干部具备"世界眼光和战略思维"，并应当以调查研究作为基础，坚持心系基层、为民办事，眼光向下，才能为科学、民主决策提供真实材料。其次，完善常委会议事规则和决策程序，完善地方党委讨论决定重大问题和任用重要干部票决制。同时，健全决策机制和程序，发挥思想库作用，建立健全决策问责和纠错制度，从而使决策有法可依、有制度可依。此外，还要提升"一把手"的领导决策艺术，凡是涉及群众切身利益的决策都要充分听取群众意见，凡是损害群众利益的做法都要坚决防止和纠正，如此，才能真正做到科学决策、民主决策、依法决策。

一 党的领导是坚持民主集中制的根本保证

经过 90 多年特别是改革开放 30 多年的持续探索，中国共产党探索出一种以人民代表大会制度为根本政治制度，以中国共产党领导的多党合作和政治协商制度、民族区域自治制度以及基层群众自治制度为基本政治制度的中国特色社会主义政治制度。在新的历史条件下坚持和完善这一制度，就"必须毫不动摇坚持中国共产党的领导，必须保证和发展人民当家作主，必须全面推进依法治国，必须坚持民主集中制"①。而在国家层面坚持民主集中制，又必须坚持党的领导。即便在全面推进依法治国、强调法治建设的时代，也需要党的领导。早在 2006 年，习近平同志即指出："法治建设绝不是要削弱党的领导，而是要从理念上更好地强化党的意识、执政意识、政权意识，从制度上、法律上保证党的执政地位，通过改善党的领导来更有效地坚持党的领导、加强党的领导，通过完善党的执政方式来更有效地提高党的执政能力、保持党的先进性。"② 因此，必须旗帜鲜明地坚持党的领导，在党的领导下发展社会主义民主、建设社会主义法治，把党坚持民主集中制、坚持依法执政的过程作为实现人民当家作主和实行依法治国的过程。

---

① 习近平：《在庆祝全国人民代表大会成立 60 周年大会上的讲话》，《人民日报》2014 年 9 月 6 日。

② 习近平：《之江新语》，浙江人民出版社，2007，第 207 页。

在国家层面坚持党的领导和民主集中制，需要改革和完善党的领导方式和执政方式。其中，党员领导干部的执政意识和执政素质至关重要。"无论在哪个方面、哪个部门、哪个地方工作的党员干部，首先要明白自己的第一身份是共产党员，第一职责是为党工作，第一目标是为民谋利。"① 要在加强党的执政能力建设中认真思考自己该怎么办，切实增强执政的忧患意识，切实在领导工作实践中提高自己的执政本领，切实树立良好的执政作风。如此，才能始终把党和人民放在首位，不断提高自身的能力和本领，切实为人民执好政、掌好权。同时，要在全面推进依法治国、强调法治建设的时代保证党领导人民有效治理国家，就要更加注重发挥法治在国家治理和社会管理中的重要作用，更加注重健全民主制度、丰富民主形式，保证人民依法实行民主选举、民主决策、民主管理、民主监督的权利。

在国家层面坚持党的领导和民主集中制，还需要探索和完善党"总揽全局，协调各方"的领导体制，从而在强化党的领导核心作用的同时，能够以党内民主的发展来示范和带动人民民主。为此，习近平同志强调要强化党的领导核心作用，在地方同级各种组织中，党委是领导核心，各种组织必须自觉接受和服从党委的统一领导，围绕党委中心工作来安排和部署各自的工作。2003年12月5日，他在浙江省委常委务虚会上提出了完善总揽全局、协调各方的体制机制需要重点研究和解决的三方面问题，一是要积极探索和完善"总揽全局，协调各方"的领导体制。在这一领导体制中，省委居于核心地位，筹划全局、掌握方向，各方按照职能做好工作，从而形成整体合力，体现出党的凝聚力和战斗力。这里，省委的主要职责，就是集中精力把好方向，抓好大事，出好思路，管好干部，总揽不包揽，协调不取代，实现省委对同级各种组织的领导，对各个工作领域的领导。二是要建立健全"总揽全局，协调各方"的工作机制。领导体制要由工作机制来保证。省委要对全局工作进行通盘考虑，整体谋划，形成全面推进的工作机制。这里，要坚持集体领导和分工负责相结合，既更好地发挥省委领导集体的核心作

① 习近平：《之江新语》，浙江人民出版社，2007，第84页。

用，又使班子成员都能够各负其责、步调一致地开展工作，形成科学、民主的决策机制。三是要不断健全和完善"总揽全局，协调各方"的各项工作制度。① 比如，完善议事决策的制度，规范决策程序的制度，建立健全提高省委议事和决策水平的有关制度，等等。

按照党"总揽全局，协调各方"的原则，还需要规范党委与人大、政府、政协以及人民团体的关系。为此，习近平同志强调，要"改革和完善党的领导方式，发挥地方党委对同级人大、政府、政协等各种组织的领导核心作用，发挥这些组织中党组的领导核心作用，实现党委对同级各种组织、下级党组织以及各个领域和各项事业的有效领导。加强和改进党对经济工作的领导，把握方向，谋划全局，提出战略，制定政策，推动立法，营造良好环境"②。人大及其常委会与"一府两院"虽然分工不同、职责不同，但都是党领导下的国家机关，总的目标和任务是一致的。因此，各级党委要根据经济社会发展情况，按照人大、政府、政协以及人民团体的职权范围和工作方式提出任务和要求，并加强督促检查，抓好工作落实，以保证各方既独立负责、各司其职，又步调一致、运转有效地开展工作，从而既形成整体合力，达到以党内民主推动人民民主的效果，又保证党领导人民有效治理国家，切实防止出现群龙无首、一盘散沙的现象。

"名非天造，必从其实。"应当看到，无论是党内民主还是人民民主，实现民主的形式都是丰富多样的，不能拘泥于刻板的模式，更不能说只有一种放之四海而皆准的评判标准。人民是否享有民主权利，"要看人民是否在选举时有投票的权利，也要看人民在日常政治生活中是否有持续参与的权利；要看人民有没有进行民主选举的权利，也要看人民有没有进行民主决策、民主管理、民主监督的权利"③。社会主义人民民主不仅需要完整的制

---

① 参见习近平《干在实处　走在前列——推进浙江新发展的思考与实践》，中共中央党校出版社，2006，第402~403页。

② 习近平：《干在实处　走在前列——推进浙江新发展的思考与实践》，中共中央党校出版社，2006，第394页。

③ 习近平：《在庆祝中国人民政治协商会议成立65周年大会上的讲话》，《人民日报》2014年9月22日。

度程序，而且需要完整的参与实践，必须具体地、现实地体现到中国共产党的执政和国家治理上来，具体地、现实地体现到人民对自身利益的实现和发展上来。在中国，发展社会主义民主政治，完善中国特色社会主义政治制度，保证人民当家作主，保证国家政治生活既充满活力又安定有序，关键是要坚持党的领导、人民当家作主、依法治国的有机统一。同时，既积极借鉴人类政治文明的有益成果，又绝不照搬西方政治制度模式，而是不断增加和扩大中国特色社会主义政治制度的特点和优势。总之，要在坚持党的领导和民主集中制的制度和原则的基础上，形成治国理政的强大合力，切实防止出现相互掣肘、内耗严重的现象。

二 科学决策"要有世界眼光和战略思维"

科学、民主的决策是坚持和完善民主集中制、推进党内民主的重要体现，这就要求领导干部具备世界眼光和战略思维。当今世界，国际局势风云变幻，综合国力竞争空前激烈。一方面，和平、发展、合作仍然是时代潮流，国际环境总体上有利于我国和平发展；另一方面，在中国全面建成小康社会，推动工业化、信息化、城镇化、市场化、国际化深入发展的进程中，不平衡、不协调、不可持续的问题依然突出，科技创新能力不强，产业结构不合理，资源环境约束加剧，城乡区域发展差距和居民收入分配差距依然较大；社会矛盾明显增多。如果党员干部不具备高屋建瓴的视野和胸襟，就难以在时代的大潮中把握趋势、科学决策。对此，早在2003年11月习近平同志主政浙江期间，就要求各级党员领导干部"要站在战略的高度，善于从政治上认识和判断形势，观察和处理问题，善于透过纷繁复杂的表面现象，把握事物的本质和发展的内在规律。要努力增强总揽全局的能力，放眼全局谋一域，把握形势谋大事，以'登东山而小鲁'、'登泰山而小天下'的气度和胸襟，始终把全局作为观察和处理问题的出发点和落脚点，以全局利益为最高价值追求，以世界眼光去认识政治形势，把握经济走势，了解文化态势"[1]。他始终强调，

---

[1] 习近平：《之江新语》，浙江人民出版社，2007，第20页。

要用战略思维去观察当今时代，洞悉当代中国，谋划当前浙江，切实把本地、本部门的工作放到国际国内大背景和全党全国全省的工作大局中去思考、去研究、去把握，不断提高领导工作的原则性、系统性、预见性和创造性。

正是具备了这一"世界眼光和战略思维"，习近平同志才能在浙江省全面建设小康社会、提前基本实现现代化的同时，就较早地提出了不能光追求速度，而应该追求速度、质量、效益的统一，不能盲目发展，污染环境，给后人留下沉重负担的发展思路，明确要求浙江既要 GDP，又要绿色 GDP，使经济的发展与人民群众生活质量的提高相协调，推动科学发展的"八八战略"。秉承这一发展思路，继任浙江省委书记赵洪祝同志在 2007 年省十二次党代会才提出"创业富民、创新强省"的"两创"战略，2012 年省十三次党代会又提出"物质富裕、精神富有"的"两富"战略，以及"建设美丽浙江、创造美好生活"的"两美"战略。从"八八战略"到"两创"战略，再到"两富""两美"战略，反映了浙江现代化建设的纵深推进，统一于浙江整个现代化过程的不同历史阶段，体现了历届浙江省委领导班子的世界眼光和战略思维。

科学决策的过程从某种程度上说也就是调查研究的过程。习近平同志多次强调："正确的决策，绝对不是一个人或者一堆人，不作调查研究，坐在房子里苦思冥想就能产生的，它要在人民群众改革发展的实践中才能产生。我们担负领导工作的干部，在对重大问题进行决策之前，一定要有眼睛向下的决心和甘当小学生的精神，迈开步子，走出院子，去车间码头，到田间地头，进行实地调研，同真正明了实情的各方面人士沟通讨论，通过'交换、比较、反复'，取得真实可信、扎实有效的调研成果，从而得到正确的结论。"① 他形象地比喻道，调查研究就像"十月怀胎"，决策就像"一朝分娩"。调查研究的过程就是科学决策的过程，千万省略不得、马虎不得。习近平同志还引用毛泽东同志的话说，只有那些主观地、片面地和表面地看问题的人，跑到一个地方，不问环境的情况，不看事情的全体（事情的历史

---

① 习近平：《之江新语》，浙江人民出版社，2007，第 154 页。

和全部现状），也不触到事情的本质（事情的性质及此事情和其他事情的内部联系），就自以为是地发号施令起来，这样的人是没有不跌跤子的。"我牢记毛泽东同志的至理名言，坚持调研开局、调研开路，凡事眼睛向下，先当学生，不耻下问，问计于基层、问计于群众，每年至少用三分之一以上时间深入基层和部门调查研究。"① 坚持心系基层、为民办事。

2002 年以来，按照习近平同志的要求，浙江省委、省政府注重把调查研究、下访接访作为密切联系群众的重要途径，先后在领导班子和干部队伍中部署开展了"转变作风年""调查研究年"等活动。2003 年，省委、省政府坚持以调查研究开局，围绕中心工作和重大决策部署，省委常委、副省长每年都根据工作分工选择重点调研课题。全省建立和推行领导干部下访制度，省、市、县三级领导干部和有关部门负责人共同参加接访活动。2007年，时任浙江省委书记赵洪祝领导的省委班子又专门规定：省委常委每年分工主持 1 至 2 个重点调研课题，每年下基层调研时间不少于 2 个月，每年到基层下访或约访不少于 2 次。每人确定 1 个县（市、区）和 1 所高校作为工作联系点，每年到联系点调研 2 至 3 次。坚持与省级民主党派和工商联的联系制度，每年与所联系的省级民主党派和工商联负责人开展谈心活动 1 至 2次。② 如今，浙江省委的常委同志们常常不管严寒酷暑，轻车简从，分赴基层走亲连心。用脚步丈量民情，用真心倾听民意。浙江省委书记、省人大常委会主任夏宝龙更是经常不打招呼、不预设路线，直接来到田间地头调研，聚焦"四风"听意见。仅在 2013 年第一批教育实践活动期间，省委书记夏宝龙就不通知任何部门和地方党委、政府，不预设路线，没有警车带道，没有地方官员陪同，3 次直接到田间地头，进村入户走访，察民情，问民生，听取基层干部群众对开展党的群众路线教育实践活动以及对省委、省政府各项工作，特别是作风建设方面的意见建议。他认为："赴基层考察调研，就要听真话、访真情、解真难，如果事先安排好线路，确定好调研地点和对

---

① 习近平：《干在实处 走在前列——推进浙江新发展的思考与实践》，中共中央党校出版社，2006，第 2~3 页。
② 参见《中共浙江省委关于进一步加强自身作风建设的决定》，《今日浙江》2007 年第 12 期。

象，身边陪同干部一大堆，往往很难摸到实情、听到实话。"① 这种不事先通知、不预设路线、不层层陪同的"暗访式"调研倡导了调查研究的新风，也为领导决策提供了真实情况和事实依据。在省委领导的示范带头下，从省直机关到全省各地，2.2万余名机关干部迅速行动，深入基层走亲连心。在第一批教育实践活动期间，第一批单位共征求到意见建议10.9万多条次，梳理出党员干部"四风"问题24种具体表现。在两轮"基层走亲连心"活动中，厅级以上领导干部建立活动联系点3527个，帮助群众解决困难2.3万余件，破解难题4700余个。②

三　民主决策要打好"团结牌"

科学、民主决策的一个重要原则就是党委集体领导。集体领导是民主集中制在党的领导制度上的具体体现，是贯彻民主集中制的关键环节。但由于人们观察问题的视角不同，个人阅历和知识结构不一，认识事物的能力和水平不尽相同。因此，党委会在集体讨论问题、作出决策时自然会见仁见智，发出"多种声音"。而为了将这"多种声音"谱成"一首乐曲"，就需要领导班子中的"一把手"发挥高超的领导和决策艺术。

习近平同志指出，"一把手"的领导艺术，就在于有"容人之气度、纳谏之雅量"，充分发扬党内民主，让大家畅所欲言，从中全面透彻地分析和综合各种不同的意见，集思广益，最大限度地凝聚集体的智慧和力量，确保决策的民主化和科学化，确保党委班子意志上的统一和行动上的一致。要善于把"多种声音"协调为"一首乐曲"，齐奏一悦耳动听的交响乐。③ 他还用"手掌"与"指头"的关系作比拟，"一个手掌"，摊开是"多个指头"，握紧是"一个拳头"。班子的团结就好比"指头"与"拳头"的关系。"一把手"只是其中一个"指头"，充其量是个"大拇指"。一个"指头"劲再

① 《夏宝龙连续两次"暗访式"调研倡导调研新风》，浙江在线，2013年8月22日。
② 参见阮蓓茜《根植厚土　情系百姓——我省深入开展第一批党的群众路线教育实践活动纪实》，《浙江日报》2014年1月26日。
③ 参见习近平《之江新语》，浙江人民出版社，2007，第22页。

大，其他"指头"如果不用力，也难以体现出"拳头"的合力。所以，"一把手"要充分调动班子成员的积极性，使他们各司其职、各负其责、各展其才，从而使这个领导集体攥紧"拳头"，打出"团结牌"，形成整体合力。[1]

按照党中央的部署和要求，浙江省委书记夏宝龙在全省组织工作会议上强调，抓好党建和组织工作，首要任务是努力培养造就一支过得硬打胜仗的干部队伍。总的方向是要"选好配强'一把手'；以增强领导班子整体功能为重点建设'好班子'；以加强后备干部队伍建设为重点培养'好梯队'"[2]。要正确分析对待政绩、票数和竞争性选拔，看平时、重实绩、听口碑，在赛场上赛马，在实践中比试，形成干事的导向，形成"以实绩论英雄"的导向。他要求，在深刻领会习近平总书记关于加强党建和组织工作的一系列新思想、新观点、新论断的基础上，抓好全省党建和组织工作，为深入实施"八八战略"，干好"一三五"、实现"四翻番"提供坚强的组织保证。多年来，在省委的督促和推动下，全省各级党委班子在集体领导和民主决策程序及议事规则等方面，都建立健全了相应的工作规范和工作制度，党委班子成员协调合作、共谱"乐曲"，握紧"拳头"，形成合力，有效推进了党内决策的民主化、科学化、规范化水平。

四 不要引导领导干部当"满票干部"

"票决制"是从制度上将民主集中制原则落到了实处的成功实践，这充分发挥了党委集体决策的功能，扩大了在任免干部工作上的党内民主。党的十七届四中全会提出："完善由全委会投票表决作出重大决定的制度，实行全委会任免重要干部票决制。"党的十八大再次明确要求："完善常委会议事规则和决策程序，完善地方党委讨论决定重大问题和任用重要干部票决制。"实践证明，票决制作为深化干部人事制度改革的重要举措，能有效避免"少数人在少数人中选人""少数人说了算"等现象，对保障群众的"四

---

① 参见习近平《之江新语》，浙江人民出版社，2007，第21页。
② 夏宝龙：《培养造就一支过得硬打胜仗的干部队伍》，《中国组织人事报》2013年8月26日。

权"、密切党群干群关系发挥了积极作用。

但是，票决制也存在着"以票取人"的一些弊端。在一些单位和地方，以票取人异化为"唯票取人"。在选人用人时搞教条、走形式，简单地把得票多少等同于群众基础和群众认同。一些推荐人员投"利益票""感情票"，导致推荐结果失真失实。这种唯票是举、唯票选人、唯票用人的负面作用，会让选票成为一些推荐者的"资源"，也成为一些领导干部的负担。一些干部因怕丢票而当"老好人""太平官"，甚至形成了拉票贿选的不正之风。这种选票教条主义、民主形式主义，背离了民主推荐的初衷，也会挫伤一些干部求真务实、担当进取的积极性。对于这一倾向，习近平同志指出，在干部选拔任用上不能形成"唯票"导向，更不要片面引导领导干部当"满票"干部。否则就会引导干部当"老好人"，不敢得罪人，甚至搞拉票、贿选。他强调："党委把好用人关，就是要把握大节、抓住主流、注重品德，及时发现、肯定默默无闻、埋头苦干、不事张扬、德才兼备的人，提拔、任用真正坚持立党为公、执政为民，敢负责、能干事的人。"①

针对新情况新变化，2014年修订印发的《党政领导干部选拔任用工作条例》中一个重要亮点，就是把民主推荐结果由确定考察对象的重要"依据"改为重要"参考"。该条例由原来主要依据民主推荐确定考察对象改为根据工作需要、干部德才条件及平时表现、人岗相适和民主推荐等情况综合确定，同时规定群众公认度不高的不能列为考察对象。这就使民主推荐回归到其应有的合理地位。同时规定，个别提拔干部时可以按以往做法先进行会议推荐、再进行个别谈话推荐，也可以先个别谈话推荐，根据谈话情况提出初步名单，再进行会议推荐。这就有利于实现党组织领导的把关作用、民意基础性作用和人岗相适要求的统一。这些修订，就反映了更加注重实绩，避免"唯票取人"的用人导向和理念变化。

多年来，历届浙江省委认真贯彻中央要求，不断完善省委及常委会工作机制。2003年7月，在时任浙江省委书记习近平主持下，浙江省第十一届

---

① 习近平：《之江新语》，浙江人民出版社，2007，第10页。

委员会第四次全体（扩大）会议通过了《中共浙江省委关于兴起学习贯彻"三个代表"重要思想新高潮，进一步加强和改进党的建设的决定》和《中共浙江省委议事规则》，完善了省委议事和决策机制。2005 年 6 月，浙江省委制订和完善了《集体领导和分工负责制度实施办法》，完善党委常委分工负责制。2013 年 11 月，浙江省委十三届四次会议通过的决定中就提出，"完善集体领导与个人分工负责相结合制度，完善决策机制和程序，建立健全决策问责和纠错制度。坚持权责法定原则，科学配置和依法规范各级各部门职责权限，做到权力授予有据、行使有规、监督有效"①，以形成科学有效的权力制约和决策机制。同时，浙江还在建立健全社情民意反映制度和涉及群众切身利益重大事项公示、听证制度，完善专家咨询制度、决策失误责任追究制度等方面进行了一系列探索。这就在一定程度上弥补了"票决制"的不足，在体制机制上对党组织议事规则和决策机制进行了规范。

第三节　完善党代会常任制　探索多种民主形式

在坚持民主集中制的基础上发展党内民主，要求积极探索完善党代会常任制等多种民主形式。中国共产党的党代会任期制作为促进党内民主、完善党的组织建设，加强和改善党的领导的重要举措，近年来受到持续关注。浙江省处于中国经济社会发展的前沿地区，在探索党代会常任制方面走在了全国前面。早在 1988 年，经中央组织部和浙江省委批准，就在台州市椒江区、绍兴市等地开展了党的代表大会常任制试点。20 多年的实践表明，试行党的代表大会常任制，有利于更好地发挥党代表大会的作用，进一步加强党对地方工作的领导；有利于扩大党内民主，提高党委决策的民主化、科学化水平；有利于党代表在党代会闭会期间发挥积极作用，体现党员主体地位和代表性，从而增强党组织的凝聚力和战斗力。

---

① 《中共浙江省委关于认真学习贯彻党的十八届三中全会精神，全面深化改革再创体制机制新优势的决定》[2013 年 11 月 29 日，中国共产党浙江省第十三届委员会第四次全体（扩大）会议通过]，浙江在线，2013 年 11 月 30 日。

一　完善"党代会"这一党员群众参与党内事务的主要机制

党代会是党员群众参与党内和国家事务的主要机制，应当在探索完善党代会常任制等形式的基础上保障党员的主体地位和权利的发挥，从而有效推进党内民主。2002 年，党的十六大报告即提出："扩大在市、县进行党的代表大会常任制的试点。积极探索党的代表大会闭会期间发挥代表作用的途径和形式。"2007 年，党的十七大报告继续强调："完善党的代表大会制度，实行党的代表大会代表任期制，选择一些县（市、区）试行党代表大会常任制。"2012 年，党的十八大报告进一步提出："完善党的代表大会制度，提高工人、农民代表比例，落实和完善党的代表大会代表任期制，试行乡镇党代会年会制，深化县（市、区）党代会常任制试点，实行党代会代表提案制。"这表明，党代会常任制在党的建设中的地位越来越突出，要求越来越具体。而在党的十八大后，县乡一级党代会常任制工作在全国各地的推进力度更大，步伐更快。

关于党代表大会"任期制"，按照中共中央 2008 年 7 月 16 日印发的《中国共产党全国代表大会和地方各级代表大会代表任期制暂行条例》的规定，其含义是指"党代表大会代表每届任期与同级党代表大会当届届期相同"。它与"年会制"的区别，主要是实行"年会制"时，党代表只在党代表大会召开期间发挥代表作用，一旦闭会，党代表的作用就结束了。党代表大会按照党章规定一般每隔几年定期召开。而实行"任期制"时，则党代表"在党代表大会召开和闭会期间"，也"享有代表资格，行使代表权利，履行代表职责，发挥代表作用"[1]。该条例对代表在党代表大会闭会期间开展工作的几种主要方式作出了规定，包括可以由个人或者以联名的方式，采用书面形式向同级党的委员会提出属于同级党代表大会和党的委员会职权范围内的提议；可以通过参加座谈、列席会议等方式，对本地区经济社会发

---

[1] 《中国共产党全国代表大会和地方各级代表大会代表任期制暂行条例》，《人民日报》2008年 7 月 17 日。

展、党的建设等重大决策和党内重要文件的制定，提出意见和建议等。

关于党代表大会"常任制"与"任期制"的关系，一般认为"任期制"强调的是党代会的代表和它所选举产生的委员会的资格和权利同时存在，任期与换届同委员会的任期与换届同期，从而避免了党代会代表开一次会后作用就结束的"一次性代表"的情况。而"常任制"则强调各级党的代表大会在任期届满前每年召开一次，以履行其最高权力机关的职责，防止5年闭会期间，一些本应由代表大会作出的重大决定只能由党委或常委会作出。它与"年会制"的区别，是"常任制"每年召开一次，而"年会制"则是每5年召开一次。从某种程度上看，每年召开一次尽管比每5年召开一次要繁复一些，但由于代表大会在任期届满以前，可以随时召集，而且在任期届满前也不必每次重新选举代表，因此尽管每年开会，代表大会的会议仍可以开得简便一些。而由于党代表在5年"任期制"内发挥作用需要有个平台，则每年召开一次的"常任制"就比每5年召开一次，开完代表作用就结束了的"年会制"更能发挥党代表的作用。

中国共产党是马克思主义政党，在建党之初就按照马克思主义政党的要求，注重党代会的作用并定期召开。马克思主义创始人马克思、恩格斯是十分重视党代会的作用及其定期召开的，恩格斯在1892年时就强调："应当坚持每年召开一次党代表大会，即使为了遵守党章，你们执行委员会（德国党中央执行委员会）也必须这样做"，因为"让全党哪怕一年有一次发表自己意见的机会，一般来说也是重要的。这样做任何时候都是必要的"①。列宁也强调了让党员群众管理党和国家事务的重要性，他甚至不只强调代表机关的作用，更强调直接管理的作用，"人们需要共和国，为的是教育群众实行民主。不仅仅需要民主形式的代表机构，而且需要建立由群众自己从下面来全面管理国家的制度，让群众有效地参加各方面的生活，让群众在管理国家中起积极的作用"②。当然，基于具体条件的现实限制，党员群众参与党

---

① 《马克思恩格斯全集》第38卷，人民出版社，1972，第474页。
② 《列宁全集》第29卷，人民出版社，1985，第287页。

内和国家事务的机制主要是靠代表大会的形式。这就更显示了发挥好党代会作用的重要性。

但是，马克思主义政党和中国共产党发展进程中的特殊条件和严酷斗争形势，又使得党代会的作用一直未能有效发挥出来，本应当由党代会发挥的作用实际上也多为党委取代。对于党委与党代会的关系，马克思、恩格斯在制定《共产主义者同盟章程》时，就已经提到，总区部向最高权力机关——代表大会报告工作，代表大会是全盟的立法机关，中央委员会是全盟的权力执行机关，即是说权力或最高权力机关并不在党委会或执委会，它只是代表大会的决定执行机关，但实际上情况却是决策包括重大决策多是由党委作出的。① 即使党代会至少要定期召开的"年会制"实践中也没有得到坚持实行，在俄共列宁时期，党代表大会基本上还能每年召开一次，而到斯大林时期，联共（布）十五大到十六大相隔了 3 年，十六大到十七大相隔了 4 年，十七大到十八大相隔了 5 年，十八大到十九大相隔了 13 年，未能完全实现马克思、列宁的设想。

中国共产党也是从 1921 年一大到 1928 年六大期间还能够每年召开一次，但从六大到 1945 年七大却相隔了 17 年，从七大到 1956 年八大相隔了 11 年。八大以后，逐步走向定期化，八大党章规定"党的全国代表大会每届任期五年。全国代表大会会议由中央委员会每年召开一次"，但由于种种原因，并未能实现，从八大到 1969 年九大相隔了 13 年。在九大党章中首次明确规定党代会每 5 年召开一次，此后才逐步正常化起来，从九大到 1973 年十大相隔了 4 年，从十大到 1977 年十一大相隔了 4 年，直至十二大以后才能够基本按照规定每 5 年召开一次，逐步走上制度化、规范化。

二　"椒江模式"推进了党代会常任制的常态化、制度化

在每 5 年召开一次但开完会代表使命就结束的"年会制"逐步走上正轨后，随着党内民主意识和条件的成熟，更能持续发挥党代表作用的党代会

---

① 参见《马克思恩格斯全集》第 10 卷，人民出版社，1998，第 745～746 页。

"任期制"和"常任制"的探索就提上了日程。

近年来，中国共产党党代会"任期制"和"常任制"的试点一直没有停止。市、县一级的党代会多在积极探索试点新时期党代会"任期制"和"常任制"的实现途径，以发挥党代会对于推动党内民主和党的自身建设的制度优势和最佳效能。1988年底，经中央组织部同意，浙江省台州椒江（县级）、绍兴市（地级）先后开始党代会任期制试点工作。此后，黑龙江省林甸县、肇东市，山西省大同市矿区、洪洞县、晋中市榆次区、和顺县，浙江省永嘉县、瑞安市，河北省辛集市，湖南省衡山县等5省的12个县（市、区）的试点工作也相继展开。

随着试点工作在全国更多区县的开展，各地都积累了一些经验。试点中还出现了几种不同类型的模式。其中，较早进行党代会常任制试点的浙江省台州市椒江区，经过20多年的探索实践，积累了不少经验，形成了一整套较完善的体制机制，而被称为"椒江模式"。中组部领导曾在调研后评价说："椒江区党的代表大会常任制试点工作，就全国而言，开展时间最早，坚持最长，搞得最认真，效果比较好。"①

1988年12月，经中共中央组织部同意，中共浙江省委批准，椒江市开始试行党的代表大会常任制改革。中共椒江市（现为台州市椒江区）第三次代表大会召开，并通过了《中共椒江市党员代表制度》和《中共椒江市委工作规则》。同时，取消了常委制，试行委员制、干部任免票决制。1993年1月，椒江区在镇、街道全面实行党的代表大会常任制。在20多年的探索、实践和创新中，椒江始终坚持以建立健全党代会常任制制度体系为抓手，本着"改革执政方式、规范组织运行、发挥代表作用、推进党内民主"的目标要求，以探索实现党代表"知情权、参与权、选举权、监督权"为重点，不断完善党的代表大会常任制的组织运作方式，扎实推进党内民主建设。

其中的主要经验和做法：一是试行代表任期制。规定党代会代表的任期

---

① 《椒江区20年实践探索党代会常任制》，浙江在线，2008年8月28日。

与市委届期相同，经常性发挥代表作用。二是试行党代会年会制。规定每年要召开一次党代会年会。三是试行地方党委、纪委委员制。在中共椒江市第三次代表大会上，由代表直接选举产生了 12 名市委委员，比上届减少 21 名，取消了常委制，试行了委员制，不设候补委员，负责处理市委的日常工作。四是试行市管干部任免票决制。对市管干部任免一律实行全委会无记名票决制。为便于开展服务和联络代表，市委成立了党代会常任制工作领导小组，下设常设机构——党员代表联络办公室（正科级），与市委组织部合署办公，并创办了代表工作刊物——《党务工作通讯》，这标志着椒江党代会常任制试点工作正式实施。① 椒江试点党代会常任制后，"惊人的新闻"层出不穷。"1989 年 4 月初的一次全委会上，我们将无记名投票方式用到了地方上最为敏感的干部任免问题上，当时的 13 个党委委员逐个无记名投票表决 44 名干部的任免，组织部当场唱票计票，结果 3 名干部因得票数没有过半而被否决。"15 年之后，票决制在全国各地推开。②

2002 年，党的十六大以后，按照党中央和时任浙江省委书记的习近平同志关于"进一步健全党代表大会制度，在总结经验的基础上，逐步扩大党代会常任制试点工作，积极探索党的代表大会闭会期间发挥代表作用的途径和形式；进一步健全党员民主权利的保障机制，拓宽党内民主渠道，开辟党内民主新途径"③ 的要求，椒江进一步扩大和完善党代会常任制试点工作。2003年 10 月，椒江结合多年试行的经验，又出台了《关于深化党的代表大会常任制工作的实施意见》，提出了继续深化党代会常任制试点工作的一系列举措，建立并实施了代表对届中新增的党委委员、纪委委员进行票决追认，届中对党委、纪委及其成员进行民主测评的制度，建立健全了党内情况通报、情况反映和重大决策征求意见制度，以及代表述职评议、调研、教育培训、联系和服务党员群众、代表及代表团大会发言制度，还出台了代表细则、建议意

① 参见《椒江改革开放 30 年》，椒江新闻网，2008 年 12 月 24 日。
② 参见朱海兵《20 年的"大胆试验"》，《浙江日报》2008 年 9 月 3 日。
③ 习近平：《干在实处　走在前列——推进浙江新发展的思考与实践》，中共中央党校出版社，2006，第 370 页。

见办理等多个规范性文件。对党代会年会进行改革探索与实践，主要是党代会年会不再设大会主席团，由党委全委会领导与主持。同时，将党员代表联络办公室更名为党代会常任制工作办公室，进一步扩大其工作职能，以不断完善党代会常任制的保障机制。在椒江经验的基础上，2004 年 11 月，台州路桥区和台州市工商系统启动党代表直选试点。至 2007 年底，浙江全省有绍兴、台州 2 个地级市和台州市所辖的 9 个县（市、区）开展了党代会常任制试点。

2007 年，党的十七大以后，按照中央和时任浙江省委书记赵洪祝同志的要求，椒江进一步完善了党代会常任制的相关体制机制建设。修改完善了《椒江区党代会常任制度》《代表资格管理办法》，出台了《代表列席党内有关会议制度》《区委常委接待党代会代表制度》《区委常委集体办理代表重点提案制度》《代表开展询问和质询制度》等。同时，加强了党代表团建设，一些街道建立了代表团活动阵地。其中，"党代表工作室"建设成为当时工作的一个亮点。在社区层级建立"党代表工作室"，使党代表在履职过程中，能更加广泛地听取党员群众的心声，及时反映党员群众的意愿，积极主动地帮助群众办好事、办实事。按照相关要求，椒江区的每一个党代表都有工作职责承诺，要联系 5 个党员或群众，而且每人都领办一件实事，在"一句话承诺墙"上公示，供群众监督检查。结合椒江等地的探索经验，浙江省委组织部下发《关于推进党代表工作室建设的指导意见》，要求全省各地党代表工作室要围绕"知党情、听民声、谋发展、促和谐"这一主题，组织代表接待党员群众、走访党员群众、进行党内民主恳谈、调研视察、商议提案提议、组团服务、学习研讨"七项活动"，以进一步推进党代表履职的常态化、制度化。截至 2012 年党的十八大前，浙江全省 11 个市、90 个县（市、区）已建立党代表工作室 4000 多个，市、县、乡三级 2.2 万多名党代表进驻工作室。①

经过浙江省各地乃至全国的多年试点，"党代会任期制"在促进党内民主方面带来了"三个转变"："一是改变了党代表只能在有限几天发挥

① 参见袁艳《知党情 听民声 我省建四千党代表工作室》，《浙江日报》2012 年 6 月 30 日。

作用的状况；二是改变了目前两届党代会相隔时间太长，应由代表大会讨论决定的一些重大问题，难以及时开会的不足；三是改变了代表大会选举产生的委员会，无法向选举它的代表大会报告工作、接受监督的不足。"①党代表平时还能参加各种视察调研、测评评议等活动，听取党员的建议意见并向上反映，这使得党代表的作用也越来越重要。2008 年，中央发布《中国共产党全国代表大会和地方各级代表大会代表任期制暂行条例》，这是中国共产党历史上第一部党代表任期制条例，而浙江多年来的一系列探索，为该条例的出台，提供了鲜活的地方实践经验。这表明，党代表任期制经过 20 多年的发展探索，已经从试点走向了推广和制度化的轨道。此后，随着新时期党代会任期制的大面积实践和探索发展，这一制度的实现途径越来越成熟和具有实效，从而将党代会任期制推动党内民主和党的自身建设的制度优势与最佳效能更好地发挥了出来。

三　以制度保障"党代表充分发挥作用"

经过 20 多年的实践，浙江各地在探索推进党代会常任制方面进行了积极探索，积累了丰富的经验。党内民主在党代会任期制、年会制、常任制和代表提案制等体制机制的完善中也得到了持续推动。

一是在深化县市区党代会常任制，提升科学化工作水平方面，更加注重优化代表结构比例。党的十八大报告首次提出要提高工人、农民代表的比例。这要求此后应更加注重党代表的广泛性和代表性。通过党代会常任制和党代表联系群众制度，听到更多来自基层一线的真实声音，了解基层党员群众最迫切的愿望和诉求。有条件的地方可积极探索实行党代表名额按城乡党员人数比例进行分配，以切实提高基层一线代表比例。

二是在规范乡镇党代会年会制方面，更加注重规范年会制的议事内容和规则，以增强年会效率。浙江要求将听取和审查乡镇党委工作报告、

---

① 李章军：《射阳党代会常任制寻求突破》，《人民日报》2005 年 11 月 22 日，第 9 版。

听取和审查乡镇纪委工作报告、代表询问、乡镇"两委"领导班子及其成员民主测评、代表大会发言、征集提案等方面内容作为乡镇党代会年会的基本程序和主要内容。有条件的地方，还可以增加讨论乡镇党委提请的重要问题，并作出决议、决定和选举出席上一级党代会代表等会议议程。这样，乡镇党代表的工作内容和权利明确了，工作积极性也随之提高。

三是在落实和完善党代表任期制方面，更加注重抓好代表活动制度的落实，以充分发挥代表作用。浙江省委要求在落实好代表任期制规定的代表调研视察、提案、提议、列席党内重要会议和学习培训五项制度的基础上，全面落实代表联系党员群众、参与民主恳谈、接待日等制度，充分发挥代表的桥梁纽带、参谋助手和监督作用。对此，以创建"活动能力强，作用发挥强"的党代表工作室示范点为抓手，把党代表工作室建好、用好。为此，党的十八大召开后不久，台州就全面推行"县乡两级党代表询问制"，努力打造推动党内基层民主发展的"台州样板"。通过建立党代表询问制度等，促使党代表积极履职、主动询问、切实解决群众关注的热点问题，从而更好发挥党代表的作用。

四是在完善党代会代表提案制方面，更加注重规范提案的内容和形式，以提高提案工作质量。在推行市县乡三级代表提案制度的基础上，针对提案质量不高、办理单位重答复轻落实等问题，实行一事一案，经过党代表的深入调查论证和代表团或联名代表间的充分讨论，形成明确清楚的案由、充分合理的案据和具体可行的方案。同时，推行提案办前、办中和办后"三见面"制度，落实提案办理工作满意度测评，建立健全提案奖惩机制，以加强对提案办理工作的督察，等等。

2012年，党的十八大以来，按照党中央和浙江省委的要求，椒江和浙江各地在加强党代表的代表性和联系群众方面进一步加强探索。探索实施代表补选直接选举，优化了代表结构，保证了代表的先进性和广泛性。同时，在代表队伍建设方面，积极拓展代表发挥作用的途径和方法。按照浙江省委"认真落实党代表活动'五项制度'，实行党代表提案制""健全党代表联络工作机构，加强与党代表的联系和服务"等要求，① 实施了代表提案和建议意见制度，重点抓好办理答复的规范化，保证代表权利和职责的充分行使。认真开展代表调研、重大决策征求意见和通报情况、参与重要干部民主推荐等工作，促使代表广泛参与党内事务管理。此外，浙江全省已全面试行乡镇党代会年会制，通过每年召开一次乡镇党代会年会，乡镇党代表从"开会代表"变成了"议事代表"，有了参与决策、民主监督、服务群众的新平台。

第四节　发挥党员主体作用　推进党内协商民主

新时期浙江不断扩大和保障党员的主体地位和民主权利。按照党中央指示和习近平同志的要求，浙江以落实党员知情权、参与权、选举权、监督权为重点，进一步提高党员对党内事务的参与度，充分发挥党员在党内生活中的主体作用。党的十六大以来，浙江省委通过积极推进党务公开、落实党员知情权，积极推进党内协商民主、落实党员参与权，积极扩大党员民主权利、落实党员选举权，认真开好专题民主生活会、落实党员监督权，在保障党员主体地位和民主权利等方面，取得了一系列实质性进展。

一　在广开言路中集中智慧，在民主讨论中形成共识

党务公开是加强执政能力和先进性建设的重要途径，也是进一步推进党内民主建设的重要途径。党务公开的方式是让群众知情、请群众参与、求群众认可、使群众满意，目的是让群众监督权力，让权力在阳光下运行。

习近平同志始终高度重视党务公开工作。他强调："各级党组织要认真落实党章和党内规章赋予党员的知情权、参与权、选举权和监督权等各项民主权利，使广大党员在党内生活中真正发挥主体作用。要积极营造党内民主

---

① 《中共浙江省委关于认真学习贯彻党的十八大精神，扎实推进物质富裕精神富有现代化浙江建设的决定》[2012 年 12 月 6 日中国共产党浙江省第十三届委员会第二次全体（扩大）会议通过]，浙江在线，2012 年 12 月 7 日。

讨论的环境和健康宽松的氛围，倡导党员讲真话、反映真实情况，要求领导干部倾听真话、了解真实情况，在广开言路中集中智慧，在民主讨论中形成共识。"①

2004年，党的十六届四中全会通过的《关于加强党的执政能力建设的决定》提出："要认真贯彻党员权利保障条例，建立和完善党内情况通报制度、情况反映制度、重大决策征求意见制度，逐步推进党务公开，增强党组织工作的透明度，使党员更好地了解和参与党内事务。"② 2007年，党的十七大修订的《中国共产党章程》，以及2009年，党的十七届四中全会通过的《关于加强和改进新形势下党的建设若干重大问题的决定》，2010年，中共中央政治局审议并通过的《关于党的基层组织实行党务公开的意见》等文件，都强调了党务公开的重要问题。2012年，党的十八大报告也明确提出："推进权力运行公开化、规范化，完善党务公开、政务公开、司法公开和各领域办事公开制度，健全质询、问责、经济责任审计、引咎辞职、罢免等制度，加强党内监督、民主监督、法律监督、舆论监督，让人民监督权力，让权力在阳光下运行。"③

自2004年提出党务公开以来，中国共产党的党务公开工作已有了明显进展，按照中央全会的部署形成了关于党务公开的多项制度。如建立了党内情况通报制度和党内情况反映制度，这些制度能使各种情况在党内得以及时地传达，使党员能够向党组织及时提出要求和看法，从而畅通党内信息上下两方面的互通公开渠道。同时，近年来推行的党委新闻发言人制度、党内事务听证咨询、党员定期评议基层党组织领导班子成员等制度，也拓宽了党员意见表达渠道，从而鼓励并保护了党员讲真话、道实情的精神和勇气，营造了党内民主讨论和民主监督的良好氛围。

按照党中央指示和习近平同志的要求，浙江省委一直将党务公开作为一

---

① 习近平：《始终坚持和充分发挥党的独特优势》，《求是》2012年第15期。
② 《关于加强党的执政能力建设的决定》，《人民日报》2004年9月27日，第1版。
③ 胡锦涛：《坚定不移沿着中国特色社会主义道路前进，为全面建成小康社会而奋斗》，《人民日报》2012年11月18日。

项重要工作来抓。2002 年，浙江省第十一次党代会即提出建立党务公开制度。省委十一届四次、七次全体（扩大）会议对发展党内民主、推进党务公开作了专门的论述和要求。就在习近平同志主政浙江期间，浙江"各地在为民办实事的过程中，充分尊重群众的知情权、参与权，将人民群众的呼声作为第一信号，将人民群众的要求作为办实事的依据，对一些重大实事项目，实行社会公示、听证，让人民群众充分表达自己的意志和愿望。有的地方事先通过报纸、广播、电视、网络等媒体工具，公开征集为民办实事项目"①。2010 年，浙江省又积极推进党委新闻发言人制度建设。如今，按照"尊重党员主体地位"的要求，浙江进一步推进党务公开，建立健全了党内情况通报制度、情况反映制度和重大决策征求意见制度。由于广大群众的参与，各级各部门的实事项目针对性更强，真正办群众普遍关心的事，办好群众想办的事，办实事办到群众心里头。

二　"民主恳谈会"以人民民主推进党内协商民主

协商民主，是中国社会主义民主政治的特有形式和独特优势，是中国共产党的群众路线在政治领域的重要体现。党的十八大提出，在发展中国社会主义民主政治的进程中，要完善协商民主制度和工作机制，推进协商民主广泛多层制度化发展。党的十八届三中全会也强调，要在党的领导下，以经济社会发展重大问题和涉及群众切身利益的实际问题为内容，在全社会开展广泛协商，坚持协商于决策之前和决策实施之中。这些重要论述和部署，为中国社会主义协商民主发展指明了方向。在国家层面，协商民主可以通过国家政权机关、政协组织、党派团体等渠道，就经济社会发展重大问题和涉及群众切身利益的实际问题广泛协商，广纳群言、广集民智，增进共识、增强合力。而在党内，同样可以通过协商民主机制培育党员的民主协商意识，化解党内选举民主面临的一些问题，限制"一把手"的自由裁量权，防止党委权力过度膨胀，最终促进党内决策的科学化与合法化。

---

① 习近平：《在为民办实事中落实以人为本理念》，《光明日报》2007 年 3 月 7 日。

习近平同志也十分重视发挥协商民主的作用，他强调："在中国社会主义制度下，有事好商量，众人的事情由众人商量，找到全社会意愿和要求的最大公约数，是人民民主的真谛。"① 为此，他要求："推进协商民主广泛多层制度化发展，在党的领导下，以经济社会发展重大问题和涉及群众切身利益的实际问题为内容，在全社会开展广泛协商，坚持协商于决策之前和决策实施之中"②，最终构建程序合理、环节完整的协商民主体系。

为贯彻党中央的指示和要求，2013 年 1 月，浙江省委书记夏宝龙在省政协十届二十八次常委会议上也强调："要认真贯彻党的十八大关于健全社会主义协商民主制度的精神，切实发挥政协作为协商民主重要渠道的作用，深入进行专题协商、对口协商、界别协商、提案办理协商，着力推动政协协商民主在我省的实践，推进我省政协协商民主广泛、多层、制度化发展。"③

协商民主较早在基层民主政治层面展开探索。这方面，浙江省台州市温岭市（县级市）泽国镇，从 2001 年起即在国内第一次进行了以"协商民主"为本质特征的扩大公民政治参与的开创性、建设性探索，形成了以"民主恳谈会"为主要载体形式的"泽国试验"。其具体的程序设计是：镇党委、人大、政府、各种社会团体、群众都可以向政府提交召开民主恳谈会的议题，镇党政、人大联席会议确定恳谈主题；镇政府办公室负责恳谈会的准备工作，并在一周前进行公告；召开民主恳谈会时，先由镇领导向与会者报告恳谈内容和注意事项，然后所有与会者围绕主题平等对话、自由发言，所有意见发言均记录在案；镇党政班子集体研究所有的意见和建议，并且将最后的决定向社会公布，涉及重大公共事项提交人大表决；民主恳谈会的决定由镇政府组织实施，镇党委、人大负责监督实施并征求反馈意见。④ 历经十数年的实践探索，民主恳谈制在直观层面，促进了基层官员摒弃传统家长

---

① 习近平：《在庆祝中国人民政治协商会议成立 65 周年大会上的讲话》，《人民日报》2014 年 9 月 22 日。
② 《充分发挥我国社会主义政治制度优越性》，《人民日报》2014 年 7 月 8 日。
③ 夏宝龙：《着力推动政协协商民主在浙江的实践》，《浙江日报》2013 年 1 月 18 日。
④ 参见傅丕毅、钟玉明、郭奔胜《民主恳谈会还权于民——温岭"协商民主"调查（三）》，《半月谈》（内部版）2006 年第 6 期。

式领导方式和工作作风；而在治理层面，以往"我命令你执行"的单向管理模式正转变为和群众一起研究、共同管理、双向互动的新型基层社会治理模式，从而有利于形成公民有序政治参与的新平台。

借鉴基层人民民主层面的协商民主探索，党内层面的协商民主也在寻找创新和突破口，以实现基层党内选举民主与协商民主的优势互补。实际上，早在 2004 年，党中央颁布的《中国共产党党员权利保障条例》即明确规定："党组织要支持和鼓励党员对党的工作提出建议和倡议。对于党员的建议和倡议，党组织应当认真听取、研究，合理的应当采纳；对改进工作有重大帮助的，应对提出建议和倡议的党员给予表扬或者奖励。党组织要认真听取各种不同意见。对于持有不同意见的党员，只要本人坚决执行党的决议和政策，就不得对其歧视或者进行追究；对于持有错误意见的党员，应当对其进行帮助、教育。"① 在具体操作层面，尽管没有以协商民主的名义进行运作，但民主恳谈等协商民主的实质已经体现在扩大党内党员参与机制、推进党内民主的探索中了。

例如，仅浙江台州一地，自 2007 年开展民主恳谈活动，在 1 年多时间内，市县 300 多名领导干部就开展了 5200 多次民主恳谈会，共有党员群众代表近 20 万人参加了恳谈活动。通过民主恳谈，广大党员基层干部为各级党委政府提供各类意见、建议 10 万余条，其中 82% 被采纳；160 多项不符合社会发展的有关规章制度被废除，90 多项制度规章得以完善或由于党员群众的强烈要求而提前制定。② 这使党委政府的决策更能体现群众的意愿，从而做到了问计于民、求智于民，提高了决策的民主化、科学化。

在杭州市上城区，仅在区级层面就建立了 1 个民情信息中心和 7 个民情信息处置平台，包括"湖滨晴雨"工作室、邻里值班室、邻里圆桌会等。至 2013 年底，上城区将碎片化的民主协商载体整合在一起，在全区打造

---

① 《中国共产党党员权利保障条例》，《人民日报》2004 年 10 月 25 日。
② 参见中共浙江省台州市委组织部编著《市区县党代表大会常任制工作参考读本》，党建读物出版社，2008，第 109 页。

"17654"民主民生互动平台，充分发挥党组织引领、党员带头参与的作用。2014年以来，上城区"开门纳谏"，开展了一系列"民情半月谈"活动，一边是上城区领导、相关部门和各街道"一把手"，一边是由党员代表组成的民情观察员，大家围坐在一起，围绕"五水共治""社区建设与改革""行政审批、便民服务"等热点话题各抒己见。①运用这些平台和渠道，让更多百姓可以充分表达自己的想法，党委和政府也能更直观地听取基层百姓意见，从而构建了一个"民主广泛参与、民意畅通表达、民情有效传递、民生有力解决、民怨及时化解、民智充分集聚"的民主沟通与民生解决新机制。

三 在干部选拔工作中注重民主

选举权和被选举权是党员的一项基本和重要的权利。"每个正式党员都享有选举权和被选举权（受留党察看处分的党员除外）。参加选举的党员有权了解候选人情况、要求改变候选人、不选任何一个候选人和另选他人。"②这是《中国共产党党员权利保障条例》明确规定的党员民主权利。

落实党员选举权利的一个重要体现就在于党员干部的选拔任用和考核评价。对于党员干部的选拔任用和考核评价，习近平同志强调，要坚持党管干部原则，发挥党组织在干部选拔任用工作中的领导和把关作用，与此同时，还要注重一个干部能不能提拔，除了要看他的政治品质、道德素质、工作作风、工作实绩、发展能力、创新能力等方面表现如何，还要看群众欢迎不欢迎、支持不支持、答应不答应，能不能得到群众公认。注重选拔想干事、能干事、干成事，能为人民造福、得到群众拥护、人民群众满意的干部，是党的干部政策和干部原则的本质要求。因此，习近平同志要求，在选拔任用干部的过程中，必须坚决杜绝一人说了算和少数人说了算的"一言堂"现象，

---

① 参见陈洪凯《上城：畅通基层党内协商民主渠道》，《杭州日报》2014年7月4日。

② 《中国共产党党员权利保障条例》，《人民日报》2004年10月25日。

必须把评判干部的标尺交给群众，将选择干部的决定权还给群众，真正将那些政治上靠得住、发展上有本事、作风上过得硬，又得到群众公认的干部选拔到重要的领导岗位上来。他提出："要树立群众公认的导向，注重选拔想干事、能干事、干成事，能为人民造福、得到群众拥护的干部。"① 他要求通过"不断健全和完善公开选拔，考察预告，工作圈、生活圈考察，差额考察，任前公示，全委会票决等各项制度"②，努力营造选贤任能的良好氛围。

落实党员选举权利需要完善的制度保障。在进一步完善党内选举制度时，应当规范差额提名、差额选举，形成充分体现选举人意志的程序和环境。2002 年颁布的《党政领导干部选拔任用工作条例》就对差额提名、差额选举做出了规定。2014 年再次修订颁布的《党政领导干部选拔任用工作条例》仍然规定："领导班子换届，由本级党委书记办公会根据上级党委组织部门反馈的民主推荐情况，对考察对象人选进行酝酿，本级党委常委会研究提出考察对象建议名单，经与上级党委组织部门沟通后，确定考察对象。""考察对象人数一般应当多于拟任职务人数。"③

浙江省委多年来坚决贯彻党中央的指示和习近平同志的要求，在坚持党管干部的原则下，积极推进干部民主提名推荐、差额竞争选举的方式，并取得了一定经验。比如，浙江省衢州市在 2004 年就在全省首次开展了"民主提名推荐、差额竞争选举"副县长的改革试点工作，顺利选举产生了龙游、常山、开化三个县的各一名副县长。其主要程序包括：由市委组织部对自荐对象进行资格审查；龙游、常山、开化三县召开县级党代表、人大代表、政协委员推荐大会，对符合条件的自荐人员进行民主推荐，按得票高低各确定八名初步人选；三县召开县委全会扩大会，对八名初步人选进行差额推荐，按得票高低确定 3 名推荐人选；市委组织部对每县三名共九名

---

① 《习近平在全国组织工作会议上发表讲话》，《人民日报》2008 年 2 月 20 日。
② 习近平：《干在实处　走在前列——推进浙江新发展的思考与实践》，中共中央党校出版社，2006，第 423 页。
③ 《党政领导干部选拔任用工作条例》，《人民日报》2014 年 1 月 16 日。

推荐人选进行考察；市委全委会对九名推荐人选进行差额票决，产生每县两名共六名候选人预备人选，并进行公示；候选人预备人选在县人代会上发表竞选演说，大会主席团根据代表意见依法确定副县长正式候选人。最后，三县人民代表大会依法进行选举，各在两名候选人中产生一名副县长。① 这真正体现了党员群众公认的意志，形成了"从多数人中选人，由多数人来选人"的良好氛围和正确的用人导向。

四　以"专题民主生活会"落实党员监督权利

党员有对党组织和党员干部进行监督的权利，这也是党员民主权利的重要体现。《中国共产党党员权利保障条例》明确规定："党员有权在党的会议上以口头或者书面方式有根据地批评党的任何组织和任何党员。党员以书面方式提出的批评意见应当按照规定送被批评者或者有关党组织。党员有权向党组织负责地揭发、检举党的任何组织和任何党员的违法违纪事实；有权向所在党组织或者上级党组织提出处分有违法违纪行为党员的要求。党员有权向所在党组织或者上级党组织提出罢免或者撤换不称职党员领导干部职务的要求。"② 2004 年颁布的《中国共产党党内监督条例（试行）》和《中国共产党纪律处分条例》也对党员干部在监督方面可以充分行使的权利和他们作为被监督者必须履行的义务作了明确规定，这有助于培养和增强广大党员的监督意识和纪律观念。

习近平同志十分重视党员监督权利的落实，他指出，通过加强监督和纪律教育，力求对一些干部的问题早发现、早提醒、早制止、早纠正，做到关口前移，未雨绸缪，防患于未然，这实际上是对干部关心爱护的最好体现。在《中国共产党党内监督条例（试行）》和《中国共产党纪律处分条例》出台之际，他就强调，要"坚决贯彻执行《中国共产党党内监督条例（试行）》和《中国共产党纪律处分条例》的各项规定，从浙江实际出发，抓紧

---

① 参见袁亚平《浙江衢州"民推竞选"3 名副县长》，人民网，2004 年 2 月 18 日。
② 《中国共产党党员权利保障条例》，《人民日报》2004 年 10 月 25 日。

制定与两个条例相配套的具体制度，该强化的要强化，该修订的要修订，该废止的要废止，特别要盯住那些腐败问题的多发领域和重要部位，配好配强在关键岗位担负责任的领导干部，采取切实有效措施，通过狠抓防范制度和有关规定的落实，把反腐倡廉工作的关口前移，使党内监督和纪律处分的各项制度更为完善、更加健全、更具实效"①。

为贯彻党中央的指示，浙江省委在 1999 年就出台了《关于加强对党政"一把手"管理监督的意见》。2006 年 7 月，省委出台《浙江省市、县（市、区）党政领导班子和领导干部综合考核评价实施办法（试行）》。2007年 9 月，研究制定《浙江省党政工作部门领导班子和领导干部综合考核评价实施办法（试行）》等，对党内监督和纪律处分的各项制度进行了相关完善和健全。

民主生活会是自我批评的最佳时机，是互相批评的最好场合，也是新的时代条件下坚持党要管党、从严治党，严格党内生活，落实党员监督权的重要途径。习近平总书记对开好民主生活会十分重视，多次强调要以整风精神开展批评和自我批评，开好民主生活会，坚持开门搞活动。在全党开展的群众路线教育实践活动中，他分别前往河北省委和河南省兰考县委，亲自指导专题民主生活会。在 2013 年 9 月河北省委常委班子党的群众路线教育实践活动专题民主生活会上，习近平同志强调："批评和自我批评是解决党内矛盾的有力武器。全党同志特别是各级领导干部要增强党性，本着对自己、对同志、对班子、对党高度负责的精神，大胆使用、经常使用这个武器，使之越用越灵、越用越有效。"② 以此促进民主集中制的贯彻执行，促进党内生活的严格规范，促进党性原则基础上的团结，切实提高领导班子发现和解决自身问题的能力。2014 年 5 月，他在指导兰考县委常委班子党的群众路线教育实践活动专题民主生活会时，再次强调，通过批评和自我批评，"做到了干部群众提问题、班子成员相互点问题、班子成员个人找问题相统一，班

<hr>

① 习近平：《之江新语》，浙江人民出版社，2007，第 68 页。
② 《习近平在指导兰考县委常委班子专题民主生活会时强调：作风建设要经常抓、深入抓、持久抓，不断巩固扩大教育实践活动成果》，《人民日报》2014 年 5 月 10 日。

子集体查摆的问题与班子成员个人查摆的问题相统一，班子成员心里想提的意见、会前谈心沟通时提的意见、会上相互批评时提的意见相统一"①。在民主生活会上，每位常委都进行了对照检查，开展了严肃认真的相互批评，坚持问题导向，同志之间坦诚相见，自我批评揭短亮丑，相互批评直截了当，有的同志对照检查时几度哽咽流泪，达到了"照镜子、正衣冠、洗洗澡、治治病"的目的。

2014年9月，浙江省委即按照党中央的部署和要求，召开省委常委班子党的群众路线教育实践活动专题民主生活会。在专题民主生活会上，浙江省委书记夏宝龙代表省委常委班子进行对照检查后，全体班子成员一一作了对照检查，深入查摆个人"四风"方面的突出问题，诚恳接受别人的批评意见，负责任地对其他班子成员提出批评。② 常委们以对自己、对同志、对班子、对党和人民高度负责的精神，放下包袱，勇敢拿起批评和自我批评这个武器，自我批评不回避矛盾、不回避问题，既讲个人自身的"四风"问题，也从分管系统、分管部门出现的典型事件中检讨自己；相互批评知无不言、言无不尽，既有红红脸、出出汗的紧张和严肃，又有加加油、鼓鼓劲的宽松与和谐，达到了以自我革命的意识和整风的精神开展批评和自我批评、严格党内生活、落实党员监督权利的目的。

---

① 《习近平在指导河北省委常委班子专题民主生活会时强调：坚持用好批评和自我批评的武器，提高领导班子解决自身问题能力》，《人民日报》2013年9月26日。
② 《省委常委会召开专题民主生活会》，《浙江日报》2013年10月9日。

第八章
完善惩防体系　建设廉洁政治

党的十六大以来，浙江在党中央的坚强领导下，坚持标本兼治，综合治理，积极探索教育、制度、监督并重的惩治和预防腐败体系，不断推进反腐败斗争，建设廉洁政治。习近平同志主政浙江时期对党风廉政建设和反腐败斗争高度重视，提出了一系列新思想、新观点、新要求，探索了一系列新做法、新规范、新制度，为浙江经济社会的科学发展提供了有力保障，使浙江党风廉政建设和反腐败斗争进入一个新境界。党的十八大以来，习近平总书记高度重视反腐倡廉建设，多次发表重要讲话，作出重要指示，并采取切实有效的措施坚决反对腐败，取得新的成效。他许多思想源于主政浙江时期反对腐败、建设廉洁政治的思考与实践。

历届浙江省委始终牢记习近平同志主政浙江时期关于反对腐败、建设廉洁政治的思想，以身作则，从省委做起，不断完善反对腐败、建设廉洁政治的体制机制，不断深化浙江党风廉政建设和反腐败斗争，在标本兼治、综合治理、强化监督、完善制度等方面走在了全国的前列。

第一节　"走出一条预防和治理腐败的新路子"
——习近平同志关于反对腐败建设廉洁政治的论述

习近平同志曾指出："标本兼治、综合治理，逐步加大治本力度，是加强党风廉政建设和反腐败斗争实践经验的总结，是反腐倡廉的基本工作方针。我们既要加大反腐败治标的力度，把腐败现象滋生蔓延的势头坚决遏制住，又要认真总结和研究腐败现象产生的原因、特点和规律，积极探索从源头上预防和惩治腐败的有效途径，铲除滋生腐败的土壤和条件。要深入调查研究，广泛征求意见，充分沟通协调，花大力气构筑适应改革开放和市场经济要求、具有浙江特色、有较强操作性的反腐倡廉防范体系，建立健全思想教育、权力制约、监督管理、法纪约束、测评预警、廉政激励等机制，着重在权力制约、监督管理上下功夫，走出一条预防和治理腐败的新路子。"①

　　浙江作为经济相对发达的东部省份和市场经济的先发地区，程度不同地比全国先期遇到许多问题，浙江市场经济活跃，民营经济发达，反腐败方面呈现出一些新情况、新特点，干部人事、跑官要官方面案发相对少，工程建设招投标领域案发比较多；直接简单的权钱交易相对少，采用房产买卖、虚假投资、"期权"交易等变相隐蔽的花招比较多。浙江始终坚持加大市场化改革力度，用发展的思路解决发展进程中的腐败问题。在发挥市场配置资源的基础性作用方面，把市场竞争机制引入公共资金使用、公共资产交易、公共资源配置、公共产品生产等领域，更多地依靠市场机制而不是政府的行政审批来决定资源的配置。在要素市场体系建设方面，深化土地、投资、金融、证券等体制机制改革，形成以价格为基础的竞争机制、供求机制、价格机制和利益机制，促进生产要素的合理流动和公平竞争。浙江实践表明，完善社会主义市场经济体制所要解决的体制机制问题，很多方面正是反腐倡廉所要解决的问题；而当时反腐倡廉所亟须解决的许多深层次问题，也正是完善社会主义市场经济体制过程中必须研究解决的问题。

　　从省情看，浙江市场经济的先发性也不可避免地给反腐倡廉工作带来新情况新问题。因此，习近平同志指出："社会主义市场经济的加快发展，极大地推动了社会生产力的发展，同时也出现了经济主体多元化、分配方式多样化和利益关系复杂化，使人们的思想观念、道德观念和思维方式发生很大

---

① 习近平：《干在实处　走在前列——推进浙江新发展的思考与实践》，中共中央党校出版社，2006，第448页。

变化。我们必须主动适应发展社会主义市场经济的新要求，积极探索在市场经济条件下治理和解决腐败问题的途径和方式。"①

一　牢固树立党章意识　带头推进反腐倡廉

针对浙江实际情况，习近平同志主政浙江期间，提出了许多新的思想与观点，牢固树立党章意识，带头推进反腐倡廉。

（一）树立党章权威，严格党的纪律

党章是我们党的根本大法，党章是惩治党内腐败的根本依据和有力武器。反对腐败、建设廉洁政治，必须树立党章权威。因而，习近平同志指出，抓党风廉政建设和反腐败斗争，必须树立党章权威、严格党的纪律。2006年1月13日，习近平同志在省纪委第九次全体（扩大）会议上强调，全省各级党委、政府和领导干部要认真学习贯彻中央纪委六次全会和胡锦涛同志重要讲话精神，深刻理解、全面把握党章的精神实质和丰富内涵，牢固树立党章意识，切实遵守党章规定，不断强化党的观念，把学习贯彻党章与深入开展党风廉政建设和反腐败斗争结合起来，切实做好反腐倡廉工作。习近平同志要求各级党员干部"要通过学习贯彻党章，自觉接受纪律的约束，接受组织和人民的监督"②。

2006年6月16日，在"浙江论坛"学习贯彻党章专题报告会上的讲话中，习近平同志指出："党的纪律是党赖以建立、生存和发展的最基本的保证。我们党有铁的纪律，包括党的政治纪律、组织人事纪律、经济纪律、宣传纪律、群众纪律、保密纪律、外事纪律等等。学习贯彻党章一个重要的归结点就是遵守和维护党的纪律，为党的作风建设、廉政建设提供有力保障。党的执政基础最容易因腐败而削弱，执政能力最容易因腐败而降低，执政地位最容易因腐败动摇乃至丧失。人民群众对执政党先进与否的观察和判断，

---

① 习近平：《干在实处　走在前列——推进浙江新发展的思考与实践》，中共中央党校出版社，2006，第449~450页。

② 习近平：《干在实处　走在前列——推进浙江新发展的思考与实践》，中共中央党校出版社，2006，第453页。

很大程度上是通过对执政党是否清正廉洁而得出的。对于党员干部个人而言，在党纪国法面前，'高压线'碰不得，'警戒线'闯不得。"①

习近平同志主政浙江时期关于树立党章权威、严格党的纪律的思想，深远地影响着党的十八大后担任总书记的他。习近平总书记指出："我们党是靠革命理想和铁的纪律组织起来的马克思主义政党，纪律严明是党的光荣传统和独特优势。党面临的形势越复杂、肩负的任务越艰巨，就越要加强纪律建设，越要维护党的团结统一，确保全党统一意志、统一行动、步调一致前进。严明党的纪律，首要的就是严明政治纪律。严明政治纪律就要从遵守和维护党章入手。"② 他要求，每一个共产党员特别是领导干部都要牢固树立党章意识，自觉用党章规范自己的一言一行，在任何情况下都要做到政治信仰不变、政治立场不移、政治方向不偏。习近平总书记在十八届中央纪委三次全会上再次强调："要切实执行组织纪律，不能搞特殊、有例外，各级党组织要敢抓敢管，使纪律真正成为带电的高压线。"③

（二）反腐倡廉要从自身做起

反腐倡廉必须从党员干部，特别是党的中高级干部自身做起，以身作则，才能起到示范和带头作用。习近平同志主政浙江时反复强调，抓党风廉政建设和反腐败斗争，必须从省委做起、从自我做起。2003 年 2 月 25 日，习近平同志在浙江省纪委二次全会上作出庄严承诺："我代表省委向大家郑重承诺，在廉洁自律问题上，要从我做起，以身作则，严于律己，落实责任，自觉接受社会各方面的监督，要求别人做到的，自己首先做到，要求别人不做的，自己坚决不做。"④ 2004 年 7 月 15 日，习近平同志代表省委常委会向全省人民作出六条廉政承诺：一、坚决抵制跑官要官，二、坚决拒收钱

① 习近平：《干在实处　走在前列——推进浙江新发展的思考与实践》，中共中央党校出版社，2006，第 452～453 页。
② 《习近平在十八届中央纪委二次全会上发表重要讲话强调：更加科学有效地防治腐败，坚定不移把反腐倡廉建设引向深入》，《人民日报》2013 年 1 月 23 日。
③ 《习近平在十八届中央纪委三次全会上发表重要讲话强调：强化反腐败体制机制创新和制度保障，深入推进党风廉政建设和反腐败斗争》，新华网，2014 年 1 月 14 日。
④ 《浙江省委书记郑重承诺：廉洁自律从我做起》，新华网，2003 年 2 月 25 日。

物，三、坚决反对以权谋私，四、带头坚持"两个务必"，五、带头遵纪守法，六、严格执行党风廉政建设责任制。①

习近平同志主政浙江时期关于反腐倡廉从自身做起的思想，深刻地影响着其后的历届省委。历届浙江省委持之以恒地抓好反对腐败、建设廉洁政治各项工作，均是从省委自身做起，起到了良好的示范带头作用。2012年6月10日，浙江省委十三届一次全会审议通过《中共浙江省委关于按照保持党的先进性和纯洁性要求，切实加强自身建设的决定》。该决定指出，省委是全省推动科学发展、促进社会和谐、实现富民强省的领导核心，要完成省第十三次党代会提出的目标任务，推动浙江改革发展和现代化建设，必须按照保持党的先进性和纯洁性的要求，切实加强自身建设。必须带头推进反腐倡廉，努力建设克己奉公、廉洁从政的领导集体。认真落实党风廉政建设责任制，扎实推进惩治和预防腐败体系建设；模范遵守廉洁自律各项规定，自觉加强从政道德修养，做清正廉洁、勤政为民的表率；自觉接受各方面监督，始终把权力置于有效监督之下。② 2013年6月，开展以"为民 务实 清廉"为主题的党的群众路线教育实践活动，以习近平同志为总书记的中央政治局带头遵守"八项规定"、坚决反对"四风"。浙江省委向中央看齐，也是从自身做起，一级示范给一级看，起了很好的作用。

二　构建惩防体系　强化权力制约

习近平同志主政浙江期间，在构建预防和惩治腐败体系、加强对权力的监督制约等方面，进行了探索创新，为全国提供了成功经验。

（一）构建预防和惩治腐败体系

党的十六大以来，反对腐败、建设廉洁政治，着力治标、重在治本，特别强调构建预防和惩治腐败体系。作为主政浙江的主官，习近平同志高度认同中央的战略决策和具体部署。他认为，抓党风廉政建设和反腐败斗争，必

---

① 参见《浙江省委常委会向全省人民作出六条廉政承诺》，新华网，2004年7月16日。
② 参见《中共浙江省委关于按照保持党的先进性和纯洁性要求，切实加强自身建设的决定》，《政策瞭望》2012年第6期。

须建立健全教育、制度、监督并重的惩治和预防腐败体系。2003 年 7 月 4 日，中共浙江省委下发了《中共浙江省委关于印发〈浙江省反腐倡廉防范体系实施意见（试行）〉的通知》。通知强调："各级党委、政府要充分认识构建反腐倡廉防范体系的重要意义，切实加强领导，负起责任，把构建反腐倡廉防范体系融入政治、经济、文化和党建工作的各个领域，一起研究、一起部署、一起落实。"2004 年 5 月 10 日，习近平同志在省委十一届六次全体（扩大）会议上的讲话中指出，建设"平安浙江"，促进社会和谐稳定，要坚持标本兼治。既从严治标，什么问题突出就有针对性地解决什么问题，又着力治本，充分考虑经济、政治、文化等因素，综合运用行政、法律、教育等方法，坚持依法治理，做到德法相济、打防结合、疏堵并举、上下联动。2004 年 11 月 23 日，习近平在全国落实党风廉政建设责任制电视电话会议浙江分会场上强调，要围绕构建惩治和预防腐败体系抓好落实。建立健全教育、制度、监督并重的惩治和预防腐败体系，突出重点，注重教育崇廉、制度保廉、监督促廉，取得使人不想腐败、不能腐败、不敢腐败的综合功效。① 2005 年 2 月 1 日，习近平同志在浙江省纪委七次全会上作重要讲话时指出，构建惩治和预防腐败体系，是我们党反腐倡廉理论与实践的丰富和发展；是加强党的执政能力建设、巩固党的执政地位的迫切需要；是我们党对执政规律认识尤其是党的反腐倡廉规律认识进入新境界的重要标志；是加大预防腐败工作力度、从根本上防治腐败的必由之路。

习近平同志认为，构建惩治和预防腐败体系要与完善社会主义市场经济体制相适应。构建惩治和预防腐败体系要与发展社会主义民主政治相适应。构建惩治和预防腐败体系要与建设社会主义先进文化相适应。构建惩治和预防腐败体系要与构建社会主义和谐社会相适应。②

习近平同志主政浙江之后的历届省委，持之以恒地推进惩治和预防腐败

---

① 参见《切实落实党风廉政建设责任制，努力取得反腐倡廉工作新成效》，《浙江日报》2004 年 11 月 23 日。

② 参见习近平《干在实处　走在前列——推进浙江新发展的思考与实践》，中共中央党校出版社，2006，第 449～451 页。

体系构建，有效地遏制了腐败的高发、多发。浙江在推进惩治和预防腐败体系方面探索的成功经验，为全国提供借鉴和参考。党的十八大后，习近平总书记从党和国家事业发展全局和战略高度，看待惩治和预防腐败体系建设。他在十八届中央纪委二次全会上发表的重要讲话中，从党和国家事业发展全局和战略高度，强调要贯彻党的十八大精神，深入推进党风廉政建设和反腐败斗争，全面加强惩防体系建设。习近平总书记在中共中央政治局第五次集体学习时再次强调，要通过深化改革不断铲除腐败现象滋生蔓延的土壤。

（二）加强对权力的监督制约，加强反腐倡廉制度建设

反腐倡廉制度建设是党的制度建设的重要内容，是反腐倡廉建设全局性、基础性工作。只有将制度建设贯穿于反腐倡廉各项具体工作之中，用制度规范各级领导干部的从政行为，逐步建立公开公平公正的权力运行和制约监督机制，才能从根本上解决腐败问题，才能不断巩固和深化反腐倡廉工作成效。习近平同志主政浙江时期特别强调加强反腐倡廉制度建设。2004 年 5 月 10 日，习近平同志在省委十一届六次全体（扩大）会议上的讲话中指出，积极推进体制、机制和制度建设，努力从源头上解决问题。2005 年 2 月 1 日，习近平同志在浙江省纪委七次全会上作重要讲话时再次强调，不断推进反腐倡廉的规范化、制度化、法制化，努力开创浙江省反腐倡廉工作的新局面。2006 年 1 月 13 日，习近平同志在省纪委第九次全体（扩大）会议上强调，坚持制度建设，构建学习贯彻党章、保持党的先进性的长效机制……要坚持教育、制度、监督、改革、惩治并重并进，整体推进反腐倡廉工作。

反腐倡廉，必须加强制度建设的思想，来源于邓小平的思想，来源于党的十六大以来的理论创新，也来源于习近平同志主政浙江时期的观点与实践。习近平总书记在 2013 年 4 月 19 日中共中央政治局第五次集体学习时强调："制度问题更带有根本性、全局性、稳定性、长期性。关键是要健全权力运行制约和监督体系，让人民监督权力，让权力在阳光下运行，把权力关进制度的笼子里。要更加科学有效地防治腐败，全面推进惩治和预防腐败体系建设，提高反腐败法律制度执行力，让法律制度刚性运行。要加强对典型

案例的剖析，深化腐败问题多发领域和环节的改革，最大限度减少体制缺陷和制度漏洞。"①

（三）加强巡视巡查工作

建立和完善巡视工作制度，是党中央在新时期进一步加强党内监督，推进党的建设新的伟大工程的重要举措。党中央高度重视巡视工作，把巡视工作作为加强党的建设、完善党的监督体系、强化党内监督的一项重要举措，积极进行探索，不断推进巡视工作走上制度化、规范化和经常化的轨道。2004 年 2 月 8 日，习近平在省委召开的常委扩大会议上指出，中央纪委、中组部巡视组来浙江开展巡视工作，充分体现了党中央对浙江工作的关心和支持，要从维护中央权威、保证中央政令畅通的高度，从建设政治文明、巩固党的执政地位的高度，从加强省委和省级领导班子建设、提高领导水平和执政能力的高度，深刻认识巡视组来浙江开展巡视工作的重大意义，按照中央的要求统一思想、统一行动，精心组织、加强协调，主动支持和密切配合巡视组开展巡视工作，自觉接受巡视组的监督检查。与此同时，要在巡视组和中央纪委、中组部巡视工作办公室的指导和帮助下，认真总结浙江省开展巡视试点工作的经验，进一步建立和完善巡视制度，保证中央政令在浙江畅通无阻，保证省委的决策部署得到贯彻落实。② 2006 年 9 月 13 日，中央纪委、中央组织部巡视组来浙江开展第二轮巡视工作，习近平在省委举行的见面会暨工作汇报会上讲话指出，要按照中央的统一部署，严格按照巡视组的有关安排和要求，密切配合，大力支持，创造条件，确保巡视组在浙江的巡视工作顺利进行，确保巡视工作达到预期效果。同时，要以第二轮巡视工作为契机、为动力，坚持以科学发展观统领经济社会发展全局，着力研究解决改革发展稳定中的重大问题，认真研究解决党的建设中存在的突出问题和群众反映的热点难点问题，更好地推进各项工作。③

---

① 《习近平在中共中央政治局第五次集体学习时强调：积极借鉴我国历史上优秀廉政文化，不断提高拒腐防变和抵御风险能力》，《人民日报》2013 年 4 月 21 日。
② 参见《中纪委中组部巡视组来浙江开展巡视工作》，《浙江日报》2004 年 2 月 9 日。
③ 参见《中纪委中组部巡视组来浙江开展巡视工作》，《浙江日报》2006 年 9 月 13 日。

三　坚持法治思维方式　保持反腐高压态势

在主政浙江期间，习近平同志高度重视法治浙江建设，强调用法治思维和法治方式反对腐败，始终强调保持反腐败的高压态势。

（一）用法治思维和法治方式反对腐败

法治思维是基于法治的固有特性和对法治的信念来认识事物、判断是非、解决问题的思维方式。法治方式是运用法治思维处理和解决问题的行为方式。当前，我国改革进入攻坚期和深水区、社会稳定进入风险期，我们比以往任何时候都更加需要运用法治思维和法治方式开展工作、解决问题，反对腐败也不例外。

2006 年 4 月 25 日在省委十一届十次全会上的报告中，习近平同志指出："建设法治浙江，就是建设社会主义法治国家在浙江的具体实践。在国家统一的法制框架下推进地方法治建设，是建设社会主义法治国家的客观要求。"① 他还特别强调法治文化问题，他指出，法治文化是法治的"灵魂"，是法治社会的重要精神支柱和内在动力。建设"法治浙江"，无论是法制的健全，还是立法、执法、司法、法律监督等制度的完善，都需要先进的法治文化作支撑。

弘扬法治文化，重在树立社会主义法治理念，重在培养公民的法治精神，重在提高全社会的法治化水平，重在全社会的共同参与。2006 年 12 月 18 日，习近平在省委建设"法治浙江"工作领导小组第一次会议上强调："各级党委要加强对法治建设工作的领导，立足当前，着眼长远，扎实推进建设'法治浙江'各项工作。要突出抓重点，着力提高各级党组织依法执政能力……要突出抓机制，建立健全党领导立法、带头守法、保证执法的工作机制。"② "法治浙江"是建设社会主义法治国家在地方的生动实践，为习近平总书记水到渠成地提出"用法治思维和法治方式反对腐败"的思想奠

---

① 习近平：《干在实处　走在前列——推进浙江新发展的思考与实践》，中共中央党校出版社，2006，第 361 页。

② 《浙江省委书记习近平：扎实推进"法治浙江"建设》，《浙江日报》2006 年 12 月 19 日。

定了坚实的基础。

党的十八大后，习近平总书记"用法治思维和法治方式反对腐败"的思想更加成熟。他强调，要用法治思维和法治方式反对腐败，努力形成不敢腐的惩戒机制、不能腐的防范机制、不易腐的保障机制。习近平总书记在十八届中央纪委第二次全会上指出："要善于用法治思维和法治方式反对腐败，加强反腐败国家立法，加强反腐倡廉党内法规制度建设，让法律制度刚性运行。"①

（二）保持反腐败的高压态势

坚持党要管党、从严治党，必须坚决反对腐败。在做好预防和教育的同时，还必须保持反腐败的高压态势，给腐败分子以坚决的打击，党内绝不允许有腐败分子的藏身之地。习近平同志2003年2月22日在省纪委第二次全会上的讲话中强调："查办违法违纪案件是惩治腐败的重要手段。我们要继续加大力度，毫不放松地抓好查办案件特别是大案要案的工作。坚持把维护党的政治纪律放在首位，坚决查处有令不行、有禁不止、各行其是等严重违反纪律的行为。对任何腐败分子都必须严肃查处、绝不姑息，对被查处的违法违纪案件，任何干部都不准为其说情，更不准袒护和包庇。要坚决纠正一些地区和部门存在的瞒案不报、压案不查、查而不处的错误行为，对一些案情重、影响大的典型案件，必须一查到底，查出成效。各级党委、政府要切实加强对查办案件工作的领导，执纪执法机关要密切配合、协同作战，重点加强对大要案的查处工作，切实维护党纪国法的严肃性。"② 习近平同志2005年2月1日在省纪委第七次全会上的讲话强调："我们要毫不放松、紧而又紧地抓好惩治工作，继续严肃查处违法违纪案件，特别是坚决查处大案要案。对腐败分子发现一个就要坚决查处一个，绝不姑息，绝不手软。只有这样，才能向广大人民群众表明我们党加强党风廉政建设和反腐败不可动摇

---

① 《习近平在十八届中央纪委二次全会上发表重要讲话强调：更加科学有效地防治腐败，坚定不移地把反腐倡廉建设引向深入》，《人民日报》2013年1月23日。

② 习近平：《干在实处　走在前列——推进浙江新发展的思考与实践》，中共中央党校出版社，2006，第449页。

的决心，才能消除腐败现象带来的消极影响，才能遏制住腐败现象滋生蔓延，也才能教育一大批干部。"①

党的十八大后，习近平总书记再次强调坚决打击腐败、保持反腐败的高压态势，他指出："从严治党，惩治这一手决不能放松。要坚持'老虎'、'苍蝇'一起打，既坚决查处领导干部违纪违法案件，又切实解决发生在群众身边的不正之风和腐败问题。要坚持党纪国法面前没有例外，不管涉及到谁，都要一查到底，决不姑息。"②

四　加强廉政文化建设　促进良好风气形成

反腐倡廉必须加强廉政文化建设。习近平同志主政浙江期间，不断深化浙江廉政文化建设，在领导干部中倡导八个方面的良好风气。

（一）加强廉政文化建设

廉政文化，是人们关于廉洁从政的思想、信仰、知识、行为规范和与之相适应的生活方式、工作方式和社会评价。它从根本上反映着一个阶级、一个政党的执政理念、执政目的和执政方式，是廉洁从政行为在文化和观念上的客观反映。廉政文化会主导和影响人们的思想和行为，是不容忽视的。习近平同志主政浙江时期反复强调加强廉政文化建设的重要性。2004 年 2 月，习近平同志在省纪委第三次全会上的讲话中强调："加强廉政文化建设，同各种有悖于先进文化的颓废思想、腐朽文化作斗争，有利于增强党员干部特别是领导干部的拒腐防变能力，有利于形成全社会反对和防止腐败的良好氛围，有利于巩固党和国家的思想阵地。""加强廉政文化建设，要坚持古为今用，推陈出新，从民族精神、道德传统、治国经验、反贪方略等方面对中国优秀传统廉政文化加以认真总结、继承，并把它们融合进党员干部的价值观念、生活方式和施政行为中，使中国优秀传统廉政文化通过当代中国共产

---

① 习近平：《干在实处　走在前列——推进浙江新发展的思考与实践》，中共中央党校出版社，2006，第 451~452 页。

② 《习近平在十八届中央纪委二次全会上发表重要讲话强调：更加科学有效地防治腐败，坚定不移把反腐倡廉建设引向深入》，《人民日报》2013 年 1 月 23 日。

党人的实践得到发扬光大。""加强廉政文化建设……要以宽阔的视野、博大的胸怀，大胆地吸收和借鉴当今世界包括发达资本主义国家的反映反腐败斗争规律的具体制度和理论，大胆吸收人类的优秀廉政文化成果，努力建设与社会主义市场经济相适应、与社会主义法律规范相协调、与中华民族传统美德相承接的具有中国特色的廉政文化。"① 2005 年 12 月 7 日，习近平同志在全国首届廉政文化论坛致辞中，指出"我省把廉政文化作为防腐倡廉、建设社会主义先进文化的重要抓手，较早在全国进行廉政文化的探索，通过 5 至 10 年的努力，建立以科学的廉政理论为统领，以丰富多彩的廉政文化活动为载体，以健全的廉政制度为基础，具有鲜明时代特征和浙江特色的廉政文化体系。"②

习近平同志担任总书记后继续强调加强廉政文化建设，他在中国共产党第十八届中央纪律检查委员会第二次全体会议上发表重要讲话，指出："要继续加强反腐倡廉教育和廉政文化建设。"③ 2013 年 4 月 19 日，习近平总书记在中共中央政治局第五次集体学习时再次强调："深入推进党风廉政建设和反腐败斗争，需要坚持发扬我们党在反腐倡廉建设长期实践中积累的成功经验，需要积极借鉴世界各国反腐倡廉的有益做法，也需要积极借鉴我国历史上反腐倡廉的宝贵遗产。研究我国反腐倡廉历史，了解我国古代廉政文化，考察我国历史上反腐倡廉的成败得失，可以给人以深刻启迪，有利于我们运用历史智慧推进反腐倡廉建设。"④

（二）树立和践行"八种良好风气"

执政党的党风关系到党和国家的生死存亡。端正党风关键在于领导干部以身作则、带头示范。随着党中央倡导在领导干部中形成八个方面的良好风气，习近平同志指出，抓党风廉政建设和反腐败斗争，必须树立和努力践行

---

① 习近平：《大胆弘扬求真务实精神，推进反腐败治本抓源工作》，内部资料，2004 年 2 月。
② 《全国首届廉政文化论坛在杭开幕，习近平致辞，李慎明、王国平等出席，周国富主持》，《杭州日报》2005 年 12 月 8 日。
③ 《习近平谈治国理政》，外文出版社，2014，第 388 页。
④ 《习近平谈治国理政》，外文出版社，2014，第 390 页。

"八种良好风气"①。2007 年 1 月 25 日，习近平同志在浙江省纪委第十次全体（扩大）会议上指出，各级领导干部要自觉树立和努力践行"八种良好风气"，以其养身、以其立威、以其服人，努力做"八种良好风气"的模范实践者和积极推动者。要加强对领导干部作风建设的领导和监督。各级党委要高度重视领导干部作风建设，把继承党的优良传统和与时俱进地培育新的作风紧密结合起来，把加强党的思想、组织、制度建设和加强党的作风建设紧密结合起来，把对领导干部的思想教育和健全教育、管理、监督的各项制度紧密结合起来，切实形成八个方面的良好风气。

党风建设，深刻地影响着反腐倡廉建设。党风端正，党内腐败难以滋长；党风不正，党内腐败迅速蔓延。因而，党的十八大以后，习近平总书记在谈到反对腐败、建设廉洁政治时，多次强调要加强党风建设。他指出："作风上的问题绝对不是小事，如果不坚决纠正不良风气，任其发展下去，就会像一座无形的墙把我们党和人民群众隔开，我们党就会失去根基、失去血脉、失去力量。"②

五　强化党风廉政责任制度　发挥纪检机关作用

抓好党风廉政建设和反腐败斗争，离不开党风廉政责任制的贯彻落实。只有不断强化各级党委的主体责任，又发挥纪检监察机关的协助作用，才能将党风廉政建设和反腐败斗争引向深入。

（一）强化反腐败体制机制创新和制度保障

党风廉政建设责任制是党风廉政建设的一项重要基础性制度，完善和落实党风廉政建设责任制，是强化反腐败体制机制创新和制度保障的重要举

---

① 中共中央总书记胡锦涛 2007 年 1 月 9 日在中央纪律检查委员会第七次全体会议上发表重要讲话。他强调，领导干部中要大力倡导以下八个方面的良好风气。一是要勤奋好学、学以致用，二是要心系群众、服务人民，三是要真抓实干、务求实效，四是要艰苦奋斗、勤俭节约，五是要顾全大局、令行禁止，六是要发扬民主、团结共事，七是要秉公用权、廉洁从政，八是要生活正派、情趣健康。

② 《习近平在十八届中央纪委二次全会上发表重要讲话强调：更加科学有效地防治腐败，坚定不移把反腐倡廉建设引向深入》，《人民日报》2013 年 1 月 23 日。

措。1998 年 11 月 21 日，党中央曾出台《关于实行党风廉政建设责任制的规定》。1999 年 7 月，浙江出台了《关于落实党风廉政建设责任制的实施办法》。习近平同志主政浙江后反复强调，进一步加强党风廉政责任制。2004年 11 月 23 日，习近平同志在全国落实党风廉政建设责任制电视电话会议浙江分会场上强调，要以"三个代表"重要思想和党的十六届四中全会精神为指导，切实落实党风廉政建设责任制，努力取得浙江省反腐倡廉工作的新成效，为加快浙江全面建设小康社会、提前基本实现现代化提供坚强有力的保证。[①] 2005 年 2 月 1 日，习近平同志在浙江省纪委七次全会上指出，要认真落实党风廉政建设责任制，加大责任追究力度，党政主要领导要切实担负起第一责任人的领导责任，抓好班子，管好队伍，把好方向，做好表率，保证反腐倡廉各项任务的落实。

党的十八大后，习近平总书记突出强调加强党风廉政建设责任制。2013年 1 月 22 日，习近平总书记在十八届中央纪委二次全会上发表重要讲话指出，抓好党风廉政建设和反腐败斗争，必须全党动手。各级党委对职责范围内的党风廉政建设负有全面领导责任。2014 年 1 月 14 日，习近平总书记在十八届中央纪委三次全会上发表重要讲话强调，要落实党委的主体责任和纪委的监督责任，强化责任追究，不能让制度成为纸老虎、稻草人。党委、纪委或其他相关职能部门都要对承担的党风廉政建设责任做到守土有责。[②]

（二）发挥纪检监察机关的作用

纪检监察机关是党风廉政建设和反腐败斗争的主力军，其队伍作风的好坏，直接关系反腐败斗争的成效。纪检监察机关必须充分认识自己在反腐倡廉中的作用和地位，切实担负起反腐倡廉的重任。习近平同志主政浙江时期，多次要求纪检监察机关明确自身的定位，充分发挥反腐倡廉的作用。2003 年 7 月 4 日，中共浙江省委下发了《中共浙江省委关于印发〈浙江省

---

① 参见《切实落实党风廉政建设责任制，努力取得反腐倡廉工作新成效》，《浙江日报》2004年 11 月 23 日。

② 参见《习近平在十八届中央纪委三次全会上发表重要讲话强调：强化反腐败体制机制创新和制度保障，深入推进党风廉政建设和反腐败斗争》，新华网，2014 年 1 月 14 日。

反腐倡廉防范体系实施意见（试行）〉的通知》。通知要求“各级纪检监察机关要认真履行职责，充分发挥组织协调作用，协助党委、政府落实好防范腐败的各项工作任务”。通知希望“各有关部门要按照各自的职责分工，加强协调，密切配合，形成合力”①。2004 年 11 月 23 日，习近平同志在全国落实党风廉政建设责任制电视电话会议浙江分会场上强调，各级纪检监察机关要认真履行职责，切实当好党委、政府的参谋助手。要围绕促进领导干部廉洁从政抓好落实。② 习近平同志 2005 年 2 月 1 日在省纪委第七次全会上的讲话中强调：各级纪检监察机关要自觉接受党委领导，全面履行党章赋予的职责，积极协助党委研究、部署和督促反腐倡廉工作，加强对政治纪律执行情况的监督检查。要主动当好党委的参谋和助手。

反腐倡廉，既要发挥党委的主体责任，又要发挥纪检监察机关的协助作用。2013 年 1 月 22 日，习近平总书记在十八届中央纪委二次全会上发表重要讲话，指出各级纪检监察机关要加强干部队伍建设，提高履行职责能力和水平，更好发挥监督检查作用。③ 习近平总书记在十八届中央纪委三次全会上指出，改革党的纪律检查体制，完善反腐败体制机制，增强权力制约和监督效果，保证各级纪委监督权的相对独立性和权威性。④

第二节　强化党风廉政责任制　形成反腐倡廉的合力

党风廉政建设责任制是党中央、国务院为保证各级领导班子和领导干部对反腐倡廉工作切实负起责任而确立的一项重要制度，是深入推进反腐倡廉工作的重要组织保证和制度保证。习近平同志主政浙江时期不断加强党风廉政责任制建设，形成反腐倡廉的整体合力。

---

① 《浙江省反腐倡廉防范体系实施意见》，《浙江日报》2003 年 8 月 13 日。
② 参见《切实落实党风廉政建设责任制，努力取得反腐倡廉工作新成效》，《浙江日报》2004 年 11 月 23 日。
③ 参见《习近平谈治国理政》，外文出版社，2014，第 389 页。
④ 参见《习近平谈治国理政》，外文出版社，2014，第 395 页。

一　加强党风廉政责任制建设

党风廉政建设责任制，是深入推进党风廉政建设和反腐败斗争的一项基础性制度，也是党风廉政建设制度体系中的一项具有全局性、关键性和根本性的制度。党的十六大以来，党中央将党风廉政责任制作为落实党风廉政建设和反腐败斗争的重要抓手，作出一系列指示和部署。习近平同志主政浙江时期始终强调，要准确把握党风廉政建设和反腐败斗争新形势新任务，紧密团结在党中央周围，高举邓小平理论和"三个代表"重要思想伟大旗帜，认真贯彻科学发展观等重大战略思想，认真贯彻中央落实党风廉政建设和反腐败斗争的指示精神，干在实处，走在前列，努力做好浙江的各方面工作，为全国大局作出新的贡献。

深入开展党风廉政建设和反腐败斗争，是加强党的执政能力建设和先进性建设的重大任务，也是维护社会公平正义和促进社会和谐的重要手段和保证。深入开展党风廉政建设和反腐败斗争，离不开党风廉政建设责任制的认真贯彻和具体部署。因而，习近平同志主政浙江时期强调，全省各级党组织要按照邓小平理论、"三个代表"重要思想和科学发展观的要求，认真落实党风廉政建设责任制，以优良的党风促政风带民风，营造和谐的党群干群关系，努力实现经济平稳快速发展、社会稳定和谐、人民生活富裕，为加快浙江全面建设小康社会、提前基本实现现代化提供坚强有力的保证。

从实践来看，始终坚持以党风廉政建设责任制为龙头，创新和完善反腐败工作领导体制和工作机制，是浙江省党风廉政建设"干在实处"的具体体现之一。习近平同志主政浙江以来，省委带头贯彻落实党风廉政建设责任制，一直坚持每年两次全面听取党风廉政建设和反腐败工作汇报，分析反腐倡廉形势，研究部署工作，坚持巡视制度，对反腐倡廉工作中遇到的重大问题、疑难案件以及党风廉政建设中发现的新情况、新问题，及时听取汇报，研究解决办法。由于省委带头示范，浙江各级党组织认真承担起党风廉政建设责任制中应当承担的责任和任务。在浙江，落实党风廉政建设责任制的具体做法是责任分工明确、"一把手"示范带动、创新落实机制、健全组织领导机制、完善配套制度、强化检查考核、认真实施责任追究。① 在浙江，上至省委书记，下至乡镇领导人，在党风廉政建设中都承担一份明确具体的职责，实行"一岗双责"。年初，逐项分解全年反腐倡廉任务，逐项明确牵头单位、责任部门和相关责任人；年中，省纪委及各级纪委都专门听取各牵头单位"一把手"责任分工落实情况的专题汇报；年底，对责任制落实情况进行考核和检查。他们通过建立"责任分工报告书""牵头任务函告书""落实责任制建议书"等制度，形成了落实责任制的有效机制。对考核中发现问题的，实行党风廉政建设"一票否决制"。

自 2002 年起，浙江坚持每年一次对全省各地各部门党风廉政建设责任制落实情况开展重点检查，由省委常委和副省长带队，邀请民主党派负责人和离退休老同志参加。通过听汇报、查阅资料、实地察看、召开座谈会、个别谈话等多种形式，全面检查有关市和省直单位的党风廉政建设工作情况。2009 年在定性评价的基础上，还引入了量化评分机制，提高了考核的科学性和规范性。

为了进一步落实党风廉政责任制，浙江在总结各地实践经验基础上，出台了"三书两报告"制度，有力地推动了责任制的落实。"三书两报告"制度的出台，实现了领导责任、工作任务、工作方法的有机统一，提高了责任制工作的针对性和有效性，形成了责任明确、目标具体、责权统一、上下贯通的责任落实机制。因此，习近平同志指出，"三书两报告"制度是推动党风廉政建设责任制的一项重要规定，要不断完善该项制度。这一做法在 2006 年全国党风建设工作会议上以典型发言的形式作了介绍，中央领导曾批示予以肯定。历届浙江省委始终坚持"三书两报告"制度，取得良好成效。

二 长足推进党风廉政责任制

在主政浙江时期，习近平同志指出，各级党委、政府要进一步加强对党

---

① 参见张伟斌《进一步落实党风廉政建设责任制的对策与建议》，《政策瞭望》2009 年第 4 期。

风廉政建设和反腐败斗争的领导，坚持以落实党风廉政建设责任制为龙头，完善"党委统一领导，党政齐抓共管，纪委组织协调，部门各负其责，依靠群众支持和参与"的反腐败工作领导体制和工作机制，把反腐倡廉工作融入经济、政治、文化、社会建设和党的建设之中。这就为浙江推进党风廉政责任制指明了方向。

浙江坚持把反腐倡廉工作融入经济、政治、文化、社会建设和党的建设之中，在推进各项工作中，加强反腐倡廉工作。而加强反腐倡廉工作的关键，在于推进党风廉政责任制建设，在于强化对权力运行的制约和监督，在于党委主要负责同志的高度重视和示范表率。习近平同志主政浙江后进一步完善党风廉政责任制。明确提出党委承担主体责任，就是各级党委要坚持两手抓、两手硬，把党风廉政建设和反腐败工作作为分内事情，加强对党风廉政建设和反腐败工作统一领导，把惩治和预防腐败工作与经济社会发展和党的建设同部署、同落实、同检查。要选好用好干部，坚决纠正损害群众利益的行为，强化对权力运行的制约和监督，领导和支持执纪执法机关查处违纪违法问题。党委主要负责人要坚持党风廉政建设和对反腐败重要工作亲自部署、重大问题亲自过问、重点环节亲自协调、重要案件亲自督办，种好自己的"责任田"，当好廉洁从政表率。

党风廉政建设责任制是管总的、牵头的制度，是推动反腐倡廉工作不断深入的"龙头"，起着组织保证和制度保证的重要作用，因而，必须坚持不懈地落实党风廉政建设责任制。习近平同志指出，各级党委、政府进一步加强领导是落实党风廉政建设责任制的保证，各级领导干部进一步增强责任意识是落实党风廉政建设责任制的关键，各部门进一步认真履行职责是落实党风廉政建设责任制的基础。对于党风廉政责任制的具体要求，习近平同志指出，各级党政领导班子要加强领导，定期分析研究职责范围内的党风廉政状况，强化对责任制执行情况的督察和考核，严肃追究在反腐倡廉工作中的失职渎职行为。各职能部门要按照责任分工，进一步形成反腐倡廉的合力。各级纪检监察机关要认真履行职责，切实当好党委、政府的参谋助手。要围绕促进领导干部廉洁从政抓好落实。各级领导干部一定要以身作则，率先垂范，带头规范从政行为，带头执行廉洁自律的各项规定。要充分发挥部门优势，知其任、明其职、出其力、尽其责，进一步形成反腐倡廉的合力。各级纪检监察机关要加强业务指导、组织协调和监督检查，切实当好党委、政府的参谋助手。

自习近平同志主政浙江之后，历届浙江省委长期坚持、一以贯之，狠抓党风廉政责任制，以党风廉政建设和反腐败斗争的实际成效，为浙江党的建设保驾护航。统计部门民意调查结果显示，群众对浙江省反腐倡廉工作的认可度从 2006 年的 76.22% 上升到 2011 年的 84.3%。[①] 2012 ~ 2014 年民调显示认可度持续上升，2014 年同比上升 8.2%。

三　形成反腐倡廉的整体合力

推进党风廉政建设责任制，党委负主要责任是正确的，但同时它又是一项系统工程，光靠党委或纪检监察机关的力量是远远不够的，必须动员和依靠各方面的力量，形成反腐倡廉的整体合力，才能取得最佳效果。

习近平同志主政浙江时期，反复强调形成反腐倡廉整体合力的重要性。明确党委、政府责任，抓好责任分解，明确责任分工，是落实党风廉政建设责任制的首要环节。浙江把党风廉政建设和反腐败工作任务分解到省委、省政府领导班子成员，明确牵头单位和参与单位，既能充分发挥党委、政府在落实责任制中的主体作用，又能发挥其他各方面的作用，有助于核心的形成。确定纪委协助党委抓反腐倡廉工作，是落实党风廉政建设责任制的重要环节。在推进党风廉政责任制中，强化纪委在落实责任制工作中的组织协调和监督检查作用，有助于整体合力的形成。确立部门各负其责，是落实党风廉政建设责任制的关键环节。反腐倡廉责任层层分解，各部门齐抓共管，既立足部门实际，又各司其职，有助于分工负责。依靠群众的支持和参与，是落实党风廉政建设责任制的有效环节。群众是反腐倡廉的重要力量，群众的

---

① 参见《浙江以改革创新精神全面推进反腐倡廉建设》，《中国纪检监察报》2012 年 6 月 6 日。

眼睛是雪亮的，只有充分调动群众反腐倡廉的积极性，才能寻求到反腐倡廉的真正力量源泉。党委统一领导、党政齐抓共管、纪委组织协调、部门各负其责、群众支持参与，每个环节都十分重要，缺少任何一环，都将影响反腐倡廉整体合力的形成。2003 年 7 月 4 日，省委下发了《中共浙江省委关于印发〈浙江省反腐倡廉防范体系实施意见（试行）〉的通知》指出："坚持党委统一领导、党政齐抓共管、纪委组织协调、部门各负其责、依靠群众支持和参与的反腐败领导体制和工作机制，形成构建反腐倡廉防范体系的整体合力。"①

经过努力，通过党风廉政建设责任制的实施，浙江全省初步形成了党委统一领导、党政齐抓共管、纪委组织协调、部门各负其责、群众积极支持和参与的反腐败领导体制和工作机制。各地各部门每年都根据中央和省委的部署，对党风廉政建设和反腐败工作任务进行分解，把责任落实到党政领导和有关职能部门。党风廉政建设和反腐败工作的牵头部门，认真履行职责，积极主动地抓好落实。2004 年 11 月 23 日，习近平在全国落实党风廉政建设责任制电视电话会议浙江分会场上强调，要围绕党风廉政建设责任主体抓好落实。各级党政领导班子要加强领导，定期分析研究职责范围内的党风廉政状况，强化对责任制执行情况的督察和考核，严肃追究在反腐倡廉工作中的失职渎职行为。各职能部门要按照责任分工，进一步形成反腐倡廉的合力。② 根据习近平同志的指示，全省各地各部门以落实党风廉政建设责任制各项任务为重点，以制约和监督权力为核心，以提高制度执行力为抓手，大力创新党风廉政建设责任制的责任分解和落实机制。

历届浙江省委始终坚持党风廉政责任制建设，切实做好责任分解、检查考核与监督、责任追究，使浙江反腐倡廉整体合力持续发展，取得了反腐倡廉的良好效果。2012 年 6 月 6 日，中国共产党浙江省第十二届纪律检查委员会向中国共产党浙江省第十三次代表大会所作的工作报告提出，要认真落

---

① 《浙江省反腐倡廉防范体系实施意见》，《浙江日报》2003 年 8 月 13 日。

② 参见《切实落实党风廉政建设责任制 努力取得反腐倡廉工作新成效》，《浙江日报》2004 年 11 月 23 日。

实党风廉政建设责任制，严格执行中央《关于实行党风廉政建设责任制的规定》，坚持和完善反腐败领导体制和工作机制，进一步增强整体合力。

四 党风廉政建设责任制的新发展

实行党风廉政建设责任制，是坚持党要管党、从严治党方针，深入推进反腐倡廉建设的重要制度保障。必须从维护党长期执政、保持国家长治久安的战略高度来看待。2007 年 1 月 25 日，习近平同志在浙江省纪委第十次全体（扩大）会议上的讲话中指出，纵览历史长河，世界历史上一个个不可一世的大帝国的崩溃，中国历史上一个个王朝的覆灭，当今世界一些长期执政的政党的下台，都与其领导层的道德沦丧、腐败盛行、脱离民众、丧失人心有关。

党的十八大习近平同志担任总书记后进一步强调，我们党把党风廉政建设和反腐败斗争提到关系党和国家生死存亡的高度来认识，是深刻总结了古今中外的历史教训的。中国历史上因为统治集团严重腐败导致人亡政息的例子比比皆是，当今世界上由于执政党腐化堕落、严重脱离群众而失去政权的例子也不胜枚举！如果任凭腐败问题愈演愈烈，最终必然亡党亡国。这样的认识，高屋建瓴，振聋发聩！2014 年 1 月 14 日，习近平总书记在十八届中央纪委三次全会上发表重要讲话强调："全党同志要深刻认识反腐败斗争的长期性、复杂性、艰巨性，以猛药去疴、重典治乱的决心，以刮骨疗毒、壮士断腕的勇气，坚决把党风廉政建设和反腐败斗争进行到底。"① "核心的问题是党要始终紧紧依靠人民，始终保持同人民群众的血肉联系，一刻也不脱离群众。要做到这一点，就必须下最大气力解决好消极腐败问题，确保党始终同人民心连心、同呼吸、共命运。"② 为此，必须进一步加强党风廉政建设责任制的贯彻落实。

落实党风廉政建设责任制，必须着眼于反腐败斗争的长期性、复杂性、

---

① 《习近平谈治国理政》，外文出版社，2014，第 394 页。
② 《习近平在中共中央政治局第五次集体学习时强调：积极借鉴我国历史上优秀廉政文化，不断提高拒腐防变和抵御风险能力》，《人民日报》2013 年 4 月 21 日。

艰巨性，做到警钟长鸣、常抓不懈。习近平总书记在中国共产党第十八届中央纪律检查委员会第二次全体会议上指出："党风廉政建设和反腐败斗争是一项长期的、复杂的、艰巨的任务。反腐倡廉必须常抓不懈，拒腐防变必须警钟长鸣，关键就在'常''长'二字，一个是要经常抓，一个是要长期抓。"① 各级党委对职责范围内的党风廉政建设负有全面领导责任。党的十八届三中全会提出，落实党风廉政建设责任制，党委负主体责任，纪委负监督责任。这是我们党在党风廉政建设和反腐败体制机制建设上的重要部署，也是习近平同志主政浙江时期成功经验的提升推广。

实践证明，反腐败斗争具有长期性、复杂性、艰巨性，不可能一蹴而就、一劳永逸，必须经常抓、长期抓，既要打好歼灭战，以猛药去疴、重典治乱的决心，以刮骨疗毒、壮士断腕的勇气，坚决惩治腐败；又要打好持久战，积小胜为大胜，不断取得人民群众比较满意的进展和成效。因此，习近平担任总书记后指出："落实党风廉政建设责任制，党委负主体责任，纪委负监督责任。""要落实党委的主体责任和纪委的监督责任，强化责任追究，不能让制度成为纸老虎、稻草人。"②

第三节　规范"三权"　建设"四中心"

习近平同志主政浙江时期，高度重视标本兼治、综合治理、惩防并举、注重预防的反腐倡廉战略方针，从全局的高度对于构建预防和惩治腐败体系作出了规划，使得浙江预防和惩治腐败体系的探索和实践走在全国的前列。

一　惩防并举，标本兼治

党的十六大以来，根据新形势下党风廉政建设和反腐败斗争的需要，党中央和中央纪委明确提出了坚持"标本兼治、综合治理，惩防并举、注重

---

① 《习近平谈治国理政》，外文出版社，2014，第386页。
② 《习近平谈治国理政》，外文出版社，2014，第395页。

预防"的反腐倡廉十六字战略方针，强调在坚决惩治腐败的同时，更加注重治本，更加注重预防，更加注重制度建设，拓展从源头上防治腐败工作领域。进一步强调了党风廉政建设和反腐败斗争必须坚持治标与治本两手抓、两手硬的基本方针和原则；并明确提出，到 2010 年建成惩治和预防腐败体系基本框架。

浙江省委充分认识党中央构建惩治和预防腐败体系的战略意义，充分认识社会主义市场经济条件下，构建具有浙江特点惩防体系工作的重要意义，努力适应形势的变化，早认识，早起步，早实践，着力从整体上谋划反腐倡廉工作，从源头上防治腐败。习近平同志强调构建惩治和预防腐败体系，是我们党反腐倡廉理论与实践的丰富和发展，是加强党的执政能力建设，巩固党的执政地位的迫切需要，是我们党对执政规律认识，尤其是党的反腐倡廉规律认识进入新境界的重要标志，是从根本上防治腐败的必由之路。因此，党的十六大以来，省委、省政府结合浙江实际开展党风廉政建设，积极探索从源头上惩治和预防腐败的有效途径。

2002 年，浙江根据党的十六大的要求，转变观念，拓展思路，改制革弊，堵塞漏洞，积极探索从源头上预防和治理腐败的新方法、新途径。重点建立健全思想教育、权力制约、监督管理、法纪约束、测评预警、廉政激励六大防腐机制，把抓本治源工作不断引向深入。2003 年 7 月，浙江省委审时度势，以创新的理念、系统的方法、前瞻的眼光谋划反腐倡廉工作，在探索实践、总结经验的基础上，制定出台的《浙江省反腐倡廉防范体系实施意见（试行）》，是全国省一级首个关于反腐倡廉防范体系的规范性文件。浙江由此被中央纪委定为全国惩防体系构建工作试点省份之一。2004 年 11 月 5 日，中国共产党浙江省第十一届委员会第七次全体会议提出，充分发挥惩治在惩防体系中的重要作用，建立健全惩治腐败的有效机制。修订《浙江省反腐倡廉防范体系实施意见（试行）》，出台《浙江省惩治和预防腐败体系实施意见》。2005 年 1 月 3 日，党中央颁布了《建立健全教育、制度、监督并重的惩治和预防腐败体系实施纲要》。浙江省委、省政府高度重视，成立了以省委书记习近平为组长，省委副书记、省纪委书记周国富为副组长的省落实实施纲要、构建惩防体系工作领导小组。实施纲要颁布之后，中央纪委更是把浙江列为全国体系构建工作的6个试点省之一，要求浙江先行一步，取得经验。同年6月，浙江省委对《浙江省反腐倡廉防范体系实施意见（试行）》进行了修订，出台了《浙江省惩治和预防腐败体系实施意见》。① 历届省委始终坚持推进惩治和预防腐败体系的构建，将各种腐败遏制于萌芽状态，保证了干部清正、政府清廉、政治清明。

2008年5月13日，党中央颁布了《建立健全惩治和预防腐败体系2008～2012年工作规划》，标志着惩防体系建设进入全面规划、全面落实、全面深化的新阶段。根据中央的"工作规划"，省委高度重视《浙江省建立健全惩治和预防腐败体系2008～2012年实施办法》的起草制定工作，把认真贯彻落实好该工作规划作为深入推进反腐倡廉建设的重要政治任务来抓，先后三次召开省委常委会，专题研究实施办法的起草制定工作。

2009年10月23日，中国共产党浙江省第十二届委员会第六次全体会议通过了《中共浙江省委关于认真贯彻〈中共中央关于加强和改进新形势下党的建设若干重大问题的决定〉的实施意见》。该意见要求认真落实中央《建立健全惩治和预防腐败体系2008～2012年工作规划》，稳步实施《浙江省建立健全惩防体系2008～2012年制度建设工作计划及实施方案》，努力取得党风廉政建设和反腐败斗争的新成效。② 2010年11月18日，中国共产党浙江省第十二届委员会第八次全体会议通过了《中共浙江省委关于制定浙江省国民经济和社会发展第十二个五年规划的建议》。建议强调："加强反腐倡廉建设，推进反腐倡廉制度创新……着力完善具有浙江特色的惩治和预

---

① 比较中央颁布的《建立健全教育、制度、监督并重的惩治和预防腐败体系实施纲要》和浙江省委制定的《浙江省惩治和预防腐败体系实施意见》这两个文献，可以看到，中央的纲要偏重全局的原则阐明和总体性设计，因而具有综观全局、高屋建瓴的战略高度。而浙江的实施意见则结合浙江的实际，进一步强调了"改革"的内容，凸显了制度创新、源头治腐的要求。

② 参见《中共浙江省委关于认真贯彻〈中共中央关于加强和改进新形势下党的建设若干重大问题的决定〉的实施意见》，《今日浙江》2009年第20期。

防腐败体系。"① 2012 年 6 月 6 日，中国共产党浙江省第十三次代表大会在《坚持科学发展，深化创业创新，为建设物质富裕精神富有的现代化浙江而奋斗》的报告中强调，深入推进反腐倡廉建设，健全具有浙江特点的惩治和预防腐败体系。坚持把反腐倡廉教育贯穿干部培养、选拔、管理、使用全过程，深化示范教育、警示教育和岗位廉政风险防范教育。② 2012 年 12 月 6 日，中国共产党浙江省第十三届委员会第二次全体会议通过了《中共浙江省委关于认真学习贯彻党的十八大精神，扎实推进物质富裕精神富有现代化浙江建设的决定》，决定强调，坚定不移推进党风廉政建设和反腐败斗争。坚持标本兼治、综合治理、惩防并举、注重预防的方针，进一步完善具有浙江特点的惩治和预防腐败体系，做到干部清正、政府清廉、政治清明。③ 2013 年 12 月 25 日，中央印发了《建立健全惩治和预防腐败体系 2013 ~ 2017 年工作规划》，这对于全面推进惩治和预防腐败体系建设具有重要意义，是党的十八大和十八届三中全会作出的重要部署，是全党的重大政治任务和全社会的共同责任，对于坚持党要管党、从严治党，深入开展党风廉政建设和反腐败斗争，推进国家治理体系和治理能力现代化，实现"两个一百年"奋斗目标和中华民族伟大复兴的中国梦，具有重大意义。依据中央的工作规划，2013 年 12 月 28 日，省委推出了《浙江省建立健全惩治和预防腐败体系 2013 ~ 2017 年实施办法》。2014 年，浙江省将改革创新精神融入到推进具有浙江特点的惩防体系建设中，逐步形成不敢腐的惩戒机制、不能腐的防范机制、不易腐的保障机制。

二 构建标本兼治的反腐倡廉新体制

浙江省以市场取向的改革起步较早，城乡经济较为活跃，非公有制经济

---

① 《中共浙江省委关于制定浙江省国民经济和社会发展第十二个五年规划的建议》，《政策瞭望》2010 年第 12 期。

② 参见《坚持科学发展，深化创业创新，为建设物质富裕精神富有的现代化浙江而奋斗》，《浙江日报》2012 年 6 月 7 日。

③ 参见《中共浙江省委关于认真学习贯彻党的十八大精神，扎实推进物质富裕精神富有现代化浙江建设的决定》，《今日浙江》2012 年第 23 期。

发展异常迅猛，由计划经济体制向社会主义市场经济体制转变的进程较快，体制、机制与市场经济发展要求不相适应的问题更为明显，在权、钱、人的管理制度方面存在的漏洞和问题暴露得更早，克服这些问题的愿望也更为迫切。

进入 21 世纪以来，浙江省着力改革审批制度，规范"三权"即事权、财权、用人权，建立"四中心"即完善行政服务中心、会计核算中心、招投标中心、经济发展环境投诉中心，初步构建标本兼治的反腐倡廉新体制。

自 2000 年，为了规范权力运行，省政府统一部署，成立省级工商、城建、计委、外经贸等四个集中审批中心，各市县建立行政审批集中办事机构，对审批事项制订科学、规范、高效的操作规程，严格监督，公开公示。此后，全省逐步建立完善省、市、县三级行政服务中心，建立了公开、公正、廉洁、高效的办事制度，转变了作风，提高了效率。

推行财政体制改革，建立会计核算中心，规范财权。省委、省政府总结推广财务管理"四统一"做法，即收费统一管理，财务统一核算，会计统一派遣，分配统一标准，从源头上预防和治理腐败。"四统一"财政管理模式最核心的举措就是在省、市、县三级政府建立了会计核算中心，将政府直属各部门的预算内、外资金全部纳入会计核算中心，实行单一账户、集中支付，强化对工资发放、经费报销以及福利分配等所有预算内、外资金的统一核算和统一管理，实现了政府对财政资金特别是预算外资金全方位、全过程的监管。截至 2004 年 3 月，全省 11 个市 88 县已有 60 多个市县建立了会计核算中心，从制度上保证了"收支两条线"的真正落实。

针对一些地方暗箱操作配置稀缺资源的违纪违法现象，浙江在全省各地部署、建立招投标中心，实行公开招投标。① 建设工程项目、经营性土地使

---

① 参见鲍洪俊《规范"三权"，严格监督，浙江构建反腐倡廉新体制》，《人民日报》2001 年 11 月 18 日。

用权转让、国有产权交易、政府采购、药品采购等，一直都是腐败的多发易发之地，是推进社会主义市场经济进程中，必须抓好的重要反腐环节。浙江省根据本地实际，建立招投标中心，按照法定程序、依法依规进行公开招投标，不仅保证了市场交易的顺利进行，而且有效地防止了腐败的产生。

随着衢州"经济发展环境投诉中心"、宁波"廉政投诉中心"的成功探索，浙江省委、省政府决定加以总结和推广。结合全省加强机关效能建设的情况，省里决定将机关效能监察投诉中心，与经济发展环境投诉中心职能合二为一，"两块牌子、一套人马"，正式合署办公。经济发展环境投诉中心，除受理经济发展的有关投诉外，还受理企业、群众对党风廉政建设和反腐败问题的举报，行风建设和各项专项治理问题的社会反映。

在习近平同志的重视下，省、市、县三级的"四大中心"逐步形成和不断完善。2002 年 12 月，省委办公厅、省政府办公厅下发了《关于全省落实党风廉政建设责任制重点检查情况的通报》。通报指出："全省初步形成了以规范'三权'为目标，以深化'三项制度'改革为主要内容，以行政服务中心、会计核算中心和招投标中心为主要载体，以经济发展环境投诉中心为保障机制的源头治腐工作体系。"

"四大中心"的创制，有力地构筑了社会主义市场经济进程中从源头治理腐败的保障机制。浙江在探索的进程中，根据实践的变化，不断加以完善。2002 年 12 月，中国共产党浙江省第十一届委员会第二次全体会议提出，要完善行政服务中心、会计核算中心、招投标中心、经济发展环境投诉中心建设。① 2003 年 7 月 4 日，中共浙江省委下发了《中共浙江省委关于印发〈浙江省反腐倡廉防范体系实施意见（试行）〉的通知》。其中提出"推行'四统一'管理办法，完善会计核算中心建设"，"深化行政审批制度改

① 参见《中共浙江省委关于认真贯彻落实党的十六大精神，加快全面建设小康社会，提前基本实现现代化的决定》，《今日浙江》2003 年第 1 期。

革，完善行政服务中心建设"，"引进市场竞争机制，完善招投标中心建设"，"完善经济发展环境投诉中心建设，构建方便快捷、统一有序的廉政投诉网络"①。

总之，通过"四大中心"的建设，进一步规范了人权、事权、财权，浙江省标本兼治的反腐倡廉新体制初步确立，有力地保障了浙江经济社会发展，促进了浙江党风廉政和反腐败建设迈上新台阶。自习近平同志主政浙江以来，历届省委继续完善标本兼治的反腐倡廉新体制。一是不断完善反腐倡廉新体制，最大限度减少体制障碍和制度漏洞。二是根据新的实际，健全反腐倡廉制度体系。三是实施"阳光工程"，设立权力清单。

浙江省把加强制度建设贯穿于反腐倡廉建设全过程和各方面，通过健全制度、创新制度、执行制度来巩固和发展惩防体系建设成果，形成了具有浙江特点、涵盖反腐倡廉建设各个方面的法规制度体系。2009～2010 年，省、市两级共修订和制定 1335 项惩防体系建设方面的规章制度。2011 年，浙江省还制订了《党员领导干部防止利益冲突暂行办法》《关于全面推进廉政风险防控机制建设的意见》等一系列文件，有力地完善了惩治和预防腐败体系。2009 年，浙江积极推进廉政风险防范机制建设，探索建立廉情预警机制。2011 年以来，浙江省把加强廉政风险防控作为推进惩防体系建设的重要载体。省委为贯彻《关于全面推进廉政风险防控机制建设的意见》专题召开省、市、县三级党政主要领导和省直单位主要负责人参加的动员部署会和工作推进会。2011 年底，浙江各级党政机关、国有企事业单位、群团组织和具有公权力的单位实现廉政风险防控机制建设"全覆盖"。2012 年，省委办公厅、省政府办公厅出台《关于深化廉政风险防控机制建设的意见》，着力构建权责清晰、流程规范、风险明确、措施有力、预警及时的廉政风险防控机制，实现廉政风险防控的规范化、制度化、常态化。2014 年浙江省在实践中不断创新完善廉政风险防控机制建设，取得明显成效。

习近平总书记在中国共产党第十八届中央纪律检查委员会第二次全体会议

---

① 《浙江省反腐倡廉防范体系实施意见》，《浙江日报》2003 年 8 月 13 日。

上发表重要讲话指出：要继续全面加强惩治和预防腐败体系建设。这就为浙江在新阶段继续完善标本兼治的反腐倡廉新体制指明了方向。

第四节　坚持有贪必反有腐必惩有乱必治
保持反腐败高压态势

习近平同志主政浙江时期，在高度重视惩治和预防腐败体系构建的同时，还十分重视查办腐败案件，始终保持反腐败高压态势，为新时期浙江的经济社会的健康发展提供了保证。2003年，习近平同志在浙江省纪委四次全会上提出，有贪必反，有腐必惩，有乱必治，表明了浙江省委惩治腐败的坚定决心。

一　坚持"反腐三原则"，加大查处力度

习近平同志主政浙江以来，全省各级党委和纪检监察机关坚持党要管党、从严治党，坚持有贪必反、有腐必惩、有乱必治，自觉把反腐倡廉工作融入经济、政治、文化、社会建设之中，率先探索和建立健全教育、制度、监督并重的惩治和预防腐败体系，努力形成有效防治腐败的新机制，部门各司其职、形成合力，群众积极参与、大力支持，党风廉政建设和反腐败工作取得新的明显成效，为浙江省改革开放和经济建设提供了坚强的政治保证。

2002年12月，浙江省第十一届委员会第二次全体会议提出，继续加大办案力度，集中力量查处大要案。继续纠正部门和行业不正之风，抓好专项治理，注重从源头上解决不正之风的深层次问题，坚持标本兼治，综合治理，逐步加大治本工作的力度。① 最大限度地降低腐败发生率，是反腐倡廉工作的出发点和落脚点，也是浙江省反腐倡廉工作实践的重要经验和体会。

党的十六大提出："坚持标本兼治、综合治理，逐步加大治本力度，加强教育，发展民主，健全法制，强化监督，创新体制，把反腐败寓于各项重

---

① 参见《中共浙江省委关于认真贯彻落实党的十六大精神，加快全面建设小康社会，提前基本实现现代化的决定》，《今日浙江》2003年第1期。

要政策措施之中，从源头上防范和解决腐败问题。"这是我们党对反腐败斗争在认识上的一次飞跃。浙江省委根据中央的精神，结合浙江实际，构建反腐倡廉防范体系，始终保持打击腐败的高压态势。腐败作为一种社会历史现象，同样有其自身的特点和规律。构建系统完备、切实有效的反腐倡廉防范体系，最大限度地降低腐败发生率，是对新时期反腐倡廉客观规律认识的深化。面对腐败现象滋生蔓延的严峻形势，主要是狠抓治标，严惩腐败分子，首先把腐败现象滋生蔓延的势头遏制住。根据反腐败斗争形势的发展，及时制定了标本兼治、综合治理的方针，在遏制腐败现象的同时，针对产生腐败的关键部位和薄弱环节进行体制、机制和制度的创新，从源头上防范和治理腐败。因而，2003 年 7 月 4 日，中共浙江省委下发了《中共浙江省委关于印发〈浙江省反腐倡廉防范体系实施意见（试行）〉的通知》。通知指出："构建反腐倡廉防范体系，是学习贯彻'三个代表'重要思想和党的十六大精神，从源头上预防和治理腐败，推进党风廉政建设和反腐败斗争深入开展的重大举措。"

加强执纪办案是构建惩防体系的内在要求。在构建惩防体系中，有效预防本身包含严厉惩治的要求，严厉惩治的结果又有利于有效预防的深入。因此，只有在加强执纪办案中坚决遏制腐败的多发高发势头，才能有效推进教育、制度、监督并重的惩防体系的建成和完善。抓好执纪办案工作，严肃查处违纪违法案件，不仅能严厉惩处腐败分子，严明党的纪律，向广大人民群众表明我们党加强党风廉政建设和反对腐败不可动摇的决心，而且让广大党员干部受教育，有关制度的完善，各方面监督的加强，显然是构建惩防体系的一项基础性工作。

坚持有贪必反、有腐必惩、有乱必治，毫不放松案件查处工作，是纪委监察机关的立足点和基本原则。21 世纪以来，浙江每年查处的违纪违法案件都在 8000 件以上，查处的党员干部人数每年也在 8000 人左右，有力震慑了腐败分子。反腐败，抓与不抓不一样，抓的力度大与小不一样，抓得准与不准也不一样。因而，2004 年 11 月 23 日，习近平同志在全国落实党风廉政建设责任制电视电话会议浙江分会场上强调，要加大治理和查处的力度，对违反规定的，该免职的一律免职，该处分的坚决处分，绝不姑息迁就。①

2004 年 11 月，中国共产党浙江省第十一届委员会第七次全体会议提出，各级党委、政府和纪检监察机关要进一步提高对查办案件工作重要性的认识，加强领导，加大力度，始终保持查办案件的强劲势头，努力探索在发展社会主义市场经济条件下提高查处案件工作水平的新路子。

2005 年省纪委监察机关突出办案的重点是，以查办发生在领导机关和领导干部中滥用权力、牟取非法利益的违纪违法案件为重点，严厉惩处腐败分子。据统计，2003 年 1 月至 2005 年 4 月，全省纪检监察机关共查处违纪违法案件 18716 件，处分党员干部 17612 人，其中地厅级干部 15 人，县处级 341 人。

浙江积极探索发案办案规律，不断增强工作能动性。积极探索发案办案规律，目的是增强工作的预见性和主动性，及时采取各种预防措施，最大限度减少违纪违法案件的发生。通过对办案方法、办案手段、办案技巧、办案策略的总结、分析、研究，摸索、掌握、利用办案规律，始终掌握执纪办案的主动权，不断提高办案工作艺术。

浙江积极探索新形势下办案工作的新思路和新办法，努力提高办案工作能力。进一步完善信访举报、案件检查、案件审理、处分执行等方面的规定，严格依纪依法、安全文明办案。建立健全办案协调机制，形成查处案件的整体合力。坚持以查促教，以查促建，以查促防，不断增强查处案件的综合效果。2002 ~ 2007 年这五年，全省各级纪检机关共受理群众来信来访、电话举报 313890 件（次），立案 38499 件，处分党员干部 36284 人，其中县（处）级干部 737 人，地（厅）级干部 36 人，共挽回直接经济损失 14.2 亿元。②

浙江还十分注重查案综合效果的运用。对违纪的党员干部，坚持惩前毖

① 参见《切实落实党风廉政建设责任制　努力取得反腐倡廉工作新成效》，《浙江日报》2004 年 11 月 23 日。

② 参见《深入推进党风廉政建设和反腐败斗争，为全面建设惠及全省人民的小康社会提供坚强保证——中国共产党浙江省纪律检查委员会向中国共产党浙江省第十二次代表大会的工作报告》，浙江在线，2007 年 6 月 19 日。

后、治病救人，给予批评教育，同时综合运用纪律处分和组织处理两种手段。加强典型案例的运用，通过反面案例和被查处的党员干部的现身说法，做到警钟长鸣。

二 持续保持反腐败高压态势

自习近平同志主政浙江以来，历届省委均高度重视反腐倡廉工作，始终坚持有贪必反，有腐必惩，有乱必治，加大查处案件的力度，保持反腐败高压态势，有力地推进了浙江廉洁政治建设。

近年来，浙江省建立健全一系列工作制度；深化派驻机构统一管理，组建省预防腐败局，加强对预防腐败工作的组织协调和检查指导；发挥信访举报主渠道作用，完善实名举报制度，创新基层信访举报工作机制；保持惩治腐败强劲势头，严肃查办了一批违纪违法案件。2008~2012年这四年，全省各级纪检机关共受理信访举报302145件（次），立案40993件，处分党员干部40116人，其中地（厅）级干部60人、县（处）级干部757人，挽回直接经济损失22.95亿元。① 2014年，全省各级纪检监察机关受理信访举报件（次）、立案件数和处分人数，同比分别上升57.1%、25.8%和20.1%，其中查处地（厅）级干部12人、县（处）级领导干部180人，涉嫌犯罪移送司法机关处理672人，挽回直接经济损失3.69亿元。

2009年10月23日，中国共产党浙江省第十二届委员会第六次全体会议通过了《中共浙江省委关于认真贯彻〈中共中央关于加强和改进新形势下党的建设若干重大问题的决定〉的实施意见》。意见明确加大查办违纪违法案件工作力度。坚持有案必查、有贪必反，保持惩治腐败高压态势，坚决遏制一些领域腐败现象易发多发势头。集中力量查办一批有影响的大案要案，严肃查办发生在领导机关和领导干部中滥用职权、贪污贿赂、腐化堕

---

① 参见《坚定不移推进党风廉政建设和反腐败斗争，为建设物质富裕精神富有的现代化浙江提供有力保证——中国共产党浙江省第十二届纪律检查委员会向中国共产党浙江省第十三次代表大会的工作报告》，浙江在线，2012年6月6日；《浙江省党风廉政建设十年述评》，《浙江日报》2012年10月22日。

落、失职渎职案件，严肃查办商业贿赂案件和严重侵害群众利益案件，严肃查办群体性事件和重大责任事故背后的腐败案件，加大工程建设、房地产开发、土地管理和矿产资源开发、国有资产管理、金融、司法等领域专项治理力度。严格依纪依法、安全文明办案。发挥反腐败协调小组的作用，加强执纪执法机关的协同配合，形成查办案件整体合力。[1] 2010 年 11 月 18 日，中国共产党浙江省第十二届委员会第八次全体会议通过了《中共浙江省委关于制定浙江省国民经济和社会发展第十二个五年规划的建议》。该建议中再次强调："坚决查处违纪违法案件。"[2] 2012 年 6 月 6 日，中国共产党浙江省第十三次代表大会上《坚持科学发展，深化创业创新，为建设物质富裕精神富有的现代化浙江而奋斗》的报告中强调，坚决惩治腐败，对腐败案件发现一起、查处一起，绝不让任何腐败分子逃脱党纪国法的惩处。[3] 2012 年 12 月 6 日中国共产党浙江省第十三届委员会第二次全体会议通过了《中共浙江省委关于认真学习贯彻党的十八大精神，扎实推进物质富裕精神富有现代化浙江建设的决定》，决定明确坚决惩治腐败，对腐败案件发现一起、查处一起。[4]

党的十八大报告指出："反对腐败、建设廉洁政治，是党一贯坚持的鲜明政治立场，是人民关注的利国利民的重大政治问题。这个问题解决不好，就会对党造成致命伤害，甚至亡党亡国。反腐倡廉必须常抓不懈，拒腐防变必须警钟长鸣。"[5] 这一论述重申了党在反腐败问题上一贯的鲜明立场，警示全党必须把反对腐败作为防止亡党亡国的重大政治问题。因

---

[1] 参见《中共浙江省委关于认真贯彻〈中共中央关于加强和改进新形势下党的建设若干重大问题的决定〉的实施意见》，《今日浙江》2009 年第 20 期。

[2] 《中共浙江省委关于制定浙江省国民经济和社会发展第十二个五年规划的建议》，《政策瞭望》2010 年第 12 期。

[3] 参见《坚持科学发展，深化创业创新，为建设物质富裕精神富有的现代化浙江而奋斗》，《浙江日报》2012 年 6 月 7 日。

[4] 参见《中共浙江省委关于认真学习贯彻党的十八大精神，扎实推进物质富裕精神富有现代化浙江建设的决定》，《今日浙江》，2012 年第 23 期。

[5] 胡锦涛：《坚定不移沿着中国特色社会主义道路前进，为全面建成小康社会而奋斗》，《人民日报》2012 年 11 月 18 日。

此，必须始终保持反腐败高压态势，习近平总书记在中国共产党第十八届中央纪律检查委员会第二次全体会议上重申："我们要坚定决心，有腐必反、有贪必肃，不断铲除腐败现象滋生蔓延的土壤，以实际成效取信于民。"① 2013 年 4 月 21 日，习近平总书记在中共中央政治局第五次集体学习时指出："要保持惩治腐败的高压态势，做到有案必查、有腐必惩，坚持'老虎'、'苍蝇'一起打，切实维护人民合法权益，努力做到干部清正、政府清廉、政治清明。"②

第五节　强化党内外监督　完善权力制约机制

习近平同志主政浙江时期，不断推进浙江党风廉政建设，强化党内外监督，不断完善权力制约机制，为浙江反对腐败、建设廉洁政治提供了良好的制度屏障。2003 年 7 月 4 日，中共浙江省委下发的《中共浙江省委关于印发〈浙江省反腐倡廉防范体系实施意见（试行）〉的通知》中提出，进一步建立和健全监督管理机制，加强党内监督、行政监察、审计监督、民主监督、法律监督、舆论监督和群众监督。③ 浙江在探索强化党内外监督、完善权力制约机制、健全反腐倡廉法规制度等方面，作出独特的贡献。

一　制定浙江省党内监督十项制度实施办法

中国共产党党内监督条例颁布后，习近平同志在省委召开专题会议专门听取汇报，并作出部署；对于省纪委起草的《关于起草制定浙江省党内监督十项制度实施办法工作方案的报告》，习近平同志专门作出批示，要求各级党组织认真抓好党内监督十项制度的贯彻落实。

2003 年 12 月 31 日，党中央向全党印发了《中国共产党党内监督条例

---

① 《习近平谈治国理政》，外文出版社，2014，第 357 页。
② 《习近平在中共中央政治局第五次集体学习时强调：积极借鉴我国历史上优秀廉政文化，不断提高拒腐防变和抵御风险的能力》，《人民日报》2013 年 4 月 21 日。
③ 参见《浙江省反腐倡廉防范体系实施意见》，《浙江日报》2003 年 8 月 13 日。

（试行）》。这是我们党成立以来制定颁布的第一部党内监督法规，是开展党内监督的基本依据，是加强党的自身建设实践经验的科学总结，对于加强党内监督、严明党的纪律和维护党的团结统一，加强党的执政能力建设，保持党的先进性，都具有十分重大的意义。

浙江省委高度重视贯彻《中国共产党党内监督条例（试行）》，根据党中央、中央纪委和省委的要求和部署，结合浙江省实际，决定起草制定浙江省党内监督十项制度实施办法。2004 年 11 月 16 日，省纪委向省委提出了《关于起草制定浙江省党内监督十项制度实施办法工作方案的报告》。同年 11 月 23 日，习近平同志专门作出批示。2005 年，省委把这项工作列入工作重点，作为省委保持共产党员先进性教育活动整改阶段的一项重要措施。

2005 年 6 月颁发了《浙江省党内监督十项制度实施办法（试行）》，省委召开专题会议作出部署，省委书记习近平专门听取汇报，要求各级党组织认真抓好党内监督十项制度的贯彻落实。浙江省严格执行《浙江省党内监督十项制度实施办法（试行）》。据统计，2002～2007 年，全省进行述职述廉的领导干部共有 157177 人（次），接受诫勉谈话 4077 人（次），纪委负责人与下级党政主要负责人谈话 32458 人（次），广泛开展领导干部任职前廉政谈话。①

该实施办法颁布后，浙江在强化党内监督方面，做了大量的工作，取得了明显的成效。

历届浙江省委注重在实践中，不断完善党内监督十项制度实施办法。2009 年 10 月 23 日，中国共产党浙江省第十二届委员会第六次全体会议通过了《中共浙江省委关于认真贯彻〈中共中央关于加强和改进新形势下党的建设若干重大问题的决定〉的实施意见》。意见要求深入实施党内监督条例和浙江省党内监督十项制度实施办法。各级党委常委会要把廉政勤政、选人用人等方面工作作为向全委会报告的重要内容，继续推行地方党委委员、

---

① 参见《深入推进党风廉政建设和反腐败斗争，为全面建设惠及全省人民的小康社会提供坚强保证——中国共产党浙江省纪律检查委员会向中国共产党浙江省第十二次代表大会的工作报告》，浙江在线，2007 年 6 月 19 日。

纪委委员询问质询工作，积极推进地方党委委员、纪委委员提出罢免或撤换要求的试点工作。推行党政领导干部问责制、廉政承诺制、行政执法责任制。加强和改进巡视工作，健全领导机制，完善工作程序，创新工作方法，建立健全巡视成果运用机制。完善对纪检监察派驻机构的统一管理，健全对驻在部门领导班子及其成员监督的制度。① 2012 年 12 月 6 日中国共产党浙江省第十三届委员会第二次全体会议通过了《中共浙江省委关于认真学习贯彻党的十八大精神，扎实推进物质富裕精神富有现代化浙江建设的决定》，该决定指出，坚持把反腐倡廉教育贯穿干部培养、选拔、管理、使用全过程，以领导班子和领导干部为重点，落实党内监督条例，严格执行廉政准则。② 2014 年，全省各级纪检监察机关共函询 964 人（次），诫勉谈话1817 人（次）。

二 加强权力制约与监督

党的十六大报告高度关注权力的制约和监督问题，要求建立结构合理、配置科学、程序严密、制约有效的权力运行机制，以保证把人民赋予的权力真正用来为人民谋利益。根据中央的决定，浙江进一步建立健全权力运行和制约机制。2002 年 12 月，中国共产党浙江省第十一届委员会第二次全体会议提出，要发展民主，加强监督，建立结构合理、配置科学、程序严密、制约有效的权力运行机制。③

权力制约就是对权力运行的协调、监督、控制活动，它关系权力运行的效率和国家职能的实现。因而，应以权利制约权力、以权力制约权力、以法律制约权力等。浙江在这方面进行了大量探索，建立健全社情民意反映制度，建立健全与群众利益密切相关的重大事项社会公示制度和社会听证制

---

① 参见《中共浙江省委关于认真贯彻〈中共中央关于加强和改进新形势下党的建设若干重大问题的决定〉的实施意见》，《今日浙江》2009 年第 20 期。

② 参见《中共浙江省委关于认真学习贯彻党的十八大精神，扎实推进物质富裕精神富有现代化浙江建设的决定》，《今日浙江》2012 年第 23 期。

③ 参见《中共浙江省委关于认真贯彻落实党的十六大精神，加快全面建设小康社会，提前基本实现现代化的决定》，《今日浙江》2003 年第 1 期。

度，完善专家咨询制度，实行决策的论证制和责任制，防止决策的随意性。与此同时，不断改革行政审批制度，深化财税投资金融体制改革，推行和完善政府采购、招标投标制度，建立健全权力运行过程公开化制度、权力轮换制度，强化党风廉政建设责任制等。

历届浙江省委都高度重视权力监督和制约机制，不断健全结构合理、配置科学、程序严密、制约有效的权力运行机制。2009 年 10 月 23 日，中国共产党浙江省第十二届委员会第六次全体会议通过了《中共浙江省委关于认真贯彻〈中共中央关于加强和改进新形势下党的建设若干重大问题的决定〉的实施意见》。该意见规定切实加强对权力运行的监督制约，建立健全决策权、执行权、监督权既相互制约又相互协调的权力结构和运行机制，推进权力运行程序化和公开透明。① 2012 年 6 月 6 日，中国共产党浙江省第十三次代表大会上的报告《坚持科学发展，深化创业创新，为建设物质富裕精神富有的现代化浙江而奋斗》中强调，加强对权力运行的制约和监督。建立健全决策权、执行权、监督权既相互制约又相互协调的权力结构和运行机制，健全权力制约和监督体系，坚持用制度管权、管事、管人，加强对各级领导机关和领导干部权力行使的监督。② 2012 年 12 月 6 日，中国共产党浙江省第十三届委员会第二次全体会议通过了《中共浙江省委关于认真学习贯彻党的十八大精神，扎实推进物质富裕精神富有现代化浙江建设的决定》，决定要求建立健全决策权、执行权、监督权既相互制约又相互协调的权力结构和运行机制，完善反腐倡廉制度体系。③

三　建立巡视制度

建立和完善巡视制度，是党的十六大作出的一项重大决策，是加强和改

---

① 参见《中共浙江省委关于认真贯彻〈中共中央关于加强和改进新形势下党的建设若干重大问题的决定〉的实施意见》，《今日浙江》2009 年第 20 期。
② 参见《坚持科学发展，深化创业创新，为建设物质富裕精神富有的现代化浙江而奋斗》，《浙江日报》2012 年 6 月 7 日。
③ 参见《中共浙江省委关于认真学习贯彻党的十八大精神，扎实推进物质富裕精神富有现代化浙江建设的决定》，《今日浙江》2012 年第 23 期。

进党内监督的制度创新。党的十七大把巡视制度正式写进党章，从而把这项工作以党内根本大法的形式确定下来。《中国共产党党章》规定，党的中央和省自治区直辖市委员会实行巡视制度。2009 年，中央颁布了《中国共产党巡视工作条例》，进一步规范了巡视工作。党的十八大强调更好发挥巡视制度监督作用。

按照党的十六大报告提出的"建立和完善巡视制度"的要求，2003 年 8 月，经中共中央、国务院批准，中央纪委、中央组织部组建了巡视工作办公室和巡视工作组。中央巡视组监督检查的内容主要包括四个方面：省级领导班子及其成员遵守党的政治纪律、贯彻执行党的路线方针政策的情况；省级领导班子及其成员贯彻落实党风廉政建设责任制和廉政勤政的情况；省级领导班子及其成员贯彻执行民主集中制的情况；各省选拔任用领导干部的情况。

2004 年、2006 年、2009 年、2014 年，中纪委、中组部先后四轮派巡视组到浙江开展巡视工作，推进了浙江的发展。

2004 年 6 月，浙江组建了省委巡视组，召开巡视工作会议，对巡视工作进行研究和部署。按照《党内监督条例》的规定和中央、省委的有关文件精神，省委巡视组的主要职责是对 11 个市和省直属单位领导班子及其成员进行监督，将巡视中了解到的重要情况和重大问题及时向省委汇报，并有针对性地提出意见和建议。具体任务包括五个方面：一是了解贯彻落实"三个代表"重要思想和执行党的路线、方针、政策、决议、决定和工作部署的情况；二是了解执行民主集中制的情况；三是了解落实党风廉政建设责任制和廉政勤政的情况；四是了解领导干部选拔任用的情况；五是了解处理改革、发展和稳定的情况。

2005 年、2009~2010 年，省委巡视组先后对全省进行了一轮巡视工作。巡视组指出了巡视地方在领导班子与作风建设、党风廉政建设和领导干部廉政勤政、选用干部和干部队伍建设、贯彻落实科学发展观和干部群众关心的热点问题等方面存在的问题，并提出了改进的意见和建议。巡视组要求，各地方要按照有关规定，对巡视组提出的意见和建议进行认真研究，制定整改措施，落实整改任务，确保整改实效，在规定的时间内向省委巡视工作领导小组上报整改方案和整改情况报告。

2005 年，浙江全省 11 个地市还组建了巡视机构，开展对所属县区的巡视工作。从 2004 年开始，浙江省宁波市江东区、湖州市长兴县、丽水市青田县等还着手探索县级巡视制度与工作，这是完善巡视制度和巡视工作的一个有益探索。

浙江先后制定了《县（市、区）巡视工作实施细则》《关于巡视工作若干纪律的规定》《关于省委巡视机构实施谈心谈话制度的意见》《浙江省委巡视机构工作回避办法》等一系列制度。这些制度创新，使巡视监督工作不断深入，提高了针对性和实效性，体现了浙江省力行制度创新的反腐思维。2013 年以来，浙江按照《中央纪委中央组织部关于进一步加强巡视工作的意见》《中央巡视工作规划（2013～2017）》，以及巡视发现的问题线索分类处理意见等 19 个文件的精神，结合本地实际，认真加以贯彻落实。

创新巡视工作新机制，通过省、市联动，实现对 11 个市 90 个县（市、区）巡视工作全覆盖。2002～2007 年，浙江省建立巡视制度，组建巡视机构，对 11 个市、19 个省直单位和 18 个县（市、区）开展了巡视，加强对各级领导班子和领导干部的监督。[1] 2008～2012 年，充分发挥巡视工作的监督作用，完善巡视制度，健全巡视机构，增加巡视力量，创新省市联动的工作机制，完成对所有市、县（市、区）和部分省直部门、省属企业、高等学校的巡视，巡视成果得到有效运用。

通过巡视，发现问题，力促整改。2010 年以来，浙江省通过巡视发现处级以上领导干部违纪违法问题线索 88 条，根据巡视移送的相关线索，共查处处级以上领导干部 30 余人。2013 年浙江省委巡视工作突出"四个着力"，共发现领导干部违纪违法问题线索 58 条，还对 2011 年巡视的 2 个市、

---

[1] 参见《深入推进党风廉政建设和反腐败斗争，为全面建设惠及全省人民的小康社会提供坚强保证——中国共产党浙江省纪律检查委员会向中国共产党浙江省第十二次代表大会的工作报告》，浙江在线，2007 年 6 月 19 日。

38 个县（市、区）整改情况进行了回访检查。

2013 年底，浙江省已完成对 11 个市及所辖 90 个县（市、区）的巡视任务，其中对 11 个市和 18 个县（市、区）进行了两轮巡视；同时完成了对 40 个省直重点部门、24 个企事业单位的巡视。

2014 年，浙江省委巡视组又开展了对 14 个省直单位和 7 个市、22 个县（市、区）的巡视，并对 2012 年巡视的 21 个省直单位的整改工作进行回访检查，实现了对机关、地方、企业、高校巡视工作的全覆盖。①

四　加强对"一把手"的监督

"一把手"在班子中处于核心地位、起着关键作用。"一把手"的角色地位具有如下特征：一是在相应领导班子中居于首位；二是在领导班子中有最高的决策权；三是有支配同一领导班子中其他人的权力；四是对领导班子及整体权力负总责。

"一把手"难以监督，与权力过分集中有密不可分的联系。正如孟德斯鸠所说："一切有权力的人都容易滥用权力，这是万古不易的一条经验；有权力的人们使用权力一直遇到有界限的地方才休止。"有的上级党组织对"一把手"存在重选拔、轻管理、弱监督的问题。各级党组织对"一把手"的培养选拔都是慎之又慎，但对其任职后的管理和监督却跟不上，不同程度地存在着"一手软、一手硬"的现象；领导班子成员和同级监督部门存在不愿监督、不敢监督的问题；普通党员群众的知情权缺乏保障，存在无法监督的问题。

为了破解"一把手"监督难的问题，浙江进行了有益探索。早在 1999 年 8 月 6 日，浙江省委就下发了《关于加强对党政"一把手"监督的意见》。2003 年，浙江省磐安县在全国率先推行"一把手"分权防腐制度，为破解"一把手"监督难提供了一个方向和路径。

浙江在分解"一把手"权力的基础上，对"一把手"权力的行使范围进行了全面清理和明确界定，按照权力与责任对应的原则，科学合理分工，

---

① 参见《浙江省扎实开展巡视监督工作形成有力震慑》，《浙江日报》2014 年 1 月 22 日。

实行班子成员责任制，不过多地强调凡事由"一把手"负总责，防止和纠正对"一把手"赋权过重。"一把手"同班子其他成员一样，只有一票的权力。浙江省有些地方还探索"一把手""四不直接分管"，即实行"一把手"不直接分管财务、人事、工程和物资采购。有的地方还探索了"一把手"五不直接分管，即"一把手"不分管财务、人事、工程项目、行政审批和物资采购工作的五个不直接分管制度。

浙江各地市成立巡视机构，加强对"一把手"的巡视监督。2005年，宁波市率先探索实行"一把手"用人行为离任检查制度，规定县（市、区）委和市直单位党委（党组）主要负责人离任时，接受任期内选人用人情况的检查，主要包括是否存在跑官要官、买官卖官、指令提拔秘书等身边工作人员等13个问题。

实行干部选拔任用工作"一报告两评议"制度，是浙江匡正选人用人风气的重要举措。2008年开始，在省委常委会的示范推动下，全省11个市90个县（市、区）全面实行"一报告两评议"制度，党委常委会每年向全委会报告干部选拔任用工作，并就本年度党委干部选拔任用工作情况接受评议、对新提拔的干部进行测评。

浙江省是全国最早的科学规范和有效监督县（市、区）委书记用人行为试点省份之一。在总结试点经验基础上，2010年7月10日，浙江出台实施《浙江省规范市、县（市、区）委书记用人行为暂行办法》，在明确"一把手"用人权的同时，从制度上对"一把手"用人权进行规范、约束和监督。

2010年12月，嘉善县被列为浙江首个，也是唯一的"县委权力公开透明运行试点县"，是进一步探索县委权力公开透明运行的试点。根据中纪委、中组部2010年11月印发的《关于开展县委权力公开透明运行试点工作的意见》，嘉善县明确划分县党代会，县委全委会、常委会及其成员，县委各职能部门的职责和权限，编制职权目录，尤其加强对县委书记职权的规范；坚持依法、高效、规范、透明的原则，编制并公布决策、执行、监督等权力运行流程，明确行使权力的主体、条件、运行步骤、完成时限、监督措施等，提高权力运行程序化、规范化水平，最大限度地约束"一把手"的权力。为此，嘉善县委构建了权力公开透明运行的"三大平台"，即党务公开宣传长廊、县委书记和县长手机短信、党务公开网站。2012年12月，嘉善被中央党务公开工作领导小组评为全国试点工作先进单位。嘉善围绕县委权力"规范运行、阳光运行、高效运行"三大目标，紧抓"精细厘权、阳光晒权、科学行权、民主监权"四个环节，形成了以"阳光施政、高效服务、科学发展"为核心内容的县委权力公开透明运行"嘉善样本"，2013年3月6日，中央书记处书记、中央纪委副书记赵洪祝对嘉善县委权力公开透明运行试点工作作出批示——"嘉善县委权力公开透明运行试点工作开展得比较扎实"，并要求在简报上刊发嘉善常态化推进工作的做法。

党的十八大以后，习近平总书记多次强调进一步加强对"一把手"的监督。他在中国共产党第十八届中央纪律检查委员会第二次全体会议上发表的重要讲话中指出："要加强对一把手的监督，认真执行民主集中制，健全施政行为公开制度，保证领导干部做到位高不擅权、权重不谋私。"① 2014年1月14日，习近平总书记在十八届中央纪委三次全会上发表重要讲话强调，要强化监督，着力改进对领导干部特别是一把手行使权力的监督，加强领导班子内部监督。② 为浙江进一步探索加强对"一把手"的监督指明了方向。

五 完善反腐倡廉法规制度体系建设

党的十六大以来，党中央始终高度重视反腐倡廉法规制度建设。十六届三中全会强调，要加强党风廉政制度建设，建设反腐倡廉的制度体系。依靠制度惩治和预防腐败，是做好反腐倡廉工作的根本途径。十六届四中全会提出，加强廉政法制建设，真正形成用制度规范从政行为、按制度办事、靠制度管人的有效机制，保证领导干部廉洁从政。

党的十六大以来，党中央在党风廉政和反腐败法规制度建设方面迈出坚实步伐，探索出一条符合现阶段我国基本国情的有效开展反腐倡廉法规制度

① 《习近平谈治国理政》，外文出版社，2014，第388页。
② 参见《习近平谈治国理政》，外文出版社，2014，第395页。

建设的新路子。一些重要的法规制度相继出台。

浙江省根据中央部署，不断完善反腐倡廉法规制度体系，把加强制度建设贯穿于反腐倡廉建设全过程和各方面，通过健全制度、创新制度、执行制度来巩固和发展惩防体系建设成果，形成了具有浙江特点、涵盖反腐倡廉建设各方面的法规制度体系。

2002～2007 年，浙江构建一系列制度，形成了反腐倡廉法规制度体系。2002 年，省第十一次党代会提出了构建反腐倡廉防范体系的重大任务。在2003 年省纪委二次全会上，省委又针对反腐败治本抓源工作应加强制度建设提出了明确要求。2004 年 1 月，浙江出台了《反腐倡廉防范体系实施意见（试行）》。2005 年，出台了《浙江省惩治和预防腐败体系实施意见》以及《〈浙江省惩治和预防腐败体系实施意见〉2005～2007 年工作要点》。2008 年 6 月，根据中央精神，出台了《浙江省建立健全惩治和预防腐败体系 2008～2012 年实施办法》，构建了中国特色、浙江特点的惩治和预防腐败制度体系。

2009～2010 年，省、市两级共修订和制定 1335 项惩防体系建设方面的规章制度。浙江省突出制度建设的系统性、前瞻性，着力规划反腐倡廉建设中长期制度体系，初步形成以预防抑腐败、以制度促廉洁的良好局面。

习近平总书记在中国共产党第十八届中央纪律检查委员会第二次全体会议上发表的重要讲话中指出：“要加强对权力运行的制约和监督，把权力关进制度的笼子里，形成不敢腐的惩戒机制、不能腐的防范机制、不易腐的保障机制。”① 浙江按照总书记的指示和中央精神，在群众路线教育实践活动中整章建制，进一步健全了反腐倡廉法规制度体系。

第六节　推进廉政文化建设　营造廉洁从政氛围

廉政文化建设是和谐文化建设的重要内容，是建设社会主义先进文化的

---

① 《习近平谈治国理政》，外文出版社，2014，第 388 页。

重要组成部分。要以宽阔的视野、博大的胸怀,大胆吸收和借鉴当今世界包括发达资本主义国家的反映反腐败斗争规律的具体制度和理论,大胆吸收人类的优秀廉政文化成果,努力建设与社会主义市场经济相适应、与社会主义法律规范相协调、与中华民族传统美德相承接的具有中国特色的廉政文化。党的十六大以来,浙江各级党委、政府和纪检监察机关始终高度重视廉政文化建设,采取多种形式开展教育活动,取得良好成效。

一 浙江推进廉政文化建设的具体实践

浙江立足廉政文化的实践探索,加强廉政文化的理论研究,努力拓展和丰富廉政文化的内涵,推动廉政文化建设的可持续发展,不断用发展着的廉政文化理论指导廉政文化建设新的实践。2005 年 8 月,成立省廉政文化建设协调小组,由省纪委、省委宣传部分管领导牵头,组织、教育、文化等相关 22 个单位为成员单位,每年召开 1~2 次会议,指导、协调全省廉政文化建设。浙江省以廉政文化"六进"① 活动打造预防腐败的安全网。

廉政文化是先进文化的重要组成部分,廉政文化建设必须以先进的廉政理论为指导。党的十六大以来,按照前瞻性、主动性、针对性、实效性的要求,立足廉政文化的实践探索,加强廉政文化的理论研究,努力拓展和丰富廉政文化的内涵,不断用发展着的廉政文化理论指导廉政文化建设新的实践。一是积极依托各级党校、科研院所、大专院校,在全省范围内建立了一批廉政文化研究机构。二是以省、市两级为重点,积极组织开展廉政文化理论研讨。2004 年开始连续三年开展廉政文化实践和理论研讨交流活动,形成了一批理论成果。编写出版《廉政文化在中国》(浙江卷)、《廉政文化新探》等,总结党的十六大以来全省廉政文化建设的经验和做法,研究探讨廉政文化建设规律,以科学理论指导廉政文化实践。省纪委先后组织编辑出版了《廉政镜鉴丛书》《中国·浙江廉政文化论坛文集》等一批廉政文化图书。宁波、嘉兴、衢州等市也编辑出版了《中国廉政文化丛书》《清官故

---

① "六进",即廉政文化进机关、进学校、进企业、进家庭、进社区、进农村。

事》《儒家思想与从政道德》等一批廉政文化图书，在全省党员领导干部中开展读书评奖活动。三是举办"中国·浙江廉政文化论坛"。2005 年 12 月，省纪委、省委宣传部与中国社会科学院联合主办"中国·浙江廉政文化论坛"，有关领导和专家学者 170 多人出席了论坛，通过了《杭州宣言》，在社会上产生了热烈反响。2006 年 11 月，中央纪委在浙江召开全国廉政文化现场会暨理论研讨会，总结推广了浙江开展廉政文化建设的做法。

浙江开展喜闻乐见的廉政文化活动，不断培育廉政文化的活力。积极拓展群众参与反腐倡廉工作的渠道和途径，通过廉政歌曲的创作传唱、廉政广场文艺、廉政文化图书音像等，不断提高人民群众参与反腐倡廉建设的积极性。一是举办廉政文化赛事活动。2004 年以来，以中国（浙江）的名义，创立廉政文化赛事品牌，举办中国（浙江）廉政故事大奖赛，收到来自全国的应征作品 1585 篇；举办中国（浙江）廉政小小说比赛，收到来自全国 31 个省区市应征稿件近 4000 件；举办中国（桐乡）反腐倡廉漫画比赛，共征得全国各地参赛作品 4528 幅；举办全省廉政故事演讲比赛，各地各单位选送了 26 名选手，有 12 名选手参加了在浙江电视台演播厅举行的决赛；举办全省第一、二届反腐倡廉书画摄影比赛，共收到书画、摄影作品 4500 多幅（件）。廉政文化赛事的成功举办，在省内外产生较好的社会效果。省纪委还举办了"鲁迅杯"中国（浙江）廉政杂文大奖赛。二是开展廉政文艺活动。近年来，在全社会广泛开展反腐倡廉文艺创作活动，组织文艺工作者创作了 100 多首反腐倡廉歌曲，开展了党员群众万人高唱廉政歌等活动。2006 年，省纪委、省文化厅联合举办了浙江省廉政建设文艺晚会，制作播出了《廉政文化——潮起浙江》等电视专题片。同年，宁波市纪委、鄞州区委举办了"中国廉政曲艺晚会"。2007 年，省纪委举办廉政长兴——全省反腐倡廉文艺晚会，宁波市纪委举办反腐倡廉诗歌朗诵会等，引起较强的社会反响。2008 年，在浙江省纪委的指导下，绍兴市精心排演新编廉政越剧《一钱太守》，受到干部群众热烈欢迎。三是利用新闻媒体宣传廉政文化。依托党报、党刊等主流阵地，通过召开新闻发布会、组织采风、专题报道和创办专栏等形式，积极传播廉政文化。全省共建立廉政网站或网页 284 个，有网络评论员 340 多名，发表网络评论文章 1500 多篇。省纪委 2005 年初开通了"廉政在线"网站，宁波市纪委建立了"中国廉政文化网"，推出了"廉政课堂"、反腐倡廉影视作品等栏目，"中国廉政文化网"的访问量在同类网站中居全国第一。四是建立廉政文化教育基地推广廉政文化。2006 年，省纪委与省委宣传部等 7 家单位制定了《浙江省廉政文化基地评审命名办法》，评选命名了绍兴周恩来祖居、兰溪诸葛村、宁波清风园等 10 个省级廉政文化教育基地，有计划地组织党员干部到基地接受教育。2008 年，浙江对首批廉政文化基地进行检查，开展第二批省级廉政文化教育基地的评审工作。宁波市纪委、监察局主办的"中国廉政文化网"、杭州市淳安县千岛湖海瑞祠等 12 个单位列为第二批浙江省廉政文化教育基地。2009 年还创建全省廉政文化"六进"示范点。五是利用公共文化设施弘扬廉政文化。利用影剧院、博物馆等公益性文化设施及旅游景点、人文景观等，通过举办展览、举行讲座、放映影视作品、提供图书资料等形式，提高廉政文化活动的开放度和群众参与度。有些地方还规划建设了一批廉政文化景观，弘扬传统文化，营造浓厚的廉政文化氛围。

历届浙江省委高度重视廉政文化建设，大力推进廉政文化建设，充分发挥廉政文化的作用，有力地推进了浙江反腐倡廉建设。2009 年，《中共浙江省委关于认真贯彻〈中共中央关于加强和改进新形势下党的建设若干重大问题的决定〉的实施意见》提出，进一步加强廉政文化建设，积极创建廉政文化"进机关、进学校、进企业、进家庭、进社区、进农村"示范点和廉政文化教育基地，探索促进廉政文化"建设工程"。① 2012 年 6 月 6 日，中国共产党浙江省第十三次代表大会上的报告《坚持科学发展，深化创业创新，为建设物质富裕精神富有的现代化浙江而奋斗》中强调，大力推进廉政文化建设。②

---

① 参见《中共浙江省委关于认真贯彻〈中共中央关于加强和改进新形势下党的建设若干重大问题的决定〉的实施意见》，《今日浙江》2009 年第 20 期。

② 参见《坚持科学发展，深化创业创新，为建设物质富裕精神富有的现代化浙江而奋斗》，《浙江日报》2012 年 6 月 7 日。

二　提升领导干部廉政意识

在主政浙江时期，习近平同志对领导干部的反复提醒，有力地提升了领导干部的廉政意识。《论语》中说："为政以德，譬如北辰，居其所而众星拱之。"这是习近平同志经常引用的一句话。

2004 年 5 月，习近平同志在浙江省一次党内重要会议上从海宁"2·15"特大事故的教训引申开去，语重心长地与参加会议的浙江省党员领导干部共勉：要拎着"乌纱帽"干事，不要捂着"乌纱帽"做官。同年 7 月 15 日，在浙江省推进党风廉政建设电视电话会议上，他要求领导干部要算"三笔账"：一是算一算"经济账"；二是算一算"法纪账"；三是算一算"良心账"。习近平同志说，每个领导干部只有想清楚、算明白了这"三笔账"，才能真正行使好人民赋予的权力。

同年 10 月，习近平同志在《求是》杂志上发表了题为《用权讲官德交往有原则》一文。文章中，他给"官德"下了定义："所谓官德，也就是从政道德，是为官当政者从政德行的综合反映，包括思想政治和品德作风等方面的素养。这是一个历史的范畴。中国古代德治思想要求统治者：一是要以道德作为政治的根本纲领。'为政以德'，即执政者要以德施政，善待民众，以赢得百姓的拥护；二是要以自身的道德行为去教育和感化百姓。'政者，正也。子率以正，孰敢不正。'要想达到'正'，就要自省、自律、自责、克己，通过道德修养提高自身素质。虽然古代官德修养是为剥削阶级服务的，但政治文明具有继承性，如果扬弃其中的封建内容，有些东西至今仍然值得借鉴。"①

2006 年 6 月，习近平同志指出："党培养一个干部不容易，一个干部成长自身也付出了很大努力，如果违犯党纪国法，不仅误了前程，害了家庭，对党的事业也是一种损失。"②

---

① 习近平：《用权讲官德，交往有原则》，《求是》2004 年第 19 期。
② 习近平：《干在实处　走在前列——推进浙江新发展的思考与实践》，中共中央党校出版社，2006，第 453 页。

习近平同志在《浙江日报》"之江新语"专栏中涉及廉洁政治和反腐的短评有 6 篇，分别是《用思想武器管好自己》《要用人格魅力管好自己》《对腐败多发领域要加强防范》《关口前移　惩防并举》《莫把制度当"稻草人"摆设》《要"干事"，更要"干净"》。①

历届浙江省委着力加强反腐倡廉教育和要求领导干部廉洁自律，取得了明显成效。2009 年 10 月 23 日，中国共产党浙江省第十二届委员会第六次全体会议通过了《中共浙江省委关于认真贯彻〈中共中央关于加强和改进新形势下党的建设若干重大问题的决定〉的实施意见》。该意见强调着力加强反腐倡廉教育和领导干部廉洁自律，贯彻为民、务实、清廉的要求，深入开展党性党风党纪教育，把反腐倡廉教育贯穿于党员干部培养、使用、管理各个环节，有针对性地开展岗位廉政教育、示范教育、警示教育，改进教育方式，创新教育载体，提高教育实效。② 2012 年 12 月 6 日中国共产党浙江省第十三届委员会第二次全体会议通过了《中共浙江省委关于认真学习贯彻党的十八大精神，扎实推进物质富裕精神富有现代化浙江建设的决定》，该决定提出要严格执行党的纪律，特别是政治纪律，进一步加强巡视工作，加强重大决策部署执行情况督察，切实保证政令畅通。③

党的十八大以后，习近平总书记还反复提醒领导干部要提升廉政意识。习近平总书记在 2014 年 1 月 14 日召开的十八届中央纪委三次全会上发表重要讲话强调，作为党的干部，就是要讲大公无私、公私分明、先公后私、公而忘私，只有一心为公、事事出于公心，才能坦荡做人、谨慎用权，才能光明正大、堂堂正正。作风问题都与公私问题有联系，都与公款、公权有关系。公款姓公，一分一厘都不能乱花；公权为民，一丝一毫都不能私用。领导干部必须时刻清楚这一点，做到公私分明、克己奉公、严格自律。

---

① 参见习近平《之江新语》，浙江人民出版社，2007。

② 参见《中共浙江省委关于认真贯彻〈中共中央关于加强和改进新形势下党的建设若干重大问题的决定〉的实施意见》，《今日浙江》2009 年第 20 期。

③ 参见《中共浙江省委关于认真学习贯彻党的十八大精神，扎实推进物质富裕精神富有现代化浙江建设的决定》，《今日浙江》2012 年第 23 期。

第七节　促进基层党风清廉　净化基层发展环境

农村党风廉政建设，事关党的建设和基层政权建设，事关农村经济发展和社会稳定。习近平同志主政浙江以后，浙江省委认真按照党中央的要求，始终将农村党风廉政建设作为事关党的建设和基层政权建设、事关农村和谐稳定的基础工程来系统谋划、整体推进。浙江省坚持以改革创新为抓手，扎实推进农村党风廉政建设，积极探索具有浙江特色的农村党风廉政建设路子。特别是此后几年，浙江省在农村"三资"管理、农村民主监督、规范农村公共权力运行等诸多方面不断推出创新性举措，为农村和谐稳定和新农村建设提供了有力保证，得到了中央纪委领导的充分肯定。

一　构建村务监督委员会

2004年6月，武义县后陈村针对村民和村干部之间的矛盾，通过召开村民代表会议，选举成立了全国第一个村务监督委员会。

习近平同志指出，在实践中创造的"后陈经验"，通过建立村务监督委员会来推进基层的民主管理、决策和监督，实现了村务监督由事后监督向事前、事中、事后全程监督转变，使各种矛盾有了内部化解的机制，这是很有意义的探索。希望你们进一步深化和完善这一做法，为全省提供有益的经验。2005年6月17日，习近平亲自到后陈村进行了调研座谈，充分肯定了后陈村的经验。

浙江省委对涌现出来的探索和实践十分重视，2007年以来，省委常委会多次专题研究，召开农村组织建设专题工作会议，对村务监督委员会工作进行总结推广。时任省委书记的赵洪祝同志高度重视，提出要进一步建立健全村务监督组织，全面落实党员群众的知情权和监督权，真正把问题化解在萌芽状态，把矛盾化解在基层。在省委、省政府和省纪委的高度重视、全力推动下，"后陈经验"迅速"落地生根"。

　　浙江省在农村"三资"管理、农村民主监督、规范农村公共权力运行等诸多方面不断推出创新性举措，使浙江广大农村呈现出"基层组织日趋廉洁，村务财务日渐透明，干部履职日益规范"和"群众意见减少，各类矛盾减少，信访举报减少"的喜人景象，为农村和谐稳定和新农村建设提供了有力保证。浙江从 2008 年开始试点，不到 2 年时间，全省 30032 个行政村，村村都建立了村务监督委员会。2010 年 7 月，浙江省委办公厅、省政府办公厅又印发了《浙江省村务监督委员会工作规程（试行）》，明确村务监督委员会是村级民主监督组织，由村民会议或村民代表会议选举产生，在村党组织领导下对村级事务实施监督，向村民会议或村民代表会议负责并报告工作。对村务监督委员会的组织设置、职责权力、任职条件、监督内容与程序、任职回避等作出明确规定，建立了工作例会、学习培训、报告、考评、台账、申诉救济和保障七项工作制度，标志着浙江省村务监督委员会建设工作由此迈入了规范化阶段。

　　2011 年上半年，结合村级组织换届与村两委换届，浙江首次启动了村务监督委员会集中换届。省纪委及时下发了《关于认真做好村务监督委员会换届选举后续有关工作的通知》，各地还以分级培训的方式，组织了全省近 10 万名村监会成员进行全员培训。2012 年初，省纪委、监察厅等五单位制订出台了《关于落实村务监督委员会主任基本报酬的意见》，明确村监会主任与村两委主要干部一样享有基本报酬，标准不低于村两委主要干部年报酬的 70%，并对 41 个经济欠发达市、县实行财政转移支付。

　　近年来，浙江省把加强村务监督委员会建设作为推进农村党风廉政建设和完善村民自治制度的一项重点工作，推动试点、全面覆盖、规范提高，不断发挥村务监督委员会对村级事务的监督实效，有力地推动了基层民主政治建设。中央多位领导同志相继作出批示，高度肯定浙江建立村务监督委员会的实践成果。2010 年全国人大修订《村民委员会组织法》，吸收浙江的实践经验，作出"村应当建立村务监督委员会"的规定，这一来自浙江基层的经验如今已在神州大地遍地开花。

二　走出了一条具有浙江特色的农村党风廉政建设工作路子

浙江先后出台《关于加强农村基层党风廉政建设的实施意见》和《农村基层党员和干部廉洁自律若干规定（试行）》，近年来，浙江各级党委、政府和纪检监察机关把农村党风廉政建设融入农村的改革和发展中，深入开展农村反腐倡廉教育，积极推进农村民主政治建设，建立健全机制制度，加强村级民主监督，着力强化农村财务管理，严肃查纠损害农民群众利益的不正之风和查办违纪违法案件，加大从源头上防治腐败的工作力度，不断探索加强农村党风廉政建设的新思路、新举措，初步形成了一条具有浙江特色的农村党风廉政建设工作路子。

坚持以规范事权、财权和人事权为重点，着力加强乡镇机关党风廉政建设。浙江在全省所有乡镇全面推行"365"便民办事窗口建设，对农民群众的各种审批办证事项实行窗口式办公制度。全省目前有1260个乡镇建立了公共资源交易平台，一些经济发达的地方还向村延伸，初步形成了县、乡镇街道、村三级招投统一平台网络，有效强化了对招投标、工程质量、资金决算及支付等关键环节的监督和管理。按照乡镇机关职能转变的要求，推动乡镇政务公开工作从有限公开、办事结果公开向全方位、全过程公开深化。全面推进乡镇纪检组织建设特别是乡镇专职纪检干部配备工作，全省1515个乡镇（街道）共配备专职纪检干部2010名。同时，加强基层纪检组织制度建设，规范业务工作程序，完善经费保障机制，为深入推进农村党风廉政建设提供了有力的组织保证。

坚持以健全村级民主监督组织、加强村级民主监督为抓手，着力加强村级组织党风廉政建设。自2007年以来，浙江省把加强村级民主监督工作作为推进农村党风廉政建设的重要内容加以部署。新一届省委、省政府高度重视农村基层党风廉政建设，把全面推进村务监督委员会和村级便民服务中心全覆盖，作为进一步推进反腐倡廉建设各项工作的重中之重来抓。时任浙江省委书记的赵洪祝同志高度重视这项工作，提出要在完善制度规范、增强服务和监督实效上下功夫，尤其要突出对群众关心的村务活动和便民事项的监督和服务。当时的省委副书记、省长夏宝龙亲自调研，作出重要部署，落实工作经费。

2008年，以省委、省政府两办名义下发了《关于建立健全村级民主监督组织，加强村级民主监督试点工作的意见》，明确了加强村级民主监督的指导思想、工作目标、基本原则和工作要求，按照"试点先行、总结完善、稳步推进"的思路，结合村级组织换届，扎实推进村级民主监督试点工作。2009年，浙江省受理农村干部信访同比下降近17%，其中各级纪检监察机关受理反映农村党员干部的信访举报也同比下降6.71%。2010年7月，浙江省委办公厅、省政府办公厅又印发了《浙江省村务监督委员会工作规程（试行）》，浙江的村务监督委员会建设工作由此迈入了规范化阶段。全省已有15147个村建立了村务监督委员会，占总数的51%。至2010年11月，全省30032个行政村，村村都建立了村务监督委员会。村务监督委员会的全面建立及其作用的充分发挥，有力地促进了农村党风廉政建设和农村的和谐稳定。省委常委、省纪委书记任泽民指出，省委、省政府以改革创新精神全面推进农村党风廉政建设各项工作，全面建立村务监督委员会，基层民主监督机制进一步健全；全面建立村级（社区）便民服务中心，公共服务体系进一步延伸；全面规范农村集体"三资"管理，切实维护人民群众的合法权益。这是一条具有浙江特色的农村党风廉政建设新路子。2011年，中共中央政治局常委、中央纪委书记贺国强，中央书记处书记、中央纪委副书记何勇分别作出重要批示，充分肯定浙江全面建立村务监督委员会和村级便民服务中心，并实现全覆盖的做法。

2011年4月，浙江继续延伸服务链，作出了全面推进村级（社区）便民服务中心建设的工作部署。到2011年底，全省3万余个村（社区）全部建立了便民服务中心，在全国率先基本实现了村级便民服务中心全覆盖，初步形成了覆盖城乡、上下联动的省、市、县、乡、村五级服务体系。2012年，省纪委、监察厅专门下发《关于进一步加强村级便民服务工作的通知》，大力推动便民服务中心发挥作用。据统计，

2012 年全省各级财政共安排村级便民服务中心建设和运行经费预算达10 亿多元。2014 年 8 月，省政府办公厅下发了《关于进一步推进村级（社区）便民服务中心建设完善政务服务体系的通知》，大力拓展网上办事功能，进一步推进了该项广受群众欢迎的民心工程。

三　建章立制，管理制度配套化

近年来，浙江先后出台了《关于加强农村财务管理工作的若干意见》《关于加强农村集体经济审计的意见》《关于加强村级集体资金管理的意见》《村级财务管理规范化建设意见》《浙江省违反村级财务管理规定行为责任追究办法》等制度文件，建立健全账户管理、民主理财、财务公开、审计监督等管理制度。

省委、省政府和省纪委高度重视农村集体"三资"监督管理工作，以实现"组织网络化、产权明晰化、制度配套化、管理信息化、监督多元化"为目标，从源头上规范农村"三资"管理，切实维护和发展好农民群众利益。相继出台了《关于进一步加强农村集体资金资产资源管理的意见》《关于违反村级财务管理规定行为责任追究办法》等文件，初步建成了涉及账户管理、票据管理、民主理财、资产清查、收益分配、财务公开、审计监督、违纪处分等方面的农村"三资"管理制度体系。2012 年，全省有 67 个县（市、区）、946 个乡镇建立"三资"服务中心，至年底基本实现全覆盖。创建财务管理规范化县 19 个、乡镇 424 个、村经济合作社 7682 个，创建全国农村集体财务管理规范化示范单位 16 家。92.2% 的县（市、区）建立了农村财务计算机监管网络，近一半地方实现了县、乡、村三级联网。2013 年，浙江省推出了一批农村集体"三资"管理规范化县。2014 年结合党的群众路线教育实践活动，进一步强化了农村"三资"管理，有效防止了"小官巨腐"的发生。

此外，浙江还制定下发《浙江省农村基层党员和干部廉洁自律若干规定（试行）》，推行农村基层干部个人重大事项报告制度，坚持村干部任前谈话、廉政谈话、信访谈话等制度，切实加强对基层干部的日常教育和管理。推进廉政文化进农村，营造良好的崇廉敬廉氛围。加强党的宗旨意识、政策法规和党纪条规教育，增强党员干部的党纪观念、廉洁自律意识和依法办事能力。推行村主要负责人廉政承诺制，推行村干部勤廉双述、村民询问质询制度，开展多种形式的村民评议村干部活动，农民群众对基层党员干部的满意度不断提高。

结语
浙江全面从严治党的基本经验与启示

在领导伟大实践的过程中，浙江在党的建设方面积累了丰富的宝贵经验。进入全面深化改革阶段后，浙江将进一步推进经济转型升级和科学发展。经济政治文化社会的快速发展，给浙江党的建设带来新的发展机遇，同时也使之面临着新的挑战，促使浙江党的建设进入新的发展阶段。

一 浙江在实践中探寻党的建设的宝贵经验

党的十六大以来的浙江党建实践，在探索中深化，在创新中前行。回顾浙江这十多年的光辉历程可以清晰地看到，全省各级党组织牢记党要管党、从严治党的崇高政治责任，全面加强党的各方面建设，取得了显著成效，也积累了丰富经验。

第一，坚持以思想理论为先导，不断适应浙江经济社会新形势新任务，切实用党的科学理论成果武装头脑、指导实践。

重视思想理论建设是党的优良传统。在改革发展的关键时期，浙江省委提出：坚持用科学理论武装广大党员干部的头脑，关键是把党的理论创新成果学习好、领会好、贯彻落实好，用发展着的马克思主义指导实践。

思想理论建设的重点是领导干部。党的十六大以来，从省委到县（市、区）委的各级党组织普遍重视中心组学习。省委坚持通过理论学习中心组、"浙江论坛"、读书会、专题报告会等多种形式带头学、深入学，并主动到基层宣讲。由于抓住了领导干部这个"龙头"，事业发展的"龙身"有力甩动了起来，科学理论一旦被党员和群众所掌握就会释放出巨大的力量。浙江党的建设的一大特点就是理论的"大众化"。全省各级党组织主动适应浙江人的崇学价值观要求，以极大的热忱满足党员和群众对理论的需求。仅近年来，"社科普及周""人文大讲堂"等一批理论普及品牌如雨后春笋般涌现。此外，还大力推动了廉政文化进机关、进社区、进学校、进农村、进企业、进家庭，深入实施廉政文化精品工程。

思想理论建设成效的大小取决于能否体现务实性。2013 年以来，浙江先后两批开展了群众路线学习教育活动。参与活动单位深入开展"三思三观"学习讨论，开展两轮基层走亲连心。其间，各单位领导班子普遍形成了"想要百姓叫好，先向问题叫板"的共识，并对存在问题进行了认真整改。刘云山同志高度评价浙江教育实践活动，认为"真正抓出了高质量、确实建成了示范点"。

第二，坚持围绕中心、服务大局，在加快转型升级、推动科学发展中谋划和推进党的建设，为促进浙江经济社会又好又快发展提供坚强保证。

围绕政治路线建设党是党的建设的基本经验。浙江党的建设始终坚持以服务大局为要务，以发展成效检验党的建设。

2003 年 9 月省委常委在围绕"发展是执政兴国第一要务"展开讨论时，习近平同志指出，发展是以经济建设为中心的发展，是经济、政治、文化的协调发展。为此，省委提出，在指导思想方面，要把发展作为生命线，站在时代前列谋划和领导改革开放。在领导体制方面，健全和完善组织结构，充分发挥地方党委总揽全局、协调各方的领导核心作用。在发展战略方面，省委深入实施"八八战略"、全面建设"平安浙江"，抓住了事关浙江长远发展的"牛鼻子"。

党的十七大以来，浙江省委全面贯彻"走在前列"的要求，在增强"前列意识"上下功夫。以"八八战略"为指导，先后提出实施"两富""两美"等战略，积极推进"平安浙江"、加快文化大省和"法治浙江"建设，形成了经济、政治、文化、社会、生态和党的建设"六位一体"的发展布局，科学发展已成为浙江发展实践乐章的最强音。

第三，坚持以改革创新为动力，大力弘扬"敢为人先"的浙江精神，推动党的建设各项工作创新发展。

敢为人先是浙江人的精神。浙江的实践经验表明，推进党的执政能力建设和先进性纯洁性建设必须弘扬改革创新精神。

党的十六大以来，浙江党建工作与时俱进，探索创新可以说亮点纷呈，高招迭出。比如，在基层组织设置上，探索新的组织设置方式，形成支部建在楼道上、建在项目上、建在协会商会上以及建立党员服务中心等有效办法，使党员无论走到哪里都能风筝高飞不断线。在农村基层党员干部队伍建设上，形成了创业承诺、双带绩效公示、领头雁工程等三大抓手。在基层民主政治建设上，创造了公推优选、群众点评、民情恳谈、民主听证等。在党员教育方式上，通过设立党内互助基金、党员奉献积分卡、党员示范台等，以党员的先锋模范作用带动广大群众共同投身现代化建设的伟大实践。

"开放式党建"是浙江党的建设的亮点。2011 年全省组织部门深化打造"阳光组工""浙江阳光组工与政务微博"入选"2011 中国十大社会管理创新"奖，省委组织部官方微博"之江先锋"获"全国十大政务微博"、2011 年度中国最具影响力政务微博等称号。浙江许多县市生动形象地开展"开放式党课"，使党课的内容丰富多彩。党组织体系的开放性，突出表现在广纳人才上。2010 年 5 月温州市 25 家民营企业还面向全国招聘党委书记，开创了党内管理人才要素配置市场化的先例。

浙江党建创新实践丰富，民主恳谈会、创业承诺制、民情沟通日、干部"自荐海选"、公开竞职承诺制度等，这些发轫于浙江省各地基层的党建创新举措，反映了浙江各级党组织创新的活力和激情。

第四，坚持以提升科学化水平为目标，注重把健全完善制度机制贯穿党的建设各个方面，及时将浙江各级党组织改革成果和实践经验上升为科学有效的制度机制。

实践表明，提高党的建设科学化水平，最根本的是建立科学规范的制度。浙江坚持把制度建设贯穿于党的建设的各个方面，用制度来巩固党的建设的成果，在探索建立加强党的先进性建设长效机制方面取得了一定成效。比如，在领导体制建设方面，加强以民主集中制为核心的党的组织制度体系建设，健全"一个核心、三个党组"的组织结构，完善党委议事规则。在干部工作方面，出台了干部推荐提名、考察预告、两圈考察、干部任用票决、任前公示等一系列制度。在联系群众方面，探索建立了领导下访制度，要求领导干部把下访与常年接访、定期约访有机结合起来。浙江突出完善党内民主发展的制度建设。积极探索试行党代会常任制，出台实施党代表提案、提议、调研视察、列席党内重要会议、学习培训"五项制度"，使党代表活动趋于常态化。浙江非公企业党的建设之所以能走在全国的前列，一个重要原因就是制度的保障。为切实加强对"两新"组织党建工作的领导，省委推动全省 11 个市 90 个县（市、区）和 869 个乡镇（街道）建立两新工委，基本形成覆盖全省的领导体系。全面开展以"红色堡垒、红领计划、红色引领、红色在线、红色互动、红色示范"为主要内容的系列红色行动，打造浙江两新组织党建特色品牌。

第五，坚持以群众满意为标准，全力做好保持党的先进性和纯洁性工作，把广大人民群众团结凝聚在党的周围。

党的先进性要在服务群众中得到体现，党的纯洁性要由人民群众认可。服务是党建的生命，是党建的价值所在。

服务必须有组织网络。改革开放以来，浙江率先推进市场取向改革，"网格化管理、组团式服务"应运而生。于是一张覆盖到乡村、社区的浙江基层党建工作网络，把党委、政府和基层群众紧密联结起来，实现了基层社会管理服务的全覆盖。

服务必须适应社会组织的变化。浙江是民营经济发达大省，党的十六大以来，浙江加强和加速了非公企业党的建设，努力推动党组织组建工作从规模以上企业向所有企业全覆盖转变。

服务必须有特色有成效。浙江在全国率先建设服务型基层党组织，努力实现了服务水平和群众满意度"双提升"。基层组织亮出党员名片，为群众提供"零距离"服务。一项项党员服务承诺、一张张党群联系卡、一个个党员服务中心……浙江各地党组织纷纷以群众需求为导向，通过大力推广"15 分钟党员服务圈""党员服务日"等做法，广泛开展法律援助、扶贫帮困等服务，将广大党员和基层群众紧紧联系在一起。全省相继开展"走进村居、走进住户、走进矛盾"活动，省委常委带头、带动市县党委常委走进网络与网民互动交流活动，"树新形象、创新业绩"主题实践活动等。省委还深入开展"新农村建设先锋""文明和谐先锋""转型发展先锋""活力和谐先锋""诚信服务先锋""育人成才先锋""廉洁高效先锋"七大行动。

第六，坚持全面从严治党的总要求，按照党要管党、从严治党的原则，不断加强和改进党对自身建设的领导，形成推进党建工作的整体合力。

浙江各级党组织认真落实党委书记第一责任人职责，形成一级抓一级的党建工作格局。省委坚持以统筹的理念、整合的方法抓党建，真正形成齐抓共管的工作机制。建立健全运行机制，确保党建工作的有效开展，特别是省委通过加强党建工作领导小组，不断健全与抓党建相应配套的制度，促进了党建工作的规范化和制度化。通过加强宣传，努力形成了抓党建工作的良好氛围。着眼增强各级领导班子和党员干部的先进性和纯洁性，先后作出了一系列加强党的建设的重大决策和部署，特别是省委十一届七次全会通过了《关于认真贯彻党的十六届四中全会精神，切实加强党的执政能力建设的意见》，全面部署加强党的执政能力建设，致力巩固"八个方面的基础"、不断增强"八个方面的本领"，极大增强了全省各级党组织建设的科学性。

加强和改善党的领导，不断强化党的领导核心，离不开党建科学化水平的提高。提高党的建设科学化水平，这是执政党建设中新的、更为艰巨的时代命题。党的十八大以来，以习近平为总书记的党中央提出了实现"两个一百年"和中华民族伟大复兴的中国梦的奋斗目标。在新的历史起点上，浙江各级党组织认真总结加强党的建设的历史经验，不断加强党的建设，以更加奋发有为的精神状态，带领全省人民为早日实现中华民族伟大复兴的中国梦而奋斗。

二 新时期浙江党的建设面临新趋势新挑战

在长期执政的历史条件下，直面"四个考验"，防范"四个危险"，是全党一项长期的政治任务。在新的形势下，浙江各级党组织加强党的建设既面临重大机遇，又面临着严峻挑战。

（一）意识形态斗争仍然处在复杂激荡的阶段,党的意识形态工作任务日益艰巨

国际意识形态之争，对新阶段浙江的发展产生不良影响的可能性进一步加大。境外敌对势力和一些西方媒体利用某些社会敏感问题，造谣污蔑，恶意炒作，攻击我国的政治制度；个别人打着政治体制改革的幌子，鼓吹西方的"两党制""三权分立"等政治制度，宣扬西方资产阶级宪政、民主、新闻自由，散布新自由主义的言论，甚至直接歪曲我党的历史和政策，加紧对我国进行渗透和破坏；境外宗教组织千方百计地在我境内进行非法传教，等等。因而要采取切实有效的措施防止国外敌对意识形态的渗透。国内一元化引领多样化的任务进一步加重。在我国当前的意识形态格局中，以马克思主义为指导的主流意识形态与当代新儒学、新左派、民主社会主义、自由主义、各种宗教思潮、教条化思潮以及个人主义、拜金主义、享乐主义、感官主义、实用主义、虚无主义、相对主义、非政治化等在同一时空下并存并激烈争夺普通群众与党员，意识形态之争并不平静。这种现象在进入全面深化改革阶段之后的新阶段将更加激烈，使浙江党的意识形态工作任务，与全国一样日益艰巨，要防止国内的意识形态多元化倾向。意识形态理论研究工作有待进一步加强。随着思想多元化，要防止局限于用传统的思维方式和思想观念来研究、认识意识形态，在意识形态转型的过程中，要防止意识形态话语主题转换、意识形态整合机制与方式等方面出现问题。

（二）社会结构变动与利益分化的进一步加剧,执政党的阶级基础和群众基础出现新变化

在浙江，工人阶级的重大变化之一，是工人阶级就业方式的多样化，在所有制归属上呈现多样化，工人阶级内部分配形式多样化，以及工人阶级成员的收入趋向多元化，其中有些人已占有少量个人资产，也出现了失业者群体，工人阶级队伍成员的独立性、流动性增强，工人阶级队伍的知识化程度迅速提高。知识分子成为工人阶级的重要组成部分，也是工人阶级的一个明显变化。在浙江，工人阶级的另一重大变化，是大量的农民进入工人阶级队伍并成为浙江经济社会发展中的重要力量。传统工人阶层由于经济、社会地

位的下降，原有的"国家主人翁"的政治主体意识以及工人阶级领导一切的政治观念也在淡化、弱化，这必然引起他们对执政党原有的感情、意识和观念的"疏离"；农民工作为产业工人队伍的新成员，目前正处在政治成长的关键时期，他们的公民权利意识和阶级意识日渐觉醒。他们迫切希望实现自己的政治公正，享有平等的政治参与权利和真正的国民待遇。工人阶级的新变化并没有改变党的阶级基础。但如何加强工人阶级的阶级意识教育，如何更好地体现工人阶级的利益表达，如何妥善处理工人阶级与其他群体间的利益关系，如何更好地加强对流动党员的管理并发挥其作用等问题，是进入全面深化改革阶段之后面临的新的重大课题。同时，随着进入全面深化改革阶段之后社会和经济生活的发展，浙江阶级阶层将呈现出不断分化组合的态势，因而扩大党的群众基础成为执政党凝聚和整合人民内部的各种社会力量的重大问题。在浙江，民营科技企业的创业人员和技术人员、受聘于外资企业的管理技术人员、个体户、私营企业主、中介组织的从业人员、自由职业人员等，这些新的社会阶层在进入全面深化改革阶段后新的发展阶段，他们的队伍将不断壮大，随着经济转型升级，服务业的长足发展，社会分工和行业越来越细，可能还有新的阶层涌现出来，社会阶层越来越多。他们的政治参与热情将进一步提高，执政党必须采取更加有效的措施，创新与群众联系的方式和手段，不断吸纳新阶层，将新的社会力量纳入自己的政治体系或政党组织中，既丰富、完善执政党的有机构成，加强执政党自身建设，又可以促进社会整合。

（三）政治社会生态的变迁，使党的执政能力建设面临新的考验

近年来，浙江经济政治文化社会改革不断深入，但还存在许多矛盾亟待解决：一是我国正处于并将长期处于社会主义初级阶段的基础状况没有变，人民日益增长的物质文化需求同落后的社会生产这个主要矛盾没有变，浙江全面建成小康社会、率先实现现代化的任务和压力仍然很重。二是随着全面改革的深入，浙江发展过程中长期累积下来的深层次矛盾进一步凸显，解决这些问题的难度越来越大。三是在推动社会协调发展和保持社会稳定方面面临新挑战。党组织要不断提高驾驭复杂局面的能力，辩证看待和处理维稳，

及时发现和消除影响政治稳定的消极因素与不良苗头，妥善解决各类群体性、突发性事件，制定各种应急预案，有效应对社会各种突发局面，以维护政治稳定。四是随着经济转型升级，经济体制与政治体制的不协调性进一步加大，必然要求发展社会主义民主政治，加快推进政治体制改革和全方位的综合配套改革，加快"法治浙江"的进程。

（四）党的领导方式和执政方式初步理顺，党的领导体制和执政体制尚需进一步调整与完善

随着浙江经济转型升级、体制改革的不断深入，党的领导方式和执政方式正在发生并将继续发生巨大转变。党的领导体制不断转变，随着经济转型升级，国家管理经济、服务社会的范围、幅度和方式方法都将有很大改变，需要进一步完善这一体制，使之科学化、规范化、制度化。党的领导手段不断更新，党的领导手段由先锋模范作用向主要依靠党的先进性和公信力转变。党政关系不断理顺，党政关系由分工合作、协调规范向科学执政、民主执政、依法执政的完善的执政体制转变。党的决策机制更加科学，党的决策机制由注重个人经验向科学民主决策转变。党群关系更加密切，党由代表人民当家作主向领导和支持人民当家作主转变。

（五）党的自身建设亟待进一步改善

进入全面深化改革阶段后，浙江党的自身建设发展到一个新的阶段，需要进一步深化改革，向更深层次推进。特别是学习贯彻落实习近平总书记系列重要讲话精神的自觉性和坚定性仍需进一步强化；党的组织建设和干部队伍建设卓有成效，但组织凝聚力、战斗力有待进一步提升，干部人事制度改革有待进一步深化，干部能力素质有待进一步增强；党员干部宗旨意识普遍增强，但党的优良作风有待进一步发扬，与群众联系的方式有待进一步改进；腐败现象仍处于倒 U 型的高值区域，反腐败斗争形势依然严峻；制度创新动力充沛，制度化水平趋于快速提升，但党的体制机制有待进一步理顺；党员主体意识、民主意识、权利意识、政治参与意识不断增强，党内民主建设有待进一步加快推进；非公有制党建凸显特色，但其中存在的许多问题有待进一步解决；推进党管人才工作成绩斐然，但如何吸引、培养、使用

人才，充分发挥人才的作用，有待进一步探索。

面对新阶段复杂多元的执政环境，浙江全省各级党组织必须妥善处理执政环境与党的自身建设的关系，以改革创新的精神不断推进党的自身建设。一方面，在加快经济转型升级、推进科学发展的过程中，要始终坚持以人民的利益为最高利益，把人民的意愿作为行动的根本依据，使党的各项重大决策适应浙江新发展的需要，推动经济政治文化社会向更高水平迈进，为党执政创造良好的执政环境；另一方面，通过不断加强自身的建设，努力克服党建工作的各种困难和问题，使党的自身建设适应浙江新发展的需要，为浙江新阶段的发展提供坚强的思想保证、政治保证、组织保证、制度保证。

三 坚持全面从严治党 提高党建科学化水平

党的十八大以来，以习近平同志为总书记的党中央提出了"四个全面"战略思想，始终坚持党要管党、从严治党，对党的建设从战略高度进行新谋划、新布局，形成了全面从严治党的新思路，指导推动党的建设取得明显进展和成效，呈现出全面从严治党新常态。习近平总书记强调，全面从严治党是推进党的建设新的伟大工程的必然要求。我们要深入学习贯彻"四个全面"战略思想，深入学习贯彻习近平总书记系列重要讲话精神，奋力推进全面从严治党，为全面建成小康社会、全面深化改革、全面依法治国，实现"两个一百年"奋斗目标和中华民族伟大复兴的中国梦，提供坚强保证。

坚持全面从严治党，努力提高浙江党的建设科学化水平，必须在认识层面把握四个方面问题：一是坚持把提高科学化水平作为党的建设的目标要求。牢固树立党的建设科学发展的理念，以及民主法治开放的理念，加强宏观规划，不断增强党的建设的科学性实效性。二是着眼于党长期执政，加强和改进党的建设。各级党组织的决策部署，以及干部、基层组织和党员等执政资源，都要围绕长期执政这个目标来展开和加强，不断提高党的执政能力，始终保持和发展党的先进性和纯洁性。三是注重提高党建工作的群众满意度。在发展党内民主、领导班子建设、基层党建和党风廉政建设各个方面，都要贯彻执政为民的要求，牢固确立群众满意的价值取向。四是继续以改革创新精神推进党的建设。善于用创新的思路、改革的办法解决党建发展中的问题，坚持继承与创新、立制与改制相结合，不断增强各级党组织的生机和活力。

——坚定理想信念，常补精神之"钙"。习近平总书记强调指出，坚定理想信念，坚守共产党人的精神追求，始终是共产党人安身立命的根本。要认真组织学习宣传贯彻党的十八大精神，着力在引导党员干部坚定理想信念上取得新进展。坚持把学习贯彻党的十八大精神作为当前政治任务抓紧抓好，重点帮助党员干部特别是领导干部深入学习领会党的十八大提出的一系列重大战略思想、重要理论观点和重点任务部署。同时，结合学习好《之江新语》《干在实处　走在前列》两本重要著作，深入学习习近平总书记一系列重要新思想、新观点和新的论述。在此基础上，深入开展理想信念教育，经常性组织党员开展党性分析，引导广大党员干部始终保持对马克思主义的坚定信仰、对中国特色社会主义的坚定信念、对改革开放和现代化建设的坚定信心。

——积极推进党内民主，着力在激发党的生机和活力上取得新进展。民主是执政效果的重要目标，是执政党权力得以运行的制度体系。中国共产党始终强调党内民主是党的生命，加强党内民主建设，以党内民主带动人民民主，以制度建设来保证党内民主的贯彻落实。要进一步健全民主集中制各项制度，完善党委议事规则和决策程序，注重发挥党委全委会作用。全面落实党代表任期制"五项制度"，稳步扩大县（市、区）党代会常任制试点范围，全面试行乡镇党代会常任制。健全落实党务公开工作，基层党组织全面实行党务公开，市县党委积极探索开展党务公开。积极发展党内基层民主，认真落实《浙江省村级组织工作规则》，全面深化"三会一日"和"五议两公开"制度，充分发挥村务监督委员会作用，不断健全村党组织领导的充满活力的村民自治运行机制。

——在更高要求上深化干部人事制度改革，着力在建设高素质领导班子上取得新进展。"政策确定后，干部就是决定因素。"建设一支高素质的干部队伍，是浙江率先实现"两美"现代化目标的人才保证。要大力培养选拔各方面优秀干部，切实选优配强各级领导班子；进一步完善干部选拔任用提名、差额选拔干部、竞争性选拔等办法，全面推行县乡党政领导班子满意度调查，不断提高选人用人公信度；扎实开展新一轮大规模培训，大幅度提升干部队伍能力素质。

——不断加强党管人才工作，着力在构建浙江人才发展新优势上取得新进展。坚持不懈抓好人才发展规划纲要的落实，更好地在全社会普及和应用科学人才观，力争人才发展总体水平和人才竞争力位居全国前列。加大海外引才力度。积极打造海外高层次人才创业创新平台，大力推进人才体制机制创新，着力构筑浙江人才发展新优势。

——坚持以服务型基层党组织建设为总抓手，着力在夯实党的执政基础上取得新进展。基层党建工作是党的建设的重要组成部分，是党在农村、城市社区、"两新"组织里发挥政治领导核心作用的战略性基础工作。要继续深入推进服务型基层党组织建设，全面深化"网格化管理、组团式服务"，努力建设一批特色鲜明的服务品牌。大力推进基层党建覆盖网建设，全面推行区域化党建工作，力争所有领域实现党的组织和工作全覆盖。大力推进新经济组织和新社会组织党建工作，巩固扩大党的组织和工作覆盖，深化系列"红色行动"和"双强争先"活动，充分发挥党组织团结带领群众的政治核心作用和推进"两新"组织发展的政治引领作用。

——健全党员干部直接联系群众制度，着力在密切党同人民群众的血肉联系上取得新进展。始终坚持党的群众路线，深入开展马克思主义群众观教育。健全完善蹲点调研、基层联系点、下访接访、结对帮扶等制度，推动党员干部在服务基层群众中增进感情、提升能力。建立领导干部直接联系基层制度，要求省联系到县、市联系到乡、县联系到村、乡联系到户，实现联系服务群众长效化常态化。

——坚决惩治和有效预防腐败，着力在反腐倡廉建设上取得新进展。坚持标本兼治、综合治理、惩防并举、注重预防的方针，进一步完善具有浙江特点的惩治和预防腐败体系。全面加强教育、监督和廉洁自律工作，大力推进廉政文化建设，深入贯彻廉政准则，强化对权力运行的监督制约。坚决纠正损害群众利益的不正之风，加强机关、农村、国有企业、学校和城市社区等党风廉政建设，切实维护群众合法权益。加强对党员干部的政治纪律教育，加强对党的政治纪律执行情况的监督检查，严肃处理违反政治纪律的行为。

——积极推进党的制度建设，着力在提高党的建设科学化水平上取得新进展。坚持把制度建设作为推进党的建设科学化的重要保障，着力建设具有浙江特色的党的制度体系。顺应党建形势发展需要，重点加强党内民主、干部人事、基层组织、反腐倡廉等方面的制度建设。着力打造浙江党建工作创新品牌，从争先、服务、培优、统筹、民主、公开等机制创新入手，培育推广"之江先锋""阳光组工"等六大系列品牌，推进党建工作科学发展。

——严明党的纪律，坚决维护党的集中统一。党的纪律是对各级党组织和党的活动进行约束的行为规范，是实现党的集中统一、维护中央权威的纪律要求和纪律保证。要坚决维护党的团结统一，维护中央权威。省人大、省政府、省政协、省级人民团体都应自觉接受省委的统一领导，全面维护省委的领导核心地位，不搞"上有政策、下有对策"，真正做到精诚团结、和谐奋进。

一滴水折射出太阳的光辉。浙江的发展道路和所取得的成就，是中国特色社会主义道路的一个缩影。浙江创造的鲜活经验，为中国特色社会主义道路增添了坚实的基石。历史必将证明，已经创造奇迹的浙江人民，一定会创造新的奇迹，中国特色社会主义道路一定会越走越宽广。

铸就坚强核心，引领追梦航程。在新的历史起点上，浙江各级党组织自身建设将不断得到加强。肩负着浙江人民的重托，浙江各级党组织在党中央的坚强领导下，正以更加坚定有力的步伐，沿着中国特色社会主义道路，朝着中华民族伟大复兴中国梦的目标，奋勇前进。

参考文献

1. 《习近平谈治国理政》，外文出版社，2014。

2. 《习近平总书记系列讲话精神学习读本》，中共中央党校出版社，2013。

3. 习近平：《之江新语》，浙江人民出版社，2007。

4. 习近平：《干在实处　走在前列——推进浙江新发展的思考与实践》，中共中央党校出版社，2006。

5. 中共中央纪律检查委员会、中共中央文献研究室编《习近平关于党风廉政建设和反腐败斗争论述摘编》，中国方正出版社，2015。

6. 《马克思恩格斯选集》（第4卷），人民出版社，1995。

7. 《马克思恩格斯全集》（第38卷），人民出版社，1972。

8. 《列宁选集》（第3卷），人民出版社，1995。

9. 《列宁全集》（第29卷），人民出版社，1985。

10. 《毛泽东选集》（第4卷），人民出版社，1991。

11. 《毛泽东文集》（第8卷），人民出版社，1999。

12. 《邓小平文选》（第2卷），人民出版社，1994。

13. 《邓小平文选》（第3卷），人民出版社，1993。

14. 《江泽民文选》（第2卷），人民出版社，2006。

15. 《十六大以来重要文献选编》（上），中央文献出版社，2005。

16. 《十六大以来重要文献选编》（中），中央文献出版社，2006。

17. 《十六大以来重要文献选编》（下），中央文献出版社，2008。

18. 《十七大以来重要文献选编》（上），中央文献出版社，2009。

19. 《十七大以来重要文献选编》（中），中央文献出版社，2011。

20. 《十七大以来重要文献选编》（下），中央文献出版社，2013。

21. 《十八大以来重要文献选编》（上），中央文献出版社，2014。

22. 习近平：《在全国组织工作会议上的讲话》，《党建研究》2013年第8期。

23. 习近平：《坚持不懈推进党的先进性和纯洁性建设——在全国创先争优理论研讨会上的讲话》，《党建研究》2012年第6期。

24. 习近平：《始终坚持和充分发挥党的独特优势》，《求是》2012年第15期。

25. 习近平：《巩固执政基础　增强执政本领》，《党建研究》2005年第2期。

26. 习近平：《用权讲官德，交往有原则》，《求是》2004年第19期。

27. 赵洪祝：《大力弘扬"红船精神"继续保持和发展党的先进性》，《今日浙江》2011年第11期。

28. 习近平：《保持先进性就是走在前列》，《浙江日报》2005年6月1日。

29. 习近平：《弘扬"红船精神"走在时代前列》，《光明日报》2005年6月21日。

30. 习近平：《与时俱进的浙江精神》，《浙江日报》2006年2月5日。

31. 习近平：《推进社会主义精神文明建设的重要指导方针》，《人民日报》2006年5月9日。

32. 习近平：《先进性教育实践对先进性建设的启示》，《人民日报》2006年6月19日。

33. 习近平：《在推进科学发展的实践中保持和发展党的先进性》，《浙江日报》2006年6月28日。

34. 习近平：《在为民办实事中落实以人为本理念》，《光明日报》2007年3月7日。

35. 习近平：《加强和改进新形势下党的建设的纲领性文献》，《人民日报》2009年10月9日。

36. 习近平：《在庆祝全国人民代表大会成立60周年大会上的讲话》，《人民日报》2014年9月6日。

37. 习近平：《在庆祝中国人民政治协商会议成立65周年大会上的讲话》，

《人民日报》2014 年 9 月 22 日。

38. 中共浙江省委理论学习中心组：《中国特色社会主义在浙江实践的重大理论成果——学习〈干在实处　走在前列〉和〈之江新语〉两部专著的认识和体会》，《浙江日报》2014 年 4 月 4 日。

39. 《习近平同志谈官员作风建设　要求做到六个"始终不忘"》，《解放日报》2007 年 4 月 14 日。

40. 《习近平在中央党校春季学期开学典礼上强调：领导干部要狠抓落实善抓落实》，《人民日报》2011 年 3 月 2 日。

41. 《习近平在十八届中央纪委二次全会上发表重要讲话强调：更加科学有效地防治腐败，坚定不移把反腐倡廉建设引向深入》，《人民日报》2013 年 1 月 23 日。

42. 《习近平在中共中央政治局第五次集体学习时强调：积极借鉴我国历史上优秀廉政文化，不断提高拒腐防变和抵御风险能力》，《人民日报》2013 年 4 月 21 日。

43. 《习近平在全国组织工作会议上强调：建设一支宏大高素质干部队伍，确保党始终成为坚强领导核心》，《人民日报》2013 年 6 月 30 日。

44. 《习近平在指导河北省委常委班子专题民主生活会时强调：坚持用好批评和自我批评的武器，提高领导班子解决自身问题能力》，《人民日报》2013 年 9 月 26 日。

45. 《习近平在指导兰考县委常委班子专题民主生活会时强调：作风建设要经常抓、深入抓、持久抓，不断巩固扩大教育实践活动成果》，《人民日报》2014 年 5 月 10 日。

46. 赵洪祝：《坚持把群众路线贯穿信访工作全过程——关于开展领导干部下访接待活动的调查与思考》，《光明日报》2011 年 11 月 22 日。

47. 夏宝龙：《着力推动政协协商民主在浙江的实践》，《浙江日报》2013 年 1 月 18 日。

48. 夏宝龙：《培养造就一支过得硬打胜仗的干部队伍》，《中国组织人事报》2013 年 8 月 26 日。

49. 夏宝龙：《深入学习贯彻习近平系列重要讲话精神》，《浙江日报》2014年4月1日。

50. 《夏宝龙在温州开展基层走亲连心活动时强调：群众想什么，我们就干什么》，《浙江日报》2013年7月5日。

51. 《浙江省委书记夏宝龙暗访式调研倡导调研新风》，《杭州日报》2013年8月22日。

52. 夏宝龙：《抓落实一天也不能耽误》，《浙江日报》2014年7月21日。

53. 《深刻学习领会习近平总书记重要讲话精神　在党的群众路线教育实践活动中走在前列》，《浙江日报》2013年7月16日。

54. 周咏南：《省委书记习近平给基层干部拜年》，《浙江日报》2004年12月28日。

55. 《中国共产党浙江历史》（第1卷），中共党史出版社，2011。

56. 《中国共产党浙江历史》（第2卷），中共党史出版社，2011。

57. 金延锋：《历史新篇——中国共产党在浙江1949～1978)》（上、下），浙江人民出版社，2011。

58. 中共浙江省委党史研究室：《干在实处　走在前列——中共浙江省第十一次代表大会以来》，浙江人民出版社，2007。

59. 中共浙江省委党史研究室：《创业富民　创新强省——中共浙江省第十二次代表大会以来》，浙江人民出版社，2012。

60. 中国社会科学院浙江经验与中国发展课题组：《浙江经验与中国发展》，社会科学文献出版社，2007。

61. 浙江省社会科学界联合会：《改革创新视野下的浙江党建》，浙江人民出版社，2011。

62. 中共浙江省委宣传部编《与时俱进的浙江精神》，浙江人民出版社，2005。

63. 庄跃成：《执政党建设的时代命题——提高党的建设科学化水平》，浙江人民出版社，2011。

64. 庄跃成：《党建创新看浙江》（两创篇），浙江人民出版社，2008。

65. 王骏、厉佛灯等编著《执政之魂——浙江党建新探索》，浙江人民出版社，2006。

66. 胡承槐、王侃、邱巍：《主体维度论——浙江党建实证研究理论篇》，浙江大学出版社，2008。

67. 李德忠：《党建巡礼——浙江省国资和国企系统党建工作特色》，浙江人民出版社，2008。

68. 应勇、高元龙：《浙江省构建惩防体系和廉政文化建设》（精装本），党建读物出版社，2006。

69. 张永明：《非公有制经济组织党建科学化研究》，浙江大学出版社，2011。

70. 朱伟：《区域化党建与基层社会管理创新在宁波的实践探索和理论研究》，浙江大学出版社，2013。

71. 房宁：《草根经济与民主政治——社会主义市场经济与社会主义民主政治协同发展的台州模式研究》，社会科学文献出版社，2008。

72. 林吕建：《浙江新跨越》，浙江人民出版社，2010。

73. 慕毅飞：《民主恳谈——温岭人的创造》，中央编译出版社，2005。

74. 陈奕敏：《从民主恳谈到参与式预算》，世界知识出版社，2012。

75. 《中共浙江省委关于认真贯彻落实党的十六大精神，加快全面建设小康社会，提前基本实现现代化的决定》〔2002 年 12 月 19 日中国共产党浙江省第十一届委员会第二次全体会议通过〕，《今日浙江》2003 年第 1 期。

76. 《中共浙江省委关于兴起学习贯彻"三个代表"重要思想新高潮，进一步加强和改进党的建设的决定》和《中共浙江省委议事规则》〔2003 年 7 月 11 日中国共产党浙江省第十一届委员会第四次全体（扩大）会议通过〕，《浙江日报》2003 年 7 月 12 日。

77. 《中共浙江省委关于贯彻落实党的十六届三中全会精神，进一步完善社会主义市场经济体制的决定》〔2003 年 12 月 23 日中国共产党浙江省第十一届委员会第五次全体会议通过〕，《浙江日报》2003 年 12 月 24 日。

78. 《中共浙江省委关于建设"平安浙江"促进社会和谐稳定的决定》，

〔2004 年 5 月 11 日中国共产党浙江省第十一届委员会第六次全体（扩大）会议通过〕,《浙江日报》2004 年 5 月 11 日。

79. 《中共浙江省委关于认真贯彻党的十六届四中全会精神，切实加强党的执政能力建设的意见》,〔2004 年 10 月 29 日中国共产党浙江省第十一届委员会第七次全体（扩大）会议通过〕,《浙江日报》2004 年 10 月 30 日。

80. 《中共浙江省委关于加快建设文化大省的决定》〔2005 年 7 月 29 日中国共产党浙江省第十一届委员会第八次全体（扩大）会议通过〕，浙江在线，2005 年 7 月 29 日。

81. 《中共浙江省委关于制定浙江省国民经济和社会发展第十一个五年规划的建议》〔2005 年 11 月 6 日中国共产党浙江省第十一届委员会第九次全体（扩大）会议通过〕,《浙江日报》2005 年 11 月 7 日。

82. 《中共浙江省委关于建设"法治浙江"的决定》〔2006 年 4 月 26 日中国共产党浙江省第十一届委员会第十次全体（扩大）会议通过〕,《浙江日报》2006 年 4 月 27 日。

83. 《中共浙江省委关于认真贯彻党的十六届六中全会精神，构建社会主义和谐社会的意见》〔2006 年 11 月 15 日中国共产党浙江省第十一届委员会第十一次全体（扩大）会议通过〕,《浙江日报》2006 年 11 月 16 日。

84. 《中共浙江省第十一届委员会向中共浙江省第十二次代表大会的报告》《中共浙江省纪律检查委员会向中共浙江省第十二次代表大会的工作报告》〔2007 年 5 月 30 日中国共产党浙江省第十一届委员会第十二次全体（扩大）会议通过〕,《浙江日报》2007 年 5 月 31 日。

85. 《中共浙江省委关于进一步加强自身作风建设的决定》〔2007 年 6 月 16 日中国共产党浙江省第十二届委员会第一次全体（扩大）会议通过〕，浙江在线，2007 年 6 月 16 日。

86. 《中共浙江省委关于认真贯彻党的十七大精神，扎实推进创业富民创新强省的决定》〔2007 年 11 月 6 日中国共产党浙江省第十二届委员会第二次全体（扩大）会议通过〕，浙江在线，2007 年 11 月 7 日。

87. 《中共浙江省委关于全面改善民生促进社会和谐的决定》〔2008 年 4 月

15 日中国共产党浙江省第十二届委员会第三次全体（扩大）会议通过］，浙江在线，2008 年 4 月 16 日。

88. 《中共浙江省委关于深入学习实践科学发展观，加快转变经济发展方式、推进经济转型升级的决定》〔2008 年 9 月 26 日中国共产党浙江省第十二届委员会第四次全体（扩大）会议通过〕，浙江在线，2008 年 9 月 26 日。

89. 《中共浙江省委关于深化改革开放推动科学发展的决定》〔2009 年 5 月 8 日中国共产党浙江省第十二届委员会第五次全体（扩大）会议通过〕，浙江在线，2009 年 5 月 8 日。

90. 《中共浙江省委关于认真贯彻〈中共中央关于加强和改进新形势下党的建设若干重大问题的决定〉的实施意见》〔2009 年 10 月 23 日中国共产党浙江省第十二届委员会第六次全体（扩大）会议通过〕，《浙江日报》2009 年 10 月 23 日。

91. 《中共浙江省委关于推进生态文明建设的决定》〔2010 年 6 月 30 日中国共产党浙江省第十二届委员会第七次全体（扩大）会议通过〕，《浙江日报》2010 年 6 月 30 日。

92. 《中共浙江省委关于制定浙江省国民经济和社会发展第十二个五年规划的建议》〔2010 年 11 月 18 日中国共产党浙江省第十二届委员会第八次全体（扩大）会议通过〕，《浙江日报》2010 年 11 月 19 日。

93. 《中共浙江省委关于加强和创新社会管理的决定》〔2011 年 6 月 15 日中国共产党浙江省第十二届委员会第九次全体（扩大）会议通过〕，《浙江日报》2011 年 6 月 15 日。

94. 《中共浙江省委关于认真贯彻党的十七届六中全会精神，大力推进文化强省建设的决定》，〔2011 年 11 月 18 日中国共产党浙江省第十二届委员会第十次全体（扩大）会议通过〕，《浙江日报》2011 年 11 月 18 日。

95. 《中共浙江省第十二届委员会向省第十三次党代会的报告》〔2012 年 5 月 31 日中国共产党浙江省第十二届委员会第十一次全体（扩大）会议通过〕，《浙江日报》2012 年 6 月 1 日。

96. 《中共浙江省委关于按照保持党的先进性和纯洁性要求，切实加强自身建设的决定》〔2012 年 6 月 10 日中国共产党浙江省第十三届委员会第一次全体（扩大）会议通过〕，浙江在线，2012 年 6 月 11 日。

97. 《中共浙江省委关于认真学习贯彻党的十八大精神，扎实推进物质富裕精神富有现代化浙江建设的决定》〔2012 年 12 月 6 日中国共产党浙江省第十三届委员会第二次全体（扩大）会议通过〕，浙江在线，2012 年 12 月 7 日。

98. 《中共浙江省委关于全面实施创新驱动发展战略加快建设创新型省份的决定》〔2013 年 5 月 31 日中国共产党浙江省第十三届委员会第三次全体（扩大）会议通过〕，浙江在线，2013 年 5 月 31 日。

99. 《中共浙江省委关于认真学习贯彻党的十八届三中全会精神，全面深化改革再创体制机制新优势的决定》〔2013 年 11 月 29 日中国共产党浙江省第十三届委员会第四次全体（扩大）会议通过〕，浙江在线，2013 年 11 月 30 日。

100. 《中共浙江省委关于建设美丽浙江创造美好生活的决定》〔2014 年 5 月 23 日中国共产党浙江省第十三届委员会第五次全体会议通过〕，浙江在线，2014 年 5 月 29 日。

101. 《中共浙江省委关于全面深化法治浙江建设的决定》，〔2014 年 12 月 4 日中国共产党浙江省第十三届委员会第六次全体会议通过〕，《浙江日报》2014 年 12 月 5 日。

102. 《中共浙江省委关于全面加强基层党组织和基层政权建设的决定》，〔2015 年 6 月 12 日中国共产党浙江省第十三届委员会第七次全体会议通过〕，《浙江日报》2015 年 6 月 13 日。

后　记

"中国梦与浙江实践"是中共浙江省委与中国社会科学院 2014 年初启动的联合攻关重大课题。总课题由中国社会科学院院长、党组书记王伟光，中共浙江省委书记夏宝龙任领导小组组长。中国社会科学院副院长李培林，中共浙江省委常委、宣传部长葛慧君任丛书编撰委员会主任。总课题分为总报告、经济、政治、文化、社会、生态、党建七个子课题，分别展开研究。最终成果形成《中国梦与浙江实践》（七卷本）系列丛书。

根据中共浙江省委与中国社会科学院联合攻关的"中国梦与浙江实践"重大课题的总体安排和调研工作方案，由中国社会科学院和浙江省社会科学院等相关人员联合组成"中国梦与浙江实践·党建卷"课题组，课题组组长由中国社会科学院马克思主义研究院党委书记、院长邓纯东研究员担任，副组长由浙江省社会科学院观察与思考杂志社总编辑黄宇研究员担任。课题组多次深入浙江绍兴、台州、温州等地，对全省党的建设情况进行深入的调查与研究，了解和掌握大量第一手材料，为课题研究、写作奠定了坚实的基础。

《中国梦与浙江实践·党建卷》写作大纲由浙江省社会科学院提出，并与中国社会科学院反复协商最后确定。省内外 10 余名专家学者积极参与，展开联合攻关，在大家通力协作下，反复修改、数易其稿，使该项研究圆满完成。

党建卷各章作者分工如下：

导论，邓纯东（中国社会科学院）；

第一章，金民卿（中国社会科学院）；

第二章，邢孟军（浙江省宁波市社会科学院）；

第三章，徐友龙（浙江省社会科学院）；

第四章，徐仲仪、吕伯军、周文彬、王鹏任（中共浙江省委组织部）；

第五章，肖剑忠（浙江省杭州市社会科学院）；

第六章，唐晓燕（浙江省社会科学院）；

第七章，孙应帅（中国社会科学院）；

第八章，黄宇（浙江省社会科学院）；

结语，戴立兴（中国社会科学院）。

在全书编撰过程中，邓纯东、黄宇、金民卿、戴立兴承担了本书提纲设计、主要内容的确定和调研工作的安排，以及几次书稿修改和最后统稿等主要工作。徐友龙做了许多事务协调工作，宋雪玲博士做了大量资料收集、初稿编校等工作。邓纯东、黄宇对书稿做了最后的审定。

感谢中共浙江省委及中共浙江省委宣传部、浙江省社会科学院、中共浙江省委党史研究室等给予的大力支持！感谢中共浙江省委办公厅、省委组织部、省纪委等各部门以及绍兴、台州、温州等地提供的帮助！感谢省委组织部调研室、浙江省党建研究会等提供的资料！感谢社会科学文献出版社编辑为本书所付出的辛勤劳动！由于时间紧、任务重，难免挂一漏万，敬请各位领导、专家学者批评指正！

《中国梦与浙江实践·党建卷》课题组

2015 年 1 月 8 日

图书在版编目（CIP）数据

中国梦与浙江实践. 党建卷/邓纯东主编. —北京：社会科学
文献出版社，2015.8
ISBN 978 - 7 - 5097 - 7675 - 9

Ⅰ. ①中… Ⅱ. ①邓… Ⅲ. ①社会主义建设成就 - 浙江省
②中国共产党 - 党的建设 - 浙江省 Ⅳ. ①D26

中国版本图书馆 CIP 数据核字（2015）第 147315 号

中国梦与浙江实践·党建卷

主　　编/邓纯东
副 主 编/黄　宇

出 版 人/谢寿光
项目统筹/王　绯　曹义恒
责任编辑/孙燕生

出　　版/社会科学文献出版社·社会政法分社（010）59367156
　　　　　地址：北京市北三环中路甲 29 号院华龙大厦　邮编：100029
　　　　　网址：www. ssap. com. cn
发　　行/市场营销中心（010）59367081　59367090
　　　　　读者服务中心（010）59367028
印　　装/三河市尚艺印装有限公司

规　　格/开 本：787mm × 1092mm　1/16
　　　　　印 张：25　字 数：378 千字
版　　次/2015 年 8 月第 1 版　2015 年 8 月第 1 次印刷
书　　号/ISBN 978 - 7 - 5097 - 7675 - 9
定　　价/68.00 元